IMAGENS DA BRANQUITUDE
A PRESENÇA DA AUSÊNCIA

Lilia Moritz Schwarcz

IMAGENS DA BRANQUITUDE
A PRESENÇA DA AUSÊNCIA

Copyright © 2024 by Lilia Moritz Schwarcz

Grafia atualizada segundo o Acordo Ortográfico da Língua Portuguesa de 1990, que entrou em vigor no Brasil em 2009.

CAPA E PROJETO GRÁFICO
Victor Burton

IMAGEM DE CAPA
DR/ Pedro Paulo Leal, *Primeira audição, c.* 1965. Óleo sobre madeira. Acervo de Rafael Moraes. Reprodução de Sergio Guerini.

PREPARAÇÃO
Márcia Copola

CHECAGEM
Érico Melo

ÍNDICE REMISSIVO
Luciano Marchiori

REVISÃO
Huendel Viana
Jane Pessoa
Clara Diament

Dados Internacionais de Catalogação na Publicação (CIP)
(Câmara Brasileira do Livro, SP, Brasil)

Schwarcz, Lilia Moritz
  Imagens da branquitude : A presença da ausência / Lilia Moritz Schwarcz — 1ª ed. — São Paulo : Companhia das Letras, 2024.

  Bibliografia.
  ISBN 978-85-359-3785-5

  1. Brasil – Relações raciais 2. Negros – Brasil 3. Negros – Fotografias 4. Racismo – Brasil I. Título.

24-206937   CDD-305.896081

Índice para catálogo sistemático:
1. Brasil : Negros : Sociologia   305.896081

Cibele Maria Dias – Bibliotecária – CRB-8/9427

Todos os direitos desta edição reservados à
EDITORA SCHWARCZ S.A.
Rua Bandeira Paulista, 702, cj. 32
04532-002 — São Paulo — SP
Telefone: (11) 3707-3500
www.companhiadasletras.com.br
www.blogdacompanhia.com.br
facebook.com/companhiadasletras
instagram.com/companhiadasletras
x.com/cialetras

Para Alberto da Costa e Silva,
porque memória não tem limite;
é antídoto do esquecimento.

A IMAGEM DA CAPA

A cena parece ter sido criada a partir de uma lente grande-angular. Oscilando em tons de azul misturados ao marrom e ao branco, vemos um sarau elegante. Desses realizados pelas elites que, bem-vestidas, se reúnem para ouvir boa música.

No centro está uma menina que toca piano, enquanto no mesmo instrumento se apoia um homem mais velho que aparenta se deleitar com a música. Também destacadas estão duas crianças — uma menina e um menino — com flores brancas nas mãos. Divisa-se ainda um maestro e um violoncelista que igualmente atuam nesse que é um concerto privado. Todos os figurantes são brancos — ou não negros — e têm os olhos voltados ou para a pianista ou para nós, os espectadores dessa tela.

Mas há uma espécie de "intrusa" na cena — que também se localiza no centro do quadro mas que, por estar mais ao fundo, aparece com seu corpo diminuto. No entanto, as luzes da obra de alguma maneira se dirigem a sua figura solitária e nos fazem observá-la. Ela é a empregada negra que, com uma roupa branca e um avental azul como a parede e o teto, parece trazer numa bandeja o que devem ser os quitutes ou as bebidas a serem oferecidos aos convidados dessa festa chique.

A IMAGEM DA CAPA

O autor da tela, Paulo Pedro Leal, nasceu em 1894 no Morro da Viúva, em Botafogo, no Rio de Janeiro. Ele era filho de Marcelino Leal e Olga Maria da Conceição, ambos naturais da Bahia, os quais provavelmente realizaram o périplo comum a tantas famílias afrodescendentes que chegavam à então capital do Brasil, em busca de melhor sorte. As histórias que cercam o pintor indicam, porém, que ele foi criado pelo tio Luís Joaquim de Araújo, com quem teria se iniciado como pai de santo.

Há assim um duplo borramento nesse trabalho: o do artista, que restou por muito tempo desconhecido, e o da mulher que atua como serviçal.

Nas poucas entrevistas que concedeu, PPL — que assinava as obras usando suas iniciais, e por vezes incluía também o E, de Espiritual — conta que, desde muito jovem, arriscava rabiscar rostos e desenhar caretas em qualquer superfície que encontrasse: um pedaço de papel de embrulho, um caderno velho, um compensado deixado na rua. Depois disso, aos catorze anos, buscava nas revistas ilustradas que lhe caíam nas mãos novos repertórios visuais para copiar; ou melhor, traduzir em seus próprios termos.

Todavia, e como ocorria com vários artistas negros dessa geração, a falta de recursos dos pais fez com que Leal se dedicasse a diferentes ocupações, quando seu desejo era seguir carreira como pintor. Ele foi empregado doméstico na casa de uma família francesa no bairro de Botafogo, trabalhou na Central do Brasil, foi funcionário de uma cervejaria, auxiliar de pedreiro e estivador. Não se sabe ao certo por quanto tempo, mas é fato que manteve aberta ao público uma casa de santo na avenida Presidente Vargas, no centro do Rio, onde pintava além de oferecer consultas.

Muito recentemente, e devido a uma certa reconfiguração do cânone das artes que, afinal, vem abolindo classificações, como arte naïve, ingênua e primitiva — designações que produziram grandes generalizações e inferiorizaram esse tipo de universo artístico —, Paulo Pedro Leal tem ganhado renovada e justa importância.

Chama atenção como sua obra se revela a partir de "imensos detalhes". Nas paisagens que cria, nas cenas domésticas que elabora, em suas marinhas e naturezas-mortas destacam-se sempre as figuras humanas, por vezes minúsculas, por vezes alcançando o primeiro plano — muitas delas negras e pobres. As cores são vívidas e os recursos à beleza trágica do cotidiano estão por toda parte.

A imagem geral é a de que, apesar das dificuldades, a vida parece ser sempre mais forte. Trata-se de um enorme elogio às grandes verdades contidas nos mais diminutos detalhes, nas cenas populares, nas distrações cotidianas. Não por coincidência, na tela em questão a serviçal negra ganha imenso afeto e centralidade, a despeito de seu deslocamento físico, simbólico e social.

SOBRE ESTE LIVRO 10

INTRODUÇÃO
Imagens são documentos que falam:
Sapatos como símbolo de liberdade 13

1. "ELES QUE SÃO BRANCOS QUE SE ENTENDAM!"
Ou, afinal, o que é branquitude? 39

2. ALEGORIAS DO "PRIMITIVO"
Quando a realidade marca encontro com a imaginação 69

3. MAPAS COLONIAIS
Da arte de preencher espaços incógnitos 105

4. MONUMENTOS E PATRIMÔNIOS PÚBLICOS
Ou quando a branquitude se inscreve na pedra,
no bronze e no concreto 137

5. BRANQUITUDE & NEGRITUDE
Quando luz é sombra e sombra é luz 169

6. OS FANTASMAS DAS AMAS NEGRAS
Intimidade como forma de agressão 199

7. O ESPETÁCULO DOS SABONETES
Passando a limpo as fantasias raciais 235

8. O NACIONALISMO BRASILEIRO TEM COR
Discursos sobre branqueamento no Brasil 269

QUASE CONCLUSÃO
Na espiral dos mitos da democracia racial 315

Agradecimento é gênero imperfeito 358 *Notas* 365
Referências bibliográficas 387 *Índice remissivo* 406
Créditos das imagens 424

SOBRE ESTE LIVRO

Branquitude corresponde a um sistema internalizado de privilégios materiais e simbólicos que se ancora no passado mas exerce suas prerrogativas no presente. Tem como consequência social a manutenção de monopólios sociais e a perpetuação do poder. Durante muito tempo, pessoas brancas, em sua grande maioria, perceberam, mesmo que de forma subjetiva, suas realizações como universais e por isso acabaram não se racializando — ou seja, nomeando e estudando sua própria raça. Ao passo que os demais grupos étnicos da sociedade têm cor e são vinculados, quase que imediatamente, a seus fenótipos e origens, a branquitude, enquanto representação, permanece imune, como se fosse neutra — como uma "não cor".

No Brasil, boa parte da sociedade branca costuma naturalizar o monopólio dos espaços de poder: detém empregos disputados, ocupa posições elevadas em instituições privadas e públicas, mora em bairros com melhor infraestrutura, conta muito regularmente com maior poder aquisitivo, são os clientes mais habituais de clubes, hospitais de ponta e escolas particulares, e não são alvos diletos da polícia. Essa situação é internalizada a partir da concepção de "mérito"; um conceito sem tempo ou espaço social, perpetuado de geração em geração, sem que o grupo leve em consideração os diferentes contextos históricos, políticos e sociais em que se inseriu e se insere, e que fizeram com que, muitas vezes, ocupasse a posição de vantagem estrutural. A branquitude também cria padrões de beleza e de sociabilidade, ao mesmo tempo que é grande produtora de *imagens* e, portanto, de *imaginários* nacionais. Estes, à sua maneira, e como veremos neste livro, ajudam a estabilizar esse cenário — como se fossem naturais.

SOBRE ESTE LIVRO

Paradoxalmente, a branquitude, enquanto representação social, conforma uma sorte de "invisibilidade" que não gera reflexão sobre si. Transforma-se, pois, na norma que não precisa ser nomeada, que classifica e estuda os "outros", e que, não obstante, não é classificada — uma forma confortável de ser e estar na sociedade. A despeito de a sociedade branca ser uma categoria relativa, já que atravessada por outros marcadores sociais de diferença como raça, gênero/sexo, região, geração e classe social, pertencer a ela em geral significa uma espécie de passaporte de privilégio.

Branquitude não é, porém, uma categoria de reconhecimento por parte do próprio grupo, que não costuma se autoidentificar dessa maneira, ao passo que o conceito de negritude corresponde a uma conquista: a um movimento social, político e cultural identitário.

Enquanto a branquitude é uma condição social experimentada em várias nações de passado escravocrata e ainda hoje marcadas pelo racismo, ela se encontra particularmente enraizada no Brasil, país onde a população negra — composta pela soma das categorias do IBGE, pretos e pardos — representa 55,5% do conjunto de habitantes. As pessoas negras conformam, portanto, maiorias numéricas, mas são minorias na representação social, política e cultural. São, pois, "maiorias minorizadas".

Foi na conta dessa circunstância consolidada pela história oficial nacional, e da produção acelerada de mitos que envolvem o tema da mestiçagem racial, que, durante muito tempo, pessoas brancas não acharam relevante problematizar seu lugar social, ou se reconhecer a partir de tal concepção. Hoje vivemos outros tempos: de letramento racial.

Neste livro, escrito por uma pesquisadora branca, falar sobre o conceito de branquitude não funciona em absoluto como categoria de acusação, questão moral ou normativa, nem ele se dirige a certos indivíduos ou situações em particular. A branquitude é entendida como um fenômeno histórico vivido, subjetiva e internamente, de maneira mais ou menos consciente, pelo grupo social que é assim externamente definido. Reconhecer a existência da branquitude, suas representações e impactos sociais é, portanto, um desafio para essa sociedade que carrega a utopia de se constituir como uma democracia plena mas que ainda precisa enfrentar o racismo estrutural que organiza suas relações.[1]

Autoria desconhecida, *Don Eusebio de la Santa Federación*, c. 1830.
Óleo sobre tela, 35,7 × 25,2 cm.

INTRODUÇÃO
Imagens são documentos que falam:
Sapatos como símbolo de liberdade[1]

*Coisas diferentes estão à sombra em momentos
diferentes, coisas diferentes estão sob a luz.*
Jamaica Kincaid, *A autobiografia da minha mãe*

*Na verdade, não existem pessoas "sem voz".
Existem apenas pessoas que são deliberadamente
silenciadas ou que se prefere não ouvir.*
Arundhati Roy, *An Ordinary Person's Guide to Empire*

Esse é o retrato de Don Eusebio, figura conhecida na história argentina como Don Eusebio de la Santa Federación — o bufão do caudilho Juan Manuel de Rosas. Na sua pessoa se misturam marcas preconceituosas com relação a raça, gênero, estatura, características físicas e psiquiátricas. Tudo junto e atravessado.

A pintura acadêmica foi realizada por um artista até hoje desconhecido. Eu cheguei à obra a partir do excelente trabalho da historiadora Paulina Alberto, que investigou características raciais e preconceituosas presentes na caracterização do personagem.[2] No registro encontrado no Museu Histórico Nacional de Buenos Aires aparece apenas a descrição pouco precisa: "anônimo, cerca de 1830". Eusebio teria vivido de 1810 a 1873, e foi representado na obra num contexto em que trabalhava para Rosas e sua família.[3]

A narrativa acerca da vida de Eusebio acompanha o mesmo processo de apagamento presente na especificação da autoria da tela. Mistura história com memória e lenda. Esses são todos termos ligados à ideia de um tempo passado e que, apesar de parecerem sinônimos, não o são. Na verdade, o passado é tanto um terreno conflituoso como projetivo — à sua maneira, e, quando revisto, representa sempre uma "projeção" das questões do presente. Não por acaso, a ele se referem a memória e a história, que, como categorias distintas, competem no entendimento do passado, sem se confundirem ou complementarem. Nem sempre a história consegue dar crédito à falta de método da memória, enquanto a memória, não raro, desdenha de uma reconstituição que não inclua a subjetividade e o direito à lembrança.[4] Algo semelhante ocorre com o terreno da lenda, que se opõe à história e à memória por ser em geral adstrita ao lugar da ficção, da invenção.

O certo é que há sempre algo de imprevisível na abordagem do passado. Por isso, com frequência ele se torna um território de embates e desavenças. Historiadores trabalham com métodos que implicam a compreensão e a reconstituição de episódios do passado, por meio do contraste entre documentos e fontes. Elaboram desse modo um conjunto de hipóteses, mas não suscitam certezas absolutas ou finais. Já os procedimentos da memória se sustentam na revalorização da primeira pessoa e no reconhecimento de uma dimensão subjetiva, em que se embaralham temporalidades. Sendo assim, a história é o "presente do passado", uma vez que leva o tempo "do antes" a se transformar naquele "de agora". Já a lenda corresponde a um tempo anacrônico, "o presente sem presente". Por fim, como a atualização faz parte do fermento da memória — as questões atuais se inscrevendo nas nossas lembranças —, ela se parece com o "presente do presente".[5]

Tomadas nessa perspectiva, ampla e conflitiva, memória, lenda e história se comportam como atores fundamentais na construção de narrativas políticas — sejam elas escritas ou visuais —, testemunhos e/ou processos artísticos.

Voltemos, assim, a Eusebio, esse personagem que atravessa os terrenos porosos da história, da lenda e da memória. Sabe-se "algo" sobre ele. Não muito. As crônicas de época o descrevem como "mulato", "anão" e "demente". Eusebio condensava, pois, uma série de estereótipos e preconceitos em seu próprio corpo e representação.

Segundo o sistema de divisão racial vigente na Argentina da época, Eusebio era considerado "mulato". O termo foi usado desde o século XVI na língua espanhola, referindo-se, originalmente, ao filhote macho do cruzamento do cavalo com a jumenta ou da égua com o jumento — que em português é chamado de mula. Nesse mesmo contexto, estabeleceu-se uma analogia, perversa, com o conceito, passando este a definir os filhos mestiços de uma mãe branca com um pai negro, ou o contrário. Há quem aposte também, como o pesquisador Jack D. Forbes, que a palavra "mulato" tenha origem árabe

INTRODUÇÃO

— *muwallad*, utilizada bem antes da vigência da escravidão mercantil europeia para descrever "árabes estrangeirizados", isto é, de origem étnica mista.[6] Outra possibilidade é que o sentido venha do árabe *maula* (servo com relação feudal). Assim sendo, as línguas espanhola e portuguesa teriam incorporado o termo muito precocemente, já no século XVI, poucas décadas depois da conquista das primeiras feitorias na África muçulmana e do começo do processo de escravização. De toda forma, e para além da origem etimológica, a palavra acabou recebendo uma conotação e sentido pejorativos, estereotipando pessoas negras e hipersexualizando as mulheres.

Além do mais, em função do preconceito que circunda pessoas de baixa estatura, Eusebio não poucas vezes seria ridicularizado nas ruas e em público. Comentava-se em tom de galhofa a cicatriz bem protuberante em seu rosto, mas ninguém sabia precisar a origem do acidente.

Eusebio era um dos "bufões" da "corte" de Juan Manuel de Rosas, na época em que o general exercia o cargo de governador da Província de Buenos Aires, primeiro durante os anos de 1829 a 1832 e depois de 1835 a 1852. Há quem conte que, quando jovem, Eusebio teria atuado como trabalhador braçal nas propriedades pertencentes à família de Encarnación Ezcurra. Depois do casamento dela com Rosas, em 1813, o rapaz passou a integrar o grupo de pessoas e trabalhadores que circundava os espaços de intimidade do casal, mas de maneira subordinada.

Proveniente de uma família abastada, Rosas costumava alistar pessoas que atuavam em suas propriedades para comporem milícias privadas. Nessa condição de dependência, elas tomavam parte em disputas entre facções que, não raro, levaram a uma sequência de guerras civis no país. Por sinal, tendo se saído bem em tais disputas, Rosas conseguiu grande influência pessoal: era sempre seguido (e temido) pelo exército particular e leal que o acompanhava aonde quer que fosse. Virou, inclusive, um modelo do caudilho, como eram denominados os senhores que faziam suas próprias leis e atuavam a partir delas.

Eusebio, ao que se sabe, e a despeito da baixa estatura, fora recrutado como miliciano. Com o tempo, e em função de sua proximidade com o casal, se mudou para a moradia construída após o matrimônio para abrigar os noivos. E assim, juntando dois mais dois, quando o patrão é eleito, em dezembro de 1829, e depois cria uma verdadeira ditadura de Estado, a mansão onde vivia nosso protagonista se converte em centro de decisões do governo de

Buenos Aires. Pelo que consta, Eusebio teria morado por lá, junto com a família íntima do caudilho, até o final do governo deste, em 1852.

Mas a principal atividade que Eusebio assumiu seria hoje considerada, no mínimo, excêntrica — ele se converteu, com o tempo, no mais conhecido dos bufões da família. Pessoas de baixa estatura eram com frequência aliciadas para essa função nas cortes europeias, de maneira a destacar e ironizar seus marcadores de diferença. Eusebio, que cumpriu tal papel a partir de 1835, vira e mexe era "convocado" para ridicularizar adversários políticos do governo de Rosas. Adotado e protegido pelo caudilho, "Don Eusebio" tinha como função divertir os amigos da família e gozar dos inimigos. E a importância de sua presença nessa corte improvisada era proporcional aos títulos irônicos que foi acumulando: Eusebio de la Santa Federación, Sua Excelência, Governador da Província, Conde Martín García, General das Califórnias, Majestade da Terra, Grande Marechal da América.[7]

Rosas gostava, ele próprio, de fazer um pouco de bufonaria, conferindo a Eusebio títulos honoríficos e condecorações que permitiam ao "amigo" estar presente nas reuniões oficiais. Tudo, porém, dentro do limite tênue entre o real e o inventado. O historiador Vicente Fidel López narra como Rosas tinha por hábito investir no jogo da fantasia, vestindo Eusebio com roupas episcopais ou costumes de embaixador.[8] Pouco se sabe, contudo, dos sofrimentos e atribulações que Eusebio sofria ao se ver imiscuído nesse tipo de teatro do poder, onde atuava mais como vítima do que na qualidade de algoz.

Não há quem duvide do protagonismo de Eusebio no interior da corte de bufões do general Rosas. Ele teria a capacidade de descobrir quais eram as pessoas mais antipáticas a seu patrão, e sobre elas soltava, sem dó nem piedade, as piadas mais sarcásticas, assinalando criticamente peças de vestuário, ironizando partes do corpo que considerava desproporcionais ou outros elementos que desabonassem os inimigos.

Don Eusebio não era o único bufão de Rosas; ficaram famosos personagens como o Padre Biguá, o Loco Bautista, o Negro Marcelino. O caudilho gostava de ser visto rodeado por eles, e usando de seu chicote fazia com que aprendessem, decorassem e declamassem versos, discursos e piadas. Entretanto, as memórias de época destacam certo apreço especial do general para com Eusebio, que, dizem, perdera o juízo e gostava de mesclar, nos seus delírios, retóricas exaltadas de louvor ao amo.

INTRODUÇÃO | 17

Nessa história, que tem muito de lenda, conta-se que Eusebio fora atingido por um golpe na cabeça em meio a uma briga quando procurava proteger seu chefe. A mesma narrativa defende que, por conta do acidente, o bufão passara a sofrer com problemas neurológicos, que anos depois teriam resultado em sua insanidade.[9] Havia sempre algo de burla na figura dele: era uma pessoa deslocada em termos de classe social, em sua estatura, comportamentos e cor.

Juan Agustín García, em *Sombras del pasado*, detalha o ambiente do bairro de Palermo, em Buenos Aires, nos tempos do caudilho, a partir de uma só cerimônia: "À sua direita se sentavam os generais Rolón e Pinedo; à sua esquerda o mulato Eusebio, governador de piada, sério, grave, que fala dentro de seu papel, com olhos presos no amo que o observa, e que alterna — com grande facilidade — a risada e a fúria".[10] "Governador de piada" é termo que revela o deboche com que Eusebio era tratado, bem como seu lugar submisso dentro da hierarquia de Rosas. Deveria obedecer, agradar ou agredir, fazer rir ou magoar.

A Batalha de Caseros, de 1852, marca a derrota final de Rosas. Para Eusebio ela significou o fim de sua posição, de alguma maneira, privilegiada. O bufão deixou de fazer graça e se transformou num mendigo das ruas de Buenos Aires. Nos seus últimos anos de vida, com o movimento de higienização das grandes cidades, foi levado para o Hospital General de Hombres, onde ficavam recolhidos os "loucos". Eusebio morreu em 1873, internado num asilo, sozinho, pobre e sem saber, exatamente, onde se encontrava. Viveu e morreu entre a realidade e a lenda criada em torno dele.

Na história de Eusebio, os limites entre loucura, assédio e pobreza, riso e drama, capacitismo e raça se encontram todos cruzados. E nenhum desses marcadores sociais de diferença fala a favor do antigo bufão. Eles se interseccionam e agem no sentido de inferiorizar e criticar a imagem de Eusebio como histrião: personagem que ele criou, mas foi também imposto a ele, e acabou por vitimizá-lo.

Marcadores sociais são categorias classificatórias e de articulação compreendidas como construções sociais, locais, históricas e culturais, que tanto pertencem à ordem das representações sociais — como são os mitos, as fantasias, as ideologias — quanto exercem uma influência real, pragmática, no mundo, por meio da produção e reprodução de identidades coletivas, de hierarquias sociais e processos de subalternização.[11]

Essas categorias, com muita frequência, não produzem sentido isoladamente; elas agem por meio da conexão que estabelecem entre si. Marcadores sociais, como raça, geração, região, gênero, sexo, classe social e deficiências físicas e mentais, entre outros elementos, têm a capacidade de impactar a realidade, produzindo hierarquia e formas de subordinação. Marcadores funcionam, pois, e na maior parte das vezes, perversamente quando atravessados entre si.

Hora de olhar com cuidado para o retrato acadêmico de Eusebio. Uma impressão inicial, mais positiva, digamos assim, não passa pelo escrutínio mais detido. Em primeiro lugar, o fato de a pintura fazer parte do acervo do Museu Histórico Nacional de Buenos Aires já confere a ela um lugar destacado, ao lado de outros trabalhos que ajudam a construir visualmente a narrativa nacional argentina. A boa técnica também despista: a obra é bem executada dentro das convenções neoclássicas, que fizeram dos retratos um ótimo ganha-pão e, sobretudo no século xix, serviram, de modo geral, para elevar e distinguir seus modelos. Por isso mesmo, costumavam dignificar as elites — majoritariamente masculinas e brancas — incluindo adereços e roupas que as distinguiam do restante da população. Proprietários de terra aparecem com seus melhores trajes, bengalas e chapéus; religiosos surgem com vestes episcopais e bíblias na mão; militares, com seus uniformes, condecorações, botas e armas.[12] Essas são convenções visuais que permitem que tais quadros sejam lidos exatamente da maneira como deseja o artista, e em especial seu cliente.

De acordo com a definição crítica de Ernst Hans Gombrich: "Os homens [da época das revoluções] gostavam de se considerar cidadãos livres de uma Atenas ressurgida", esse modelo incorporando nos retratos um ideal de elevação moral e física.[13] Visto a partir dessa perspectiva, o retrato de Eusebio estaria, portanto, a serviço de sua glorificação, e, ademais, muito bem inserido no Museu, ao lado do panteão de outros heróis da pátria argentina. Logo percebemos, porém, se observarmos os pequenos/grandes detalhes presentes na tela, que há algo que não combina bem com as demais obras expostas naquelas paredes — no caso do nosso personagem, destaca-se um mundo de associações desabonadoras.

O que mais chama atenção no quadro, em si, é o fato de Eusebio estar vestido com um elegante uniforme militar. Quando vista de maneira apressada, a tela parece, com efeito, ressaltar a altivez do personagem — suas cal-

INTRODUÇÃO | 19

ças brancas e casaca bem cortadas evocam a imagem do seu próprio patrão, o general Juan Manuel de Rosas, presente, aliás, na mesma ala do Museu Histórico Nacional de Buenos Aires.

Outros elementos ajudam a compor a dignidade da figura. Na mão esquerda ele traz uma bengala com um adereço distinto no topo, bem como um anel dourado no dedo mindinho, ambos os elementos lhe conferindo um ar de nobreza. Com a mão direita Eusebio aponta com um dedo, como se mirasse e indicasse o futuro.

Mas o retrato grandioso começa a se dissolver quando passamos a "ler pelos detalhes". Há algo de ultrajante na figura. Em primeiro lugar, completa o personagem um chapéu bicorne com fitas e penachos coloridos porém um tanto desalinhados; sobretudo os que aparecem na parte de baixo do adereço. Por outro lado, as fitas sustentam na parte inferior uma chave. Que nobre andaria com um apetrecho desses pendurado em seu uniforme, de maneira a ser incluído num retrato oficial? Resposta imediata: apenas um falso e improvisado militar.

Além do mais, caprichando na lente de aumento, rapidamente se percebe como a barba é malfeita e os cabelos, debaixo do chapéu bicorne, estão um pouco desarranjados. Todos esses elementos juntos dão a impressão de que Eusebio, diferentemente de outros militares e membros da elite, apresenta um aspecto sujo e desleixado. O uniforme não passa, assim, de fachada frágil. Por outro lado, se olharmos para a casaca do modelo bem na altura do cotovelo esquerdo, será possível notar a existência de um remendo, que confere um ar farsesco ao suposto galante militar.

Na parede que aparece na obra também podem ser lidas duas frases: "Muerte Rosas" (Morra Rosas) e "Viva Lavalle". Juan Galo Lavalle foi um militar independentista, que atuou como governador de Buenos Aires de 1828 a 1829, quando acabou sucedido por Rosas. Ele pertencia ao Partido Unitário e fazia oposição ao caudilho, chefe de Eusebio. Portanto, os dizeres deixam evidente como o retrato respeita a forma acadêmica da Revolução, para então subvertê-la por meio da ironia. O quadro é apenas supostamente engrandecedor. Visto com cuidado, constata-se que o objetivo é o oposto: desautorizar o general e seu principal lacaio e bufão. Logo, e como bem mostra a historiadora Paulina Alberto, longe de engrandecer Eusebio, o pseudorretrato traz a perspectiva dos oponentes liberais de Rosas, que o chamavam de "tirano".[14]

Existe ainda outro detalhe, muito revelador mas que pode passar despercebido. Eusebio caminha por sobre um chão pavimentado, e nele se destacam suas botas de militar. Mais uma vez, a primeira observação pode ser traiçoeira, pois a impressão que se tem é de que os calçados condizem com o vistoso uniforme e o completam. Pois bem, aguçando-se o olhar em direção ao pé esquerdo, nota-se, contudo, que falta o couro da frente do sapato, o que faz com que os dedos de Eusebio fiquem expostos.[15] Faltam também as meias que protegeriam os pés dele. Tais pormenores poderiam parecer insignificantes, não fosse essa uma marca racializada e reiterada, uma espécie de lembrete visual da representação de pessoas escravizadas, libertas ou negras, com grande frequência imortalizadas descalças. Afinal, Eusebio tem a cor dos "mulatos" e, portanto, de pessoas africanas que chegaram à América escravizadas.[16]

É certo que na Argentina, e diferentemente do que ocorria no Brasil, por conta da inclemência do clima, nem todos os escravizados eram vistos e representados sem sapatos.[18] Mesmo assim, o pequeno detalhe é revelador de alguns estereótipos recorrentes, presentes em toda a América — a associação entre categorias como classe e raça à imagem de pessoas sem sapatos ou

Detalhe de *Don Eusebio de la Santa Federación*.[17]

INTRODUÇÃO

meias: ícones detidos por uma certa civilização que a partir do século XVIII apagou suas diferenças e se definiu como ocidental e branca.[19]

Imagens nada têm de inocentes, e o retrato de Eusebio é tudo menos ingênuo. Ele pretende destacar a origem "espúria" do falso militar e assim desclassificar sua integridade. Quer fazer mais, vinculá-lo à sua raça, marcada, segundo as teorias deterministas da época, por estigmas de loucura e criminalidade. A imagem devolvia, pois, o que a pseudociência de então afirmava: o bufão não passava de um resultado degenerado da mistura de raças, que, segundo os mesmos modelos, levava à detração física e moral.[20]

O quadro é verista no sarcasmo e classista na forma. O miliciano era mesmo pobre, destituído de posses materiais, e suas roupas, quiçá, andavam de fato rotas ou sujas. Mas o que mais sobressai, nesse caso, é um certo "padrão de intenção". Conforme explica o historiador da arte Michael Baxandall, é preciso escrutinar as obras em séries muitas vezes, para encontrar na reiteração um "padrão" — um argumento construído visualmente.[21]

Existe também um tom de deboche, de bizarria, no retrato. É como se uma pessoa semelhante a Eusebio — pobre, "mulato", falastrão e de baixa estatura — não coubesse num retrato na parede, daqueles que as elites "fazem por merecer" pelo mero fato de existirem e poderem comissionar uma obra como essa e que — diferentemente do exemplo de que estamos tratando — é em geral muito laudatória.

Eusebio não foi, porém, um exemplo isolado na representação visual que circulou pelo espaço afro-atlântico formado pelo nefasto tráfico de almas. A falta de sapatos virou um símbolo da escravidão, de hierarquia e da inexistência de liberdade em especial nas mãos de artistas, naturalistas e fotógrafos em sua grande maioria de origem europeia.

E, se Eusebio viveu na Argentina, por aqui, no Brasil, viajantes, cientistas, desenhadores, artistas, gravadores e depois fotógrafos capricharam ao demonstrar os verdadeiros abismos existentes entre pessoas livres e pessoas escravizadas. Não poucas vezes representaram proprietários e seus cativos lado a lado, mas as roupas eram distintas, os adereços e penteados igualmente. A situação social era, sobretudo, diversa: escravizados trabalhavam e seus senhores e senhoras passeavam nas ruas ou eram carregados por eles. Mas outro imenso detalhe não passou desapercebido do olhar oitocentista e do começo do Novecentos. Escravizados não eram re-

Jean-Baptiste Debret, *Boutique de cordonnier*, 1835. Litografia, 31 × 49 cm.

gistrados calçando meias e sapatos. A interdição não fazia parte da lei; era da ordem do costume assentado, que, à sua maneira, é sempre muito rigoroso na sua aplicação. Por isso, sapatos logo se converteram em símbolo de liberdade, no imaginário dos escravizados, mas também em formas de mostrar a inferiorização na palheta dos artistas ocidentais — que tenderam a dominar esse tipo de documentação visual oitocentista.

Não terá sido por coincidência que o viajante francês Jean-Baptiste Debret, o qual chegou ao Brasil em 1816 com o objetivo de se tornar uma espécie de pintor da corte de d. João e voltou à França como membro da Academia Imperial de Belas Artes, decidiu, entre suas inúmeras imagens pitorescas, reproduzir uma loja de sapatos.[22] Há sapatos por todos os lados: no teto, nas paredes, pelo chão. Sapatos só não estão nos pés dos escravizados, sendo que um deles é retratado com um olhar desconfiado e com o pé direito nu bem destacado.

A cena toda mostra uma situação de repressão e controle, o patrão aplicando a palmatória na mão do escravizado que se encontra ajoelhado e com a cabeça baixa, em outra circunstância que denota subserviência. A imagem representa um elogio ao controle e à ordem naquele Brasil do trabalho forçado, tendo a presença de sapatos (nos pés do patrão) e a ausência deles (no caso dos escravizados) como símbolos diletos para representar o sistema que supõe a posse de uma pessoa por outra. Aliás, é o próprio Debret quem estabelece a associação entre pés descalços e escravidão quando observa surpreso o número elevado de sapatarias no Rio de Janeiro de 1816 — cidade onde 75% da população era composta de escravizados que enfrentavam as ruas enlameadas com seus pés descalços.[23]

O certo é que a liberdade calçava sapatos e a ausência deles representava, até alegoricamente, o cativeiro. O costume de andarem descalços também era lido como sinal de respeito diante daqueles que eram considerados supe-

INTRODUÇÃO | 23

riores, e virava ainda uma marcação externa acerca da condição escrava. Não por acaso, essa sorte de comparação foi muito frequente nas obras de artistas visuais europeus como Debret, Rugendas, Chamberlain e tantos outros, que investiram pesado nesse tipo de representação.

A partir da década de 1850, com a entrada da técnica da fotografia, a exposição didática da desigualdade social entre brancos e negros seria também retratada por esses novos profissionais, igualmente provenientes, em sua maioria, do assim chamado Velho Mundo. E, se são inúmeros os exemplos nesse sentido, existe, porém, um documento, feito no estúdio paulista de Militão Augusto de Azevedo,[24] ainda nos tempos da escravidão, que parece servir de modelo sobre como se legitima a hierarquia a partir do registro visual.

Perdemos no tempo o nome do proprietário, e tampouco sabemos o dos trabalhadores. Mas temos certeza de que se trata de uma foto encomendada pelo senhor, que nela incluiu seus cativos como prova de riqueza e privilégio. Em primeiro lugar, o patrão encontra-se um passo à frente dos demais — o que já denota anterioridade na hierarquia. Em segundo, ele traz o traje completo — calça, jaquetão, camisa branca e gravata-borboleta —, que se destaca sobretudo em comparação com as roupas mais remediadas dos outros. A cor do proprietário que encomendou a foto é branca e seu cabelo e barba mais claros — numa espécie de reforço de quem exerce o mando e tem o domínio material e simbólico da situação. Mas o que distingue, para valer, o homem que está no centro da foto são seus sapatos, que aparecem com muita evidência e ganham ainda maior relevância ante a ausência de calçados nos pés dos demais — seus escravizados.

Era muito difícil controlar o resultado de uma foto no formato albúmen, e a abertura lenta das lentes fez com que as reações dos escravizados tomassem vulto. O homem na extremidade direita se mexeu e saiu borrado. Além disso, enquanto as duas outras pessoas da direita revelam passividade e resignação diante do lugar que devem ocupar na representação, a

Militão Augusto de Azevedo, *Senhor e seus escravos*, [s.d.]. Albúmen, 6,3 × 8,3 cm.

José Christiano de Freitas Henriques Júnior, *Escravos de ganho*, 1864-5. Albúmen, *carte de visite*, 6,3 × 10,3 cm.

que está postada logo à esquerda do senhor mostra contrariedade, com os braços cruzados. O registro guardou, porém, a lógica simbólica dos sapatos. Mesmo sem nomes, é também por conta dos calçados que divisamos quem tem ou não tem liberdade.

Não calçar sapatos definia a condição escrava. Escravizados de ganho, por exemplo, podiam andar mais livremente pelas ruas, sendo vistos bem trajados, com anel no dedo, relógio no bolso, chapéu-coco na cabeça, paletó e tudo o mais. Mesmo assim, continuavam andando descalços, o que funcionava como uma espécie de atestado da condição servil e marca de sua raça.

Aqui vemos uma foto de Christiano Júnior,[25] profissional que se especializou em fazer "tipos de negros" e vender seus trabalhos no exterior, de alguma maneira exotizando a violência da situação. Causa hoje espanto ver o descompasso entre as indumentárias, os jaquetões, os guarda-chuvas, quando contrastados com os pés descalços; estrategicamente colocados bem à frente e ao centro nas fotos. Sim, pois o profissional não pretende esconder nada. Quer antes destacar.

Símbolos não são aleatórios — seu significado vem do fato de serem compartilhados e aceitos pela sociedade. Sendo assim, eles acabam por dialogar com a realidade, produzindo e corroborando percepções, mas igualmente as concretizando. O certo é que, para funcionarem, símbolos como esses precisavam ser conhecidos e reconhecidos por quem se valia deles, mas também por quem sofria por causa deles. Tanto que muitos negros e negras "fujões", como eram chamados, quando capturados estavam calçando sapatos como uma estratégia para ludibriar seus perseguidores.

Os sapatos se converteram assim em símbolos de liberdade naquela sociedade do trabalho imposto. Tanto é verdade que, não raro, quando um escravizado era alforriado, logo comprava um par deles. No entanto, como os seus eram pés acostumados a pisar o chão de terra, muitas vezes era difícil trocar um costume por outro. Por isso, e como "o hábito faz o monge", contavam os viajantes que era comum observar libertos trazendo os sapatos a tiracolo, ou presos pelo cadarço mas pendurados nos ombros.[26]

Era também de praxe expô-los em lugares de destaque nas casas, como decoração ou atestado de conquista da liberdade. Ficavam, então, bem à vista, logo na entrada das moradias, como se servissem de prova de que o que fora conquistado não poderia ser tirado deles.[27]

É também de sapatos que trata o documento da página seguinte, feito pelo fotógrafo italiano Vincenzo Pastore,[28] que captou com suas lentes uma São Paulo em inícios do século XX; tempos de República, quando já não existiam escravizados no Brasil. Dois homens negros e anônimos tomados de costas conversam sentados num banco que traz, talvez não por obra do acaso, a propaganda de uma marca de sapatos: Calçado Clark. Do mesmo modo, o texto da mensagem não há de passar desapercebido: "O único superior no Brazil". Em seu sentido literal, a frase se referiria apenas a uma superioridade do produto. No entanto, no contexto brasileiro, ela diz respeito à recente ausência de critérios sociais de superioridade ou inferioridade pautados na escravidão, finalmente extinta no país em 1888, bem como alude à voga das teorias evolucionistas e higienistas que, depois da abolição, propagaram-se no país e em suas instituições científicas.

A foto fala por si. Os dois homens negros não aparecem trabalhando, diferentemente de como pessoas negras costumavam ser representadas nos tempos da escravidão, quando foram desenhadas e registradas por artistas e fotógrafos transportando pesadas cargas (humanas e materiais), cozinhando, serrando madeiras, remando, amamentando filhos alheios, cuidando de crianças, vendendo de tudo. Dessa vez, conversam tranquilamente — ainda que se saiba tratar-se de uma foto montada e que os figurantes devem ter recebido orientações precisas do profissional para que agissem com naturalidade e sem olhar para a máquina.

O da direita veste paletó branco e calça preta. Dele é possível inferir a idade um pouco mais avançada. O outro traz o rosto praticamente coberto

Ilustração de Angelo Agostini. *Revista Illustrada*, 18 de agosto de 1888.

Vincenzo Pastore, *Homens conversando em banco de praça*, c. 1910. Fotografia, 8,1 × 11,6 cm.

por uma das mãos. Entretanto, o que conseguimos ver é mais que suficiente. Vislumbramos seu chapéu elegante, o terno completo e a bota confortável.

Para o fotógrafo estrangeiro, ela fazia apenas parte de um jogo "entre entendidos". Várias camadas de sentido se juntam nesse documento visual, já que, calçando sapatos, as ações de "jogar conversa fora" e deixar as horas passarem ao lado de um amigo não eram regularmente associadas a pessoas negras. A imagem, muito sensível, joga, então, com a inversão, e produz seu sentido da mesma maneira que a piada: do deslocamento de significados. Afinal, comunidades imaginam em conjunto, conforme explica o sociólogo Benedict Anderson,[29] e não no vazio. O próprio conceito de imaginário vem da palavra "imagem": das associações que fazemos diante de uma imagem.

Na verdade, se é possível ler imagens a partir de suas formas estéticas e do maravilhamento que sem dúvida produzem, o significado das obras que acabamos de analisar se dá também em contexto, e a partir do conhecimento de convenções visuais "lidas" com certa facilidade por aqueles que consomem esse tipo de produtos, e inclusive por pessoas que são, de determinada maneira, vítimas deles. Estamos diante, assim, de culturas visuais, projetos imaginários de

INTRODUÇÃO

alguma forma oficiais, cuja vigência e reiteração só podem persistir a partir da eleição — intencional ou não — do que se pretende lembrar e do que se quer esquecer e até mesmo esconder. Tudo de maneira silenciosa e por vezes envergonhada, como se existisse uma espécie de acordo praticado por uma parte dessa sociedade que, após tantos séculos, se acostumou a deter privilégios e a monopolizar o domínio social e político.

Muitas nações se pensam e se definem a partir de aquarelas, óleos, telas e fotos icônicas, que cumprem também a função de resumir desejos e projeções de certos setores dominantes da sociedade. A tela *Independência ou morte* (1888), de Pedro Américo, por exemplo, teve tal impacto que, de projeto imaginário — em que a artificialidade da cena é reconhecida pelo próprio pintor na época —, virou "testemunha" de um fato que decidiu a sorte do país.[30] Com esse quadro, produzido muitas décadas depois do evento do dia 7 de setembro, fomos socializados na ideia de que a emancipação política não foi uma conquista do povo e resultado de um processo de lutas descentralizadas pelo país, mas um "acordo de cavalheiros" provenientes dos setores palacianos. História parecida cerca o trabalho de Victor Meirelles chamado *A primeira missa no Brasil*. Criada em 1861, a partir do mecenato do imperador d. Pedro ii, que pretendia, entre outras coisas, elevar a imagem do Brasil, a obra descreve a invasão portuguesa como uma missão civilizadora europeia, e os indígenas observando "tranquilos e passivamente" a tomada de seu território. A beleza, não raro, dissimula, produzindo emoção e fazendo uma nação partilhar supostos sentimentos e desejos comuns, cuja história e os dados do passado têm a capacidade de desmentir.

É possível dizer, pois, que subsiste uma sorte de pacto social implícito, produzido e reproduzido por uma série de registros visuais. Parte significativa do Brasil se imagina branca, a despeito de vivermos num país em que 55,5% da população é negra, segundo dados do ibge. Trata-se de uma espécie de contrato pautado numa "amnésia social", que faz com que confiemos nas imagens, mais do que na própria realidade.

Símbolos como os sapatos serão tão ou mais eficientes quando se afirmarem na lógica do consenso social — que por definição não precisa sequer ser objetivamente enunciada. A língua, a história, os mapas, a literatura, os jornais, a propaganda e as imagens cumprem papel fundamental no sentido de tornar natural, ou pouco passível de questionamento, o que na verdade é da estrutura da engenharia social. É assim que a nação se constrói imaginando tempos e populações homogêneas e pretensamente universais.

Registros visuais desempenham função crucial nesse tipo de jogo político, disputado cotidianamente, mas também na longa duração. E no Brasil, como em outros locais, o nacionalismo não é uma forma inócua: ele tem raça e gênero. Ou melhor, num país como o nosso, que contou com o mais longo, largo e enraizado sistema de trabalhos forçados, pintado e representado por inúmeros viajantes europeus; onde a fotografia entrou cedo — já entre os anos 1840 e 1860 — e a escravidão terminou demasiado tarde, apenas em 1888, a imaginação é atravessada por processos de racialização e os constitui igualmente. O patriarcalismo também molda esse tipo de produção, jogando para os homens brancos o lugar de mando e para as mulheres o espaço da reclusão; ou melhor, e como teremos oportunidade de explorar, as figuras femininas de elite são introduzidas, com constância, no espaço seguro do lar, enquanto as escravizadas ocupam as ruas e são descritas a partir da exaltação de uma suposta e enganosa "sensualidade natural".

É fato reconhecido no Brasil, e no exterior também, como a iconografia nacional é não só abundante em marcadores sociais de raça, gênero e sexo, região, geração e classe, e de seus cruzamentos, como muito condicionada por esses elementos. Contudo, chama atenção, num contexto em que boa parte dos países pretendia esconder a escravidão, que aqui ela tenha virado matéria do pitoresco, sendo registrada corriqueiramente.

Documentos visuais passam, assim, pelas mesmas especificidades de outras fontes: eles e seus artistas não precisam ser transformados em monumentos ou gênios isolados.[31] Obras como essas têm autoria, data de nascimento, origem, e todos esses elementos fazem tremenda diferença para a compreensão e leitura delas. Se muitas vezes se limitam ao belo, em repetidas ocasiões carregam seus próprios projetos, dialogando com outros registros de época.[32] Não se comportam, pois, apenas como "ilustrações", no sentido de darem lustro a textos cujo sentido se adivinha previamente. Consistem, com muita frequência, em registros influentes: ao mesmo tempo que são produto do seu contexto, ajudam a produzi-lo.

Outro aspecto a sublinhar. Se a autoria de tais obras sempre foi basicamente identificável — sendo boa parte delas realizada por pessoas de origem europeia, em geral homens provenientes das classes médias —, durante muito tempo não

INTRODUÇÃO

se deu importância a esse tipo de informação. Ou seja, várias dessas imagens foram consumidas como meros testemunhos, registros de época, transformando-se, assim, visões parciais e subjetivas em verdades de largo alcance.

O caso mais famoso é o do pintor Jean-Baptiste Debret. Hoje sabemos que ele chegou ao Brasil em 1816, vindo de uma França que sofria com os reveses de uma guerra prolongada e da queda de Napoleão. O pintor fazia parte do círculo de artistas que cercavam o imperador corso, e ficara repentinamente sem emprego. Perdera também um filho e recusara outros convites na Europa, farto que estava de viver num ambiente assolado por conflitos internacionais. O translado transatlântico representava assim uma boa oportunidade de ele ganhar um emprego no único Reino Unido das Américas. O objetivo era, então, esquecer a guerra, a perda de seu filho, e tentar, como vimos, "fazer a América".

Formado na escola acadêmica de Jacques-Louis David, seu primo e chefe do ateliê onde trabalhava, Debret trouxe para o Brasil o que aprendera nessa que era uma espécie de escola para formar artistas a serviço do Estado. E, em tal circunstância, pouco importava o fato de Portugal ter sido inimigo da França; por aqui ele pintaria a colônia "pitoresca" de d. João, com escravizados de corpos anatomicamente perfeitos, sempre a trabalhar com calma, sem denotar conflito algum, nessa colônia dos regimes de trabalho forçados.[33] Tudo exótico, tropical e palatável para o gosto europeu, que andava carente de outras paisagens e repertórios a consumir.[34]

Todavia, no país, e mesmo no exterior, sobretudo a partir dos anos 1930, Debret se converteria numa espécie de "etnógrafo" da escravidão, sem maiores questionamentos em relação a sua origem, à identidade de seus comandatários, de quem o financiava, e aos interesses dele durante sua longa estada no Brasil.[35] Não pretendo afirmar que tudo é "falso" nas aquarelas de Debret. Ao contrário, até hoje seu trabalho sobrevive graças à beleza de suas pranchas e dos dados que efetivamente contêm. Mas é certo, também, que, em razão da encomenda que recebeu, existiu de um lado uma tentativa de embelezar as imagens da escravidão, de outro, uma busca de engrandecer a monarquia e as elites que pagavam pelo trabalho do artista e, de outro ainda, uma denúncia velada ao cativeiro.[36] Uma explicação não se separa da outra.

A corroborar a ideia de que essa era mesmo uma "intenção", basta lembrar que duas das aquarelas de Debret censuradas na época pelo Instituto

Histórico e Geográfico Brasileiro — estabelecimento patrocinado pela realeza — foram pranchas que mostravam cenas diretas de violência: a imagem de um escravizado sendo chibatado por um feitor e a representação de um entreposto no mercado do Valongo, conhecido por realizar o comércio de pessoas. Na cena, chocante, africanos recém-chegados são apresentados pelo artista com seus corpos esquálidos, deitados em bancos ou largados pelo chão, muitos já sem forças para ficar de pé. Em destaque, mais à direita, surge um menino sendo vendido por um traficante e examinado por um proprietário branco.[37] A violência explícita não era, assim, bem recebida; já a mais cotidiana e disseminada nos detalhes parecia não chocar ou agredir.

Como veremos neste livro, uma obra de arte é feita a partir de processos de escolha: na fatura estética da obra, na eleição do tema e também entre o que se quer mostrar e nuançar, ou mesmo não mostrar. Portanto, na difusão acrítica desse tipo de iconografia imperou uma certa onipotência (praticamente) invisível de quem controla, encomenda e assim ganha não só o direito de se autorrepresentar como o de identificar "o outro". Pois, se os comandatários das obras são, normalmente, "sujeitos" da homenagem e da memória, os demais se comportam como "objetos", uma vez que não têm controle sobre como e em que circunstâncias serão retratados. Não raro, acabam sendo incluídos de maneira subordinada nesse teatro que não é orquestrado por eles.

Cultura funciona, porém, como uma espécie de segunda natureza: ela se inscreve em nosso corpo tal qual tatuagem. Gruda nas pessoas como se fosse parte essencial, e não construída, de nossa identidade. É por isso que certas imagens — entre aquarelas, óleos, fotografias, litografias, caricaturas, filmes, propagandas, impressos — criaram verdadeiras comunidades que se imaginam juntas a partir delas, sem que a bula ou o "certificado de origem" precise ser comprovado, ou mesmo verificado.

E foi também dessa maneira que se divulgou e naturalizou um mundo dos valores da cultura da branquitude, sem que fosse necessário racializá-la, sendo as situações apresentadas como se fizessem parte da ordem do geral ou até do universal. Por outro lado, raças foram criadas para definir os "outros" — que, em sua terra natal ou mesmo vivendo em seu contexto original, não se reconheciam como negros, mestiços ou indígenas. Essas são classificações externas, como as que foram impostas a Eusebio, e que ajudam, de forma consciente ou não, a estabilizar situações sociais, apagando-se as práticas coloniais que as sedimenta-

INTRODUÇÃO

31

ram, e a violência de uma "história global", que durante tanto tempo somente disse respeito aos feitos de nações euro-americanas e os enalteceu.

Este é um livro que trata do fenômeno social e cultural da branquitude, e que foi escrito por uma mulher branca, paulistana e judia. Esse é meu lugar de fala, e de onde me localizo.[38] E, se o conceito da branquitude já foi muito bem analisado por autores e autoras que teremos tempo de conhecer nos próximos capítulos, poucas vezes tal cultura do privilégio foi trabalhada a partir da linguagem das imagens e desse tipo de imaginário que, sob a capa da inclusão, escancara e performa muita exclusão social.

Imagens da branquitude trata também da eficácia simbólica. Da maneira como símbolos são convenções sociais, nada aleatórias, pois fazem parte de hábitos arraigados e muitas vezes pouco diretamente enunciados. Ninguém sabe de quem é a autoria, ninguém justifica a verdade deles ou aposta nessa verdade, mas todo mundo convive com esses pressupostos, como se abarcassem suas próprias respostas. Eusebio usava sapatos, mas eles estavam cortados bem na ponta do pé, de modo a evidenciar que, mesmo calçado, no fundo ele andava descalço. Talvez o sapato estivesse de fato roto, desgastado pelo uso, e faltasse dinheiro para substituí-lo. Não discuto. Mas o que interessa aqui é assinalar a intenção social embutida no ato de representar assim o bufão.

Por meio das frases dispostas na parede, já sabemos que a tela pretendia fazer críticas a nosso personagem. Pretendia mais: criar uma comunidade de sentimentos, que sabe ler os ícones incluídos nesse tipo de imagem. Sabe rir deles. Consegue assim não só adivinhar a condição social e de raça do modelo, como ajuizar que, de fato e de direito, ele não fazia jus a tal símbolo da civilização, índice de um certo letramento e cultura. Esse era um privilégio dos bem-nascidos; grupo para o qual nosso personagem, mesmo convivendo com as elites, jamais ganharia um tíquete de entrada.

Pretendemos "ler imagens", pois, atentando para o conjunto mas também para esses imensos detalhes. Se não podemos restituir os calçados a Eusebio, ao menos podemos mostrar as operações que fazem com que, mesmo tendo a capacidade de "ver", não consigamos "enxergar" esses grandes e perversos detalhes. Afinal, ver é uma propriedade biológica que quase todos têm; já enxergar é uma opção cultural.

É na conta dessa fatura que o historiador Alberto da Costa e Silva chamou a atenção para o "remorso" que assola parte da produção brasileira sobre o período.[39] E a única possibilidade de ao menos minorar o obstáculo criado por esse verdadeiro nó social é buscar desfazê-lo, e sem peias. Não me refiro apenas às consequências que tal sistema trouxe para as populações negras — as verdadeiras vítimas do processo. Mas também, e como mostra Cida Bento, aos impasses que essa estrutura criou para a própria sociedade branca, que foi socializada na imaginação do mando, da hierarquia e do privilégio.[40]

Dizem os analistas que indivíduos precisam enfrentar seus traumas para que não recaiam ou fiquem presos no círculo vicioso que eles criam. Sociedades também carregam seus traumas coletivos, os quais, muitas vezes, se apartam no silêncio da omissão — de maneira deliberada ou não. No entanto, é com a explicitação desses traumas que avançaremos como uma nação que não apenas se define como uma democracia, mas que encontra na diversidade e na inclusão social um mote para o seu fortalecimento.

O trauma é antigo, e levou a que, continuamente, o tema fosse adiado, a partir do silêncio de uma história sempre contada pela metade. Por exemplo, logo após a abolição da escravidão, uma determinação do então ministro da Fazenda Rui Barbosa, datada de dezembro de 1890, ordenava a destruição de documentos vinculados à escravidão, porque a "República [era] obrigada a destruir esses vestígios por honra da pátria, e em homenagem aos nossos deveres de fraternidade e solidariedade para com a grande massa de cidadãos que com a abolição do elemento servil entraram na comunhão brasileira". A boa intenção priorizava apagar um passado considerado vergonhoso, reconstruindo-se a história a partir de outros ideais e incorporando os ex-escravizados ao projeto de modernização que se anunciava na época. É certo também que o objetivo da lei era evitar que antigos senhores de escravos pedissem indenizações por suas "perdas". Afinal, se houve algum processo de ressarcimento após a abolição, ele priorizou os proprietários e não os escravizados[41] — e Rui Barbosa pretendia justamente negar aos primeiros esse tipo de direito.

Mas o ato acabou por representar — de maneira consciente ou não — uma forma de esquecimento. Em 1890, o poeta Medeiros e Albuquerque compõe o *Hino da Proclamação da República*, com a seguinte estrofe: "nós nem cremos que escravos outrora/ tenha havido em tão nobre país". Fazia apenas um ano e meio que a escravidão fora abolida, por um ato tímido e não inclusivo, a menor lei que o Brasil já criou, e ninguém pretendia "lembrar" o que ocorrera e ainda ocorria com a criação de novas formas de exclusão social.

INTRODUÇÃO | 33

Um pouco antes, em 1883, Joaquim Nabuco expressou a "nódoa" que recaía sobre as populações brancas do Brasil: "Com a escravidão, não há patriotismo nacional, mas somente patriotismo de casta, ou de raça; isto é, um sentimento que serve para unir todos os membros da sociedade, é explorado para o fim de dividi-los. [...] Brasil e escravidão tornaram-se assim sinônimos. [...] Se o Brasil só pudesse viver pela escravidão, seria melhor que ele não existisse".[42] Já na virada do século, quando se encontrava no exterior, o mesmo autor reuniu em livro uma série de ensaios. Chamou a obra de *Minha formação*; tratava-se de uma autobiografia nostálgica, em plenos dias republicanos. O estadista olha então para trás, como quem visiona o futuro. É a partir desse olhar projetivo, mas também como membro de uma família de proprietários do engenho Massangana, localizado em Pernambuco, onde ele viveu de 1849 a 1857, que o intelectual define a fatura onerosa: "O traço todo da vida é para muitos um desenho da criança esquecido pelo homem, mas ao qual ele terá sempre que se cingir sem o saber [...]. A escravidão permanecerá por muito tempo como a característica nacional do Brasil".[43]

Pois bem, "a escravidão permanecerá por muito tempo" dentro de nós, se continuarmos a tratar de negritude sem problematizar, ao mesmo tempo, o lugar da branquitude — uma vez que esses são termos definidos na relação que estabelecem entre si. Ou então, entender os andaimes dessa que é uma construção social, econômica, política e histórica do prestígio. Vale a pena enfrentar as consequências de o Brasil ter contado com o mais longo sistema escravocrata da modernidade e ainda manter a triste marca de ser o oitavo país mais desigual do mundo.

Nesse sentido, é inegável como foram as elites brancas que criaram o sistema colonial, essa verdadeira maquinaria social violenta; que inventaram as teorias raciais dos anos 1870; que pretenderam biologizar a diferença no contexto do fim da escravidão; que reintroduziram modelos de branqueamento; que deram guarida ao mito da democracia racial que nos anos 1930 exportou a imagem frágil de um país igualitário; e que, em tempos mais recentes, defendem a noção de meritocracia — um modelo que, em nome da universalidade de direitos, elide a diferença de acesso a informações, bens e riquezas no país. Teremos tempo e calma para tratar de todos esses temas complexos, a partir, sobretudo, das imagens que foram sendo criadas e dos imaginários que tais modelos construíram na base de uma sociedade que se pensa como branca ou branqueada.

Imagens da branquitude trata da temporalidade das imagens e de seus muitos sentidos — no tempo passado e neste que nos foi dado viver. Mas procura realizar mais: inquirir como uma série de documentos visuais que lemos de maneira inocente são atravessados por práticas do racismo — que foi, no limite, um projeto da modernidade europeia. Não se trata de apostar numa visão moralista, tampouco na lógica binária e simplista que opõe um grande "nós" a um imenso "eles". Melhor é inquirir essa que é uma espécie de "pacto das imagens".

Na maioria das vezes, essas obras não foram tomadas como depreciativas, ao menos no contexto em que foram produzidas. Afinal, inseriam-se em momentos nos quais a escravidão era legitimada pelo Estado. Sendo assim, trabalhar numa sociedade racista nem sempre significou compactuar com ela. A questão não é, portanto, normativa, e não se trata de simplesmente destronar personagens do passado e colocar outros no lugar. Mais relevante será ler tais documentos na contramão, a partir do que, com frequência, o artista não pretendia expor ou destacar; ou mesmo pensar na difusão mais recente dessas obras. Afinal, documentos visuais estão sempre em disputa no interior das lógicas simbólicas operantes, seja em sua própria época, seja em outros tempos que as ressignificam.

Todavia não pensamos em arte apenas como uma resposta a questões de ordem política, social ou econômica. Por sinal, geralmente a arte excede esse tipo de retórica apenas centrada no poder, e aponta também para a própria liberdade humana.

Este livro se escreve e se lê a partir de imagens. Imagens que têm a capacidade de, em primeiro lugar, encantar com sua beleza e com a força de suas formas estéticas. Mas imagens podem também dissuadir, desviar o olhar ao oferecer visões incompletas de si mesmas ou das realidades que dizem descrever. Afinal, ninguém lê livremente e sem as lentes e códigos da sua cultura.

Não vamos seguir uma cronologia estrita, pois imagens costumam desrespeitar temporalidades progressivas e monotonamente evolutivas; são em geral anacrônicas.[44] Aqui são os temas que articulam as imagens: sapatos, mapas, alegorias, patrimônios, mães negras, sabonetes, teorias e imagens do branqueamento e da democracia racial são como que janelas para explorarmos o tema que orienta este livro. Não existe também nenhuma preocupação de exaurir assuntos nem sequer de apresentar um conjunto extensivo de imagens. Os capítulos podem ser lidos como ensaios ou crônicas que se organizam em torno de imagens selecionadas a partir de determinados motes que acabam por conformar séries visuais, compondo, dessa forma, argumentos analíticos.

E, se todas as identidades raciais não passam, como veremos, de ficções sociais que ganham ares de realidade, as imagens que vamos analisar aqui têm a imensa capacidade de criar consigo novas realidades. A realidade de alguma maneira incômoda mas confortável de uma certa cultura da branquitude, que usa sapatos e meias, e ainda vê neles um símbolo de poder.

A obra *Refino #5 (pés)*, de Tiago Sant'Ana, faz parte de uma pesquisa que o artista faz com viajantes europeus como Debret e Rugendas, com o intuito de mostrar de que maneira, na maior parte das vezes, retrataram pessoas negras escravizadas destacando aspectos bucólicos e doces dessa mão de obra forçada. Para "dissolver" essas representações ele justamente coloca em evi-

Tiago Sant'Ana, *Refino #5 (pés)*, 2018. Fotografia (pigmento mineral sobre papel de algodão).

dência os pés com uma espécie de moldura feita de açúcar. Eles nunca estão calçados, o que denota, a partir dos detalhes, a negação do direito à cidadania e à liberdade.[45]

Em 2020, a Coalizão Negra por Direitos lançou um manifesto afirmando que "enquanto houver racismo, não haverá democracia". Eram tempos da morte por asfixia de George Floyd nos Estados Unidos e de João Alberto Freitas no Brasil — ambos morreram sem ar. No entanto, e como escreveu o professor Oscar Vilhena Vieira, citado por Sueli Carneiro, "o protagonismo do movimento negro não exime brancos antirracistas da responsabilidade de participar dessa luta".[46]

Este é um livro, pois, que se pretende antirracista, uma vez que essa não é uma questão moral nem uma categoria de acusação. Ela implica o compartilhamento de boa informação e o incentivo a atitudes propositivas. Implica, ainda, tirar o véu e associar também a parte da sociedade criada pelos valores da branquitude nesse tema que não afeta apenas as pessoas negras; diz respeito a todas e todos nós que queremos um país mais justo, democrático e inclusivo. Implica produzir, por fim, autorreflexão, autocrítica e letramento racial para pessoas que, como eu, fazem parte de uma certa cultura social e política da branquitude, e não estão acostumadas a ser racializadas.

Igualdade na mistura, mestiçagem enquanto miríade de equidade, podem até ser utopias de largo curso. Mas no presente a história é outra, é a diferença social que tem dado o tom e o compasso, não o amalgamento democrático. Como afirma Sueli Carneiro, estamos todas e todos "convocados" como "partícipes na construção de outro tipo de sociedade", pois "não há futuro para esse país se não formos capazes de equacionar essa realidade" e assim construir outro projeto de nação.[47]

Neste livro as palavras se apresentam, muitas vezes, como imagens. E fontes visuais, ao anunciar o novo, carregam muito de um tempo nostálgico, um tempo anacrônico. São o passado do presente.

* * *

Optamos neste livro por usar o termo "branquitude" e não "branquidade", seguindo a sugestão das psicólogas Edith Piza e Cida Bento, e do sociólogo Lourenço Cardoso, que estabeleceram uma contraposição e um paralelo com os conceitos de negritude e negridade. Branquidade corresponde ao conceito de negridade — que diz respeito, por sua vez, a um momento em que o ativismo negro dos anos 1930 buscava se integrar no "mundo branco" negando sua história diaspórica, e elevando apenas valores, narrativas e conceitos ocidentais. Seria assim uma concepção que rejeita parte de si. Já o conceito de negritude é fruto do ativismo negro dos anos 1970 que defende uma postura identitária e de auto-orgulho, que remete à ancestralidade africana e afrodiaspórica. O conceito correspondente é, pois, branquitude — que é o que adotamos aqui. A diferença é que negritude se refere a um movimento social de autoafirmação; já a branquitude reluta em aceitar essa titulação que remete à especificidade de seu lugar social. Voltaremos ao tema no capítulo que se segue e a partir dos intelectuais que definiram esse debate.[48]

1 | "ELES QUE SÃO BRANCOS QUE SE ENTENDAM!"
Ou, afinal, o que é branquitude?*

*Quem se dedica a historicizar a multidão,
as pessoas despossuídas, subalternas e escravizadas,
se vê tendo de enfrentar o poder e a autoridade
dos arquivos e os limites que eles estabelecem [...].*
Saidiya Hartman

Sobre a lógica dos provérbios: repetir sem pensar

Provérbios são frases de efeito, em geral curtas, que nos habituamos a usar, ouvir e repetir sem normalmente pararmos para pensar no significado mais profundo que contêm. Não raro introduzimos um debate ou o concluímos declinando esse recurso retórico, mesmo que não tenhamos controle absoluto sobre o que dizemos. Usamos tais textos mais pela força do costume do que, necessariamente, por dominarmos o sentido.

Segundo o dicionário, provérbios são ditados de origem popular que resumem conceitos morais e normas sociais. Seriam, assim, condensados de intenção: fariam uma súmula daquilo que a sociedade emana, provoca e difunde.

Nas escrituras bíblicas, provérbios são sentenças cujo intuito é educar e aconselhar. Seguindo a orientação religiosa, os provérbios confirmariam orientações e indicariam direções morais.

---

* Este é um capítulo mais teórico, que procura fazer um balanço da produção intelectual em torno do conceito de branquitude. Ele tem grande importância para este livro, em primeiro lugar porque apresenta uma série de trabalhos que antecederam *Imagens da branquitude*, e sem os quais eu não teria escrito este volume. Em segundo lugar, serve para a exploração de uma série de decorrências conceituais presentes nessa bibliografia e que tiveram imensa relevância para a construção do meu argumento. Ele não é, porém, exaustivo no sentido de dar conta de toda essa vasta produção. Para aqueles que não queiram entrar nesta espécie de arqueologia do conceito, é possível pular o capítulo e seguir em frente com os demais, que são mais voltados a temas particulares envolvendo o exame do fenômeno branquitude e se valem da análise de imagens como fio condutor.

De uma maneira geral, é possível dizer que provérbios são "produto" mas também "produzem" concepções presentes nas sociedades, de forma difusa, tendo grande poder de reiterar e certificar noções previamente estabelecidas. Funcionam, assim, à semelhança das poderosas "teorias do senso comum",[1] que, mais do que agirem como sistemas de comunicação ingênuos e sem importância, na verdade estão na base de modelos e estruturas que, de tão arraigados, não precisam de maiores explicações. São, portanto, recursos repetitivos cuja simples emissão costuma ou pretende gerar concordância e aceitação.

Pois bem, gostaria de refletir sobre um provérbio em especial: "Eles que são brancos que se entendam!".

Recorri mais uma vez ao dicionário e a outros registros com o intuito de chegar a uma definição mais abrangente e consensual da frase acima. Mas a pluralidade de usos e sentidos é grande. A ausência de uma interpretação unívoca é antes sintoma das contradições e ambiguidades que envolvem tal enunciado e seu sentido.

Há quem arrisque afirmar que o provérbio citado seria o resultado de uma expressão popular que emprega a cor branca como símbolo de paz e transparência. Disso decorreria conferir às pessoas brancas e de origem europeia o monopólio dos acordos que visam pacificar situações de conflito.

Se pensarmos que o fenômeno da branquitude é composto de hábitos e costumes que produzem e naturalizam um monopólio das instâncias de poder e decisão, e se voltarmos ao uso mais corriqueiro da expressão, será fácil notar como ela cria uma espécie de paradoxo, uma forma de inversão passageira. Provérbios não são feitos para serem explicados literalmente, mas tentemos por uma vez usar desse tipo de procedimento: "eles", os brancos, que sempre se entenderam, deixaram de fazê-lo e precisam, pois, voltar a encontrar novas formas de convivência. Tanto que o provérbio é em geral utilizado em situações de conflito entre gente poderosa mas que não pedem a intervenção externa para o seu desenlace.

Nesse sentido, a frase pode revelar uma situação tensa, do tipo: "Eu que não vou me intrometer nessa briga; vocês que são brancos que se entendam!". Ou seja, em confusão de gente grande é melhor ficar bem longe. O provérbio atuaria, portanto, com a mesma estrutura da piada — a partir de inversões de consensos. Os brancos (teoricamente e quando a questão en-

"ELES QUE SÃO BRANCOS QUE SE ENTENDAM!" 41

volve a manutenção do status quo) sempre se entendem, e se isso não ocorre o melhor é deixar que "eles mesmos" reacomodem a situação.

Existe quem evoque, ainda, uma suposta matriz portuguesa para o provérbio, alegando que ele teria origem numa das primeiras punições impostas a pessoas consideradas preconceituosas. Diz a lenda que um capitão negro teve um entrevero com um de seus comandados e foi se queixar sobre o caso com um oficial português — seu superior na hierarquia militar. O capitão reivindicou uma punição exemplar para o soldado que o desrespeitara. Como resposta, ouviu do português a seguinte frase: "Vocês são pardos, lá se entendam". O capitão ficou, então, indignado e recorreu à instância superior à do oficial, na pessoa de d. Luís de Vasconcelos, 12º vice-rei do Brasil.

Pois bem, a narrativa continua, mas em direção oposta ao que se imagina. Ao tomar conhecimento dos fatos, d. Luís mandou prender o oficial português, que estranhou a atitude do vice-rei. E d. Luís se explicou: "Nós somos brancos, cá nos entendemos".[2] Não encontrei muitas fontes para confirmar tal versão. O certo, porém, é que, confiemos ou não nessa informação, ela socializa uma visão criada na modernidade, que dividiu o mundo em raças. Aos pardos, a confusão social; aos brancos, a concórdia.

A alegação de que o provérbio tem origem portuguesa parece realmente bastante frágil, uma vez que a expressão é utilizada de forma recorrente também na língua espanhola. Aliás, nesse idioma existem duas frases populares que se assemelham e descrevem contextos linguísticos próximos: "*Allá ellos que son blancos y se entienden*" e "*Hablando se entienden los blancos*". Ambos os ditos comportam interpretações e sentidos semelhantes, denotando uma visão bem essencial das diferenças raciais. Não obstante, o segundo provérbio parece sugerir que os brancos é que dominam a linguagem social; os demais, não.[3]

Se são muitas as versões e as interpretações, o que elas têm em comum é fazer referência a uma situação recorrente: a distinção cultural, social, política e racial entre brancos e não brancos. Provérbios assim demonstram a capacidade de acomodar processos dicotômicos que separam e naturalizam essas que são, a bem da verdade, distinções sociais e históricas: a civilização contra a barbárie, ordem versus desordem, mando como o contrário de obediência, "nós" oposto a "eles".

Além do mais, pretende-se tornar essenciais e apresentar como variações biológicas supostas diferenças raciais cuja transformação em teorias tem data e local: elas surgem com o processo colonial e com a montagem de um sistema escravocrata transatlântico que dividiu povos em raças. O sistema colonial também criou economias distintas: converteu a riqueza dos países europeus em matéria de consenso e de mérito, ao passo que os universos de valor das regiões invadidas — e que foram muito desestabilizadas ou depauperadas por esse "contato" — eram vistos como "primitivos", ou inferiores. O mesmo projeto moderno ainda classificou o mundo dos "outros": "eles" teriam crenças, "nós" religiões; eles teriam "mitos", nós "filosofias"; nossa história seria "universal", a deles apenas "local".[4]

Se tal divisão dicotômica do mundo tende a simplificar realidades muito mais complexas, o certo é que a matéria-prima dos provérbios é na maioria das vezes feita desse tipo de polaridade, devidamente exacerbada. Provérbios são, assim, marcas de fronteira, as quais incluem práticas e formas discursivas que buscam converter distinções históricas e sociais entre grupos em verdades ontológicas. Tomando-se o exemplo acima, seria possível concluir que provérbios atuam enquanto estruturas linguísticas afirmativas; no caso, modos de estar e performar num mundo dominado pelas populações de origem europeia — "os brancos que se entendem".

Essa história começa lá no século xvi, com a organização de um sistema colonial em escala global. Enquanto a assim chamada história universal consagrou esse momento apenas como uma era de explorações do mundo, hoje sabemos o custo do processo de expansão europeia, que implicou invadir territórios, espoliar populações nativas, introduzir doenças, matar nativos dissidentes, impor línguas e religiões, além de sequestrar populações africanas, no que foi o maior êxodo forçado da modernidade. O termo "escravidão" e seu conceito não eram novos no século xvi. A Europa conheceu esse tipo de regime — que supõe o domínio de uma pessoa por outra —, assim como a Ásia e a própria África. Mas a novidade agora era o capitalismo mercantil, que procurava transformar pessoas em mercadorias, em coisas, e que ligou as várias partes do Atlântico na base de um comércio de almas altamente lucrativo, o qual durou mais de três séculos ininterruptos. E a escala desse "negócio de corpos" era tal que desestabilizou o próprio continente africano: o tráfico promoveu guerras internas, desorganizou sociedades maiores e menores, e cortou a vida de milhares de pessoas.[5]

Se hoje se mensura que na época da colonização houve uma taxa de perecimento de indígenas que viviam no litoral da ordem de 95%,[6] no que

"ELES QUE SÃO BRANCOS QUE SE ENTENDAM!" 43

se refere às pessoas negras sabe-se que, dos 12,5 milhões de habitantes retirados de vários grupos e nações africanas, apenas 10,7 milhões chegaram com vida às Américas, e, desses, 5,8 milhões tiveram como destino o Brasil.[7] Ou seja, a então colônia portuguesa e depois o Império do Brasil receberam mais da metade dos africanos e africanas sequestrados de seu continente de origem.

Simultaneamente, tomou força e foi se automatizando uma linguagem social que, com o tempo, tendeu a se tornar bastante consensual: o conceito de raça e a noção ontológica de que a humanidade era dividida e cindida entre grupos superiores e grupos inferiores. Se a princípio a religião e a noção de "guerra santa[8] — a luta contra os infiéis — procuravam animar e justificar as invasões europeias, a partir do final do século XVIII e inícios do XIX essas concepções ganhariam o certificado da ciência da época. Conceitos retirados do darwinismo social, do evolucionismo e do determinismo racial ajudavam então a explicar, com a força da biologia, o que era, na verdade, efeito da violência da modernidade.

Pode-se afirmar, portanto, que é nesse contexto que se dividem grupos sociais como raças; isto é, a biologia ocidental inventa a raça. Segundo Michel Foucault, uma das condições que explicariam o surgimento do racismo seria o "biopoder", um instrumento de controle político e de regulação econômica, caracterizado por um conjunto de discursos e práticas que fundam e organizam a sociedade burguesa capitalista, criando mecanismos de avaliação oficiais: ela é classificada, vira objeto de pesquisas e censos.[9]

Explica o filósofo francês que o racismo surge, assim, no mesmo momento em que o Estado-nação passa a controlar as populações e em que a bandeira da "purificação das raças" vira objeto privilegiado da normalização social.[10] Nesse processo, os discursos médicos e biológicos ganham importância estratégica nas tecnologias do poder, que incluem práticas de vigilância e de punição para a sociedade e tudo o que fosse considerado desvio.

Na mesma direção, Hannah Arendt mostra como duas noções sobressaíram no Oitocentos, transformando-se em ideologias não só adotadas pelos Estados como consumidas pela sociedade, de uma maneira geral: aquela que entende a história como uma luta de classes e, a que nos interessa mais de perto, aquela que interpreta a história enquanto uma luta natural entre raças, com o predomínio do mais forte, biologicamente.[11]

Ao mesmo tempo, e como mostra Silvio Almeida, o racismo, enquanto um sistema histórico e político, corresponde também a um processo de constituição de subjetividades, uma vez que se produz um conjunto articulado de teorias que fornece explicações racionais para a desigualdade racial e cria uma comunidade de sentimentos que considera "normal" e "natural" que o mundo seja dividido entre "brancos" e "não brancos".[12]

Pessoas africanas não se definiam até então como negras em seu próprio continente de origem; existiam outras formas de segmentação vigentes, mas não essa que buscava estabilizar apenas um critério: aquele que intersecciona fenótipo, origem e cor da pele e, sobretudo, prioriza a biologia e a noção de imutabilidade das raças. As populações se dividiam por religião, território, língua — todas características históricas e mutáveis, igualmente. O mesmo poderia ser afirmado para os "índios"; palavra tão exterior à realidade local, que a princípio designava uma confusão histórica: o fato de os europeus terem achado que haviam aportado nas Índias no século XVI. O termo nomeia, pois, não uma forma de autodefinição, mas uma maneira externa de atribuição de sentido aos "outros". E aquele que domina a classificação, na maioria das vezes domina também o conhecimento e as denominações que dele derivam. Negros e indígenas eram os "outros", mas os brancos colonizadores eram "os outros dos outros".

História única e colonial

Essas são consequências de uma "história única", que, segundo Chimamanda Ngozi Adichie, busca privilegiar apenas uma narrativa, a europeia, transformando-a em tão universal como inquestionável.[13] "É impossível falar sobre a história única sem falar sobre poder. Existe uma palavra em igbo na qual sempre penso quando considero as estruturas de poder no mundo: *nkali*. É um substantivo que, em tradução livre, quer dizer 'ser maior do que o outro'. Assim como o mundo econômico e político, as histórias também são definidas pelo princípio de *nkali*: como elas são contadas, quem as conta, quando são contadas e quantas são contadas depende muito de poder. O poder é a habilidade não apenas de contar a história de outra pessoa, mas de fazer que ela seja sua história definitiva."[14]

"ELES QUE SÃO BRANCOS QUE SE ENTENDAM!" | 45

A partir dessa "narrativa única", e que foi chamada de "universal", justificava-se também a rapinagem social e política. O suposto que fundamenta o modelo de história única é o da existência de uma espécie de "missão" — como se europeus fossem "obrigados" a catequizar, controlar e reprimir os assim chamados gentios. Para tanto, os "povos dominados" aparecem em tais narrativas como passivos, submissos e até colaborativos, diante da superioridade de seus algozes, definidos como uma sorte de pais severos mas justos. Nada mais distante do que a linguagem da violência que foi empregada como prática legítima e legitimada pelo Estado. Além do mais, com o objetivo de tornar crível tal tipo de exegese, retirou-se desses "outros" — fossem eles naturais da terra ou africanos — o lugar da insurgência e da rebeldia, sempre em nome de uma concórdia geral, anunciada ou pressuposta. Como explica o historiador haitiano Michel Trouillot: "Ingenuidade é com frequência uma escusa para os que exercem poder. Para aqueles sobre quem esse poder é exercido, a ingenuidade é sempre um erro".[15]

O certo é que, de maneira consciente ou não, para que essa história encontrasse coerência narrativa foi necessário produzir mais uma forma de sombra: os próprios europeus. Paradoxalmente, se por um lado eram as populações brancas que exerciam o poder de mando, monopolizavam a violência estatal e eram reconhecidas por sua liderança, por outro os mesmos grupos precisavam restar neutros, como se não tivessem cor ou raça. Os europeus eram, portanto, os "universais do humano", e, sendo assim, não precisavam ser racializados.

Sua presença nos compêndios de história é, pois, grande na hora de narrar eventos, mas obscura, ou apenas subentendida, quando se trata de avaliar decorrências desses atos para os povos subjugados. Diante disso, o que era luz vira sombra, tornando-se o protagonismo uma narrativa onisciente, imparcial ou neutra. Afinal, a marca mais infalível do poder é justamente sua invisibilidade.

No caso da história brasileira Cida Bento explica que, sempre que se tratou da escravidão, destacou-se exclusivamente o "legado" — ou melhor, o ônus — de tal sistema para as populações negras. Não há dúvida de que os africanos é que foram escravizados,[16] transformados em mão de obra forçada, sexualizados e expostos a muitos tipos de violência. Além disso, tiveram suas histórias pregressas como que apagadas na travessia atlântica, seus conhecimentos subestimados, suas religiões por muito tempo proibidas. Mas pessoas brancas também participaram de uma "herança escravocrata" pesada, ainda hoje presente e refeita nas instituições e na história do país cujas elites foram socializadas na linguagem do mando e da hierarquia social. Nas palavras de Cida Bento, que estudou o silêncio da branquitude sobre o passado da escravidão: "descendentes de escravocratas e descendentes de escravizados lidam com heranças acumuladas em histórias de muita dor e violência, que se refletem na vida concreta e simbólica das gerações contemporâneas. Fala-se muito da herança da escravidão e nos seus impactos negativos para as populações negras, mas quase nunca se fala na herança escravocrata e nos seus impactos positivos para as pessoas brancas".[17]

Existe, pois, um lugar simbólico, político e concreto do privilégio que foi sendo construído social e historicamente a favor das populações brancas. Matthew Hughey define essa situação como, ao mesmo tempo, um "privilégio" e uma "prerrogativa". Um privilégio, porque se trata de uma espécie de estrutura "passiva", no sentido de haver uma rede prévia de facilidades e confortos para tais populações — queiram elas ou não. Ou seja, a situação mais vantajosa está presente, seja para as elites de origem europeia, seja para as populações brancas pobres, como os imigrantes europeus, que, mesmo com todas as dificuldades, tiveram maiores oportunidades de ascensão se comparados aos africanos. Esse é, assim, e segundo o autor, um lugar concreto e que independe da atuação explícita dos sujeitos. Mas existe igualmente uma atitude "ativa", quando a estrutura é tomada como uma prerrogativa de certo grupo social, e quando essas pessoas exercitam uma dominação racial de maneira propositiva, no sentido de serem mantidos monopólios sociais e institucionais.[18]

Esse tipo de situação também levou, em primeiro lugar, a que a cor e o fenótipo virassem marcadores de diferença fortes a ponto de fazer com que muitas nações e pessoas de origens diversas acabassem definidas como uma só raça, a negra, à qual uma série de atributos negativos foram sendo adscritos. Já em relação às populações europeias realizou-se uma espécie de apagamento oposto, pois mais positivo. Elas foram sistematicamente desracializadas, para assim performar a própria humanidade.

Mas sobrevivem outras formas de silenciamento. Enquanto as populações negras e nativas das Américas foram dominadas e entraram numa história que não era a delas, e até então não lhes dizia respeito, já as nações europeias acabaram sendo descritas a partir de uma narrativa que aproximou o centro e afastou o que chamou de periferia. "Essa Europa, que ocupava apenas a parte oeste de uma imensa extensão de terra, viu a chegada de vasos, plumas, conchas, sedas, tapetes, objetos de prata ou madeira esculpida e madeiras raras que enriqueceram palácios e coleções particulares. O tabaco, o açúcar, o café e o chocolate, as sedas, os tapetes e os tecidos mudaram os costumes e a vida social europeia e introduziram uma nova estética na moda e no mobiliário.[19]

Era o ideal de "paz perpétua", que na verdade nunca impediu guerras e conflitos no seio do Velho Mundo, mas consolidou um sentimento interno de pertencimento, bem como justificou a guerra contra os povos que viviam em outros continentes.

Por isso, muitas vezes, a história de um grupo se comporta como a narrativa desse mesmo grupo. De Certeau foi talvez o primeiro a chamar de "narrativa histórica" a própria escrita do passado, que, segundo ele, "tem uma função simbolizadora, permite a uma sociedade situar-se, dando-lhe na linguagem um passado e abrindo um espaço próprio para o presente".[20] Para o historiador francês, a "operação histórica" compreenderia tanto os procedimentos de análise, a construção de um texto, como a "combinação de um lugar social, de práticas 'científicas' e de uma escrita". Não existe, assim, lugar neutro. Ou seja, a intersecção entre o lugar social do historiador e a análise cuidadosa das referências é que faria a diferença entre uma história de base mitológica, "uma narrativa", e uma história como ciência e que contempla suas próprias aferições.

No limite impera, portanto, uma incompletude constitutiva da "história universal", já que ela carrega na sua base o suposto de que é o Ocidente quem classifica, sem ser classificado; que delimita as raças, mas não é racializado; que nomeia para não ser mais propriamente identificado.

Hoje a historiografia vai sendo revista a partir de outros protagonismos, o que gera, paradoxalmente, uma maior objetivação da atuação europeia cuja violência foi durante tanto tempo minimizada a partir da ideia de que era dela o monopólio do patrimônio da humanidade.

Não há negritude sem branquitude, e é dessa relação que resultam o racismo e o projeto de desigualdade moderna e contemporânea que ele estrutura. Evidentemente, o "branco" é uma construção social da mesma forma que constrói seu "outro". No entanto, como identidade a branquitude toma forma por contraste, uma vez que opera de maneira relacional: "Eu me faço superior na medida em que te faço inferior".[21]

O inegável é que a Europa criou uma certa África e fez seus habitantes se parecerem com uma sorte de filhos bastardos. Assim, se o processo de construção de identidades é sempre relacional, necessita-se sublinhar quão assimétrica é essa relação. Nela, as populações negras, devidamente criadas durante o processo colonial, são antes "objetos de estudo". Já os habitantes do assim chamado Velho Mundo são sempre "sujeitos", autorizados por uma suposta anterioridade histórica. Dessa maneira se constituem enquanto expressões universais da humanidade, ou, como define Deivison Faustino, sujeitos da história e da razão.[22]

O Haiti é aqui — e ali [23]

No isolamento e no silêncio que se abateram sobre a história do Haiti, pode ser encontrado talvez o exemplo mais eloquente do movimento de exclusão presente na história ocidental. Por isso abro aqui um parêntese.

Inflamados pelas novas utopias de liberdade, os rebeldes negros iniciariam em 1791 uma guerra sem paralelo, planejada e liderada por escravizados, rompendo com um consenso de época que os considerava pessoas incapazes de tamanha proeza. Mas o radicalismo da ideia de liberdade, presente na Revolução Haitiana, fez com que o país recebesse não só um veto político e econômico por parte da Europa, como também uma espécie de ocultamento consensual por parte da historiografia e da filosofia política ocidentais. A ausência de registros nos compêndios de história universal é proporcional à falta de reflexões com relação à escravidão *real*, vigente no contexto em que foram escritos os ensaios do Iluminismo francês e dos liberais ingleses.

Como mostra a filósofa e historiadora Susan Buck-Morss, a escravidão estava presente nos textos de filosofia política ocidental, mas apenas como metáfora, conotando tudo o que havia de pior nas relações de poder. O sistema escravocrata representava a própria antítese dos valores considerados supremos e universais, como a igualdade e a liberdade. Nesse contexto, porém, em que a prática mercantil da escravidão se expandiu quantitativamente, chegando a lastrear o sistema econômico ocidental, a discrepância entre pensamento e prática é digna de atenção. Em vez de a filosofia se voltar contra a exploração de milhões de escravizados coloniais, os pensadores que procla-

"ELES QUE SÃO BRANCOS QUE SE ENTENDAM!"

mavam a liberdade como natural e um direito inalienável preferiam usar o termo como figura de linguagem.[24] O caso mais famoso é o de John Locke, grande defensor da liberdade humana mas, também, um dos principais acionistas de uma empresa inglesa que realizava o tráfico negreiro: a Royal African Company. A despeito de o filósofo se manifestar contra os "grilhões" que tomavam a "humanidade inteira", não estendia seu protesto na direção dos trabalhadores africanos presos às plantações do Novo Mundo.

Thomas Hobbes, por outro lado, aceitava a escravidão como parte inalienável da lógica do poder. Também nesse caso, a escravidão funcionava como uma metáfora para designar a tirania jurídica ou, no uso corrente nos debates parlamentares ingleses, como uma alusão à tributação do Estado.[25]

Em *Do contrato social*, de 1762, Jean-Jacques Rousseau escreveu uma máxima que virou símbolo da Revolução: "O homem nasceu livre, e em toda parte vive acorrentado". Na esteira de uma longa tradição ocidental, que remonta à Antiguidade, a república aparece para esse filósofo como um regime de leis fundado na liberdade e na igualdade entre os cidadãos. No entanto, ele preferiu mencionar o problema dos groenlandeses colonizados pelos dinamarqueses, ou as "barbáries" da história antiga, a se debruçar sobre o destino de seus contemporâneos acorrentados.[26]

Os ativistas norte-americanos também tiveram na abolição da escravidão uma de suas grandes contradições. Numa das cláusulas suprimidas da Declaração de Independência dos Estados Unidos, Thomas Jefferson, pondo a culpa da escravidão negra na conta dos britânicos e do rei Jorge III, escusa-se de abolir esse sistema nos termos da Constituição.

É interessante lembrar que, entre 1805 e 1806, no segundo ano de existência do Haiti como nação, Hegel elaborava a *Fenomenologia do espírito*. O filósofo morava em Jena, na Alemanha, quando idealizou seu ensaio sobre a "dialética do senhor e do escravo". Vários de seus intérpretes, contudo, sublinham como o problema da escravidão era um "exemplo abstrato" na obra dele. A dialética não era inspirada por escravizados reais, ou pelo curso da Revolução no Caribe francês, que trazia consigo uma aplicação mais ampla do conceito de liberdade. Hegel há de ter tido conhecimento da situação com a leitura de jornais e revistas, que alegava folhear todos os dias, como "uma espécie de prece matinal realista". Se o texto de Hegel define a oposição entre o senhor (que possui uma superabundância de necessidades físicas) e o escravo (aquele que delas carece)

— o senhor como o "ser para si" contraposto ao "outro", o escravo, cuja essência da vida é o "ser para um outro" —, silencia, porém, sobre a história dos escravos de São Domingos ou das colônias britânicas. Caso tivesse observado essa realidade coeva, notaria que eles não se comportavam como "coisas", mas como "sujeitos" que lutavam para transformar suas vidas.[27]

No contexto francês na época da Revolução inexistem referências mais diretas à escravidão presente nos domínios da França no ultramar. Montesquieu, em *O espírito das leis*, de 1748, definia os africanos como "pretos dos pés à cabeça; e têm o nariz tão achatado que é quase impossível ter pena deles", afirmando que seriam desprovidos de "bom senso": "Espíritos pequenos exageram demais a injustiça que se faz aos africanos [pela escravidão colonial]".[28]

A grande exceção foi o abade Raynal, cujo livro *Histoire philosophique et politique des établissemens et du commerce des européens dans les deux Indes*, de 1770, escrito em colaboração com Diderot, já prenunciava a vinda de um "Espártaco negro no Novo Mundo". De toda forma, a ambiguidade presente na obra permitiu várias interpretações, a palavra "escravidão" referindo-se criticamente a condições de subordinação política mais genéricas, e existentes na Europa, mas também possibilitando que os revolucionários haitianos apropriassem o texto como um apelo profético à revolta e à afirmação legítima em prol da liberdade.

Por outro lado, o livro representava uma forte reação ao *Code noir* — decreto que definia as condições da escravidão em todo o Império francês, sancionado por Luís XIV em 1685 e só erradicado em 1848. Conforme explica o filósofo Louis Sala-Molins, os maiores objetivos do código eram a afirmação da soberania francesa em suas colônias e a preservação das plantações de cana, essenciais à economia da metrópole. Para tanto, criava-se um estatuto legal da escravidão, protocolos de governo, regras morais religiosas, e uma série de interdições: aos escravos não se facultava o porte de armas, o direito de reunião, a venda de açúcar sem autorização prévia, nem discutir com seus senhores.[29]

Importa menos "cobrar" desses autores a inclusão, em seus livros, de referências acerca da escravidão, contemporânea a eles e autorizada por lei. Melhor é refletir sobre as formas que o silêncio toma e atentar para o fato de que a imensa riqueza das colônias e os lucros auferidos pelo vultoso tráfico de escravizados financiaram a própria Revolução Francesa.

O Caribe francês foi "criado" a partir da linguagem do açúcar, introduzida na América colonial no final do Seiscentos.[30] E o açúcar transformaria a realidade das colônias americanas, a partir da alta vertiginosa no sequestro de pessoas africanas e de uma crescente exploração coercitiva dessa mão de obra, alocada para suprir a demanda pela doçura que se convertia, rapidamente, num vício europeu.

A insurreição de São Domingos foi única na história ao vincular o pensamento religioso à dimensão republicana, introduzindo a linguagem do vodu como parte do seu arsenal conceitual e político. Ou melhor, o pensamento republicano é que foi filtrado pela experiência religiosa e africana. Infelizmente, porém, essa era uma modernidade que não cabia nos limites ocidentais. Se a Revolução Francesa pregou a liberdade, a igualdade e a fraternidade, sem incluir os escravizados, a Revolução Haitiana seria a primeira e única liderada pelo espírito da liberdade sem pejos e para toda a humanidade. Ela encarnou a possibilidade da abolição e da própria criação de uma República negra.

Talvez por isso mesmo essa grande experiência não ocupe, até hoje, o lugar que merece na história e na filosofia política; não apenas como ato insurgente, mas enquanto projeto político e intelectual. A noção de liberdade política como fundamento do melhor regime, a defesa das leis humanas enquanto referência para uma ética cívica, são ensinamentos presentes na Revolução Haitiana.

Sua radicalidade produziu "esquecimento" por parte de uma historiografia ainda muito marcada por pensadores da Europa Ocidental e dos Estados Unidos. Segundo o antropólogo Michel-Rolph Trouillot, o Haiti "entrou na história com a característica peculiar de continuar sendo impensável".[31] A invisibilidade é, portanto, a marca indelével do poder, que está ao mesmo tempo por toda parte e em nenhum lugar.[32]

A Revolução Inglesa mostrou que ninguém está seguro em seu estamento — pois classes são posições sociais cambiantes e perigosas. A Revolução Francesa revelou ao mundo que nenhum cidadão está acima do julgamento da humanidade, e tirou a vida do rei Luís XVI. A Revolução Americana comprovou que colônias não permanecem para sempre nessa condição, e podem se emancipar. Também a Revolução Haitiana deveria entrar nessa lista de movimentos sociais cuja radicalidade alterou a história global da modernidade. Ela ajudou a demonstrar como a escravidão é condição abjeta, e que é

IMAGENS DA BRANQUITUDE

preciso lutar com a vida pelo direito à liberdade. Teve assim imensa importância para países como o Brasil, que contavam com uma maioria negra.

A Revolução Haitiana terminou em 1804, com a vitória dos ex-escravizados e a independência da colônia. Seu apagamento, porém, continua presente. Ela era, à sua maneira, extemporânea para a narrativa ocidental que se afirmava a partir de sua pretensa universalidade e entendia o Iluminismo como uma filosofia da humanidade.

A norma que não se nomeia

olor blindness, "cegueira racial", é a expressão consagrada pela socióloga Ruth Frankenberg.[33] Isso porque, explica a autora, a branquitude, sobretudo a vigente em países com histórias não só longas como enraizadas de convivência com o sistema escravocrata, muitas vezes não se distingue. É "a norma que não se nomeia" e que tem a desigualdade e a assimetria como princípios internos, mesmo que não objetivamente explícitos, de construção.

Frankenberg é uma das pioneiras nas pesquisas acadêmicas dessa área. Seus primeiros trabalhos, chamados de "estudos críticos sobre a branquitude", datam do início da década de 1990 e têm um perfil transnacional, uma vez que abordam processos históricos presentes tanto nos países colonizados como naqueles em que viviam os colonizadores.

Considera-se, porém, que o pontapé inaugural na construção conceitual da branquitude, ao menos nos meios universitários, se deu com um pequeno texto escrito por Peggy McIntosh. A ativista e pesquisadora publicou em 1989 um ensaio curto descrevendo a tomada de consciência acerca da sua pele branca, e como essa característica lhe permitia abrir espaços vedados a pessoas que não eram como ela.[34]

McIntosh e seus colegas inverteram, então, a lente de observação de maneira a pôr sob escrutínio as próprias pessoas brancas. A intelectual norte-americana usou a metáfora de uma "mochila invisível de provisões especiais, mapas, passaportes, vistos, roupas, livros de código, ferramentas e cheques em branco", à disposição de uma parte da humanidade.[35] Segundo ela, essa mochila representava um privilégio intangível.

O tema não era, com certeza, novo, isso se lembrarmos a assentada tradição de pensadores negros que trataram da questão bem antes dessa data. Foi

"ELES QUE SÃO BRANCOS QUE SE ENTENDAM!"

o historiador, ativista político e filósofo negro W. E. Du Bois quem primeiro abordou o problema, ainda nos idos de 1935. Em *Black Reconstruction in America*, estudou a classe trabalhadora negra norte-americana e a comparou com a branca. O intelectual mostrou, então, a desproporção na maneira como os empregados brancos se apropriavam de bens não só materiais como simbólicos, dividindo com os demais membros de sua raça o direito ao voto e o acesso facilitado a locais públicos.[36] Segundo ele, a brancura da pele garantia uma espécie de posse simbólica e ampliava processos de mobilidade social ascendentes.[37]

Du Bois inaugurava uma nova perspectiva de estudos. Era a primeira vez que um pensador negro se dedicava a analisar o papel dos brancos, num movimento contrário ao que ocorria em disciplinas clássicas como a antropologia, que nasceram junto com a empresa colonial e tinham no seu campo o estudo de "outros": as assim chamadas sociedades nativas — americanas, africanas, asiáticas ou da Oceania.[38]

É também de Du Bois o ensaio "The Soul of White Folks". Nesse texto de 1910, o autor usa seu próprio lugar social e racial para desvelar estruturas e situações em que as pessoas brancas, mesmo que de maneira envergonhada ou pouco consciente, lançavam mão de uma série de expedientes para impedir que pessoas negras competissem em condição de igualdade com elas ou tivessem acesso a locais de mando.[39]

Outro trabalho pioneiro é o de Melissa Steyn, que estudou a branquitude na África do Sul. Fazendo um atravessamento teórico e comparativo com os trabalhos sobre gênero, Steyn mostra que, da mesma forma como é preciso estudar os homens para entender o machismo e a heteronormatividade para tratar do preconceito sofrido por pessoas homonormativas, também a questão da raça precisaria ser pesquisada a partir dos dois lados dessa que é uma relação totalmente assimétrica.[40]

Um intelectual negro que promoveu uma verdadeira guinada nos estudos sobre as práticas de pessoas brancas foi o médico e psiquiatra Frantz Fanon. Formado na França, ele teve e tem imensa influência na diáspora africana e na compreensão das subjetividades que envolvem as relações entre negros e brancos. No livro *Peles negras, máscaras brancas* (1952), ele mostra como o racismo impõe aos negros uma primeira busca por "máscaras brancas": formas de escape social que levariam a uma não aceitação do próprio lugar; isso para se afastarem dos estereótipos a eles normalmente associados. Fanon não deixou, porém, de estudar a produção de subjetividades brancas, como a construção de sentimentos de superioridade e assimetria.[41]

Ainda em 1955, o sociólogo Oracy Nogueira publicava o estudo chamado "Preconceito racial de marca e preconceito racial de origem", em que punha em questão padrões de classificação de pessoas negras e brancas. O texto é lançado em livro apenas em 1985, mas logo se converteu num clássico sobre o tema. Dizia ele que, enquanto no Brasil ser branco é o resultado da aparência, do status e do fenótipo, nos Estados Unidos a classificação se vincula a uma origem genética e étnica. Desse modo, por aqui a branquitude corresponderia a uma "posição", que se estabelece sempre em contraste e relação com a própria negritude.[42] O estudo pioneiro também sublinhava a importância de cor e origem na delimitação das fronteiras raciais.

O pensador tunisiano Albert Memmi cumpre um papel destacado nessas análises do fenômeno social da branquitude. Em seu *Retrato do colonizado precedido de Retrato do colonizador*, de 1957, como já indica o nome, ele pesquisou não só o espaço dos povos dominados como o lugar dos grupos dominantes que se sentem beneficiados por "todos os prestígios; dispõe[m] das riquezas e das honras, da técnica e da autoridade".[43] Mudou assim o eixo de análise, atentando para colonizados e seus colonizadores.

No mesmo ano de 1957, o sociólogo Guerreiro Ramos lançou um ensaio chamado "A patologia social do 'branco' brasileiro", que parte da noção de que a população branca teria se cercado de atributos positivos, por oposição à negra, sobre a qual embutiram-se padrões culturais e estéticos de evidente conotação negativa. A palavra "branco", incluída no título da obra entre aspas, indicaria a vergonha que as pessoas de origem europeia sentem ao reconhecer sua origem. Guerreiro Ramos foi também o primeiro intelectual negro a denunciar como o conjunto de estudos realizados por intelectuais brancos tendeu a "mumificar" as populações negras, tratando-as como homogêneas e imunes às mudanças do tempo, como se apenas constituíssem "um campo" de estudos. O outro lado do espelho significou alçar a branquitude a uma espécie de "ideal", de "norma" ou "valor, por excelência".[44]

Dando aqui um salto temporal, em 1997 o sociólogo Charles W. Mills publicava *O contrato racial*, no qual defendia como as relações raciais desiguais sustentam parte primordial do capitalismo. Mills argumenta que a expansão europeia de colonização e a conquista do ultramar envolveram um contrato

"ELES QUE SÃO BRANCOS QUE SE ENTENDAM!" | 55

racial muito distinto do contratualismo, pois pautado em abstrações sociais. Diferentemente do contrato social de Hobbes, Locke, Rousseau e Kant, a função desse "outro contrato" não teria sido instituir a sociedade civil e os direitos de todos os indivíduos, mas criar as raças brancas e não brancas, com uma sorte de hierarquia que permitia estabilizar a dominação e a acumulação de riqueza. Segundo ele, o contrato racial requereu a produção de uma "ignorância epistêmica" sobre o racismo, na forma de uma linguagem abstrata e pretensamente universal; tudo em nome da supremacia europeia e branca.

Para a maioria dos contratualistas clássicos, o contrato social é uma ficção ou artifício teórico; para Mills, é uma construção histórica concreta, cuja estrutura tem uma longa duração. Se o contrato social exige o consentimento da sociedade civil como um todo, no contrato racial aos não brancos não se demanda consentimento algum, e ele tampouco é verbalizado. O contrato racial, a despeito de ser um paradigma global, incluiu contratos raciais locais que responderam às dinâmicas particulares de cada lugar. Por exemplo: ao passo que os EUA comportaram até os anos 1960 uma segregação oficial no sul do país, o apartheid na África do Sul só termina no começo dos anos 1990.[45]

No Brasil, sobretudo a partir dos anos 1980, pensadores negros destacaram-se ao refletir sobre as consequências da escravidão e do racismo também para as populações brancas e na formação de suas subjetividades. Lélia Gonzalez, em 1984, se refere ao problema do racismo como uma "neurose cultural brasileira". Em seu texto "Racismo e sexismo na cultura brasileira", lançando mão de ensinamentos da psicanálise, ela constrói as pontes entre os estudos de neurose e racismo. Segundo ela, o recalque do mecanismo estruturante da neurose levaria a história da escravidão e a do genocídio negro a serem afastadas da consciência através de um processo de "esquecimento" e de "denegação". O entendimento da miscigenação como uma tecnologia de branqueamento e o enraizamento do mito da democracia racial teriam feito com que o tema do racismo fosse postergado e o ativismo negro demorasse a ganhar capilaridade nacional.[46]

Maria Aparecida da Silva, Cida Bento, defendeu sua tese *Pactos narcísicos no racismo: Branquitude e poder nas organizações empresariais e no poder público* na Universidade de São Paulo no ano de 2002. O estudo retrata as "manifestações da racialidade branca", definida por ela a partir do conceito de branquitude e enquanto uma forma de reprodução de desigualdades. Segundo a psicóloga, existiria no país uma norma implícita e compactuada entre pessoas brancas; o chamado "pacto narcísico". Esse pacto levaria a muita denegação e à manutenção de uma série de monopólios raciais intactos no tempo. Conforme explica a intelectual, a branquitude se caracterizaria, assim, como o lugar social de privilégios, econômico e político, no qual a racialidade, não nomeada como tal, se vê "carregada de valores, de experiências, de identificações afetivas, [e] acaba por definir a sociedade".[47]

O "pacto narcísico" conformaria, pois, um acordo não verbalizado, que se estrutura na base de um consenso social partilhado de que o "diferente" representa um perigo para o "normal". Segundo ela, esse é, contudo, um "narcisismo" ou "pacto de morte", uma vez que a sociedade acaba se desumanizando — Cida Bento argumenta que a exclusão não cria sociedades saudáveis, e a cegueira racial e social impede a mudança. Narciso foi aquele que se apaixonou por sua imagem idealizada e refletida no espelho, e morreu por causa dela. Paralelamente, o racismo significaria uma máquina de reprodução e ampliação de desigualdades, sendo o principal responsável pela criação de subcidadanias sob o abraço da democracia.

Em 2005, Sueli Aparecida Carneiro defende sua tese *A construção do outro como não ser como fundamento do ser*. O trabalho aplicava os conceitos de dispositivo e de biopoder, elaborados por Michel Foucault, ao domínio e à dinâmica das relações raciais no Brasil. A autora indica a existência de um duplo processo: a "produção social e cultural da eleição e subordinação racial", e os "processos de produção de vitalismo e morte informados pela filiação racial". Interseccionando racismo com sexismo, a filósofa explora o conceito de "epistemicídio" para abordar o apagamento dos saberes de povos colonizados, com ênfase nas mulheres negras. Nesse sentido, põe em questão o papel da educação na reprodução de saberes e subjetividades, e na cristalização de pensamentos hegemônicos.[48]

Destaca-se ainda nessa área, e nesse mesmo contexto, a obra de Beatriz Nascimento, que nunca separou ativismo de trabalho acadêmico. A pensadora exerceu papel fundamental nas reflexões e ações referentes à denúncia e ao combate ao racismo "virulento" e, ao mesmo tempo, "tolerante" de uma sociedade "entorpecida" pelo mito da democracia racial, que impunha aos sujeitos negros condições desfavoráveis de vida e maiores dificuldades de acesso aos bens públicos. Nascimento define a existência negra como uma história marcada por "quase quinhentos anos de resistência à dor, ao sofrimento físico e moral, à sensação de não existir".[49]

"ELES QUE SÃO BRANCOS QUE SE ENTENDAM!"

O pensamento de Beatriz Nascimento foi estratégico para a melhor compreensão das práticas discriminatórias impostas sobre os corpos das mulheres negras, sendo ela uma das expoentes do que hoje é conhecido como feminismo negro. Nos anos 1980, chamou a atenção para a condição de subalternidade em que a maioria das afro-brasileiras estavam imersas. Tal fato decorreria dos "resquícios da escravidão" e das barreiras construídas pela sociedade brasileira para assegurar a ausência de mobilidade social por parte desse grupo. Nascimento também dissertou sobre os impactos do racismo na educação, sublinhando a violência e a solidão das crianças negras nas escolas.

Muitos intelectuais, em boa parte não brancos, colaboraram, assim, para tornar mais críticas as análises sobre as elites nacionais, interseccionando-as com o marcador de raça social. Desmembraram ainda as várias possibilidades de expressão dessa que é uma espécie de "identidade de recusa", pois exposta de forma externa ao grupo, frequentemente não explicitada e, por vezes, inconsciente. Essas pesquisas acabaram por tornar mais complexos os diferentes modos de expressão da branquitude; fenômeno social que costuma variar em função do momento, dos eventos históricos e políticos, e das condições de classe e de gênero.

Mais recentemente, destacam-se os trabalhos inovadores de intelectuais negros como Lourenço Cardoso, Deivison Faustino, Denise Ferreira da Silva, Tiago Rogero, Ronilso Pacheco, Jurema Werneck, Bianca Santana, entre tantos outros e outras que têm revisitado estudos clássicos sobre branquitude e analisado suas implicações contemporâneas, explorando temas como o silenciamento, os lugares de poder, mas também o espaço necessário da autorreflexão crítica da branquitude.[50]

Vale ressaltar, ainda, os estudos pioneiros e muito influentes da psicóloga Lia Vainer Schucman, uma pesquisadora que se define como branca e judia e vem analisando associações sociais e estéticas em torno do fenômeno da branquitude. Sua tese de doutorado foi defendida no Instituto de Psicologia da Universidade de São Paulo. Convertida em livro, *Entre o encardido, o branco e o branquíssimo: Branquitude, hierarquia e poder na cidade de São Paulo* aborda as várias classificações da cor branca e suas implicações na estrutura social brasileira, dando especial atenção à conformação do que a autora chama de "novas fronteiras raciais". Lia explora também a maneira como a branquitude, quando atravessada por marcadores de classe social, gênero, origem, regionalidade e fenótipo, apresenta diferenças substantivas.[51] Mostra, assim, como se dá a montagem dessa que é, ao mesmo tempo, uma presença e uma grande ausência. Presença, no privilégio concreto e simbólico que esses grupos detêm, mas ausência por causa da autorrepresentação "universal", como "padrão", como grupo neutro, não racializado, fenômeno que a psicóloga denomina "invisibilidade branca".[52]

Por sinal, outra questão que divide os estudos sobre branquitude é o tema da "invisibilidade", situação entendida como uma falta de percepção da própria racialização por parte das pessoas brancas. Enquanto intérpretes como Edith Piza, cujo trabalho data de 2002, defendem que a "brancura" é concebida pelos próprios indivíduos do grupo como "natural" e "normal",[53] outros estudiosos sustentam que esse não seria um movimento passivo; ao contrário, a intenção seria a de "se tornar invisível". Tal perspectiva se opõe à ideia de que a falta de autoconsciência levaria, obrigatoriamente, à impossibilidade de questionamento e de reflexão.[54]

Assim sendo, e diferentemente de negritude, branquitude não é uma identidade reconhecida ou estimada. É preciso concordar com os que dizem serem poucas as pessoas brancas que se reconhecem, ou se identificam, a partir de um suposto lugar social e simbólico da branquitude. Como visto, pessoas brancas dificilmente se racializam, e, quando o fazem, o que as une é a experiência de classe e não de cor.

Nesses termos, concordo com a ideia de que a branquitude representa um conjunto de valores e hábitos antes vividos do que, de fato, assumidos pelo grupo como forma de identidade social. O fenômeno da identidade é feito da semelhança, mas também, e sobretudo, da diferença que se estabelece na relação com outros grupos. É por isso que Fanon afirma que é o branco que cria o negro mas é o negro que inventa o conceito de "negritude". Assim, ao ser inventada como termo de reconhecimento, a negritude acaba pondo em questão os próprios processos de hierarquia e de privilégios que sustentam o fenômeno social da branquitude.[55] Portanto, se "negritude" pode ser considerado um conceito de afirmação positiva de identidade, uma vez que aglutina interesses, subjetividades e projetos, o termo "branquitude" não unifica nem é assumido de maneira afirmativa pelo grupo, que costuma negar a existência de tal tipo de associação social e alegar, em seu lugar, que a pluralidade de condições é muito maior do que qualquer forma de homo-

"ELES QUE SÃO BRANCOS QUE SE ENTENDAM!" | 59

geneidade. São os "outros" que têm uma raça só — como se a variedade de experiências fosse apenas o atributo de um grupo.

O que se destaca é como "branquitude" não consiste num termo que congrega o grupo, o qual refuta o reconhecimento da manutenção de uma série de privilégios para si. Por isso a branquitude é antes uma "categoria analítica";[56] uma ferramenta teórica que permite racializar as subjetividades brancas, revelando estratégias, hábitos, costumes, representações que resultam não só numa sorte de identidade "neutra" como na naturalização de um lugar social.

São muitas as reflexões sobre o tema, e não é minha intenção esgotá-las.[57] Interessa mais caracterizar esse fenômeno social e ressaltar como essa situação tem mudado, e de maneira acelerada. O Brasil é um país de larga convivência com um racismo estrutural e institucional, e que guarda uma importante especificidade. Por aqui, o mito da democracia racial, que tomou forma nos anos 1930 e que pode ser refraseado como "o mito da igualdade de oportunidades",[58] levou o tema a ser adiado, até os anos 2000, quando, por decisão do poder público, foram enfim aprovadas as primeiras políticas de ação afirmativa para a população negra, tendo como base o sistema de cotas e a necessária representação nas diversas esferas da sociedade. Com isso, o cenário local vai lentamente se alterando, sobretudo a partir da chegada das primeiras gerações de intelectuais negros às universidades públicas. Não só o perfil discente foi sendo alterado, como o próprio currículo vem passando por mudanças significativas.[59] Entre outras consequências, gerou uma guinada epistemológica, fazendo com que os tradicionais "estudos das relações raciais" saíssem do lugar cômodo da exterioridade — a análise dos "seus outros" — e se voltassem também para as pessoas brancas: o "nosso nós".

Não estou dizendo aqui que trabalhos sobre as populações negras — suas histórias, seus saberes e filosofias, suas religiões, mas também carências de infraestrutura — não tenham mais que ser realizados. O que defendo é que visibilidade e invisibilidade do conhecimento representam situações paralelas e construídas sempre em relação.

Durante muito tempo, a historiografia nacional lidou, quase que exclusivamente, com os feitos realizados por suas populações brancas. O "descobrimento", a Independência, a Proclamação da República, eram todos definidos como atos individuais, logrados por pessoas das elites, homens de origem europeia. A imagem dominante é a de um grande e consensual acordo, um pacto silencioso em que o povo pouco influía ou agia. Vistos sob essa perspectiva, os protagonistas femininos, negros e indígenas permaneciam na sombra: não interferiam nas narrativas oficiais nem as alteravam.

Em contraposição, no que se refere aos estudos acadêmicos a situação da população negra, "formalmente", se invertia, por conta da existência de uma área de estudos chamada "questão racial", que, como explicava Guerreiro Ramos, era formada, majoritariamente, por intelectuais brancos para analisar os "outros", que eram, até então, "objetos" dos estudos; não seus próprios "sujeitos". Sendo assim, a "presença" das pessoas negras como "objetos de estudo" era proporcional à "ausência" delas enquanto produtoras legítimas de conhecimento.[60] Tal panorama tem mudado, e para bem.

O certo é que, de um tempo para cá, ficou mais difícil para as pessoas brancas se isentarem desse debate, renunciarem à responsabilidade ou ignorarem o compromisso que têm para com a desigualdade existente na sociedade brasileira. A questão não é moral ou normativa, repito; ela é prática.

Visibilidade invisível

O professor Kabengele Munanga chama o racismo no Brasil de "crime perfeito", porque ele permite que quem o comete ache que a culpa é da própria vítima.[61] Ou seja, a responsabilidade pela desigualdade seria, no limite, das próprias populações negras, e não das brancas. Ora, se o ativismo negro guarda seu protagonismo numa agenda contrária ao racismo e a favor da equanimidade de direitos, não há como perpetuar o "crime". Nesse sentido, cabe às pessoas brancas, como eu, também assumirem seu quinhão de responsabilidade diante de uma situação que, durante tanto tempo, naturalizou a exclusão de mais da metade da população brasileira.

Raça, sabemos, é uma construção histórica e social mas que tem consequências e impactos muito reais.[62] Ela é um dispositivo próprio, que, nos termos da educadora Robin DiAngelo, enseja uma sorte de ideologia internalizada que faz com que o grupo social se abstenha de assumir seu papel na socialização do racismo e dos exclusivismos sociais.[63]

Como disseminar a ideia de ganhos universais num país que, segundo a ONU, guarda a marca de ser o oitavo mais desigual do mundo?[64] "Meritocra-

"ELES QUE SÃO BRANCOS QUE SE ENTENDAM!"

cia" é, dessa maneira, seja como estratégia consciente ou não, uma forma de tornar natural, universal e igualitário o que é resultado da história, da política e da economia. Conforme explica o jurista Daniel Markovits: "a meritocracia cria uma elite que se beneficia de enormes desigualdades em investimentos educacionais e se esforça para oferecer as mesmas oportunidades educacionais aos filhos, passando privilégios de uma geração a outra, o que vai impactar melhores oportunidades de trabalho e de salários para este grupo".[65] Implica, assim, reconhecer um conjunto de habilidades de uma pessoa — as quais dependem, e reforço aqui, de esforço individual — mas sem estabelecer nenhum vínculo com o contexto social em que ela está inserida.

Explica Silvio Almeida que a meritocracia significa, pois, a negação do racismo e a afirmação última da democracia racial, uma vez que sustenta que a culpa da desigualdade vem das próprias populações negras que "não fizeram o que estava a seu alcance". Ela dificulta, assim, a tomada de atitudes mais efetivas contra a discriminação, sobretudo por parte do Estado.[66]

No exemplo brasileiro, o racismo estrutural e institucional — estrutural, pois estrutura nosso pensamento e linguagem; institucional, pois está por toda parte e em todos os setores da sociedade — corresponde a uma das grandes mazelas da nossa sociedade.[67] O sistema é tão enraizado que se esconde na nomenclatura que dissemina. Por exemplo, as populações negras são normalmente chamadas de "minorias sociais". Nos Estados Unidos com certeza são, já que correspondem a 14% ou 15% da população daquele país. Já no caso brasileiro, e se pensarmos em termos quantitativos, as populações negras — pretas e pardas segundo critérios do IBGE — correspondem a 55,5% do total demográfico nacional.[68] Não obstante, pode-se dizer que se trata de "maiorias minorizadas na representação", uma vez que não existe proporcionalidade alguma nos espaços do trabalho, do pleno emprego, da educação, da saúde, do lazer, do transporte, da cultura, na política e na economia.[69] Nesses locais sociais, essas maiorias são francamente minoritárias, ou melhor, minorizadas, como bem define Richard Santos.[70]

Interessante sublinhar também uma tendência presente nos livros didáticos e textos oficiais, que, até recentemente, buscavam substituir o termo "raça" por "cor", numa clara operação de eufemismo social. Mas cor por aqui não é apenas um conceito vinculado ao fenótipo — ela delimita uma sorte de intersecção entre fenótipo e origem.[71]

Foto da anamnese de Lima Barreto, Hospital Nacional de Alienados, 1914.

O caso de Lima Barreto é muito significativo nesse sentido. O escritor foi internado duas vezes no Hospital Nacional de Alienados, do Rio de Janeiro: em 1914 e 1919. Ele se encontrava afetado pelas consequências do excesso de bebida, mas, naquele momento, o amplo guarda-chuva da loucura abarcava todo tipo de "desordem", sobretudo aquelas vinculadas às populações pobres e negras do período do pós-abolição. Contudo, ao registrar a cor do paciente, o funcionário descreveu muito mais do que somente o fenótipo. Quando Lima foi internado da primeira vez, não deu entrada como um desconhecido. O escrivão da anamnese sabia que ele era funcionário público, escritor, e que seu pai ocupara o cargo de administrador da Colônia de Alienados da Ilha do Governador. Lima ficou então registrado como "branco", a despeito de sempre ter se autodefinido como um escritor negro.

Talvez o escrevente quisesse apenas devolver o que a sociedade difundia: um funcionário público, jornalista, escritor de um livro publicado em Portugal, era sempre branqueado na classificação. No entanto, cinco anos depois, por ocasião de sua segunda internação, Lima entrou na instituição como uma espécie de indigente. Por isso, em seu registro de 1919 consta a cor "parda".[72]

O conceito de "cor social" foi criado pelo sociólogo Carlos Hasenbalg para definir a maneira como no Brasil se manipulam as cores, para que elas indiquem, de modo mais suavizado, origem e posição social.[73] Como diz Caetano Veloso sobre si próprio e em relação a outros: "Gil é um mulato escuro o suficiente para, mesmo na Bahia, ser chamado de preto. Eu sou um mulato claro o suficiente para, mesmo em São Paulo, ser chamado de branco. Meus olhos são, sem embargo, muito mais escuros do que os dele".[74]

Sabemos que raça como realidade biológica não existe. De um lado não são encontrados marcadores genéticos fixos e, de outro, eles estão presentes tanto numa determinada raça como em outras. Mas raça funciona como construtor social, uma forma de identidade baseada em ideias biológicas falsas, atuando, não raro, no sentido de manter e reproduzir diferenças e privilégios. Para o sociólogo Antonio Sergio Guimarães raças atuariam como "formas de classificar e identificar que orientam as ações humanas", tendo assim impacto concreto na realidade e no imaginário das populações.[75]

Esse "uso social" da cor, muitas vezes, é um expediente com vistas a "minorar", ainda que inconscientemente, conflitos. Tal ambiguidade leva não só a terminologia a se apresentar como muito mais subjetiva — sobretudo quando comparada a outras áreas do conhecimento —, como seu uso em conversas, em documentos oficiais, ou até mesmo no dia a dia a virar objeto de disputa.

Foto da anamnese de Lima Barreto, Hospital Nacional de Alienados, 1919.

Por sinal, essa subjetividade conceitual e cotidiana faz parte de outro mito nacional: o da mestiçagem benfazeja. Discurso de ampla utilização oficial, ele costuma destacar, como mostra a antropóloga Laura Moutinho, mais a mistura em detrimento da diferença e da desigualdade.[76] Como explicou Roger Bastide, já nos idos de 1973, é notável como os estudiosos brasileiros se interessaram muito mais em estudar os fenômenos "de adaptação [...] à sociedade dos brancos e à cultura luso-católica" do que em entender os conflitos que a mestiçagem trazia consigo.[77]

Outro ângulo da cultura da branquitude está ligado à produção de padrões estéticos — como o cabelo liso e claro, o corpo delgado —, que são criados pelo grupo, e lhe dizem respeito, mas transformados em universais. Esses e outros exemplos retomam, a partir de diferentes ângulos, a espiral mítica que comporta várias versões, as quais vão, como teremos oportunidade de analisar com calma, do darwinismo racial às teorias de branqueamento; da mestiçagem ao sincretismo; da democracia racial às teorias da meritocracia.[78]

Na sociedade brasileira, o fato de uma pessoa ser tomada como branca representa uma vantagem estrutural inegável, pois aferível nas pesquisas oficiais que mensuram trabalho, enriquecimento e pobreza, escolaridade, lazer, bem-estar, acesso à infraestrutura básica. Por aqui, as populações negras ganham menos para executar os mesmos trabalhos, têm menor acesso à educação, à moradia, ao transporte público e a tratamentos de saúde preventivos, compõem a maioria da população carcerária e são as que morrem mais, e mais cedo. Aliás, durante a pandemia de covid-19, pessoas negras foram as que mais sofreram. O motivo não é biológico ou natural. Ele é histórico e social.

O segredo do reflexo do espelho: imagem e magia

Este livro tem, pois, um lugar de fala "claro" e previamente anunciado: a cultura da branquitude. Assim, analisaremos, sem nenhuma preocupação moral, o fato de terem sido as populações brancas que desenharam mapas e alegorias do mundo, recriaram o sistema escravocrata em bases modernas, inventaram as teorias deterministas raciais, e idealizaram a espiral mítica que dá conta dos modelos de branqueamento, da democracia racial e, mais recentemente, da meritocracia.

Como vimos aqui, branquitude não é tema novo. Intelectuais estrangeiros e brasileiros, sobretudo pensadores negros e negras, têm explorado o assunto, com erudição e propriedade. Dessa maneira, se este livro tem alguma pretensão de originalidade, ela se encontra na análise das imagens e no imaginário racial que estas criam e difundem.

Alguns autores — como Marcus Wood, Anne Lafont, Ana Lucia Araujo e Françoise Vergès —,[79] além de uma série de exposições nacionais e internacionais, têm tematizado, no espaço dos museus e nos catálogos produzidos, a dificuldade que temos de "ver a escravidão" ou mesmo o protagonismo de pessoas negras.[80] Esses intelectuais têm mostrado como a arte participou de forma influente na naturalização de categorias raciais. Há ainda toda uma vertente que, em lugar de apenas denunciar (corretamente, aliás) a "falta" desse tipo de representação visual, tem investigado como o tráfico de pessoas também socializou culturas, produtos, técnicas e códigos sociais. A ideia é não apenas repisar a violência do escravismo como registrar, numa perspectiva contraintuitiva, como a colonização construiu uma nova civilização, a despei-

"ELES QUE SÃO BRANCOS QUE SE ENTENDAM!"

to do impulso predatório que realizou. Esse movimento, que também levou a desconfiar das leituras literais e ingênuas das legendas — as quais, muitas vezes, naturalizam situações abjetas —, procurou nos detalhes inscritos nas obras outras formas de africanidade, expressas nas plantas de café, nos bules, nos açucareiros, nas caixas de rapé, nos cachimbos de tabaco, nos adereços.[81]

Mas, se são vários, apesar de insuficientes, os livros e exposições que coligiram e analisaram imagens da escravidão, não são tantos os trabalhos concentrados na iconografia do fenômeno social da branquitude, até por causa da invisibilidade que ele traz consigo. Por outro lado, vivemos numa civilização das imagens, o que muitas vezes faz com que pensemos por e com imagens. Por isso, elas não se comportam de maneira simplesmente ilustrativa. Na verdade, representações visuais constituem e constroem realidades ao tratar de normalizar o que não pode ser, e não é, uma norma. É por essa razão que elas são aqui tomadas como documentos, e como tais precisam ter sua origem, contexto, autoria e datação escrutinados. Em vez de serem meros produtos de seu momento, imagens produzem, como diz a raiz do termo, imaginários.

Conforme mostra o professor Muniz Sodré, "imagem" é também o anagrama de "magia". E, nesta nossa sociedade dos dispositivos da visão, só se existe, diz ele, "quando se aparece no 'espelho'". Interessante pensar como durante tanto tempo certas imagens de pessoas negras não apareciam no "espelho" da "civilização ocidental". E, quando apareciam, ocupavam lugares apenas laterais. É nesse sentido que Sodré pergunta: "Qual o quociente de 'aceitabilidade' da imagem do homem de pele escura numa ordem social que ilumina suas pretensões planetaristas [...] com tonalidades branco-europeias?".[82]

Todo Estado procura instituir uma "comunidade nacional" na base de uma etnicidade fictícia e de fundo emocional. Fictício aqui não é ilusão — é antes uma construção institucional mas que guarda um sentido histórico. E assim, acionando uma série de critérios selecionados, o Estado passa a "etnicizar" a "sua população, a partir de mitos baseados numa certa origem, cultura e projetos supostamente comuns. O segredo do espelho é que ele devolve uma só identidade, única e almejada, cujo pano de fundo norteador é a própria cultura europeia, assim transformada em universal.[83]

E, no processo de constituição de comunidades de imaginação, as representações visuais, interseccionadas por questões de raça e gênero/sexo, ocupam papel central. Esses marcadores estiveram presentes desde os primeiros mapas da América, alimentaram as alegorias que hierarquizaram o mundo a partir de suas civilizações, dividiram os povos em superiores ou inferiores, trataram de transformar africanos em negros e de naturalizar desigualdades. Estiveram ainda na base e nos pressupostos das propagandas e imagens que, associadas ao darwinismo e ao higienismo racial, retratavam pessoas com traços animalizados. Imagens também foram fundamentais para representar a abolição como "coisa de brancos", divulgando documentos visuais em que pessoas negras demonstravam uma gestualidade corporal indicativa de dependência e subalternidade — apareciam ajoelhadas, os braços denotando agradecimento pela "graça" recebida. Tais fontes buscaram igualmente romantizar uma suposta mistura igualitária dos povos, trazendo representações sempre alvissareiras mas que não deixavam de incluir a diferença dos papéis sociais. Essas e outras fontes podem ser definidas como "imagens de controle", termo cunhado por Patricia Hill Collins para analisar esse tipo de uso dos registros visuais enquanto formas que produzem, de maneira intencional ou não, muita violência simbólica.[84]

Finalizo este capítulo, que procurou realizar um balanço da bibliografia sobre o tema da branquitude, com um conceito fundamental criado pela intelectual afro-americana France Winddance Twine: letramento racial. Ele corresponde, justamente, a uma prática de leitura que implica o reconhecimento do valor simbólico e material da branquitude; o entendimento de que identidades raciais são construções mas ao mesmo tempo questões centrais nas sociedades contemporâneas; e a compreensão de que o racismo atravessa "desigualdades de classe, hierarquias de gênero e de heteronormatividade".[85]

E faz parte desse "letramento racial" admitir que, se existem pessoas negras, brancas ou indígenas "preconceituosas", se há muito "preconceito" em relação a questões de gênero e sexo, região, geração e classe social, já o termo "racismo", ao menos no senso comum brasileiro, se dirige projetivamente para a população negra, sobre a qual incide um verdadeiro sistema articulado de discriminações.[86] Por isso, no Brasil, as populações negras estão entre os 75% mais pobres, correspondem a 80% das baixas por homicídio, são as vítimas diletas da falta de saneamento, representam 68,2% do total de pessoas encarceradas, conformam a maioria das crianças empregadas no mercado informal, além de serem discriminadas por conta da crescente intolerância religiosa.

Sendo assim, e diante de um racismo sistêmico como esse, não existe "racismo reverso", da mesma maneira como, nas palavras de Lia Schucman,

"ELES QUE SÃO BRANCOS QUE SE ENTENDAM!"

não há racismo *on* ou racismo *off*.[87] Na verdade, estamos sempre aprendendo, quando o tema implica essas que já são formas sociais consolidadas de sociabilidade e de imaginação.

Este livro se debruça, portanto, sobre aspectos essenciais da construção visual da branquitude, em especial no Brasil, e não se pretende exaustivo, tampouco cronológico. Ele se organiza a partir de temas diversos mas com a mesma preocupação de apreender, na longa duração, como se dá a construção de uma cultura que destaca os valores da branquitude e, paralelamente, detrata, de forma explícita ou mais indireta, a representação de pessoas negras. Acredito que a amplitude do papel do colonialismo e do imperialismo na construção da branquitude não se organiza em torno de uma única pauta, nem é possível privilegiar um assunto em detrimento de outro, conferindo-lhe centralidade. Também não entendo as contradições desse discurso colonial apenas como uma questão textual ou visual. Como mostra Gayatri Spivak, o imperialismo foi igualmente sustentado pela violência militar, institucional, das prisões e da máquina do Estado.[88]

Os capítulos deste livro exploram alegorias, mapas, patrimônios, a construção da branquitude em oposição à negritude, a representação patriarcal das amas de leite, os rituais da domesticidade, as propagandas de sabonete e o ideal da limpeza racial, as teorias de branqueamento e os vários mitos da democracia racial, mostrando como o nacionalismo tem, sim, cor, gênero e classe. Explica bell hooks que "uma mudança de direção que seria verdadeiramente descolada seria a produção de um discurso sobre raça que interrogasse a brancura".[89] Como vimos, a construção do fenômeno social da branquitude e sua aplicação em políticas e práticas sociais são tanto uma norma invisível, a despeito de absolutamente onipresente, como a questão mais visível — que orienta e enlaça os diferentes capítulos.

Registros visuais se comportam como "o canto das sereias", que, à semelhança dos provérbios, maravilham, mas muitas vezes afastam a reflexão. "Ler imagens" será assim nosso "antídoto" para evitar o consumo rápido, fácil, e assim enganoso, delas. Aliás, quem sabe não estejamos longe de afirmar: "Eles que são brancos já não se entendem".*

---

* Como existem imagens violentas e perversas, sobretudo propagandas, optamos por apresentá-las, propositadamente, em tamanho mais diminuto.

2 | ALEGORIAS DO "PRIMITIVO"
Quando a realidade marca encontro com a imaginação[1]

É que Narciso acha feio o que não é espelho.

Caetano Veloso

Quando a civilização europeia entrou em contato com o mundo negro [...] todo mundo estava de acordo: esses negros eram o princípio do mal [...] O negro, o obscuro, a sombra, as trevas, a noite, os labirintos da terra, as profundezas abissais [...]

Frantz Fanon

A ideia da "descoberta" de um "Novo Mundo" sempre teve algo de telúrico: de sonho, mas também de projeção. "Novo" é um termo relacional, pois só existe em contraposição ao que é "velho". Assim, estabeleciam-se uma anterioridade e uma maturidade europeias, sobretudo quando comparadas com uma pretensa juventude americana.[2] Além do mais, só se "descobre" o que até então não se sabia que existia: era terreno inabitado ou terra inexplorada. E essa não era, com certeza, a situação dos territórios que começavam a ser incluídos nos mapas europeus e nas alegorias que iam sendo criadas a partir do século XVI. Nesse momento, o litoral do continente que acabava de ser denominado América era tão densamente povoado como a península Ibérica.[3]

Dessa maneira, a impressão que deixam os relatos, pranchas e gravuras seiscentistas não é a de uma "descoberta" filosófica de "outro" mundo, mas a da conquista de novos territórios que ali estavam, à espera: à disposição. Para tanto, os "novos domínios" foram discriminados nas pranchas cartográficas com a designação subjetiva de "terras desconhecidas", ou incluídos nas gravuras de época que retratavam indígenas e africanos tendo a própria imagem ocidental refletida no espelho. Quando olhavam o "outro" só viam a si mesmos. Os seus próprios outros.

Como mostra o geógrafo Christian Grataloup, todo atlas começa com um "sumário cartografado". Ou seja, tais documentos são primeiramente pensados a partir de sua função prática: localizam acidentes geográficos, estabelecem fronteiras, orientam navegações. Entretanto, se os observarmos com mais atenção, veremos que trazem muito mais do que isso. Quais são os espaços destacados nos mapas e, por contraposição, quais são aqueles negligenciados? Que enquadramentos e escalas são considerados pertinentes para a observação e informação dessas plantas? Que territórios interessam aos consumidores desses atlas, e quais são as periodizações neles inscritas? Que imagens convivem lado a lado com as demarcações territoriais? Trata-se de operações que denotam não só a prática do mero registro geográfico, mas muita seleção intelectual.[4]

O certo é que o território europeu foi sendo dilatado nos mapas mundiais para assim ganhar a centralidade física que se projetava para ele, ao passo que a China, por exemplo, teve sua dimensão proporcional sistematicamente diminuída. O "Velho Mundo" ganhou o centro superior das representações, enquanto os demais continentes ocuparam as bordas. Tudo virava matéria de convenção, até porque, se a Terra tem o formato redondo, seu centro é apenas uma questão de acordo prévio.

Assim sendo, na leitura pretensamente objetiva e neutra dos mapas e das imagens que os acompanham, as quais costumamos consumir como se fossem documentos e testemunhos inócuos, subsiste uma clara subjetividade ocidental, que contextualiza o espaço a partir de suas próprias histórias e relações sociais. Confere tempo e temporalidade ao espaço. Dessa maneira, a gênese da "civilização ocidental" vira o fio condutor invisível de tais traçados chamados de universais, como se ali estivesse inscrito um fluxo com uma só direção e leitura obrigatórias. Por outro lado, se já existia uma história única, também a geografia precisava ser unificada, o mundo fazendo sentido somente a partir da bússola europeia.

Contudo, não eram a incerteza e o desconhecimento ocidental que se destacavam nessas pranchas e alegorias; ao contrário, eles significavam a última trincheira da objetividade. Isto é, se não é de hoje que paira uma certa desconfiança diante do etnocentrismo da historiografia ocidental, durante muito tempo acreditou-se que os mapas trariam apenas informações críveis, ou mesmo que o mundo se dividiria, naturalmente, em cinco áreas geográficas

ALEGORIAS DO "PRIMITIVO"

— Europa, Ásia, África, América e Oceania —, as quais representariam, por sua vez, a consolidação de espaços homogêneos entre si.

Essas são, também, convenções visuais, sendo as grandes divisões espaciais e simbólicas criadas, reproduzidas e ampliadas desde o contexto dos mapas terrestres medievais. Na Antiguidade dividia-se em três partes o território conhecido, como eram três os filhos de Noé. Em 1507, com as grandes navegações, passamos a conceber quatro continentes, para em 1804 eles virarem cinco — com a criação da Oceania: uma sorte de "órfã" dos demais continentes.[5] Tal concepção é pautada, pois, num antigo centramento cognitivo do Ocidente, difícil de ser alterado, ao menos no senso comum. Por isso, mapas e alegorias revelam, conforme explica o geógrafo Jacques Lévy, como "o espaço é, antes de mais nada, uma dimensão social".[6]

Assim, neste capítulo, interessa sobretudo entender como se deu a construção dessas que eram, também, fronteiras simbólicas. Na difusão desse tipo de imaginário acerca do traçado do mundo e da exposição didática de suas hierarquias internas, teve grande importância a produção coeva e acelerada de uma série de alegorias dos continentes e de suas gentes, as quais, de alguma maneira, se uniram aos mapas na função de bem estabelecer e consolidar os novos marcos geográficos. Ou seja, diante da falta de informações, da incerteza frente a uma terra desconhecida, as fontes visuais acabavam por concretizar e confirmar essas que eram, também, geografias culturais.

Ademais, em particular a partir do Seiscentos, parecia urgente, para os governos que financiavam os processos de colonização, investir no "certificado de propriedade" dessas "terras desconhecidas". A disseminação da "nova realidade geográfica" se dava a partir da delimitação das fronteiras territoriais, presentes nos traçados dos mapas-múndi, mas também por meio da descrição das populações locais — escravizadas na própria terra, ou por conta do tráfico de pessoas, que, do século XVI ao XIX, uniu e separou continentes distantes como a América, a Europa e a África.

Nesse processo de longo curso, a escravidão virou não apenas uma forma compulsória de trabalho, mas também uma sorte de definição da América — estampada sem peias nos mapas e nas alegorias que acompanhavam as assim chamadas grandes navegações. Isso porque o colonialismo transformou o oceano Atlântico num "rio", na bela definição de Alberto da Costa e Silva, tal a quantidade de tecnologias, filosofias, aromas, culinárias que circularam por lá, condicionando e alterando as próprias características internas dos territórios afetados.[7]

Mas o Atlântico poderia igualmente ser considerado um "rio", se levarmos em conta a expressão consagrada do etnólogo Pierre Verger, que definiu a escala e a recorrência dessas trocas intercontinentais forçadas a partir da ideia de "fluxo e refluxo", mostrando como o "comércio de almas" fez com que se alargasse a noção de área geográfica e cultural.[8] Já Paul Gilroy criou o conceito de "Atlântico Negro", para analisar como essa região foi definida por seus territórios, clima, flora e fauna, mas também por suas "gentes" e "raças"; conceito recriado nesse contexto para caracterizar não só o tráfico de pessoas, como o influxo de estrangeiros sequestrados de suas terras para viver nesses locais ermos.[9]

Como sabemos, diferentemente do que pretendem os mapas, alegorias e relatos de época, essa circulação nunca foi homogênea em termos sociais. Ao contrário, ela levou ao crescente predomínio dos povos europeus e à consequente subordinação dos povos nativos, e das populações retiradas da África, que começavam a aparecer representadas no interior dos mapas ou nas suas laterais, mas também numa série de desenhos e gravuras que aguçavam e vinham ao encontro da crescente curiosidade europeia. Todos esses documentos funcionavam em rede, um alimentando o outro.

Realizados, em sua franca maioria, por viajantes europeus, tais relatos e ilustrações eram marcados por muita imaginação e desconhecimento acerca dos povos supostamente representados, aglutinando estereótipos tanto físicos como morais. Nesses registros destacavam-se por vezes os traços fisionômicos distintivos — e o exotismo de uma humanidade cuja tonalidade de pele era diferente da dos europeus —, por vezes os hábitos desses povos considerados em tudo distantes e estranhos.

Nos mapas, trípticos, tapeçarias, pinturas, desenhos e alegorias (muitas delas dispostas dentro das pranchas geográficas), procurava-se "naturalizar" e silenciar qualquer referência à violência do sistema: de um lado, a captura e aprisionamento de africanos retirados à força de seu continente de origem; de outro, a escravização e subjugação de povos nativos americanos. E, assim, imagens cumpriam um papel fundamental; ao mesmo tempo que sublinhavam a concórdia, buscavam tornar essenciais as diferenças que dividiriam o Velho Mundo, com seus costumes "elevados", desses continentes mais "novos" e "longínquos" — literal e concretamente. A história se juntava à geografia na delimitação temporal, opondo o velho ao novo e ao novíssimo, sempre a partir de uma régua e um compasso dados pela métrica do continente europeu.

As palavras são, portanto, reveladoras de grandes processos imaginários. E, assim, uma série de países europeus julgaram por bem se aglutinar a partir do termo "Velho Mundo", inscrevendo, nos registros e documentos que legaram, seus próprios conceitos, mas também preconceitos e estereótipos. Criaram visualmente um mundo que condizia com a percepção que tinham de si e dos demais povos.

E nesse processo o desconhecido virava Novo, "Novo Mundo". Afinal, tratava-se de um mundo que precisava ser tautologicamente novo para os europeus. Novo, pois não "explorado", novo, pois "recém-descoberto", num eufemismo social que procurava dar conta daquele movimento de expansão, domínio e subjugação a partir da ideia de "missão": um fardo ocidental.[10] Assim, a designação mais repassava uma formação telúrica da América do que discriminava o contexto da colonização. Afinal, essa foi uma terra tantas vezes imaginada, que gerou tamanhos sonhos acerca de um suposto Eldorado escondido, que sugeriu uma Terra sem Males, que levou à idealização das ilhas misteriosas do *Bresail* e criou inúmeras outras projeções que jamais se efetivaram ou sequer existiram.

O certo é que, nessa época condicionada por tantos movimentos de exploração, as representações geográficas e alegóricas se misturavam com os nativos provenientes de diferentes partes do planeta, ilustrando esse Novo Mundo cuja gênese se localizava na ideia combinada de diferença e subordinação. Como se ocupassem, a partir daquela circunstância, o lugar de uma espécie de nativos universais, de trabalhadores ociosos e à disposição da expansão europeia.[11]

Sérgio Buarque de Holanda, em *Visão do paraíso*, recorda uma antiga tradição celta que explicaria a origem do nome de nosso país. Segundo ele, certas ilhas atlânticas eram famosas por contarem com plantas como a urzela e o sangue-de-drago, responsável por um produto tintorial de cor púrpura. Além do mais, o historiador defende então a ideia de que o topônimo seria resultante de expressões irlandesas — "Hy Breasail" e "O'Brazil" —, que por sua vez guardariam o significado de "ilha afortunada".

Essa versão daria conta de justificar o nome "Obrasil", estranhamente presente em vários mapas do início do século XVI. A inspiração irlandesa continha um fundo religioso ou paradisíaco — e assim chamaria a atenção dos cartógrafos do Velho Mundo. Apareceria pela primeira vez em 1330, designando uma ilha misteriosa, e ainda em 1853 podia ser encontrada em mapas ingleses. O interessante é que a existência desse local devia mais à imaginação europeia, que procurava pelo maravilhoso, pelas terras edênicas perdidas no oceano, do que à realidade e à experiência.[12]

Sobretudo no contexto do Setecentos, as ilhas dispersas no oceano povoaram o imaginário ocidental, como se fossem o paradeiro do desconhecido, o porto de chegada para a aventura colonial. Seriam não apenas ilhas geográficas, mas também ilhas de história: interrompidas em suas narrativas a partir do domínio europeu.[13]

E o caso do Brasil não seria tão diferente. O termo "brazil" era originário da língua franca mediterrânea, com o significado de "carvão". Da Espanha vinha a palavra "brasero", de Portugal "brasa", da Itália "braciere", da França "braise". E assim, muito antes de o Brazil virar Brasil, ele já era imaginado como uma ilha circular perdida em meio ao imenso Atlântico, dotada de muitas árvores de tintura, mas igualmente do fogo do diabo.[14]

Ainda segundo Sérgio Buarque de Holanda, diante dos tantos desafios presentes na travessia do oceano bravio, divulgou-se uma espécie de máxima entre os viajantes, que supunha ser muito melhor "ouvir dizer" do que "ver".[15] Relatos referiam-se a outros relatos, depoimentos eram pautados em outros depoimentos, desenhos e gravuras deviam muito mais a outras obras visuais do que ao testemunho direto. Tanto que as representações como que se misturavam, e os nativos de diferentes partes do globo serviam para representar o mesmo Novo Mundo.

A chegada de Américo Vespúcio à América, terra batizada em 1507 com seu nome, inaugura não apenas uma nova rota para o expansionismo ibérico, como também um espaço geográfico idealmente virgem, a ser preenchido pelo imaginário europeu. E será nesta América, distante e desconhecida, que se localizará a nova apoteose dos relatos acerca do maravilhoso; convenção que começara com os navegantes gregos, intensificara-se no final da Idade Média, mas andava esgotada em função do período de maior isolamento europeu, motivado por tantas guerras e surtos naturais, como a Grande Peste. Tal apogeu do "pensamento maravilhoso" — da Terra sem Males no Novo Mundo, dos lugares onde o ouro corria pelos rios, da Cocanha, uma terra na

ALEGORIAS DO "PRIMITIVO"

Europa onde jorrava todo tipo de riqueza — coincide, porém, com o início de sua decadência, uma vez que, pouco a pouco, ao menos nesses locais, a experiência se impôs sobre a imaginação.[16]

Entretanto, tudo se agigantaria novamente, com a possibilidade de "abertura dos mares"; uma certa visão fantasiosa, que andava muito além do que os olhos podiam ver ou a razão admitir, e que sempre alimentou as narrativas extravagantes de uma série de viagens em tudo imaginárias ou até sobrenaturais, como as descritas no *Navigatio Sancti Brendani Abbatis*, na *Cosmographia* de Ético, na *Imago Mundi* de Pierre d'Ailly ou nas viagens de John Mandeville, entre tantas outras obras da época dos descobrimentos, ganhou imensa sobrevida.[17] Em meio a essas regiões maravilhosas poderia estar escondido o Paraíso Terrestre, com sua primavera eterna, seus campos férteis, fontes da juventude; mas também uma terra inóspita habitada por monstros disformes.

A literatura insistia de tal maneira nesses seres de quatro braços, um olho só na testa, andróginos, pigmeus e tudo o mais que a imaginação pudesse alcançar, que não é de admirar o fato de, numa de suas primeiras cartas, Cristóvão Colombo haver admitido, com espanto, ainda não ter encontrado monstros humanos e que, ao contrário, os nativos e as nativas eram, até, muito bem-feitos de corpo: "Não são negros como na Guiné, e seu cabelo é liso".[18] Como se pode notar, o modelo comparativo era sempre um "outro" em relação ao europeu, que se autodefinia como o elemento neutro nessa relação, quando, na verdade, cumpria o papel projetivo idealizado de um "outro do outro". Ou seja, os povos recém-contatados, fossem eles autóctones ou africanos retirados à força de seus locais de origem e explorados com a colonização, começavam a ser não só dominados pela tecnologia violenta da modernidade, como imaginados, sempre por contraposição e a partir da perspectiva europeia.

E monstros continuaram existindo, ao menos no imaginário, nos desenhos e nos mapas da época, assim como se viram imediatamente associados às práticas de canibalismo e antropofagia, que acabaram por motivar discussões filosófico-religiosas sobre a verdadeira índole dos gentios: descendentes de Adão e Eva para alguns, mas bestas-feras para outros.

Uma corruptela de *Carib* deve ter dado origem ao nome "canibal", termo que foi também provavelmente influenciado pelo latim *canis*, "cachorro".

E a curiosidade acerca dessa humanidade era tal que, em 1537, foi necessária uma bula papal reconhecendo explicitamente a natureza e a alma dos selvagens. Afinal, a humanidade era uma só, apesar de "vária", garantia na mesma época o filósofo francês Montaigne.

De toda maneira, com o correr do tempo, a aventura utópica dos viajantes do maravilhoso foi cedendo cada vez mais lugar para os relatos que opunham uma natureza edenizada a uma representação mais negativa das populações locais, e apostavam no caráter detraído dos nativos. Essa literatura proliferaria já nos séculos XVI e XVII com os primeiros viajantes, mercadores, marinheiros, religiosos que aportavam efetivamente naquele Novo Mundo. Tzvetan Todorov se baseia nos textos do próprio Cristóvão Colombo para relatar como se deu a invasão europeia da América. O autor parte então do pressuposto de que a América já havia sido inventada antes de ser "descoberta", ou seja, o colonizador tinha uma ideia preconcebida do que iria encontrar na América e isso influenciou a sua relação com o "outro".

No centro do embate filosófico de Todorov estava o local magnânimo do "eu" europeu. Isto é, as barreiras linguísticas e culturais impediram Colombo de reconhecer que se encontrava diante de outra humanidade — com hábitos, costumes e histórias diferentes. Era como se os nativos correspondessem apenas à parte humana da paisagem natural do Novo Mundo. Ao mesmo tempo, seu eurocentrismo o fez acreditar que os indígenas entendiam tudo o que ele dizia.[19]

E assim as alegorias e imagens seiscentistas acompanharam essas concepções e incendiaram o imaginário de época, contrapondo "a civilização europeia" e "suas conquistas" aos "demais" povos, que deveriam, até por questões consideradas morais, ser conquistados — junto com seus territórios.

Uma alegoria pode criar e dar uma forma mais concreta tanto a animais como a objetos, mas também a pessoas e povos, que por meio dela são representados de maneira figurada e condensada. Por isso, muitas vezes esses são recursos textuais e visuais que se revestem de um claro sentido metafórico. Entretanto, enquanto uma metáfora, em geral, se refere a uma situação mais pontual, uma alegoria pode interligar diversas representações.

Neste capítulo, vamos trabalhar com alegorias visuais que carregam uma forma sintética, capaz de caracterizar um determinado local e seus povos —

sempre a partir de uma só perspectiva cultural que não é a deles. Feitas por artistas provenientes da Europa, e que muito raramente haviam pisado no local, elas diziam mais respeito à percepção que seus autores tinham de si próprios do que do "outro". Eram espelhos dilatados e compartilhados de seus temores e projeções.

Realidade e fantasia na construção do Novo Mundo

Esta gravura datada de 1575 é considerada um dos primeiros documentos visuais acerca da América. Nela sobram elementos que imaginam o espetáculo de uma paisagem humana e natural. Em primeiro plano, duas pessoas ocupam e dividem o centro da imagem: Américo Vespúcio e uma nativa americana — ele representado de maneira "realista", ela como alegoria do novo continente. Como vimos, América é batizada com o nome do conquistador, e ele parece, nesta arte, manter seu direito de domínio da "nova" terra e de classificação dela e de seus habitantes. Ele figura no lado es-

Theodor Galle, *America*, c. 1580. Gravura sobre desenho de Jan van der Straet (Stradamus), c. 1575.

querdo da imagem, totalmente vestido — dos pés à cabeça — e carregando numa das mãos uma bandeira, símbolo maior da nação dominadora, e na outra um astrolábio — ícone dessa "civilização" que se afirmava, também, por meio de seus objetos científicos. Detrás dele constam vários índices de civilização, sobretudo a caravela representando a força do expansionismo do Velho Mundo, que lá estava para controlar a "barbárie".

Do lado direito surge América, no corpo de uma mulher. O marcador social de gênero é assim atravessado pela ideia de posse, de conquista, de invasão. Enquanto Europa é representada por um homem poderoso e viril, América é definida como uma pessoa feminina e frágil. Além do mais, se o colonizador se encontra todo paramentado, e com sapatos, América tem seus pés descalços muito destacados e ocupando o centro do registro. Com certeza indígenas da terra andavam descalças. Mas chama atenção, mais uma vez, como esse elemento recebe ênfase no eixo da gravura.

América parece ser branca, e lembra as imagens da Renascença, com seus cabelos lisos esvoaçantes e corpo anatomicamente bem desenhado. Seus traços físicos também evocam as madonas representadas por artistas europeus, que não raro aparecem com partes do corpo descobertas, ou totalmente nuas. Mas, como o significado se destaca em contexto, ela é uma indígena, nos poucos adereços que traz, e na borduna que aparece à sua esquerda, pousada numa árvore.

A moça é apresentada levantando-se de uma rede, como se Europa a tivesse despertado. Redes aparecem — o que veremos no capítulo a seguir — em muitos mapas coevos, como se simbolizassem a preguiça daqueles povos, que aguardavam passivamente deitados para serem então ocupados. Também representam a projeção de um tempo estático; se a Europa avança com suas caravelas, esses "outros" permanecem deitados, enredados pela falta de mudança, progresso ou evolução.

A mulher que surge como alegoria do novo continente representa, simbolicamente, um corpo passivo. Afinal, enquanto o homem observa América com firmeza, ela estende a mão direita como se estivesse se entregando ao colonizador. Aliás, segundo a pesquisadora Anne McClintock, que faz excelente análise da gravura no livro *Couro imperial*, essa pode ser considerada a primeira representação do "estupro colonial". Vespúcio lá está para inseminar uma América vulnerável e subserviente.[20]

ALEGORIAS DO "PRIMITIVO"

A descrição da natureza do Novo Mundo merece atenção. Animais exóticos passeiam calmamente, e próximos de América, bem integrada à paisagem local, em que árvores frondosas e pequenas flores completam o ambiente natural desses trópicos edênicos cujo mar não apresenta grandes ondulações. No segundo plano, contudo, outra paisagem, a humana, se agiganta. Ocupando o centro superior da tela, destacam-se cenas de canibalismo, com homens concentrados na tarefa de preparar sua refeição em meio ao fogo que arde. Há inclusive uma parte de um corpo humano sendo assada, traço evidente da fecunda imaginação europeia do período que, enganada, entendia como antropofagia o que eram práticas rituais canibais. Não se devoravam pessoas para saciar a fome; tratava-se, na verdade, de costumes rituais que visavam tomar o espírito do inimigo, criando formas de comunicação entre grupos territorialmente conectados.[21] Mas a compreensão europeia não alcançava tal perspectiva e, como Narciso, "acha feio o que não é espelho".

Dessa maneira, convivem na gravura a utopia do controle e da conquista, de um lado, e o medo do desconhecido, de outro. O termo "alegoria" vem do grego *állos*, "outro", e *agoreúõ*, que significa "falar em público". Alegorias são, pois, figuras de linguagem de amplo efeito retórico, já que assinalam e enfatizam significados compartilhados pela comunidade mas muitas vezes dispersos ou pouco explicitados. Sendo assim, a sua expressão ou mesmo a imagem que delas deriva nunca estão presas a um sentido primeiro ou literal. Como explica o crítico literário João Adolfo Hansen, elas constroem ao mesmo tempo que interpretam metáforas.[22]

A América passa a sintetizar, assim, esse "outro", resultado do aguçamento da curiosidade eurocêntrica seiscentista. E o movimento era paradoxal: se a curiosidade fora condenada por Santo Agostinho, como um desejo pecaminoso, acabou estimulada pelos cientistas e viajantes. Não obstante, uma série de aventureiros, motivados por ela ou por razões de ordem mais pragmática, lançaram-se ao mar em embarcações bastante frágeis, enfrentando um oceano que os assustava, com suas histórias de monstros devoradores de carne humana, cachoeiras infindáveis e que levavam a precipícios, sereias encantadoras de gente, e uma terra povoada por desconhecidos de hábitos imprevisíveis. Por outro lado, a literatura que daí surgiu redundou numa profusão de livros de viagem, consumidos por leitores, ávidos pelo "Novo Mundo". Portanto, se era sobretudo a cobiça que motivava a colonização da América, também o desejo, muito humano, de conhecer novidades e compartilhar do exótico fez parte da bússola de direção desses aventureiros. Aquelas terras, conforme diziam os viajantes, eram "em tudo diferentes".[23]

Todavia, enquanto a natureza brasileira foi de algum modo elevada e os trópicos descritos como uma eterna primavera, com relação às "gentes locais" o retrato parece ter sido um tanto diverso. Ainda que as imagens negativas não tivessem o impacto das visões edênicas, o certo é que fantasias sobre os nativos se aproximaram de um antiparaíso, ou até do inferno. Aquela humanidade diversa — que juntava africanos e indígenas, praticava o canibalismo, a feitiçaria, e agia com lascívia — deveria ser condenada. Os insetos, as cobras, as chuvaradas e o calor infernal causavam perplexidade; e a humanidade daquele Novo Mundo era vista como um verdadeiro perigo, que precisava ser evitado.

Este quadro do início do século XVI mostra de que maneira o maravilhoso conviveu com as representações do inferno — aliás, presente já no título. Em tela, um grande ritual canibal, com pessoas brancas à espera do sacrifício ou já sem vida, prontas para serem "cozinhadas". Outras se encontram penduradas, outras, ainda, seviciadas, e uma é admoestada por uma espécie de

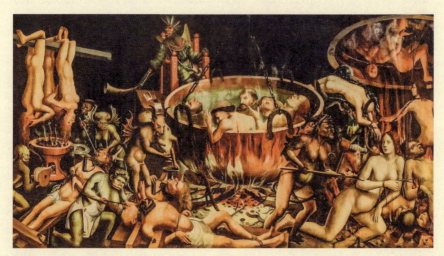

Autoria desconhecida, *O Inferno*, 1510-20. Óleo sobre madeira de carvalho, 119 × 217,5 cm.

ser satânico, disposto mais à direita da obra. Chama atenção, entretanto, a cor dos que oficiam a cerimônia: são todos não brancos, e aquele que parece liderar o ato lembra nas suas cores uma pessoa africana, a despeito de trazer um cocar à cabeça, numa evidente circulação de imaginários.

A pintura é claramente influenciada pelas imagens medievais do inferno, inventariando os suplícios eternos em relação com os pecados capitais. A figuração da Vaidade através de três mulheres nuas, dependuradas de cabeça para baixo, com os cabelos a arder, remete às Três Graças do séquito de Apolo. No extremo oposto, os amantes unidos por um laço simbolizam a Luxúria, e parecem ter saído diretamente da obra de Dante Alighieri, mostrando como essas são imagens que condensam fontes iconográficas e textuais europeias.[24]

Essa diversidade surge também na ligação do demoníaco com o universo extraeuropeu: Lúcifer usa, como vimos, um toucado de penas ameríndias, senta-se numa cadeira africana e segura uma trompa de marfim de aparência igualmente africana. Ainda outro demônio usa plumagem, num claro diálogo com o imaginário que chegava da América. O ambiente geral é de terror; um terror claramente projetivo que diz respeito às angústias europeias ante o imprevisível daquela que era por eles caracterizada como uma "aventura colonial".[25]

O tom escuro da tela contrasta com o fogo que mantém o caldeirão ardendo, frente a essa anti-humanidade que ganhava assim, e com esse tipo de imaginário, uma espécie de justificativa visual para a sua própria eliminação, ou controle.

Tais imagens mais punitivas conviveram também com outras que procuraram traçar um desenho mais otimista diante desse que foi um grande "desencontro", com graves consequências para as populações submetidas ao projeto colonial. A pintura portuguesa buscou, inclusive, incorporar, mesmo que de maneira deslocada, o indígena brasileiro ao contexto do cristianismo. É o caso da tela *Adoração dos Reis Magos*, de Francisco Henriques e Vasco Fernandes.

A obra faz parte dos painéis do antigo retábulo da capela-mor da Sé de Viseu. O que chama atenção nela, entretanto, para além das convenções que em geral cercam as imagens da Adoração dos Reis Magos, tema tradicional na pintura religiosa daquela época, é a presença de um indígena do Brasil, represen-

Atribuído a Francisco Henriques e Vasco Fernandes, *Adoração dos Reis Magos*, 1501-6. Óleo sobre madeira de carvalho, 131 × 81 cm.

tado na figura do rei árabe Baltazar. Aliás, essa é uma das primeiras pinturas em que uma figura de pele cor de bronze é introduzida com tal destaque numa tela religiosa ocidental, e, é bom lembrar, pouco tempo depois da invasão do território americano.

Situado bem no centro da composição, Baltazar é caracterizado com um traje no qual se misturam influências europeias — a blusa e os calções — com as novidades exóticas dos trópicos: um toucado de penas, vários colares de contas coloridas, manilhas de ouro nos pulsos e tornozelos, brincos de coral branco, remate de penas no decote e na franja do corpete, e uma flecha tupinambá com sua haste longa distintiva. O personagem ainda segura na mão esquerda uma taça feita de noz de coco montada em prata, o que colabora para reforçar o seu caráter excêntrico naquela cena de que ele não parece fazer parte. Também a cor mais escura da pele enfatiza a origem deslocada da figura.[26]

A inserção do indígena num contexto religioso tão tradicional como é o da Adoração dos Reis Magos traz consigo, e de forma subliminar, a ideia da cristianização do continente "recém-descoberto". Fazia coro, também, à carta de Pero Vaz de Caminha, a qual sugere que, a despeito da "ignorância" dos nativos da terra, eles se mostravam dispostos a "receber" e adotar a religião de seus colonizadores.

Vale destacar, ainda, que o Menino Jesus segura na mão esquerda uma moeda de ouro, numa alusão ao secular desejo de riqueza, à esperança de descoberta do Eldorado, que foi logo associado à aventura das grandes navegações portuguesas.

Baltazar é o rei da Arábia que deu o dom da mirra a Jesus. Ele é, portanto, o estrangeiro dentro da cena, e, até por transferência, quem se encontra retratado como indígena. Outro detalhe: a mirra evoca limpeza e proteção espiritual e, ao ser utilizada, desperta os sentimentos de harmonia e calma, obtidos a partir de seu aroma. Temos aqui, pois, mais uma associação com a ideia de concórdia, o contrário da guerra que naquele momento se empreendia contra os nativos americanos.

Outro detalhe a ser enfatizado é que, diferentemente da maneira como os indígenas eram retratados então, a figura central no caso do painel de Viseu, reconhecida como Baltazar a partir da associação com as imagens bíblicas, não está descalça: traz uma sandália que lembra o estilo romano. Essa peça de vestuário se destaca em função de sua leveza e pelo fato de deixar os pés do nativo visíveis. Singulariza-se, assim, pela falta; ainda mais quando comparada às botas usadas pelo personagem disposto a seu lado.

Mais um elemento importante: todos os personagens adultos se encontram totalmente vestidos, deixando entrever apenas seus rostos. Já o indígena traz os braços e as pernas desnudos, talvez numa referência a essas populações que chamavam tanta atenção naquele período e que causavam tantas controvérsias por andarem nus. Michel de Montaigne, no seu famoso texto "Sobre os canibais", datado de 1580, bem no final do ensaio, e depois de ter defendido a superioridade dos Tupinambá sobre os europeus, pois pelo menos sabiam por que faziam a guerra, desabafa: "Tudo isso não é tão mau assim: mas, ora! eles não usam calças".[27]

Se nas telas religiosas o indígena seria incluído apenas muito esporadicamente, o oposto se daria nas gravuras, que começavam a ganhar grande repercussão, e nas quais a alegoria dos nativos da terra era o símbolo mais recorrente da América. Porém, antes como uma espécie de anjo do mal do que como mensageiro benevolente.

Esse é o caso das obras de Théodore de Bry, que trouxe um imaginário diferente para suas gravuras. Desenhou nativos (homens e mulheres) devorando pernas e braços crus dos inimigos mortos: "ao natural", ou então cozidos pelo efeito do fogo. Nessas imagens, transparecia uma humanidade perdida, pois se alimentava de seus semelhantes. O tabu que os gestos corporais indicavam era definitivamente transgredido, para espanto e curiosidade dos leitores ocidentais. E não por acaso tais documentos provocaram a indignação europeia, ao aliar ritual, guerra e práticas de devoração alimentar. Se esse era, segundo as cosmologias nativas, um ritual que propiciava trocas culturais alargadas entre povos conectados em rede, já nas fontes eu-

Jean de Léry, *Representação de um combate entre os Tupinambá e seus inimigos, os Margaia*, 1594.

rocêntricas o canibalismo virava costume alimentar e só assim encontrava lugar na lógica ocidental, mesmo que por contraposição.

Chama atenção como, nessa gravura, a exemplo das demais imagens coevas sobre a América, os indígenas, aqui em primeiro plano, andam nus e sempre metidos em guerras, matando-se uns aos outros. A ideia era contrapor essas civilizações às europeias, que, apesar de vivenciarem então uma sequência de conflitos bélicos, preferiam marcar sua diferença na comparação escandalosa que tais obras assinalavam.

Destaca-se também, no alto e à esquerda da gravura, como, num plano visual mais distante e que não facilita o olhar, alguns nativos são mostrados cozinhando calmamente e assando no fogo os membros dos inimigos vencidos nas batalhas. Há assim uma sucessão temporal nessa obra: enquanto a guerra ocorre no primeiro plano — que indica o momento presente —, a comilança funciona como uma decorrência dela.

Outros elementos sobressaem nesse ambiente caracterizado pela barbárie alheia. As redes, símbolos da leseira da América, estão bem evidenciadas, além da figura do papagaio descrito por Jean de Léry — pastor missionário francês que chegou à França Antártica, colônia estabelecida na baía de Guanabara, atual estado do Rio de Janeiro, em 1556. Não por coincidência, a ave, que se destaca por suas cores e por repetir palavras que escuta, logo se converte em outra alegoria desse Novo Mundo.[28]

Em outras imagens, De Bry desenharia, com mais detalhes, e em primeiro plano, como se fosse uma descrição realista, esses "festins canibais". Embora o gravurista jamais tenha estado no Novo Mundo, ele procurou traduzir o que "ouviu dizer" em relatos.[29] E, como a imaginação costuma viajar solta, o artista incluiu detalhes de tal atividade — por exemplo, a retirada das tripas do interior dos corpos e sua transformação em alimento — como se a "natureza" se inscrevesse nessa nova humanidade, sem as regras básicas da civilização.

Chama atenção também como, nessas imagens mais aproximadas, não são apenas homens que participam da atividade: o artista insere crianças e mulheres nos rituais desenhados com requintes macabros. São inclusive elas as mais gulosas, pois lambem as mãos e expõem os membros que estão sendo devorados, como se estivessem se "deliciando" com a refeição.

Théodore de Bry, *Mulheres e crianças da tribo tomam mingau feito com tripas do prisioneiro sacrificado*, 1592. Gravura.

Segundo o historiador Ronald Raminelli, por intermédio das formas visuais das bruxas e do estereótipo das feiticeiras, os viajantes e gravuristas expressavam todo o seu estranhamento diante desse mundo. Se as nativas não eram bruxas, suas formas, corpos e atos tratavam de cumprir papel paralelo.[30]

Diferenças existiam e, enquanto as bruxas europeias eram geralmente representadas como velhas, as índias brasileiras surgiam jovens e com corpos perfeitos; desejáveis.[31] As imagens trafegavam lado a lado. As brasileiras foram se assemelhando às bruxas do Velho Mundo e do Sabá, ao passo que as mulheres europeias se viram contaminadas com as representações de canibalismo.[32] Uma circularidade cultural fez com que as imagens conversassem entre si e se retroalimentassem, formando, como mostra Isabelle Anchieta, uma espécie de caldeirão cultural, cujo resultado apresenta no mesmo plano folclore, história, lenda, cultura erudita ou mera projeção.[33] Aí estaria o pecado original, uma Eva distante do paraíso e obrigada não mais a comer a maçã, mas a introduzir o inferno na terra.[34]

O suposto é que elas, bruxas e tupinambás, atormentavam os homens, desafiando a própria autoridade da poderosa Igreja católica. Esse tipo de xilogravura circulou por toda a Europa, como se fosse um sinaleiro a avisar acerca dos perigos daquelas mulheres nuas, ativas sexualmente e que tinham arbítrio sobre a vida e a morte de seus parceiros. O efeito era mesmo o de contaminação de imaginários, agora muito fermentado com a projeção das indígenas canibais do Novo Mundo.

Hoje sabemos que essas eram visões etnocêntricas, que desconheciam — ou obliteravam — o fato de que estávamos diante de rituais simbólicos. Não é hora de explorar esse tema complexo, que mereceu uma série de análises da maior relevância, como as de Manuela Carneiro da Cunha e Eduardo Viveiros de Castro; melhor reter a ideia de que o gravurista registrou o que se queria previamente ver e, assim, reconhecer.[35] A América trazia consigo a solução e a cilada: a beleza dos trópicos, mas o espetáculo decadente da humanidade expresso pelos hábitos canibais e pela chegada de mão de obra africana escravizada.

Essa vertente detratora conviveria com outras e viajaria junto com a imaginação. No começo do Setecentos, em plena colonização holandesa no Nordeste, é que chega ao território brasileiro Albert Eckhout. O artista fazia parte da comitiva de Maurício de Nassau, que aportou no país em 1637, quando Eckhout tinha 27 anos de idade. Ele permaneceu por aqui durante sete anos, atuando como desenhista, pintor, paisagista e naturalista.[36] Nesse período, produziu uma copiosa obra, expressa em mapas, desenhos científicos e retratos. Oito grandes telas, executadas entre 1641 e 1643, representando homens e mulheres habitantes do Brasil se destacam na obra do viajante: *Homem negro/Mulher negra, Homem mulato/Mulher mameluca, Homem Tupi/Mulher Tupi, Homem Tapuia/Mulher Tapuia*.

Elas dialogavam com as famosas pinturas de casta, que se constituíram em formas de classificação pautadas na cor e na origem, desenvolvidas nas sociedades coloniais da América espanhola. Como indica seu nome, eram realizadas objetivando repertoriar os resultados da mestiçagem entre os diferentes grupos étnicos americanos, reproduzindo, mas também criando e naturalizando, uma série de preconceitos. Tais pinturas seguiam de perto a política colonial hispânica, em terras americanas, produzindo muita hierarquia e estratificação baseada na diferenciação racial. O suposto é que raças se conformariam como castas, dando lugar a estruturas sociais duradouras.[37]

Nas pinturas espanholas, as "duplas de castas" aparecem em geral dispostas no mesmo quadro. Por sua vez, nas obras que Eckhout fez sobre o Brasil, ele separou em telas diferentes o homem da mulher de determinada raça. Ainda assim, sua ideia original era expô-las como pares; uma ao lado da outra.

ALEGORIAS DO "PRIMITIVO"

Os quadros do artista foram originalmente elaborados com o intuito de decorar as salas do palácio de Maurício de Nassau no Recife. Contudo, como não puderam ser acomodados, sobretudo em função de sua dimensão, levaram-nos de volta ao Velho Mundo, no mesmo navio em que o dirigente estrangeiro retornou à Holanda. Já na Europa, foram oferecidos como presente ao rei da Dinamarca, Frederico III, famoso por seu gosto pela etnografia, ainda mais de países exóticos como era considerado o Brasil.

Por sinal, tal conjunto continua exposto no Museu Nacional da Dinamarca, na parte reservada aos "povos americanos", embora se saiba muito bem que os elementos de registro primário aparecem ali combinados com muita imaginação, e na base da criação de novos repertórios visuais.

A despeito de essas pinturas guardarem imensa importância, em função de sua beleza e do apuro estético com que foram concebidas, e em função de terem sido realizadas no Brasil, pois o artista, diferentemente de outros gravuristas, de fato viveu na colônia, elas estão longe de ser apenas "realistas", que dirá etnográficas. Fato raro, Eckhout incluiu alguns registros a partir de seu testemunho, mas deu lugar a grandes doses de imaginação. Se não há espaço para descrever todas as telas da série, gostaria de me concentrar em duas: as que se remetem às mulheres indígenas e negras, que funcionam como alegorias, exemplificando e sintetizando "o conjunto" do grupo ali representado.

São muitas as análises acerca dessa bela obra[38] que, formalmente, retrata uma mulher Tapuia (uma "Índia Tarairiú"), contracenando com a pujante natureza tropical do Brasil.

Albert Eckhout, *Mulher tapuia*, 1641. Óleo sobre tela, 266 × 159 cm.

Ressalta-se, em primeiro lugar, o fato de a indígena estar quase nua, coberta por um tufo de folhas apenas nas partes íntimas: tanto na frente como atrás. Esse olhar voyeur, típico do viajante estrangeiro atento às curiosidades locais, já revela muito sobre uma percepção sexualizada que cercou as mulheres nativas.

Ela olha incisivamente para o público, o pintor procurando passar a impressão de que a obra estaria retratando a moça em seu cotidiano, enquanto trabalhava e trazia alimentos de volta para sua moradia. Tudo dentro da convenção desses retratos e como se o pintor buscasse somente apresentar um registro descritivo e neutro do lugar e do personagem. As dimensões da tela também nos levam a crer que estamos vendo tudo "in natura"; sem a interferência do olhar do pintor. Afinal, a tela imensa, de mais de dois metros, devolve uma modelo que tem o tamanho do próprio observador, e que parece posar para ele.

No entanto, basta observar a obra com um pouco mais de acuidade para ter uma sensação de profunda estranheza: a indígena traz uma cesta de palha que pende da cabeça dela e se apoia em suas costas. Até aí tudo muito dentro do padrão e da perspectiva dessa pintura, que pretendia anotar os costumes "diferentes" da terra em que os holandeses agora viviam. No interior da cesta, porém, divisamos um pé solto e voltado para fora como se fosse um tronco, ou um fruto que a nativa traz para casa, com o objetivo de alimentar a família. Ao mesmo tempo, se atentarmos para a mão direita da indígena, rapidamente reconheceremos outra mão — que não é a dela. Mão já sem vida, por conta de seu aspecto pendente. Como em sua outra mão ela leva uma espécie de verdura, destaca-se logo a referência às práticas canibais, sem nenhuma tentativa de nuance. A ideia de fundo era que o canibalismo fazia parte das práticas alimentares mais cotidianas daquela população, a mãe provendo os filhos de comida: ingerem-se partes de uma pessoa da mesma maneira como a natureza sacia a fome.

Como tenho destacado, não havia canibalismo nas Américas — no sentido primeiro de se comer separadas partes do corpo humano para satisfazer a fome: a sua e a de sua prole. Antropofagia era um ritual coletivo, e assim a indígena não poderia estar levando sozinha pedaços de seus inimigos, muito menos numa cesta de coleta. A qualidade da tela, sua dimensão e a quantidade de detalhes nos fazem acreditar que estamos diante de uma obra de testemunho, quando se trata, na verdade, de uma obra da imaginação europeia sobre a América. Ela é antes uma alegoria.

Chama atenção outro detalhe, que confirma como a ideia do canibalismo se unia à representação da guerra indígena, buscando-se afirmá-las como duas linguagens locais e parelhas. Entre as pernas da mulher — o que dirige o olhar do observador para o sexo da indígena —, vê-se, no plano do fundo, um grupo de homens guerreiros, indicando como a guerra era outra prática endêmica por parte dessas populações.

A companhia de um cão, que bebe água entre os pés da mulher Tapuia, leva-nos outra vez a observar as partes baixas do corpo da indígena e traz pistas acerca da difusão dos cães (*Canis familiaris*) entre os povos nativos na porção oriental da América do Sul; local em que a espécie não existia em tempos pré-colombianos. A inclusão

Detalhes de *Mulher tapuia*.

desse animal doméstico, como bem mostra Felipe Vander Velden, destacaria sua relevância para além da análise da carga alegórica comumente atribuída a ele. Cães foram associados ao simbolismo do primitivo, do selvagem e do inculto, atributos que o artista provavelmente desejou transmitir com a pintura, uma vez que seguia de perto as convenções pictóricas do século XVII.[39]

O cachorro também aguça nosso olhar para as sandálias nos pés da moça, o que, como temos visto, significa uma clara projeção do universo europeu, que só concebia a vida humana enquanto calçada. Todavia, e como sabemos, esse não era um costume entre os indígenas das áreas baixas da América do Sul. Só poderia ser, portanto, um ato de imaginação do pintor.

A *Mulher negra com criança*, obra que também sobressai nessa série de pinturas, é feita de uma mistura ainda mais evidente de elementos locais, africanos e de uma sequência de projeções europeias. Há quem acredite que essa tela tenha sido realizada quando de uma possível viagem de Eckhout a Gana (em 1637) e a Angola (em 1641). No entanto, no documento de doação da coleção etnográfica para o rei Frederico III, Nassau certifica que a produção

Albert Eckhout, *Mulher negra com criança*, 1641. Óleo sobre tela, 267 × 178 cm.

Detalhe de *Mulher negra com criança*.

das pinturas teria se dado no Brasil; o que não apaga a capacidade que o trabalho tem de articular imagens retiradas das diferentes viagens empreendidas pelo artista, combinadas com sua formação europeia.

A organização da pintura procura celebrar a vegetação brasileira, as plantas rasteiras destacando-se no primeiro plano. O segundo plano é formado por duas palmeiras (símbolo e alegoria do Brasil) e um pé de mamão. O terceiro plano é marcado pela paisagem litorânea e três navios distantes da costa. Há quem aposte que os seis homens presentes do lado direito da obra representem a primeira forma de registro de um quilombo. Não há, porém, como ter certeza dessa interpretação.

No terceiro plano observa-se ainda uma série de recifes, próximos da praia, o que parece aludir à cidade do Recife.[40] Vale notar como essas obras assumiam muitas vezes um papel paralelo ao dos mapas. Tanto que, na tela em questão, Eckhout, que fez ainda uma sucessão de pranchas geográficas, todas estratégicas para o domínio holandês no Brasil, reproduz o que se constatava e registrava em documentos de época.

A mulher aparece com o corpo destacado, numa posição imponente. No entanto, também se evidencia uma grande mistura de elementos provenientes de diversas tradições. O colar e os brincos de pérolas com a pulseira de ouro dão à modelo um claro toque europeu por causa do material uti-

ALEGORIAS DO "PRIMITIVO" | **91**

lizado. Chama atenção, contudo, o fato de ela ainda trazer ao pescoço um colar de contas vermelhas que bem poderia ser identificado como uma guia de santo, adereço de culto de religiões de matriz africana, mostrando por mais esse ângulo como, teimosamente, os orixás vieram junto nas travessias transatlânticas forçadas.

Por outro lado, o chapéu em formato cônico com penas de pavão, o cachimbo na cintura e o pano da costa usado como saiote remetem a outras tradições africanas. O pano da costa recebe esse nome por ser oriundo da então denominada "Costa dos Escravos", região que abrangia a Costa da Mina e a Costa do Ouro, atual Gana. Aqui no Brasil, o tecido original foi sendo, aos poucos, substituído por outros tipos de material, o que não diminuiu suas funções religiosas e a gramática social que anunciava por meio de suas cores. Tal indumentária identifica a "mulher-feita", a mulher adulta, mesmo que ela não esteja de roupa de santo completa. O teor da veste é de proteção e cuidado.

Nos cultos afro-brasileiros, o pano da costa é de uso exclusivo das mulheres, pois uma de suas principais funções, além da religiosa, é proteger os órgãos reprodutores.[41] O saiote da moça também alude a uma origem ganense.[42] Vale lembrar que o assentamento costeiro de Gana foi tomado pelos holandeses por volta de 1637, ano em que, supõe-se, Eckhout teria chegado ao Brasil. Aliás, nos anos seguintes, um número grande de escravizados proveniente da costa ocidental da África aportou por aqui.[43]

Entretanto, e mais uma vez, o que sobressai na tela é como o pintor procura mesclar várias tradições. Por exemplo, as frutas que preenchem o cesto são tropicais e os formatos geométricos deste lembram as cerâmicas indígenas, numa combinação exótica que nada tem de etnográfica.

Do lado esquerdo da mulher há uma criança — ela tem a pele mais clara e está sem roupa. A presença do filho, que traz uma espiga de milho numa das mãos, parece evocar, junto com a tamareira que se encontra ao lado dele — planta que foi introduzida no Brasil pelos portugueses —, a intervenção humana na natureza. Chama também atenção o fato de a mulher estar sem sapatos, detalhe que, ainda mais quando se compara esse retrato aos demais, parece indicar sua condição de escravizada.

Para completar a leitura alegórica, vale observar que o filho leva um pássaro de cara vermelha numa das mãos, símbolo de fertilidade. A ave poderia aludir à própria denominação do território, que durante muito tempo foi descrito como "Terra de Papagaios". Não há consenso, porém, sobre a origem desse pássaro que alguns especialistas julgam tratar-se do *lovebird*, *Agapornis pullaria* — espécime encontrado na África Ocidental. A intenção, no caso, seria destacar a troca cultural entre continentes.[44]

Uma versão inacabada dessa obra, deixada pelo próprio Eckhout, talvez seja um pouco mais "fiel" à realidade. No esboço, feito em óleo sobre papel, a escravizada encontra-se sem os adereços, destituída do cesto, e nenhuma criança a acompanha. Há também um desenho realizado pelo colega de missão de Eckhout, Zacharias Wagener, numa versão muito próxima da pintura. Nele, aparece a letra M marcada no seio esquerdo da mulher, numa referência à "propriedade" dela como escravizada do plantel do líder holandês João Maurício (de Nassau), o patrono dos artistas.

Um claro teor sexualizado está também presente nessas telas. A tamareira (planta nativa da África e não da América) guarda uma forma de falo. Além do mais, a mulher é representada como sendo forte e saudável — assim, e na leitura de época, boa para o trabalho e para a atividade sexual.

Frantz Fanon analisou como o negro representava um "perigo biológico" em tal contexto, associado, entre outras coisas, à questão de uma suposta sexualidade exuberante.[45] Isso não era com certeza um atributo de raça; era antes uma projeção nascida do temor que as novas populações representavam para os europeus. Nesse sentido, e como mostra o historiador Jean Delumeau, depois das grandes epidemias que grassaram na Europa, não só se deu uma exacerbação das manifestações religiosas, como se desenvolveu uma espécie de medo da sexualidade. Assim, enquanto a dimensão sexual e a libido eram reprimidas pelos europeus, a imagem da mulher encarada como mensageira de satã era proporcionalmente projetada por sobre "outras" mulheres, como as bruxas locais, e as negras e indígenas da América.[46]

A obra sobre a "mulher negra" carrega uma eloquente projeção narcísica. Como forma, consciente ou não, de proteção própria e do grupo, jogava-se o perigo para "os outros povos", com toda a ambiguidade que poderia existir nessa que era, ao mesmo tempo, uma maneira de demonstrar, a um só tempo, rejeição e atração.[47] A "mulher negra", que carrega o fruto da sua sexualidade — seu filho mestiço —, é apresentada, pois, como exemplo da libertinagem existente no local, e sua prole em terras americanas significava uma espécie de símbolo e sina.

ALEGORIAS DO "PRIMITIVO"

Há quem interprete, ainda, que a presença do cachimbo na sua cintura poderia ser uma referência a hábitos vindos da África, mas também uma alusão ao contato físico da mulher com os senhores de engenho e com os marinheiros que permaneciam no porto do Recife. Por fim, existe mais uma referência que repisa a atividade sexual e reprodutiva da modelo. Tanto a criança aponta a espiga de milho em direção à barriga da mãe, como o pássaro se encontra bem na frente da genitália dela.

De toda maneira, a presença do filho um pouco mais claro já sugere que a moça fazia parte dessa "troca" desigual que abarcava aspectos econômicos, culturais e sexuais, e que ganhou o nome, antes um eufemismo, de mestiçagem. No caso das mulheres, a prática naturalizada do estupro pelo colonizador europeu era justificada a partir da culpa alheia: eram as próprias negras que, supostamente, se insinuavam. Vale sublinhar, aliás, como a presença de três navios no horizonte do oceano sinaliza a presença nefasta do tráfico negreiro.

As duas obras de Eckhout aqui analisadas mostram como os retratos acomodam elementos reais e alegóricos, misturando-os de forma a elevar as figuras retratadas, mas também a detratá-las, em seus costumes e "vícios". Elas se comportam de modo exemplar para que se entenda de que maneira o imaginário europeu construiu registros visuais dessas populações, fazendo uma espécie de assemblagem entre a ficção e a não ficção, e apresentando a violência como se fosse exótica e assim aprazível ao olhar.

Alguns críticos afirmam que esse tipo de iconografia era fundamental e estratégico dentro da política de Nassau, já que voltado para a atração de investimentos na região. Afinal, o dirigente precisava provar para a WIC (West-Indische Compagnie) que o novo território estava apto a render bons frutos e, dessa maneira, gerar ainda muitos lucros para a companhia.[48] Por isso, a junção de tantos elementos distintivos das "novas gentes" tinha o sentido de destacar a diversidade e assim chamar pela curiosidade, mas, ao mesmo tempo, criar uma imagem de controle, em que todos os elementos reforçassem o domínio dos "povos selvagens" pelos colonizadores.

Por outro lado, ao aliar imaginação e etnografia, tais retratos se converteram em alegorias fortes do novo continente, projetando tanto temores como potencialidades. De lá, para figurarem nos mapas e plantas bastava um pulo — que foi dado. Inúmeras vezes.

Andrés Sánchez Gallque, *Los mulatos de Esmeraldas*, 1599. Óleo sobre tela, 92 × 175 cm.

O elogio da dominação

Como diz Saidiya Hartman, é preciso desconfiar dos títulos deixados junto às obras.[49] Muitas vezes, os dizeres, legados pelos autores, vêm a ser alterados por bibliotecários ou observadores que, em outros momentos, querem fixar nelas suas próprias impressões — em geral mais apaziguadoras e isentas de contradições ou violências. Nesse sentido chama atenção como o título da obra acima variou na história. A pintura, denominada originalmente *Los reyes negros de Esmeraldas*, passou a ser conhecida como *Los mulatos de Esmeraldas*.

O trabalho é de autoria do pintor Andrés Sánchez Gallque, na época classificado pelo governo espanhol como "mestiço". Pouco se sabe sobre sua vida, apenas que tinha origens indígenas e que se manteve ativo de 1590 a 1615. Teria se formado na Escuela de Artes y Oficios do Convento de San Francisco, fundada em 1552, em Quito, e seu mestre havia sido o frade franciscano flamengo Joos de Rijcke, que pretendia praticar a doutrinação dos naturais por meio das artes linguísticas, espirituais e manuais. Tomou parte, então, da Confraria de Nuestra Señora del Rosario de los Naturales, fundada por Pedro Bedón, em 1588. Por lá frequentou o ateliê do frei dominicano Bedón, "mestiço" como ele, e que ensinava a técnica da pintura a partir da cópia de gravuras e outras telas consideradas clássicas.[50]

ALEGORIAS DO "PRIMITIVO" | 95

A despeito de se consagrar como pintor de temas religiosos, tendo recebido comissões de alto valor, Gallque ficou de fato conhecido por conta dessa obra, de caráter civil, que teria pertencido à corte espanhola e foi, em função de sua qualidade, incorporada ao Museu do Prado durante o século xix. Ela também é lembrada como um dos primeiros quadros do Vice-Reino do Peru a contar com assinatura e data, num contexto em que o anonimato era uma espécie de regra.[51]

O trabalho é em geral considerado um exemplo do maneirismo, estilo que tem sua gênese, nos Andes, em 1580. Mas conjuga também, segundo Andrés Usillos, a tradição flamenga e espanhola, inspirando-se em retratos da realeza. A obra faz parte da Escola Quitenha, como eram conhecidas as manifestações artísticas produzidas no território da Real Audiência de Quito nos séculos xvii e xviii, durante o domínio espanhol. Nessa época Quito pertencia ao Vice-Reino do Peru, criado em 1542 pelo rei Carlos i da Espanha, após o domínio e controle do Império Inca. O território foi dividido em "audiências", tendo a Real Audiência de Quito sido fundada em 1563.

Com tal contexto em mente, e a despeito do que afirma o título, não se diria que as três figuras eram "mulatas". Segundo a divisão expressa pelas figuras de castas, filhos de indígenas com negras eram chamados de "zambos". Mas vamos à obra. O fundo da tela, embora bastante neutro e uniforme, traz um interessante jogo de pinceladas, sugerindo um relevo montanhoso, que contrasta com um céu mais escuro.

O trabalho exibe os integrantes da família Arobe: o pai d. Francisco (ao centro) ladeado por seus dois filhos, d. Pedro à esquerda e d. Domingo à direita, todos descendentes dos primeiros povoadores de Esmeraldas. A cidade recebeu tal nome no século xvi por causa da existência da pedra preciosa em suas terras — e de um escravizado que conquistou sua liberdade em virtude da riqueza advinda da exploração do minério. É certo que os três familiares tomavam parte numa comunidade independente; entretanto, ao permitirem ser retratados em Quito, de alguma maneira concordaram em se apresentar e ser apresentados como súditos do rei de Espanha. Tanto que o quadro foi enviado a Felipe iii, por ocasião de sua coroação.[52]

De caráter oficial, a obra pretende justamente mostrar a conversão e a doutrinação dos assim chamados *cimarrones*: nome que era dado a escravizados fugidos que buscavam construir a liberdade em locais mais afastados e protegidos, também denominados de *palenques* ou, aqui no Brasil, quilombos.

A tela foi encomendada por Juan del Barrio de Sepúlveda, ouvidor da Real Audiência de Quito, como uma recordação para o rei de Espanha, que, assim, receberia um símbolo da "lealdade" de seus súditos; representados pelos mais "insubmissos" dentre eles. Para não deixar dúvidas de quem era o comandatário, a pintura traz na lateral direita uma espécie de dedicatória, na época chamada de *schemata*, nos seguintes termos: "Para Felipe iii, Rei Católico de Espanha e das Índias, o doutor Juan del Barrio de Sepúlveda, ouvidor da Real Audiência de Quito o mandou fazer às suas expensas, ano de 1599".

O quadro se destaca não só por sua qualidade pictórica, mas também pela temática pouco usual, uma vez que escapava a encomenda e imaginação religiosas. Nesse caso, a obra visava atestar o domínio logrado pelos conquistadores, que teriam controlado os rebeldes, a quem Barrio definia como "bárbaros que até o momento pareciam invencíveis". O valor da tela se deve tanto a suas qualidades artísticas — uso da cor, da figuração e da perspectiva — como ao fato de ser um registro documental e simbólico. Afinal, ela se refere à política adotada pelo Vice-Reino de 1580 a 1620, que pretendia conquistar os nativos a partir de uma política de alianças e de estratégias de controle mais indireto; qual seja, o uso de "agentes locais" — entre indígenas, *criollos* ou zambos.[53]

Os três integrantes da família atuavam como "caciques" — nome que se dava aos chefes locais da região de Esmeraldas. A roupa principal parece seguir o estilo do "uncu andino", que seria uma espécie de antecessor do traje hoje conhecido como poncho; uma veste com frequência referenciada como indumentária dos nativos, muitas vezes ricamente decorada. São bastante visíveis os mantos, que se sobrepõem aos ponchos, também encontrados na região. Feitos de sedas e tafetás, eram, porém, provenientes da China, e chegavam via México, quando não eram importados diretamente da Europa. Ainda da Europa vinham os *jubóns* (coletes) e as capas, que se assemelham àquelas dos súditos espanhóis.[54] Enfim, na linguagem da tecelagem, combinam-se na tela as padronagens do lugar com as mais ocidentais.

Os modelos utilizam uma série de adornos de ouro, reconhecidos em outros trabalhos que versam sobre indígenas andinos, como colares ou lâ-

ALEGORIAS DO "PRIMITIVO"

minas ao redor do pescoço, prendedores de nariz (os *cari-curíes*) e brincos nas orelhas. Pode-se observar uma sorte de piercing nos lábios, e as chamadas *sortijas*: anéis que se dispunham nas barbas. Além da ourivesaria, os três membros da família trazem no peito colares com duas fileiras feitas provavelmente de nácar.

Ao lermos essa imagem, vemos nela elementos que se referem simbolicamente aos três continentes. As lanças são africanas com pontas de ferro alusivas às dos caciques da terra de Esmeraldas. A América comparece na tela por meio das joias que adornam os modelos e da origem do pintor. Já a Europa é homenageada nas roupas nobres, na pessoa que comissionou a obra e naquela que vai recebê-la: as duas com seus nomes gravados na pintura.

O pai e um dos filhos seguram ostensivamente seus chapéus, os quais apresentam ambos a copa baixa e as abas flexíveis — em geral eram feitos de lã ou de feltro. O fato de não os levarem na cabeça já denota, de maneira alegórica, obediência e respeito ao rei de Espanha, bem como "boas intenções" por parte deles. Ademais, os "ex-rebeldes" estão vestidos à ocidental, indicando a intenção do artista ou da encomenda de oferecer um exemplo de submissão dos *cimarrones* ao domínio do monarca europeu.

Há na pintura uma grande "falta". Justamente o soberano a quem ela se destina. É para ele que os dois irmãos e seu pai olham e posam. Sem dúvida o monarca não representa uma presença ostensiva, a exemplo da famosa obra *As meninas*, de Velázquez, em que a imagem refletida no espelho revela a onipotência dos regentes. Mas, como bem mostrou Michel Foucault, é o Estado que organiza também a leitura dessa tela, e condiciona a compreensão dos símbolos nela presentes.[55]

Os três personagens retratados devem ter existido. Mas funcionam nessa obra de encomenda como alegorias da submissão. As três figuras se comportam e são lidas como marcas do controle dos povos "bárbaros" e "gentios", finalmente submetidos aos colonizadores. A imagem naturaliza a situação violenta, ao mesmo tempo que emociona por sua beleza. Uma excelente maneira para a Europa restar transparente, e só se apresentar a partir de seu domínio e projeção. A branquitude, na figura do monarca, era por contraste e extensão uma imensa e incômoda presença ausente.

Alegorias dos quatro continentes: gênero e intenção

A partir do século XVI proliferaram também representações pictóricas dos quatro continentes, muito regularmente realizadas por pintores flamengos. Essas imagens costumavam ser precedidas por *tableaux vivants* — grupos de atores que, nas procissões, antecediam as obras então apresentadas —, que celebravam a entrada de reis e da nobreza nas grandes cidades. Por exemplo, no ano de 1564, e para bem comemorar um *ommegang* (uma procissão), quatro jovens ricamente vestidos desfilaram pelas ruas de Antuérpia, com adornos corporais que simbolizavam diferentes continentes. A voga tomaria a Europa.

Nessas alegorias, em geral femininas, dos quatro continentes, a regra era mostrar a Europa como uma sorte de imperatriz coroada, com direito a cetro e "símbolos de civilização". A Ásia aparecia com trajes vistosos, mas ladeada por animais de grandes dimensões e terrenos áridos. A África era representada ao lado de uma fauna imensa e selvagem. Já a América surgia retratada na pele de uma indígena jovem, coberta apenas por penas, segurando flechas e rodeada de bichos e plantas exóticos. Não era incomum a alegoria americana ser pintada com um braço decepado, numa referência ao canibalismo "reinante" naqueles lugares remotos. Da comparação desses conjuntos harmônicos, feitos sempre de quatro obras, depurava-se que a Europa era a rainha entre as rainhas, e os demais continentes seus eternos vassalos.[56]

O importante é que, se a convenção pictórica demandava quatro pinturas separadas, seu conteúdo só podia ser depreendido a partir da relação que elas estabeleciam entre si. A Europa vinha associada à cultura; a África à bestialidade animal; a Ásia a seus reinos exóticos; e a América vinha definida por sua natureza tropical e sua juventude irresponsável. Era a novidade de um universo, assim grande, diverso e desigual, que aparecia exposta nessas obras, claramente eurocêntricas.

Esse tipo de alegoria reapareceria no Brasil tardiamente, já no século XIX, a partir dos pincéis de, entre outros, José Teófilo de Jesus, da Escola Baiana de pintura. Pintor e decorador, José Teófilo era discípulo de José Joaquim da Rocha — artista que contou com o mecenato da Igreja e por isso se manteve restrito ao domínio da arte sacra. Mas Teófilo parecia almejar mais; tanto que em 1794, patrocinado pelo mestre, viaja para Lisboa com o objetivo de estudar na Aula Régia de Desenho, a primeira instituição a sistematizar o ensino da arte em Portugal.[57]

Ele regressa a Salvador em 1801 e imediatamente passa a trabalhar na Ordem Terceira de São Francisco, e em outras igrejas do lugar, realizando tetos, painéis e douramentos em talha. Sua obra apresentava certa fatura de seu tempo, quando o neoclassicismo, com seus temas voltados para a virtude cidadã, incendiava a imaginação dos artistas. Talvez por isso ele tenha se inspirado nas imagens europeias que circulavam em forma de gravuras, fazendo um esforço de "traduzi-las" para um contexto brasileiro. Teófilo se nutriu, então, das lições europeias que recebeu, procurando criar, porém, uma linguagem visual local. Não por acaso, ele foi chamado de "Rafael Baiano" no meio artístico de Salvador, então conhecida como uma "nova Atenas".

Quem entra no Museu de Arte da Bahia logo repara no delicado conjunto pictórico criado por José Teófilo e chamado *Alegoria dos quatro continentes*. Tardia como motivo e estilo, a obra nos interessa, aqui, justamente para mostrar como muitas vezes obras de arte perdem sua data de nascimento ao circular por épocas e contextos diferentes. Mesmo assim, a "civilização" só ganha sentido quando comparada à "barbárie"; o "novo" contrastado com o "velho".

África aparece sentada num elefante decorado com tecidos e dourações. A alegoria, ricamente adornada, traz numa das mãos uma sombrinha delicada; com a outra, segura um cetro. Um dos seios aparece delineado com sutileza. Na cabeça, ela usa um grande penacho e uma coroa. Suas calças têm padronagem típica, enquanto as sandálias lembram o estilo romano, trançadas até acima dos calcanhares. Todo o ambiente é exótico: os pássaros, os animais selvagens, os macacos, e a vegetação que claramente difere daquela de clima temperado. A impressão

José Teófilo de Jesus, *África — Série de alegorias dos quatro continentes*, 1810. Óleo sobre tela, 65 × 82 cm.

José Teófilo de Jesus, *Ásia — Série de alegorias dos quatro continentes*, 1810. Óleo sobre tela, 65 × 82 cm.

é que ela vive num ambiente com temperaturas elevadas; tanto que a rainha africana porta poucas roupas diante de um céu imaculadamente azul que perde por vezes sua tonalidade para o cinza das nuvens. Mais na base do quadro, uma tartaruga e uma cobra aludem à lerdeza e à falsidade do continente.

Ásia surge montada num camelo também ricamente ornamentado. Sua figura é exuberante. No primeiro plano evidencia-se uma espécie de moringa, quem sabe uma referência a um continente tantas vezes imaginado a partir de seus desertos e clima árido. A alegoria usa uma veste semelhante à de odaliscas, mas sem fendas que permitam vislumbrar partes de seu corpo, e um turbante na cabeça. Numa das mãos ela porta um longo pito e na outra o mastro de uma bandeira, com uma meia-lua misteriosa na extremidade. Aliás, tudo no ambiente é misterioso: os animais (um leão, um pavão, uma zebra, um cachorro e o próprio camelo), mas, sobretudo, os elementos que denotam uma civilização diversa daquela do "Velho Mundo". Diferentemente do que vemos na África, "pura natureza", na Ásia observamos ao fundo um palacete. No primeiro plano à esquerda, referências à cultura do chá — com um bule e outros objetos brilhantes, um dos quais tem uma forma que lembra a de uma lâmpada mágica — dividem espaço com contas de colares sobre um móvel com a mesma meia-lua, e no chão há duas presas retiradas de elefantes e um fardo cheio de mercadorias. Em destaque está a riqueza do mármore que vem desse continente. Já a meia-lua é símbolo do Islã, num registro que alude à renovação da vida. Ela é entendida, ainda, como um reflexo do sol, pois não possui luz própria, mudando de aparência sempre em relação ao astro solar; que seria certamente a Europa.

Europa aparece com cabelos e cor de pele mais claros, uma coroa vistosa na cabeça, e montada num cavalo branco, adestrado. Está totalmente vestida, traz um cetro na mão direita e um orbe ou *globus cruciger*, símbolo do poder espiritual e temporal dos monarcas cristãos, na esquerda. Um obelisco com as marcas do papado sobressai bem no centro da pintura, e ao fundo vê-se uma cidade, prova da urbanização e da civilização dominantes no continente. Pacotes bem amarrados e barris de madeira envolvem os produtos que circulam pelo rico comércio local. Há muitos animais na tela — cachorros, galos, alces, búfalos e bois —, mas salienta-se como estão todos, a exemplo do cavalo da alegoria, "adestrados"; ou seja, domados pela civilização que Europa dignifica. Também a natureza parece estar em "ordem"; o trigo, fonte do pão, que é considerado o alimento ocidental por definição, destaca-se à direita. No chão, à esquerda, notam-se rosas que simbolizam o amor, a alma, a compaixão e a perfeição. Um céu menos azul, mais temperado e com manchas dramáticas completa a obra. Estado e Igreja estão aqui bem delineados, e a imagem mostra o equilíbrio vigente entre os homens ocidentais, sua civilização e a natureza.

José Teófilo de Jesus, *Europa — Série de alegorias dos quatro continentes*, 1810. Óleo sobre tela, 65 × 82 cm.

Por fim, América, a "caçula" das alegorias, está idealizada a partir de uma indígena com sua pele branqueada, um cocar vermelho e branco na cabeça e um papagaio numa das mãos; uma arara está pousada na árvore próxima a ela. Pássaros simbolizam fidelidade, e o papagaio, em especial, foi sempre associado ao continente. É ave que tem todas as cores dos trópicos e repete palavras que ouve. América traz os seios à mostra, está descalça, a despeito de pisar com um dos pés numa bandeja dourada cheia de moedas de ouro — quem sabe numa alusão à mineração —, e o outro sobre um feixe de cana-de-açúcar, outra riqueza da terra. Ela não se deita nem senta no chão. América se encontra assentada num banco simples de madeira e é a única que não surge na garupa de algum animal de grande porte.

José Teófilo de Jesus, *América — Série de alegorias dos quatro continentes*, 1810. Óleo sobre tela, 65 × 82 cm.

América estaria assim na infância da civilização, sendo que é por isso que o continente não possui bichos maiores, contando com animais de médio porte: pássaros, emas, patos, uma onça, uma capivara, um tatu, um jacaré e uma serpente, pronta para dar o bote e roubar os ovos de uma ave que sai em revoada. Perto dela há ainda um bicho-preguiça, quiçá simbolizando a leseira vigente no continente. No lugar dos grandes animais, figura a natureza exuberante, representada por imponentes árvores frutíferas como as palmeiras, bananeiras e a mangueira, próxima da nativa. Abacaxis, jacas, bananas, melancias, rios verdejantes, definem o Novo Mundo como um continente projetivo, e que não conta, ainda, com seus símbolos próprios de civilização. A pintura também remete a uma natureza virgem, intocada e sem domesticidade. Mais uma vez, e a exemplo da primeira imagem apresentada neste capítulo, América estende a mão esquerda como se ofertasse algo (ou se oferecesse) para alguém. No local para onde ela aponta há um baú com um tesouro, definindo a nova terra, alegoricamente, como um lugar de futuro. Sem edificações, o jovem continente contaria com a maior das naturezas e tesouros recônditos guardados para serem abertos no porvir.

A obra de José Teófilo foi realizada depois de um lapso de mais de três séculos da chegada dos europeus. Porém, o tempo não permitiu que se eliminasse a imagem da América como um continente criança, uma promessa constantemente adiada. Se do Oriente e da África já se sabia o que esperar, se o lugar da Europa estava consagrado em definitivo, a América continuava "deitada eternamente em berço esplêndido".

José Teófilo faleceu em 1847, no começo do governo de d. Pedro II, ao cair de um andaime quando finalizava a arte do teto da Matriz da Divina Pastora. Dizem as testemunhas que, naquele momento de vida, o artista

ALEGORIAS DO "PRIMITIVO"

quase não cobrava por seus trabalhos, tinha poucos alunos e lhe faltavam boas encomendas. Enfim, o pintor morreu na penúria, todavia deixou, entre outros, trabalhos importantes sobre a sua Salvador, e essa espécie de ode visual ao continente — uma sorte de Peter Pan com penas e na pele de uma indígena quase branca, sobretudo quando comparada à cor da mulher que representa a alegoria da África. Essa era a alegoria da América no século XVI, de uma certa América no XIX, e do Brasil ainda nos dias de hoje. Um país que não se realiza no presente e por isso joga sempre as cartas fortes no futuro. Longínquo.

A antropóloga inglesa Marilyn Strathern afirma que "uma vantagem que temos sobre o futuro é poder ver como as pessoas lidaram no passado com as novas possibilidades e as novas tecnologias, e como o que já foi novo teve impacto".[58] A iconografia do passado representa uma forma privilegiada de observar as representações criadas durante o processo de exploração e de colonização do Novo Mundo. Permite também compreender elementos da visão de mundo desses artistas e de seus mecenas, que financiaram e, por vezes, condicionaram as obras. Mas imagens não são passivas e tampouco costumam ficar presas a seus contextos originais. De fato, a partir da reflexibilidade que geram, elas produzem sentidos e confirmam projeções, muitas vezes dispersas. Nelas, a cultura da branquitude, enquanto modelo das elites sociais e como projeção de valores, domina e classifica os seus "outros". Ela está por todas as partes, mesmo que poucas vezes esteja explicitamente referida. Essa é a eficácia política do poder simbólico que se apresenta nos espaços mais inesperados, produzindo seu imenso efeito, real e alegórico, de verdade.

3 | MAPAS COLONIAIS
Da arte de preencher espaços incógnitos

*Nos desertos do Oeste perduram despedaçadas Ruínas do Mapa,
habitadas por Animais e por Mendigos; em todo o
país não há outra relíquia das Disciplinas Geográficas.*
Jorge Luis Borges, "Do rigor na ciência"

Em 1946, Jorge Luis Borges escreveu um belo e curto conto, de apenas um parágrafo, chamado "Do rigor na ciência". Nele, o escritor argentino narra a história de um local imaginário em que a técnica da cartografia se desenvolve de maneira excepcional, a ponto de seus profissionais conhecerem uma perfeição inaudita. No entanto, o apuro técnico e a sofisticação de detalhes fazem com que "o mapa de uma única Província" ocupe "toda uma Cidade, e o mapa do império, toda uma Província". Com o passar do tempo, esses "Mapas Desmesurados não foram satisfatórios". Levantou-se então um "Mapa do Império" que tinha o "tamanho do Império". A representação continha a exata proporção e ocupava o mesmo espaço que a realidade.

As gerações seguintes, "menos afeitas ao Estudo da Cartografia", entenderam que esse "dilatado Mapa era Inútil e não sem Impiedade o entregaram às inclemências do Sol e dos Invernos". Assim termina a história desses que eram os mais famosos cartógrafos.[1] Restam soterrados por suas próprias criações.

A arte sempre fez paródia com a realidade. Por isso, "soterrar" pode significar, nesse caso, enterrar os cartógrafos junto com suas aspirações. A metáfora funciona também para a questão dos mapas coloniais, os quais, de acordo com suas potencialidades estratégicas para as nações coloniais — que por meio deles traçavam rotas, evitavam desastres, orientavam a navegação —, foram consumidos apenas em função de sua objetividade. Seriam "documentos neutros" que só pretendiam "informar".

Entretanto, não há como esquecer, em especial para o contexto do século XVI, que essas eram, também, imagens de domínio, "tecnologias da posse",[2] uma vez que colaboravam para confirmar a propriedade de territórios cujo destino era ainda matéria de escrutínio entre nações europeias.

Assim, ao mesmo tempo que o oceano ia sendo entendido como um espaço histórico e que elementos gráficos discriminavam diferentes territórios, uma série de representações passaram a ser dispostas nos mapas, ganhando o mesmo estatuto de convenções visuais e cartográficas. Nelas, indígenas sempre estavam em guerra, animais selvagens apareciam soltos em meio às terras chamadas de "incógnitas", monstros povoavam os mares, africanos eram imaginados vivendo em seus reinos exóticos, e a Europa continuava reinando acima deles, com seus emblemas de "civilização".

Juntos, esses elementos invadiam a lógica de tais mapas, para neles imprimir sensações tão humanas como a insegurança e o medo frente ao desconhecido. Tudo devidamente reconhecível a partir desses pequenos detalhes dispostos nos mapas, e que depositavam no "outro" o lugar do terror e da barbárie, encontrando no "eu" o espaço dos bons costumes e da concórdia geral.

E assim, dentro dessa lógica da subjetividade que se disfarça de objetividade, alegorias e desenhos naturalizaram o que não passava de imaginação, apresentando-se como um argumento suplementar para legitimar o domínio ocidental.

O conceito de mapa deriva da palavra latina *mappa* — que significa "lenço de pano" ou "toalha de mesa". Dessa maneira se explica o formato normalmente horizontal desses registros. Em termos conceituais, trata-se de uma representação gráfica e métrica de uma porção de território sobre uma superfície bidimensional, em geral plana, embora também possa ser esférica, como é o caso dos globos terrestres.

Historiadores defendem a ideia de que teria sido Anaximandro, discípulo de Tales de Mileto, quem elaborou o primeiro planisfério (o mapa-múndi), no qual o mundo surgia representado como um disco flutuando sobre a água. Já Aristóteles seria o primeiro a medir o ângulo de inclinação relativa-

MAPAS COLONIAIS

mente ao equador, comprovando, a partir dos cálculos que fez, a sua premissa de que a Terra era esférica.

Não obstante, a atividade da cartografia tomou impulso e escala nunca antes vistos no começo da modernidade, com o processo de formação dos Estados nacionais. Em pleno século XVI, uma série de monarquias lançou-se pelos mares, na busca de expansão territorial e de ganhos excedentes, sobretudo a partir de produtos não existentes no continente europeu. Nesse momento, não só os mapas auxiliaram no curso das caravelas, como as navegações permitiram a expansão das áreas representadas, trazendo maior precisão e abrangência às cartas territoriais.

Mapas sempre nasceram, porém, para flagrar sua própria finitude. Jamais cabe tudo numa carta geográfica, como tão bem ironiza o conto de Borges. Também não cabe toda a imaginação que nela se gostaria de incluir. Por isso, os mapas oficiais, financiados pelos próprios países e transformados, muitas vezes, em objetos de sigilo e de estratégia, nunca deixaram de conter sua própria dose de imaginação.

Mapas coloniais: regularizando a própria barbárie

Longe de serem documentos só técnicos e objetivos, mapas sempre se apresentaram enquanto instrumentos ágeis para introjetar concepções de mundo. Sobretudo na era dos assim chamados "descobrimentos", que resultaram, na verdade, em grandes invasões territoriais, deu-se uma proliferação de cartas geográficas que chamam atenção, aos olhos de hoje, não só em função do que efetivamente apresentam, como também por conta da quantidade de "vazios" incluídos na representação.

Geógrafos regiamente pagos procuraram, de um lado, distinguir com clareza as fronteiras de seu mundo e de "outros mundos". De outro lado, contudo, e como efeito da mesma operação, acabaram deixando uma série de espaços em branco, ou simplesmente definidos como "terras ainda não descobertas". O suposto do "ainda" era que o mundo estava lá, à disposição: bastava nomeá-lo, tendo o Ocidente como bússola e direção.

No mapa a seguir, de 1558, por exemplo, se olharmos para o lado direito da prancha, logo veremos o termo "Terra Incógnita". "Incógnita" é um

Diogo Homem, *A América Meridional*, 1558. Reprodução fotográfica, colorida a pincel com toques de ouro e crisografia, sobre original em pergaminho, 54,1 × 77,5 cm.

adjetivo feminino que indica algo desconhecido ou ignoto mas que se pretende *ainda* conhecer. A palavra tem origem no latim *incognitus*, com o prefixo *in-* (que indica negação) e *cognitus* (que significa algo que se conhece). O próprio conceito já traz consigo um problema ou um enigma cuja resolução não é fácil, tampouco imediata.[3]

Filho e discípulo do famoso geógrafo Lopo Homem,[4] Diogo Homem era provavelmente primo de André Homem, e todos eles se dedicavam à cartografia. Diogo morou em Portugal, depois em Veneza entre 1569 e 1572, onde elaborou um atlas com sete pranchas geográficas, que hoje se encontra depositado na Biblioteca Nacional de Paris, e uma carta da região do Mediterrâneo, que consta do acervo da Biblioteca Vittorio Emanuele, em Roma. Viveu também na Inglaterra, sempre aprimorando o que considerava ser "a arte da cartografia".[5]

Nesse mapa, Diogo Homem, que àquela altura atuava como cosmógrafo oficial do reino português, registra a América do Sul e as Antilhas.[6] Trata-se de um pergaminho iluminado, um documento de rara beleza, e que era até então produzido por monges e outros artistas religiosos. Eram preparados com aplicação de letras desenhadas e ilustrações, e terminados com tinta colorida e ouro.[7]

Na carta de Diogo Homem, o escudo dos lusitanos encontra-se acima e à direita, ganhando centralidade e deixando claro quem domina o território. Também se destaca uma caravela, com duas espécies de bandeiras nas laterais — outro ícone direto das navegações. Percebe-se que o cartógrafo possuía certo conhecimento acerca do litoral da "Nova Terra", ficando os traçados e fronteiras mais imprecisos quando se dedicam a caracterizar as

MAPAS COLONIAIS

terras do interior. Mesmo assim, monstros e indígenas dividem e disputam os imensos vazios do mapa: os espaços "ignotos". Por outro lado, é preciso lembrar que "desconhecido" guardava nesses mapas um sentido oculto mas pragmático: de um território que havia de ser conquistado e colonizado, pois "nada" ali existia.[8]

Nessa prancha geográfica, é o extremo sul da América (a Patagônia) que leva o título de "Terra Incógnita". Já a região sudoeste ganha o topônimo de "Mundus Novus" e ocupa uma porção grande e muito indefinida do mapa. A assim chamada prática do canibalismo, que já havia inundado de curiosidade viajantes e cronistas de então, encontra espaço certeiro na representação de Diogo Homem. No centro do mapa, índios seminus assam corpos em fogueiras, e convivem calmamente com vários pedaços de membros sendo assados e outros ainda pendurados nas árvores, à espera do preparo. Há, portanto, um diálogo direto com os textos de época, que andavam concentrados nessa que, como vimos, não era uma prática alimentar, mas um ritual de comunicação e guerra entre os povos. Dá-se também uma ampla circulação visual; representações presentes em alegorias e quadros dispunham de lugar privilegiado dentro dos mapas, preenchendo-se com imagens aquilo que se desconhecia.

Fogueiras ganham igualmente relevância no documento, aludindo ao perigo e ao "inferno", que poderia estar presente naquele local desconhecido para o Ocidente, onde os nativos "comiam uns aos outros" e praticavam a guerra. Interessante notar que um deles aponta sua flecha para o escudo português; talvez num sinal da rebeldia desses povos, ou num elogio à "aventura" que a colonização representava.

Entretanto, se os nativos aparecem com frequência nos mapas, personificando o desconhecimento e os costumes vis, não são poucas as pranchas que procuram flagrar o lado "pacífico" da colonização. É o caso da carta produzida por Lopo Homem e Pedro e Jorge Reinel em 1519, e que leva o título de *Terras Brasilis*. Esse mapa, na página seguinte, faz parte do *Atlas Miller*, também conhecido como *Atlas Lopo Homem-Reinéis*, um documento português ricamente ilustrado e que inclui dezenas de cartas náuticas.

As zonas geográficas representadas nesse atlas de grandes proporções e pretensões abrangem o oceano Atlântico Norte, a Europa do Norte, o arquipélago dos Açores, Madagáscar, o oceano Índico, a Indonésia, o mar da

China, as Molucas, o Brasil e o mar Mediterrâneo. A página de rosto apresenta as armas de Catarina de Médici com a inscrição: "*Hec est universi orbis ad hanc usqz diem cogniti/ tabula quam ego Lupus homo Cosmographus/ in clarissima Ulisipone civitate Anno domini nostri/ Millessimo quigentessimo decimo nono jussu/ Emanuelis incliti lusitanie Regis collatis pluribs/ aliis tam vetustorum qz recentiorum tabulis mag/ na industria et dilligenti labore depinxi*" (Este é um mapa do mundo inteiro conhecido até hoje, que eu, Lopo Homem, cosmógrafo, na ilustre cidade de Lisboa, no ano de Nosso Senhor 1519, tendo comparado muitos outros mapas antigos e modernos, desenhei com grande esforço e trabalho diligente por ordem de Manuel, renomado rei de Portugal).

Ao definir seu trabalho como "um mapa do mundo inteiro conhecido até hoje", o cosmógrafo revela, indiretamente, a contradição presente no título. O "inteiro" ganha logo na sequência um "porém", uma vez que o especialista reconhece o ignoto na própria formulação — "conhecido até hoje".

Terra Brasilis foi oferecido por d. Manuel I de Portugal a Francisco I da França, casado com Catarina de Médicis — daí suas armas constarem no mapa. Trata-se, pois, de um mapa oficial do mecenato lusitano para informar o soberano francês acerca dos amplos territórios dos portugueses e impressioná-lo. O embate entre monarcas ocupa um espaço importante do documento, dado pelas legendas que indicam domínio, mas é de certa maneira neutralizado pela beleza da representação visual.[9]

Lopo Homem, Pedro Reinel e Jorge Reinel, com ilustrações de António de Hollanda, *Terra Brasilis*, c. 1519. Manuscrito sobre pergaminho, 39 × 57 cm.

No caso dessa prancha, a ilustração tem tal importância que se contratou um renomado miniaturista, Antônio de Holanda, para melhor definir os elementos internos constantes do documento. Miniaturistas eram muito procurados nesses contextos para fazer imagens iluminadas nos manuscritos, painéis, vitrôs e retratos das elites. Essa era uma verdadeira arte comprimida pelos espaços

MAPAS COLONIAIS

diminutos.[10] Holanda seria inclusive contratado, anos depois, para conceber o brasão de armas de d. João III. Contudo, no exemplo em questão, a tarefa era nova: ilustrar o indizível que eram as "Novas Terras" do Império lusitano.

Nesse registro visual, feito apenas dezenove anos após o desembarque de Pedro Álvares Cabral, destacam-se a caravela e a rosa dos ventos portuguesas, ambas ícones da colonização. Na Terra Brasilis parece reinar a concórdia: indígenas cuidam da terra, carregam a rica madeira local — o pau-brasil — e são observados por animais e muitas aves, entre elas o papagaio: um símbolo cada vez mais popular, quase incontornável, daquela terra. Há algo de edênico e paradisíaco em tal representação, que procura passar não só a ideia de posse, como a de controle sobre uma terra "fértil" e, sendo assim, muito lucrativa, para os portugueses. Indígenas aparecem nus ou com o corpo coberto por luxuosas plumárias, mas sempre ativos e produtivos; manejando a terra. Na ausência do ouro, era essa a promessa daquele Eldorado tropical.[11]

Mais uma vez, um certo conhecimento (do litoral) e muito desconhecimento (do interior) convivem na mesma representação, os desenhos em miniatura cobrindo a vasta terra incógnita. São as alegorias que, a um só tempo, povoam o vazio e o preenchem com desenhos imaginários que, não obstante, pretendem reproduzir a própria realidade.

De maneira geral, na primeira metade do século XVI, as pranchas cartográficas incluiriam o imaginário que circulava pelas pontas do Atlântico, desde a chegada dos europeus à América. Mas nenhuma carta condensa com tal número de detalhes as percepções aguçadas pelos relatos de viajantes como o mapa de Giovanni Battista Ramusio, datado de 1556.

Natural da cidade de Treviso, na República de Veneza, diplomata, humanista e um grande entusiasta porém diletante da geografia, Ramusio ocupou diversos cargos públicos, tomando assento como secretário do Conselho dos Dez, de muita influência nos negócios do Estado. *Delle navigationi et viaggi* é uma coleção de traduções italianas de roteiros e relatos de viagens, em três volumes, dedicados respectivamente à África, ao Oriente e à América. A fama dessa coletânea foi tal que, ainda no século XVI, seu autor ficou bastante conhecido e a obra ganhou várias reedições, entre outros motivos, pelo fato de se terem perdido os originais de alguns dos relatos nos quais Ramusio se apoiou.[12]

Giovanni Battista Ramusio, *Delle navigationi et viaggi*, 1556.

A obra de Ramusio reúne diversos textos de origem portuguesa, como as navegações de Cadamosto e Pedro de Sintra, os diários das viagens de Vasco da Gama e de Pedro Álvares Cabral, e o relato da primeira viagem de circum-navegação redigido por um marinheiro cujo nome é até hoje desconhecido. A importância era, assim, estratégica também para o reino de Portugal.

Esse é considerado o primeiro mapa do Brasil, a despeito de o formato da terra representada ainda ser muito distante daquele que conheceríamos tempos depois. A carta geográfica inclui também inscrições do tipo "terra não descoberta", e uma parte grande ao norte aparece repleta de cadeias de montanhas mas sem população à vista. De toda maneira, a palavra "Brasil" consta bem no centro da prancha, indicando, ao menos nas convenções de época, a certeza da existência do domínio lusitano, enquanto extensão territorial e não como uma ilha.

A projeção acerca do caráter aventuroso do impulso colonizador é flagrada no oceano, onde uma série de caravelas se relevam mas, igualmente, muitos monstros marinhos. Era como inscrever na planta a ideia de que a "civilização europeia" "precisava" e, portanto, "merecia" controlar tais lugares bravios, depois de tantos atos de coragem e desprendimento.

MAPAS COLONIAIS

Elementos comuns às crônicas e presentes em mapas anteriores aparecem aqui resumidos. As árvores de pau-brasil não estão somente sendo cortadas e carregadas por aquela "humanidade estranha": elas estão sendo entregues aos colonizadores que se postam perto da linha litorânea. Há um ambiente de labuta combinada com leseira. No canto direito pessoas parecem descansar numa casa, evidentemente ocidentalizada, que exibe, porém, em seu interior, e com grande destaque, uma rede. Assim como nas pinturas alegóricas, esse era um elemento quase que obrigatório em tais representações; a rede surgia não só como apetrecho para o repouso após um dia de labuta, mas como ícone da preguiça daqueles povos, que apenas aguardavam a chegada da civilização.

Vários indígenas são caracterizados apontando suas flechas, e com corpos bem delineados, talvez numa referência a gravuras da Renascença. Por fim, os animais da terra nada têm a ver com os monstros assustadores do mar: sobressaem macacos e muitos papagaios, reforçando-se dessa maneira os ícones associados ao novo continente — como este, são todos jovens e pequenos. Depois das agruras em mar aberto, em terra firme vigora a atividade do comércio, que aqui aparece como voluntária, a despeito de já se evidenciar a exploração dos nativos.

O mapa em questão faz parte do terceiro volume das *Navigationi et viaggi* de Ramusio.[13] Nesse contexto em que, por conta das navegações, a *Geografia* de Ptolomeu — que continha nos seus oito volumes todo o conhecimento greco-romano acumulado — começava a ser questionada, o autor procura incluir informações retiradas dos relatos de viajantes, para assim executar mapas baseados neles.[14]

O cartógrafo Giacomo Gastaldi, de origem piemontesa, cosmógrafo oficial da República de Veneza, foi quem elaborou o mapa do Brasil. Giacomo fora professor de Ramusio, que então já havia terminado de refazer os mapas regionais da sala do Palácio Ducal.[15] Mais uma vez, vemos, por outro ângulo, o interesse político presente na feitura desses documentos considerados estratégicos para os planos de Estado.

É nesse momento também que o mapa do Brasil é criado. A prancha fez parte de todas as três edições que o terceiro volume recebeu entre o Quinhentos e o Seiscentos: 1556, 1565, 1606. Isso revela o interesse que nações estrangeiras tinham na rica colônia dos portugueses, já que nem todos os mapas foram reproduzidos nas duas edições posteriores.

Quanto ao formato do Brasil, logo se nota que Gastaldi não acompanhava a tese da "ilha Brasil" — o território já aparece como continente. A prancha também traz uma série de bandeiras e brasões, o que anuncia os diversos papéis das cartas geográficas na Renascença, sobretudo como instrumento político e diplomático.[16] Pois bem, ao ser observado de forma mais ligeira, o documento não parece diferir muito dos demais mapas coevos, em que a nacionalidade do país colonizador é reconhecida a partir da bandeira presente nas caravelas e nos escudos espalhados pela prancha. Mas é nesse aspecto que se destaca a originalidade da cartografia de Gastaldi.

Nas caravelas que aparecem navegando no oceano, com a presença de uns tantos monstros a espreitá-las, os brasões são muitos e diversos, simbolizando tratar-se aquele de um território em litígio. No lado esquerdo, onde constam quatro embarcações, vemos em duas delas o símbolo das flores-de-lis francesas, e nas outras as armas portuguesas. Poderia ser essa uma tentativa de desqualificar o domínio lusitano?

Como mostra a estampa que se acha no livro *Navigationi et viaggi*, as naus francesas estão com as velas içadas, o que indicaria não só que elas seriam mais rápidas como estariam se dirigindo, velozmente, para o território do Brasil.[17] Suposições à parte, o certo é que o mapa acompanha e sugere o próprio discurso presente no livro, o qual encoraja o comércio francês no Brasil nos anos 1530-40; direcionamento político que, com certeza, desagradava à Coroa portuguesa.

Interessante notar, nesse mesmo sentido, que o cartógrafo não insere habitações ou vestígios de edificações europeias no litoral, registrando como a costa estaria, ainda, cheia de vazios, ao menos segundo o conhecimento de alguma maneira apressado e ganancioso dos europeus acerca da região por eles recém-contatada. Esse tipo de contestação territorial há de explicar tanto as recorrentes tentativas francesas de invasão como a fundação da França Antártica na baía de Guanabara em 1555. Era a velha querela franco-portuguesa se inscrevendo nos mapas e, mais uma vez, denotando a força do eurocentrismo, que entende os nativos locais somente como mão de obra pacífica para o suprimento do pau-brasil, e o território americano como uma extensão e parte do globo, vazia e sem dono.[18]

Ademais, seguindo o exemplo de outros cartógrafos, com o objetivo de preencher as zonas desconhecidas, que são muitas, Gastaldi opta por introduzir no mapa cenas pretensamente retiradas do cotidiano local. Por isso, os indígenas são desenhados não apenas no trabalho, mas também descansando em suas casas.

Mapas carregam assim formas de ver. Uma série de convenções do olhar, devidamente socializadas pela cartografia da época, indica interpretações e sinaliza para determinadas compreensões da prancha. Nesse caso, a leitura visual deslegitima o domínio português diante de um território tão extenso e não efetivamente colonizado — o que, na mentalidade da época, justificaria novas invasões.

Estamos falando, pois, de documentos eivados de subjetividades, que passam pelas mesmas contradições políticas, culturais, sociais e econômicas de outras fontes históricas. Inscrever nos mapas intenções estratégicas é uma constante nesse tipo de arte oficial e patrocinada regiamente pelos Estados, ainda mais no momento em que os próprios traçados do mundo andavam em disputa.

Mapas eram igualmente um ótimo negócio, permitindo que seus artistas faturassem bastante, tanto em função das encomendas monárquicas, que se multiplicavam, como a partir das vendas aos consumidores leigos mas curiosos e interessados nos imaginários cartográficos que repertoriavam terras distantes e, para eles, misteriosas. Afinal, havia um público ávido por esse tipo de material, o qual passava a fazer parte das paredes das casas das elites, enquanto símbolo de prestígio e cultura, e era assim registrado nas pinturas. Mesmo sabendo-se que não existe um compromisso verista nos quadros do período, a existência de tais apetrechos nas habitações privadas revela, por outro ângulo, como eles eram considerados, também, objetos agradáveis e decorativos.

Várias telas de Johannes Vermeer, artista que se especializou nas pinturas de gênero, trazendo situações do dia a dia da nova elite mercantil na Holanda, introduzem cenas em que mapas figuram em primeiro ou segundo plano. Na obra ao lado, por exemplo, a carta geográfica parece cumprir um papel basicamente decorativo; no entanto, o mero fato de

Johannes Vermeer, *Oficial e uma garota rindo*, c. 1657. Óleo sobre tela, 50,5 × 46 cm.

figurar na composição já indica o lugar que esse tipo de documento visual tinha no imaginário de época. Nesse quadro, o artista testa a técnica de *light-filled*, a luz brincando e preenchendo espaços. A silhueta mais escura do oficial confere à pintura uma ilusão de profundidade, e contrasta com a luz que vem de uma janela entreaberta e incide sobre a moça e o mobiliário do aposento. O tema, muito popular na arte local, é o da garota entretendo o seu futuro pretendente.[19]

Entretanto, acima da moça, e ocupando um grande espaço da pintura de Vermeer, aparece um mapa da Holanda, cóm o lado oeste no topo. Essa prancha cartográfica teria sido publicada pela primeira vez em 1620, estando presente, a exemplo das cadeiras constantes no recinto, em outras obras do artista. De forma indireta, a tela, de extrema qualidade e rica em detalhes, mostra como os mapas eram uma grande voga nas residências da elite local.[20]

No quadro *Mulher de azul lendo uma carta*, Vermeer traz uma mulher provavelmente grávida lendo com atenção uma carta. A cor da veste, o ultramarino, era feita de lápis-lazúli, pigmento que vinha do Afeganistão — do além-mar (em latim *ultra marinus*, de onde provém seu nome). O produto era tão caro que conferia prestígio ao pintor que o usasse em sua obra. Por outro lado, ainda, era prova do comércio e da exploração de matérias-primas exóticas que esses países praticavam. Assim sendo, a cor da roupa de certa forma dialoga com o imenso mapa que aparece atrás da moça, e mais uma vez evoca a pujança dos domínios holandeses.[21] Como explica o escritor Teju Cole, "qualquer obra de arte é uma evidência das circunstâncias materiais em que foi produzida. As melhores obras de arte são mais do que evidências. Dentro de uma única pintura notável, a cumplicidade e a transcendência coexistem".[22] Cumplicidade com seu próprio tempo, transcendência a outros tempos.[23]

Johannes Vermeer, *Mulher de azul lendo uma carta*, 1662-3. Óleo sobre tela, 46,5 × 39 cm.

E, respondendo ao rico comércio, não foram poucas as famílias que se especializaram na arte da cartografia, e venderam sonhos, projeções e, também, muito preconceito. É o caso de Claes Janszoon Vis-

Claes Janszoon Visscher, *Nova Totius Terrarum Orbis Geographica ac Hydrographica Tabula Autore*, 1652.

scher, que, proveniente de uma família de criadores de mapas, não se contentou em demarcar os continentes. Nas laterais de suas pranchas geográficas, incluiu alegorias e símbolos das várias partes do mundo, inscrevendo nesse suporte, pretensamente objetivo, o eurocentrismo de seu momento.

Como se pode notar na prancha acima, de 1652, ao menos um século depois dos demais mapas até aqui apresentados, as fronteiras do mundo pareciam estar bem mais definidas. Mesmo assim, o mapa ainda refere alguns lugares desconhecidos. Por exemplo, enquanto a atual Austrália aparece no hall das terras incógnitas, o Brasil traz fronteiras mais estabelecidas, com os nomes de cidades locais já bastante discriminados.

Mas *Nova Totius Terrarum Orbis Geographica ac Hydrographica Tabula Autore* ficou igualmente famoso por conta do que aparecia nos quatro cantos do documento — mostrando como, muitas vezes, o lateral pode ser central. Não se trata de detalhe meramente decorativo e sem importância; as bordas ganham papel fundamental tanto para a venda da prancha como na formação e circulação de imaginários.

Esse é um dos quatro mapas-múndi com motivos decorativos feitos por Visscher entre 1614 e 1652. A planta é rodeada por cenas de imperadores romanos montados a cavalo e vestidos com roupa de guerra — e por isso o documento é com frequência chamado, mais popularmente, de "Atlas dos doze césares". A alusão aqui é a Roma como berço da civilização (ocidental).

Próximas a eles, e mais nos cantos, constam representações dos quatro continentes com seis pequenos quadros — cada um com três ou quatro figurantes — apresentando, didaticamente, os modos de vestir, e de ser e estar de cada região do planeta. A saber: europeus, asiáticos, africanos, norte-americanos e sul-americanos são descritos no documento. O mapa inclui ainda oito vistas de cidades espalhadas pelo mundo: Roma, Amsterdam, Jerusalém, Túnis, México, Havana, Pernambuco e Bahia de Todos os Santos. O Brasil surge representado, portanto, duas vezes nesse que se entende também como um "catálogo" de centros urbanos.

Claes Janszoon Visscher era natural de Amsterdam, e por lá viveu de 1587 a 1652, durante a assim chamada Era de Ouro da Holanda, que incluiu as invasões do território brasileiro, mais especificamente de Bahia e Pernambuco.[24] Ele era desenhista, gravurista, editor e cartógrafo, e vivia da arte de fazer mapas. Foi, por sinal, o fundador de um negócio de sucesso em família, voltado para a criação desse tipo de material visual. Os Visscher faziam, imprimiam e vendiam mapas.[25]

A firma era baseada em Amsterdam, e de geração em geração, como era costume entre cartógrafos, a família desenvolveu e ampliou seu ofício e sua rede de distribuição de mapas. Aliás, no final do século XVI e durante o XVII, Amsterdam se transformou no principal centro europeu para a criação e comercialização desses produtos.[26]

A grande maioria dos artesãos aprendia suas práticas por meio da transmissão parental do ofício ou por conta dos laços matrimoniais com essas que eram verdadeiras dinastias de famílias dedicadas ao ramo de produção cartográfica.[27]

No interior desse amplo setor de artesãos é possível destacar dois grupos distintos. De um lado estavam os assim chamados geógrafos de gabinete, que eram considerados os produtores mais eruditos, uma vez que somavam saberes filosóficos a uma metodologia própria ao campo de estudo. Por isso, recorriam

MAPAS COLONIAIS

a relatos tanto antigos como contemporâneos a eles, de primeira ou segunda mão, manuscritos ou impressos. Também submetiam seus saberes aos pares das diversas academias de ciências da época. De outro lado estavam os editores, que em geral se dedicavam à reprodução e comercialização de mapas.[28]

Visscher passou toda a sua vida em Amsterdam; por lá aprendeu seu ofício com o pai e o legou aos seus descendentes. Primeiro faziam mapas com cenas bíblicas, um negócio de muito sucesso naquela circunstância — neles inseriam profetas, santos e diversos espaços geográficos. Com o tempo, e invasões de terras americanas pela Europa, eles passaram a se dedicar a fazer atlas com paisagens. Claes chegou a elaborar duzentas pranchas, incluindo as novas fronteiras que iam se formando sob o domínio europeu, e de países como aquele em que ele vivia.

Nesse mapa em específico, o gravador e desenhador deu relevo ao que era uma convenção: retratar quatro alegorias como modos de representação das grandes divisões do mundo. Os diversos continentes apareciam sob a forma de mulheres, em geral sentadas em animais locais ou imaginários, e vestindo roupas que lembravam, muito vagamente, suas tradições.[29]

O artista também incluiu em sua prancha a concepção de que os diferentes oceanos e mares estavam, àquela altura, tomados por caravelas, buscando assim simbolizar o predomínio europeu, e que o globo terrestre estava "colonizado" e derradeiramente estabelecido. Com poucos monstros nas águas, os mares seriam agora povoados pelas embarcações de comerciantes, a exemplo da poderosa Companhia das Índias Ocidentais, sediada na Holanda e que se especializara na função de intermediária: ela distribuía produtos originários das mais diversas localidades. Em seus navios circulavam mercadorias provenientes não só das colônias dos Países Baixos, mas de todas as metrópoles que quisessem contratar esse tipo de negócio comercial.[30]

Há um material, localizado igualmente nas bordas do mapa, que nos interessa ainda mais de perto. Trata-se de uma representação pretensamente realista e exemplar de como as pessoas viviam em seus continentes originários. Se fôssemos fazer um paralelo com os termos de hoje, essas imagens pretendiam ser instantâneos, retratos três por quatro dos europeus mas também, e sobretudo, dos outros povos. Por isso, a diferença entre eles é flagrante; da mesma forma como é flagrante a projeção que europeus — os autores dos mapas e alegorias — tinham sobre os demais, assim como os temores. De todo modo, em seu conjunto, eles estabilizam uma série de assimetrias sociais de um grupo em detrimento de todos os outros — cada uma à sua maneira.[31]

As populações do assim chamado Velho Mundo, sempre caracterizadas por sua pele branca, estão estampadas logo na borda esquerda superior da prancha, totalmente vestidas com suas roupas que denotam nobreza e cultura, usando chapéus e botas, e portando espadas. Também dialogam de maneira paritária — como pode ser observado pela postura da mão do figurante à direita —, o que simboliza a existência de uma sociedade mais organizada que as demais. Outro detalhe: os três homens encontram-se localizados entre a cidade de Roma — berço da cristandade — e a cidade natal do autor do mapa: Amsterdam. Há uma clara intenção em mostrar — até contrastivamente — que é na Europa que existe um adensamento urbano. Acima deles, e ocupando a parte esquerda e superior da prancha, está a alegoria da Europa. Ela reina numa terra campestre e de pastoreio, onde abundam flores e uvas, numa alusão à terra da Cocanha — país mitológico, muito popularizado durante a Idade Média, e definido como um lugar da fartura sem fim, em que alimentos brotavam de toda parte, até nas zonas mais áridas e secas, nas quais, aliás, estaria situada essa região.[32]

Asiáticos aparecem logo abaixo, com turbantes e adereços típicos, num diálogo entre alegorias mais ou menos vestidas. Vale lembrar que, naquele momento, a Ásia era bastante conhecida, e seu comércio muito estimado.[33] A Ásia também costumava ser associada ao nascimento de Jesus Cristo, e sua civilização era, dessa maneira, reconhecida. Não obstante, a representação do continente não passa incólume pela classificação do artista holandês. Chama atenção como a figura do centro, sem calçados e com o tronco desnudo, parece receber ordens daquela mais à esquerda. Reina assim uma desigualdade flagrada na linguagem corporal delas: o personagem do centro olha para baixo, o da esquerda — pela posição da mão — aparenta estar negociando, e é com ele que o da direita conversa diretamente. Na alegoria do continente (que consta na parte superior à direita do mapa), vemos uma mulher sentada num camelo — símbolo dileto do local —, a qual traz numa das mãos uma espécie de incensário. A paisagem é desértica, correspondendo à projeção que se fazia da região: uma terra árida e de imensos vazios. A imagem combina bem com a noção de "orientalismo", cunhada por Edward Said, que definiu o conceito como uma sorte de instituição presente enquanto discurso hegemônico no imaginário ocidental, que vincula esse lugar ao exotismo da paisagem e das relações sociais.[34]

Africanos surgem dispostos entre as cidades de Jerusalém e Túnis. Eles são caracterizados em parte desnudos ou com roupas consideradas tribais: saiotes, mantos e objetos típicos na cabeça. São todos bem negros na tonalidade da pele, de modo que é difícil distinguir olhos e expressões. Os três personagens encontram-se descalços e a figura à esquerda parece ser uma mulher. Na sua silhueta se desenha de maneira apenas indiciária a protuberância dos seios. Ela traz um brinco na orelha, colar no pescoço e tornozeleiras nas pernas. Na silhueta daquele que parece ser um chefe, destaca-se uma lança. A alegoria da África surge logo abaixo, com a representação de uma terra despovoada e sem humanidade. As poucas habitações lembram somente o domínio colonial. São os animais que reinam, como se fossem os donos desse continente.

No lado direito inferior da prancha está o desenho que representa a Magelânica, no sul do continente americano. Comparativamente, esse parece ser o menos acabado dos registros, evidenciando falta de informação ou desconhecimento acerca do local que, naquele momento, ainda não fazia, de fato, parte dessa cartografia subjetiva europeia. São personagens retratados quase que totalmente desnudos, com uma caracterização imprecisa. A Magelânica é simbolizada a partir de pessoas adultas e crianças, todas sem sapatos, sendo observadas por um homem mais vestido ao fundo, que aparenta exercer um lugar de autoridade.

Detalhes dos cartuchos laterais de *Nova Totius Terrarum Orbis Geographica ac Hydrographica Tabula Autore*.

Detalhe dos cartuchos laterais de *Nova Totius Terrarum Orbis Geographica ac Hydrographica Tabula Autore*.

Gostaria de me concentrar um pouco mais, porém, nas imagens que definem os americanos. Um homem que veste apenas um saiote e traz uma borduna numa das mãos parece negociar com uma pessoa branca, de boina, que aponta para ele com um dedo, como se estivessem conversando. O que mais chama atenção é a existência de uma imagem ao fundo que destoa das outras representações presentes no mapa. Trata-se de uma moça deitada numa rede — um conhecido símbolo e bastante mencionado por aqui como emblema de leseira e muitas vezes relacionado ao gênero feminino e sua suposta luxúria tropical — que observa a cena, passivamente. Ao mesmo tempo, mais ao fundo, arde uma fogueira, a qual, por conta da perspectiva imprecisa, parece estar "cozinhando" a própria nativa. Também sobressaem as árvores que adornam a paisagem, numa referência ao pau-brasil ou aos exuberantes trópicos americanos. Por fim, vale sublinhar que o mapa fornece Pernambuco como o local de registro, sendo que não se pode esquecer que, até 1654, eram os holandeses que dominavam o território. Sintética, a alegoria em questão procura entregar tudo, num mesmo pequeno espaço físico: o canibalismo, a escravidão e a referência à guerra.

No canto inferior direito do grande mapa, aparece a alegoria feminina da América, basicamente desnuda e descalça, apenas com um pano cobrindo suas partes íntimas. América convive com animais de porte médio e com um papagaio do lado direito: nosso velho e conhecido símbolo. Destaca-se o fato de ela surgir como uma guerreira, com flechas, um arco e uma espécie de machado nas mãos. É a própria imagem de uma terra em guerra.

Por conta de seu perfil mais decorativo, *Nova Totius Terrarum Orbis Geographica ac Hydrographica Tabula Autore* havia de funcionar também como uma sorte de evocação relacional — na base do nós e os outros. O conjunto complexo da obra passava um ar de concretude ao que eram somente observações dispersas retiradas de crônicas, livros de viagem e obras de naturalistas, com grandes doses de preconceito e imaginação.

Ruth Frankenberg afirma que a branquitude pode ser definida a partir do significado de ser branco, num universo racializado. Segundo ela, esse é um lugar estrutural de onde o sujeito branco vê os outros e a si mesmo: uma posição de poder não nomeada, relacional, e que é vivenciada como uma "geografia social de raça".[35]

Dessa maneira, se a perspectiva sobre os demais é sempre pautada na racialidade — asiáticos, negros e indígenas carregariam características essenciais —, já no branco não é embutido um traço distintivo como grupo. Ele é a norma: a cor do artista, a cor da Europa, a cor da civilização. E, como as identidades dos demais só se constroem em relação ao grupo europeu, dá-se, por comparação, maior visibilidade aos traços distintivos deles. Assim ocorre uma certa naturalização dos ocidentais, que é contraposta à visibilidade excessiva de outros povos para os quais cor combina com fenótipo e origem.

E parece ser essa a lógica que organiza as laterais do mapa de Claes Janszoon Visscher. A própria condição racial e cultural branca vira régua e compasso, enquanto a partir dela se demarca "o outro"; todos os outros. Por outro lado, ao expor didaticamente a superioridade e a inferioridade, estimula-se, ainda que de maneira indireta e não consciente, a exploração e o domínio sobre os demais continentes.

No mesmo sentido, são por demais relevantes os mapas criados por Jean Janvier e Sébastien Longchamps, publicados em 1754. Foram as historiadoras Íris Kantor e Milena Natividade da Cruz que analisaram a importância das alegorias presentes nessas cartas geográficas, dando especial atenção para o lugar que a África ocupa e como é representada num contexto em que o comércio de pessoas se encontrava a todo vapor e era disputado por nações como Portugal, Inglaterra, Holanda e França.[36]

Os mapas trazem alegorias das quatro partes do mundo, de certa maneira compatíveis com as características destacadas no mapa

Jean Janvier e Sébastien-G. Longchamps, *L'Afrique divisée en tous ses États*, 1754. Gravura, 116 × 145 cm.

Detalhes de *L'Europe* e *L'Asie divisées en tous ses États*.

de Claes Janszoon Visscher. Essa era uma espécie de convenção, em que a Europa representava a civilização e os demais continentes eram definidos apenas pela alteridade que estabeleciam com o padrão ocidental.

Europa surge no corpo de uma mulher vestida e coroada por outras realezas, e claramente servida por elas. O "velho continente" também aparece simbolizado a partir de objetos como livros, pinturas, tábuas da lei que aludiriam à sua civilização. Ela pousa soberana em seu trono e em cima de um mapa que corresponde a seus domínios.

Já Ásia é caracterizada como um homem, e vinculada nitidamente ao exotismo. Tendas fazem as vezes das habitações, animais diferentes — como o camelo e o elefante — definem sua civilização particular, e um eunuco serve o chá — produto que marca os costumes e as singularidades locais. O senhor ao centro carrega uma espada, o que seria um símbolo de como por lá não reina a paz. Por sua vez, América é definida por sua nudez e juventude. Sem edificações, ela se encontra representada por suas gentes estranhas, sua natureza pungente e seus animais de menor porte.

A imagem da África segue, em grandes linhas, a representação da Ásia. Contando apenas com pirâmides isoladas — talvez numa referência ao Egito —, o continente é definido por seus animais de grande porte, destacando-se a figura de um rinoceronte que segue a convenção imaginária do desenho de Dürer — e que teremos oportunidade de tratar com mais cuidado na conclusão deste livro. A alegoria de uma mulher, com seu tronco desnudo e apoiada numa árvore frondosa, é observada por uma cobra que parece "tentá-la", assim como fez com Eva. Nas imagens laterais, enquanto América é lembrada a partir do canibalismo, África surge narrada visualmente em função do comércio de almas já muito estabelecido nesse contexto.

Há elementos comuns entre África e América: o excesso de animais e o predomínio da paisagem natural. Mas há elementos que são particulares a cada um dos continentes. Enquanto o canibalismo surge, novamente, como uma espécie de tropo da América, no caso dos africanos, como bem mostra a historiadora Milena Natividade da Cruz, os franceses comparecem como mercadores, negociando pássaros, taças, espelhos e até uma tesoura, afastando-se de se verem vinculados a outras atividades nas quais, efetivamente, se imiscuíram e de maneira ativa.[37]

Existe, porém, outro "cartucho" — como eram denominadas tais pranchas — que chama a atenção para um mercado bem mais violento realizado pelos europeus: o comércio de almas. Mas nesse caso o paradoxo maior é que a responsabilidade do tráfico recai exclusivamente sobre os próprios africanos, vendo-se negros oferecendo e vendendo pessoas africanas acorrentadas para que fossem levadas, junto com as demais mercadorias, nas caravelas atracadas e representadas no segundo plano do desenho. Também o título é digno de nota: "Etablissements des Portugais et Hollandois en Afrique". Ou seja, todo o negócio seria feito por portugueses e holandeses, e não por franceses, por sinal os patrocinadores e os comerciantes do mapa.[38] Vale lembrar que, antes da proi-

Detalhes de *L'Amérique* e *L'Afrique divisées en tous ses États*.

bição definitiva do tráfico naquele país, a França enviou 1,164 milhão de escravizados para as colônias — Guadalupe, Martinica, ilha Reunião, ilha Maurício e, em especial, São Domingos.[39]

A cena, muito violenta, não combina em nada com os arranjos florais que emolduram esse e outros cartuchos; elementos, aliás, que edulcoram o que de fato é anunciado pelo desenho. A operação é dupla: apaga-se a ação ativa de franceses no desenvolvimento do comércio de almas, assim como se culpabilizam exclusivamente os próprios africanos por essa atividade "degenerada". As pessoas brancas lá presentes, como mostra Da Cruz, apenas acompanham as transações, mas são mãos negras que oferecem os escravizados, já devidamente acorrentados.

É como se a imagem desse lugar à tese que é ainda divulgada no sentido de negar o papel europeu na organização e difusão de tal atividade e na paralela desorganização, por conta da guerra promovida, de muitas sociedades africanas. Essa é talvez a marca mais evidente da assimetria presente nos vários mapas exibidos neste capítulo, os brancos renunciando à culpa, e pondo no "outro" não só a fascinação como o terror e as práticas vis que faziam parte da própria prática colonial.

Detalhe de *L'Afrique divisées en tous ses États*.

MAPAS COLONIAIS | **127**

Não se desconhece a atividade de traficantes africanos nesse comércio de almas.[40] Mas eles não agiam sozinhos, e hoje se sabe o quanto as nações europeias envolvidas lucraram com o tráfico e o potencializaram. Da imagem, porém, depreende-se flagrantemente que os responsáveis são apenas "os bárbaros", os "outros", que são diretamente acusados. Eles são inclusive mostrados de costas ou de modo que não possamos ver suas faces e expressões, tal a esfera de culpabilização que a pequena prancha sinaliza. Assim, retomava-se, a partir de uma atividade econômica lucrativa mas considerada — com todos os motivos — condenável, essa que é uma caracterização depreciativa em duplo sentido, pois recai sobre os que comerciam e os que são comerciados: todos negros.

A mensagem implícita parece ser: se os indígenas "comiam uns aos outros", os africanos "vendiam as vidas uns dos outros". Era o preconceito europeu que destituía de humanidade os demais povos do planeta. Humanidade entendida pelo Ocidente como uma prenda só sua, até mesmo num contexto em que as assim chamadas grandes navegações eram grandes somente para aqueles que as empreendiam e as desenhavam em seus mapas. Como escreveu Camões: "Cesse tudo que a musa antiga canta/ Que outro valor mais alto se alevanta".[41]

Explorar virava descobrir; saquear se transformava em missão; dominar, num grande fardo. Conforme definiu Ágnes Heller, a vida humana não é apenas heterogênea, ela é hierárquica.[42]

Novos mapas para outros mundos

Entre as intenções desses mapas dos séculos XVI e XVII estava, pois, fixar, confirmar, legitimar domínios e certificar uma nova divisão do mundo, tomado pelo expansionismo europeu. Mapas se converteram, assim, não só em metáforas fáceis como em material visual para uma produção artística mais contemporânea, que releu suas potencialidades, evidenciando não tanto as certezas, e sim as incertezas e lacunas presentes nessas pranchas científicas. Ressignificar mapas nomeia, então, uma maneira de destrinchar tais estruturas e de criar novas estéticas, a partir de uma leitura não do que eles pretendem afirmar, mas do que escondem ou deixam apenas sugerido.

Como temos visto, relatos de viajantes que estiveram nas novas terras ou só ouviram falar delas a partir dos resultados de expedições, ganhavam ampla divulgação e circulação não só por meio da escrita — livros e folhetos — mas também por meio do desenho. Essas eram as principais fontes para a produção desse saber cartográfico, que cumpria papel fundamental na própria formação das nações.[43]

Em 1519, Lopo Homem, cartógrafo oficial do reino de Portugal no tempo de d. Manuel, publicou o mapa que vemos abaixo. O autor concebeu o planisfério cercado pelos quatro ventos que aparecem representados nas extremidades da prancha; todos eles animando os europeus, e especialmente Portugal, a seguir em frente com a "tarefa da colonização". A toponímia (que se encontra toda em latim) é bastante diminuta: da África aparecem somente os nomes da Líbia, Etiópia e Guiné. *Mundus Novus* é a designação da Antártica e da América, cuja extremidade sul se liga à Ásia por um continente fantástico também denominado *Mundus Novus*.

O mapa de Lopo Homem mostra a África no centro da prancha, e a Europa fora do seu espaço e eixo convencionais. Ambas parecem estar engolfadas por um amplo espaço de terra contínua, América, Antártica e Oceania surgindo como se fossem um território único: uma extensão que daria acesso não só às

Lopo Homem, *Planisfério*, 1519.

MAPAS COLONIAIS | 129

tão almejadas Índias como à Ásia de uma forma geral. Seria o tíquete de entrada para a rica Rota da Seda, que até então não estava facultada aos ocidentais. A aposta seria que, com as novas "conquistas", os portugueses teriam acesso a todo o mundo, criando um Império colonial de dimensões nunca vistas.[44]

Sabemos que nada disso veio a ser ou era verdade, mas naquele momento os "ventos" pareciam soprar nessa direção. Afinal, a grande utopia da cartografia sempre foi encontrar o controle perfeito na projeção gráfica; o realismo na representação, de maneira que um bom mapa desse conta de tudo aquilo que não era possível ver com os próprios olhos, e mais: de tudo aquilo que se tinha a firme intenção de ver.

Anjinhos são o outro lado dos diabos que habitavam as laterais e o centro dessas cartas, bons ou maus ventos sopravam em direções opostas, animais fantásticos ou mais ordinários dominavam a terra e os mares.

Uma forma de ler esse tipo de material, numa via reversa, é explorar suas lacunas. Por exemplo, a *Terra Brasilis* aparecia com grande frequência em branco (como a denotar de um lado o desconhecimento do território e, de outro, sua necessária e urgente ocupação), do mesmo modo como o continente africano era definido nas cartas como uma "terra de leões". Não é preciso dispor de muita inventividade para chegar ao que tais mapas induziam a encontrar: onde há leões mora o perigo; onde habita o nada urge povoar.[45]

Mapas são, nesse sentido, formas de arquivo e de arquivamento — contêm muitos documentos no interior de um só, significam o resultado acumulado da censura (consciente ou não) de várias imposições e esquecimentos também. Por isso, o "arquivo é cinza", na bela definição de Didi-Huberman.[46]

A própria afirmação da história e da geografia enquanto disciplinas acadêmicas levou a uma grande valorização do arquivo como espaço privilegiado da investigação. Assim, se durante sucessivas gerações o arquivo — e, em particular, o estatal — significou um lugar neutro para a realização de pesquisas empíricas, e para a validação de teorias científicas, nas últimas décadas ele deixou de ser encarado apenas como um repositório de fontes sobre o passado, tornando-se ele próprio um objeto central de reflexão teórica e epistemológica.

Essa "viragem arquivística" foi em parte influenciada pelos trabalhos de autores como Michel Foucault ou Jacques Derrida, que chamaram a atenção para as relações de poder inerentes e internas à constituição dos arquivos, suscitando um interesse renovado pelo estudo das estruturas desse tipo de instituição. Tais estabelecimentos passaram a ser investigados enquanto formas de tecnologia de governo, em seu papel estratégico como instrumentos de classificação das populações locais, na demarcação das fronteiras, na identificação de formas de propriedade fundiária, só para ficarmos com algumas de suas especialidades. Afinal, arquivos guardam e expressam as ansiedades, temores e incertezas das próprias autoridades coloniais.[47]

E é a partir da apropriação e releitura desse arquivo chamado mapa que não só pesquisadores acadêmicos como alguns artistas contemporâneos vêm explorando tais documentos coloniais e expondo suas estruturas internas. Nesse processo, em vez de ficarem escondidas as ambiguidades, elas agora ganham protagonismo; as entranhas passam para a superfície e o interior vira exterior.

A artista contemporânea Adriana Varejão realiza com sua obra outra cartografia. Uma releitura a partir das "entranhas" dos mapas, explicitando suas várias camadas de significado e trazendo o sangue da colonização para a superfície das obras. Conta a artista que o projeto começou com a leitura de um livro chamado *A cartografia portuguesa e a construção da imagem do mundo*.[48] Sua intenção foi, então, pôr em questão o próprio imaginário europeu, bem como refletir de que maneira a história ocidental se inscreve, também, a partir dessas imagens oficiais e produzidas pelo Estado. Se, na linguagem escrita, muitas vezes a violência da colonização europeia surge como espaço do indizível, nesse caso ela vira paródia.[49]

Foi em 1517 que o rei de Portugal, d. Manuel i, concedeu a Lopo Homem — cartógrafo e cosmógrafo português — o alvará que lhe outorgava o direito de "fazer e emendar todas as agulhas dos navios". Isto é, a partir de então ele contava com o consentimento da Coroa para planejar, delimitar e desenhar as rotas marítimas a serem seguidas pelas embarcações lusitanas. A tarefa não poderia ser mais estratégica, pois era a própria pátria que viajava nas caravelas.[50]

No caso de Lopo Homem, sabemos que as agulhas significavam referência às bússolas ou astrolábios que auxiliavam na tarefa de chegar ao que era suposto mas não efetivamente conhecido: a América. Já na obra de Adriana Varejão, as agulhas serviram para a costura aparente dos cortes e rasuras inscritos no mapa original.

O trabalho representa uma sorte de homenagem ao italiano Lucio Fontana, que, numa crítica à mercantilização das artes, costumava apresentar sul-

MAPAS COLONIAIS

Adriana Varejão, *Mapa de Lopo Homem II*, 2004. Óleo sobre madeira e linha de sutura, 110 × 140 × 10 cm.

cos nas suas telas, com a intenção, entre outras, de explicitar as estruturas internas das obras. Já no caso da tela de Varejão, o meridiano central do mapa é cerzido, evidenciando a interioridade e as "costuras malfeitas" que tais registros exibiam.

Nesse trabalho tridimensional, é somente a partir da intervenção da costura que se estanca o sangramento da ferida, politizando-se, assim, o "documento neutro" do passado. A forma mais arredondada do quadro, que aparenta pressionar a própria estrutura da obra a ponto de ela parecer querer explodir, é apenas provisoriamente contida. Isso porque o *Mapa de Lopo Homem* criado por Varejão foi literalmente "suturado": uma amiga dentista encarregou-se da tarefa de atar as duas fendas da tela (as feridas do mapa) com linha e técnica de sutura odontológica. O ato de cerzir carrega também uma alegoria da higiene, e uma metáfora acerca da maneira como as feridas resultantes da violência do sistema foram fechadas de modo precário, só para evitar qualquer contaminação. De toda forma, a tarefa não impede a visão do desastre, uma vez que podemos vislumbrar o conteúdo interno do trabalho que é feito das próprias vísceras sangrentas do sistema. O ato de cerzir simboliza igualmente a artificialidade e a aleatoriedade dos governos de Portugal e Espanha, que dividiram o mapa do planisfério, traçaram uma linha imaginária, e ainda encomendaram mapas para regular uma situação em tudo contingencial.

A arte se comporta, pois, como uma espécie de ficção histórica, Varejão intervindo no próprio documento visual que pretendia, entre outros objetivos, estabilizar conhecimentos.[51] Longe dos tratados que procuraram legislar por sobre o caos — como é o caso do Tratado de Tordesilhas, o qual dividiu cartesianamente o mundo em dois, entre espanhóis e portugueses — ou das medidas diplomáticas apaziguadoras, a cartografia da artista explicita o arbítrio e o conflito. E assim vinga outra linha meridional, porque feita de tudo aquilo que o mapa oficial jamais mostra: o rastro da colonização e das pessoas que sofreram com ela. Nesse sentido, o próprio formato côncavo da obra alude à forma da terra, mas também lembra uma barriga feminina grávida. Grávida como as mulheres africanas e indígenas cujo sangue, no momento do parto, se mistura com as feridas abertas pelos trabalhos forçados e as várias maneiras de assédio e repressão. Tudo o que o mapa estabiliza, a arte explode. Não por coincidência, *Mapa de Lopo Homem* fez parte de uma exposição da artista que levou o nome de Terra Incógnita.

Enfrentar os silêncios presentes nos mapas coloniais e escrever por cima deles, incluindo conceitos contemporâneos que reveem consensos antigos, é um dos propósitos do artista Jaime Lauriano na série de trabalhos chamada *invasão, etnocídio, democracia racial e apropriação cultural*. A obra dele é, além do mais, uma boa e inesperada síntese das questões envolvidas neste capítulo.

A partir de cartas náuticas, mapas e ilustrações, Jaime recupera em chave crítica o significado implícito ao assim chamado "descobrimento do novo mundo". "Descobrir" quer dizer "remover, tirar o que cobre". Quer ainda dizer "avistar", "encontrar o que estava escondido". Mas também é possível pensar no verbo "descobrir" como um ato de "revelar", de "denunciar algo". E é a combinatória de todos esses significados que define os mapas de Lauriano, que nunca separou arte de política; estética de ativismo.[52]

Para tanto, ele traz de volta os mapas coloniais, mas não em cores. Os mapas de Lauriano são feitos por sobre um tecido de algodão ou feltro, em

Jaime Lauriano, *Novus Brasilia Typus: Invasão, etnocídio, democracia racial e apropriação cultural*, 2016. Desenho feito com pemba branca e lápis dermatográfico sobre algodão preto, 119 × 156 cm.

geral preto e por vezes vermelho; e desenhados com pemba, um giz branco em formato cônico usado para transcrever mensagens dos espíritos e guias em rituais de umbanda e candomblé — igualmente simbólico no sentido de destacar os tantos apagamentos presentes nessas pranchas cartográficas europeias.

    A pemba define as fronteiras do mundo sobre um tecido esticado de maneira desigual, a fim de deixar claras as imperfeições e irregularidades. O artista não esconde as operações imagéticas contidas na cartografia; ao contrário, ele as realça. Lauriano opera, portanto, uma espécie de inversão do modelo tradicional da cartografia, com o branco desenhado sobre o preto (ou o vermelho). A operação é em tudo inversa: em lugar de a cor preta definir um território em branco — branco do papel, da colonização e do próprio desconhecimento dessas terras —, ela agora vira a cor de fundo dos mapas. É o preto das populações africanas ou o vermelho das indígenas que confere a base necessária para o desenvolvimento da América — e das pranchas do artista.

Jaime Lauriano, *América, invasión, etnocídio, invención e Americae novissima desciptio*, 2016. Desenho feito com pemba branca e lápis dermatográfico sobre algodão preto, 158 × 158 cm.

Ele também não enquadra ou emoldura seus mapas. As obras permanecem suspensas por pregos e tachas igualmente frágeis, expostos ao olhar, denunciando por outro ângulo o lado apenas provisório dessas cartografias que, como temos visto, têm um pé no real e outro bem fincado no fantástico ou no projetivo.

As duas obras do artista aqui incluídas retomam a famosa prancha de Giovanni Battista Ramusio, *Delle navigationi et viaggi*, datada de 1556 e considerada o primeiro mapa do Brasil. Já tivemos oportunidade de analisar a prancha e suas implicações no contexto coevo. Mas Lauriano consegue tornar ainda mais explícitas operações que nasceram para ficar escondidas por esse que é, à sua maneira, um arquivo colonial.

De outro lado, se o trabalho é de grande beleza, uma de suas proezas é tirar o glamour e a pretensa objetividade das primeiras representações cartográficas feitas para elevar as nações que empreenderam as navegações e justificar a riqueza advinda do empreendimento colonial. Não há nada de "confortável" na cartografia de Lauriano. Ele desmonta com arte a harmonia que reina nos mapas coloniais, os quais estampam indígenas sempre ocupados caçando, cortando árvores, coletando, carregando o produto — tudo com calma e de modo "natural". Isso porque as cenas supostamente naïves convivem, agora, não com os nomes das cidades e lugarejos — como vimos acontecer em outras pranchas —, mas com termos como "genocídio" ou "etnocídio", cuja mera inserção já altera radicalmente o significado apenas positivo desses registros visuais. A intervenção no mapa reforça o sentido oposto, a violência aparecendo de forma escancarada e caracterizando o que o artista chama de "invenção do continente americano".[53]

Mapas são objetos ambíguos. Seu sentido de existência está adstrito ao fato de "falarem a verdade"; ou seja, trazerem uma representação realista, ao menos enquanto inserida em seu contexto original. Mas guardam outro lado que lhes é inexorável enquanto peças da imaginação. E é essa segunda camada que aparece explorada e explicitada na obra artística de Lauriano, e também a partir da introdução da pemba: instrumento de desenho vinculado ao universo cognitivo das religiões de matriz afro-brasileira. Trata-se, assim, de redesenhar os próprios contornos e limites dos mapas coloniais de maneira mais brasileira e africana.

Jaime Lauriano pensa o Brasil como um "sujeito", que produz versões imagéticas muito calcadas na superexposição de sua grandeza. O certo é que as marcas do passado escravocrata fazem parte fundamental da história do presente do país, que já foi ilha, virou um continente ligado à Ásia e ainda não lidou com seu real tamanho.

4 | MONUMENTOS E PATRIMÔNIOS PÚBLICOS

Ou quando a branquitude se inscreve na pedra, no bronze e no concreto[1]

Construir e contestar os bandeirantes

A branquitude é um fenômeno mais fácil de reconhecer do que de definir. Ela atravessa as relações sociais a partir de práticas discursivas, formas de conhecimento, da linguagem, das normas pretensamente anódinas, e por meio de recursos imagéticos oficiais ou transformados em oficiais com o tempo. Como mostra Foucault, o poder se apresenta, muitas vezes, de modo disseminado, e se insere até nos espaços pretensamente mais inocentes ou neutros, não se restringindo a pessoas ou instituições.[2] E, entre eles, monumentos e patrimônios públicos assumem, por conta da sua materialidade — feita na base do concreto, do bronze, do mármore e da pedra —, um lugar proeminente na memória coletiva de uma nação. São uma sorte de cimento social.

Esses monumentos públicos presentes na paisagem das cidades se imiscuem de tal maneira no tecido social que muitas vezes passam desapercebidos. A urgência do dia a dia acaba criando um efeito anestésico que faz com que, amiúde, deixemos de observá-los em detalhe.

Nesse processo, suspendemos a percepção crítica das características centrais de tais patrimônios — seus temas, seus mecenas, o momento em que foram criados, os locais onde se situam —, sem nos dar conta de que, muito geralmente, eles versam sobre e reforçam uma história que é ainda por demais europeia, das elites coloniais e imperiais, masculina e amiúde branca. Além disso, em sua franca maioria, no caso brasileiro, dizem respeito a eventos e personagens provenientes da região Sudeste do país mas que, não raro, são elevados a protagonistas nacionais.

Ao que tudo indica, porém, finalmente esse debate vem comovendo a sociedade civil, que parece estar mais atenta às implicações que envolvem o lugar social dos monumentos e patrimônios artísticos públicos. Começo este capítulo, portanto, com um exemplo que ganhou destaque no debate público nacional: a imagem da imensa estátua do Borba Gato, instalada no bairro de Santo Amaro, em São Paulo, que foi vista em chamas no dia 24 de julho de 2021.

São Paulo escolheu os bandeirantes como símbolo condigno para representar seu suposto caráter aventureiro e intrépido. Esses personagens foram alçados à condição de emblemas da província, e depois do estado, apenas entre finais do século XIX e início do XX, momento de criação do Instituto Histórico e Geográfico de São Paulo.[3]

Até então, boa parte dos símbolos nacionais tinham como origem e endereço o Rio de Janeiro e eram por demais vinculados à monarquia. Com a emergência da República, contudo, vários estados passaram a disputar regionalmente a supremacia da sua própria representação.[4] São Paulo foi um deles, e é preciso destacar como ainda eram poucos os símbolos que distinguiam a cidade, a qual durante muito tempo funcionou apenas como um entroncamento de tropeiros; lugar de passagem, não de permanência.[5]

Essa situação iria se alterar radicalmente com a chegada, nos anos 1870--80, da produção cafeicultora ao Oeste Paulista, quando a cidade se converteria na "metrópole do café" e criaria sua própria elite, muito centrada em instituições como a Faculdade de Direito do largo de São Francisco, o Museu Paulista e inclusive o Instituto Histórico e Geográfico de São Paulo.[6]

Nelas, a nova configuração econômica do estado animava os conhecimentos e uma produção histórica mais voltada para a situação regional. Foi a partir daí, e sobretudo entre as décadas de 1900 e 1930, que os bandeirantes tiveram sua imagem reconstruída em chave positiva, depois de passarem séculos perdidos nos arquivos coloniais. Era uma forma de a elite paulista marcar simbolicamente a própria proeminência no cenário nacional, por meio

MONUMENTOS E PATRIMÔNIOS PÚBLICOS | 139

dessa figura masculina e viril, associada à ideia romântica do desbravador indomável, que cruzava rios, florestas, povos e toda sorte de desafios.

Aí estavam os elementos fortes para a construção de uma mitologia das mais frutíferas: a imagem de heróis abnegados cuja coragem ajudava a fortalecer e enriquecer a nação. Se bandeirantes de fato ampliaram as fronteiras territoriais brasileiras, numa época em que o chamado "interior" não era de fato conhecido pelo colonizador europeu, e encontraram jazidas de minérios preciosos, é certo que também promoveram a escravização de nativos e o apresamento de africanos e africanas foragidos. Atuaram, assim, como "capitães do mato" — atividade em que aliás muitos se destacaram —, recebendo, regiamente, pelas pessoas que capturavam. E ainda disseminaram doenças e epidemias, com sua passagem por aldeias e vilarejos, além de causarem o perecimento de populações nativas em consequência dos trabalhos forçados que impunham.

Era essa, pois, uma conhecida "história pela metade"; elevava-se um suposto caráter moral dos personagens em questão, e nada se dizia do traço violento intrínseco à sua atividade. Foi dessa maneira que os bandeirantes acabaram "imortalizados" por documentos, livros, pinturas e gravuras criados entre o final do século XIX e o começo do XX, que os apresentaram como se representassem tão somente o lado "nobre" e "honroso" da colonização. A pura aventura colonial!

O passo para serem monumentalizados foi dado, literalmente, quando suas imagens se colaram à própria identidade da cidade e do estado de São Paulo. Bandeirantes passaram a ter, então, sua origem portuguesa destacada, assim como o fato de falarem o dialeto paulista. Difundiu-se também uma visão edulcorada acerca da união de filhos de portugueses com indígenas na formação das famílias "quatrocentonas" paulistas. Era mais uma versão do "estupro original" com a chave virada: em vez de crítica, a interpretação era sempre das mais positivas.

Esses eram elementos combinados que buscavam exaltar uma suposta ascendência europeia e o trato cotidiano com pessoas da terra e falares da região; todos os ingredientes fundamentais para a construção de tal mitologia.

E foram vários os artistas que garantiram a sobrevivência a partir da elevação pictórica ou escultórica desses personagens. Nas imagens de Henrique Bernardelli e de Benedito Calixto, os bandeirantes apareceriam invariavel-

Benedito Calixto, *O mestre de campo Domingos Jorge Velho e o seu lugar-tenente Antônio Fernandes de Abreu*, 1903. Óleo sobre tela, 100 × 140 cm.

mente vestidos como cavaleiros europeus, com suas peles muito brancas, botas longas e chapéus de abas arredondadas, vistosas capas e armas em destaque. Também foram imortalizados sempre em ação: nas matas e dominando aquele que seria definido como um ambiente "hostil".

Evidentemente anacrônicas, pinturas como essas criaram, séculos mais tarde, esse que foi um mito, regional e depois nacional. E, se existem diversas telas datadas do mesmo contexto de princípios do século XX, e com características artísticas semelhantes, a obra de Benedito Calixto chamada *O mestre de campo Domingos Jorge Velho e o seu lugar-tenente Antônio Fernandes de Abreu*, de 1903, bem como a biografia do artista não poderiam ser mais exemplares.[7]

Chama atenção, em primeiro lugar, como essa obra é fruto de uma "articulação", bem-feita, entre instituições do estado. Conforme mostra Caleb Alves, ela foi de início encomendada pelo governo do estado de São Paulo para integrar o recém-fundado Museu Paulista; outro pilar da construção da memória local.[8] Em segundo lugar, Benedito Calixto tornou-se, ele próprio, sócio do Instituto Histórico e Geográfico de São Paulo em 1895, estando totalmente afinado com a agenda do estabelecimento. Mas o circuito era ainda mais fechado. O historiador Antônio de Toledo Piza, então diretor do IHGSP, no mesmo ano de 1903 escreveu um artigo sobre a tela, destacando sua importância para a comprovação do "notável feito de armas do famoso sertanejo paulista".[9]

O certo é que ia ocorrendo uma identificação bem azeitada entre a instituição, os intelectuais que circulavam em seu redor, o pintor e o retratado. Afinal, Domingos Jorge Velho, que nasceu em 1641, era também paulista, natural de Santana do Parnaíba, cidade localizada na região da atual Grande São Paulo, às margens do rio Tietê, constituindo-se numa das principais "saídas" para o interior. Aliás, não por coincidência, a cidade seria posteriormente considera-

MONUMENTOS E PATRIMÔNIOS PÚBLICOS | **141**

da o "epicentro" do bandeirismo — sendo que até hoje ela cultua esse tipo de identidade.[10] Segundo conta uma história mais enaltecedora, de lá teriam partido várias bandeiras e monções lideradas por Fernão Dias Pais, Anhanguera, Bartolomeu Bueno e Domingos Jorge Velho, entre outros.[11]

Conta a mesma história que o "sertanismo" já era praticado na família de Domingos Jorge Velho desde os tempos do avô português. De acordo com essa narrativa de fundo mítico, com a União Ibérica, que durou de 1580 a 1640, acontece no Brasil a suspensão do Tratado de Tordesilhas (acordo firmado em 1494 dividindo o mundo entre Portugal e Espanha), o que liberou o movimento dos bandeirantes pelo interior da colônia.

No entanto, essa é só uma face da atividade. Também aumenta em tal contexto a demanda pelo apresamento de indígenas e de pessoas negras fugidas, justamente por conta da desorganização administrativa de Portugal, que ocasionou a quebra temporária no provimento de mão de obra escravizada e, em consequência, uma crise entre os senhores de terra.[12] De outra parte, data dessa época, ainda, um grande conflito das elites agrárias com a Igreja, que em tese buscava proteger os indígenas, mas na verdade tencionava controlar a sua escravização. O ápice da disputa se deu em 1640, quando os bandeirantes expulsaram os jesuítas de São Paulo, ato em que o tio homônimo de Jorge Velho esteve envolvido. Já o sobrinho ganhou fama ao ser contratado em 1687 para fazer a guerra contra os Kariri, que haviam se revoltado no Ceará e na Paraíba — a ação bandeirante foi muito violenta, acarretando o assassinato de boa parcela dos nativos.

A notoriedade de Domingos Jorge Velho também viria da repressão ao famoso Quilombo de Palmares. Foi no mesmo ano de 1687 que se contratou o bandeirante para destruir a fortificação, localizada na serra da Barriga, atual estado de Alagoas. A encomenda veio do governador João da Cunha Souto Maior, após várias investidas na região terem resultado em retumbante fracasso. João da Cunha prometeu mundos e fundos: além de ceder armas de fogo, concedia perdão geral aos crimes cometidos por membros da tropa, e determinava que as terras ocupadas por quilombolas fossem para as mãos dos sertanistas, no caso de os africanos saírem vencidos. E mais: parte dos prisioneiros que sobrevivessem passaria para a propriedade do bandeirante, o que já evidencia os métodos de enriquecimento desses personagens. Jorge Velho só conseguiu juntar sua tropa em 1691, montando um grupo composto de

IMAGENS DA BRANQUITUDE

duzentos espingardeiros, mil arqueiros e 84 bandeirantes. A investida contra Palmares durou até quase 1694, quando, atacados por um exército de mais de 3 mil homens, os quilombolas foram vencidos, depois de muita luta.[13]

Todavia, e como a memória costuma lembrar pouco, guardou-se apenas uma versão mais romântica do bandeirante, que recebeu forma definitiva com a tela de Benedito Calixto, concluída, aliás, séculos depois da morte de Domingos Jorge Velho; do qual, importante frisar, não restara nenhuma imagem pessoal, como era regra no Brasil do século XVII. Esse virou, então, *o* retrato oficial do bandeirante. Na pintura está em primeiro plano Domingos Jorge Velho, cuja cabeça parece ter sido colocada aleatoriamente sobre seu corpo, denotando o escasso apuro técnico da obra. Ao fundo, vemos o lugar-tenente Antônio Fernandes de Abreu, sargento-mor de Itu. Os dois evocam o que deveria ser a real inspiração do artista: os cavaleiros medievais.

Calixto afirmou, na época, ter feito extensa pesquisa para melhor executar a obra de encomenda. Explicou ainda que ficara em dúvida se o bandeirante deveria aparecer com vestimentas de um "mestre de campo" do exército português, ou como o que se imaginava ser um "típico" bandeirante, com camisa, calças de algodão, botas e chapéu. Recorreu, então, a historiadores amigos, sobretudo Antônio de Toledo Piza, que àquela altura era presidente do IHGSP mas também do Arquivo Público do Estado de São Paulo. No final, acabou optando por um "fardamento completo", mesmo sabendo que a representação não ficaria tão fiel à realidade; aliás, por motivos óbvios: a roupa não se adequava às selvas em que os sertanistas se embrenhavam. E, se nos lembrarmos da guerra que Jorge Velho travou em Palmares, torna-se ainda mais difícil imaginar o protagonista vestido com tal fausto.[14]

No entanto, Calixto achou por bem legar uma espécie de memória ideal. Por sinal, nos quadros acadêmicos históricos, entre a realidade e a estética engrandecedora, o melhor era sempre optar pela segunda via — sacrificar os dados e se casar com a ficção. Para aprimorar o resultado, o artista preferiu voltar o olhar, então, para o imaginário da realeza europeia. Na tela, o bandeirante tem uma pose majestática — com uma das mãos encoberta pelo manto e a outra estrategicamente apoiada na arma, ele se parece, mesmo, com a representação de um nobre do Velho Mundo em meio às cruzadas. Calixto também escolheu não relacionar seus heróis a um evento histórico específico. O massacre de Palmares era já na época controverso, e por isso

MONUMENTOS E PATRIMÔNIOS PÚBLICOS | 143

o melhor era flagrar dignidade e caráter altivo num ambiente mais "neutro", digamos assim, que lembra uma paisagem rural ou uma mata virgem. O pintor capricha ainda na descrição da masculinidade dos modelos, muito destacada a partir das armas que portam.

A obra estava, portanto, totalmente afinada com as perspectivas da elite paulista, que, como vimos, àquela altura buscava recontar sua história a partir de personagens locais, tão gloriosos como a amplitude simbólica da nação. Desde inícios do século xx, paulistas seriam pintados, pois, não só como desbravadores destemidos do território nacional, mas como locomotivas do país e precursores das noções de liberdade — chamando para si a responsabilidade pela independência política e econômica, agora associada com a representação da recém-criada República.

Vale também sublinhar como o projeto de construção de uma memória paulista seria ainda mais implementado com a entrada, em 1917, de Afonso d'Escragnolle Taunay na direção do Museu Paulista. No livro *O sequestro da Independência*,[15] Carlos Lima Junior, Lúcia Stumpf e eu mostramos como os paulistas, num claro golpe de anacronismo, começaram a divulgar a ideia de que seu predomínio cultural datava dos tempos coloniais. O historiador alegava que teria sido essa província que impulsionara o alargamento das fronteiras, o povoamento do território, mas que também realizara a defesa dos limites nacionais contra o "estrangeiro invasor".[16]

Escragnolle Taunay além de historiador era engenheiro e heraldista. Com esse currículo participava de várias instituições paulistas, sendo sócio do IHGSP e da Academia Paulista de Letras. Era também reconhecido como um especialista nos estudos sobre bandeirismo do estado. Descendente de uma família de artistas renomados — era bisneto de Nicolas-Antoine Taunay, pintor acadêmico e professor da Academia Imperial de Belas Artes, e neto de Felix-Émile Taunay, diretor da mesma escola —, ele tinha vínculos consolidados com a cafeicultura:[17] casara-se com Sara de Sousa Queirós — integrante de uma das famílias mais influentes de São Paulo, e que teria feito sua parte na admissão de Escragnolle como diretor do Museu em 1917. Por fim, era próximo de Washington Luís, presidente do estado no momento da reabertura da instituição, e que facultou o financiamento necessário para que as obras vultosas previstas para serem inauguradas em 1922, ano do Centenário da Independência, chegassem a bom termo.

Luigi Brizzolara, *Fernão Dias Pais Leme*, 1922. Mármore, 1,53 × 3,7 m.

Luigi Brizzolara, *Raposo Tavares*, 1922. Mármore, 1,53 × 3,7 m.

Juntando assim dois mais dois, o novo diretor irá conceber um arrojado projeto decorativo para a instituição. Taunay assumira a diretoria do Museu substituindo o cientista alemão Hermann von Ihering, que dera ao estabelecimento uma feição mais aliada à sua profissão de naturalista.[18] Sob a gestão de Taunay, porém, o local passaria por muitas remodelações, a figura do bandeirante recebendo grande destaque no memorial da Independência, que começava a ser então erguido. O objetivo era duplo: elevar o episódio que ocorrera às margens do Ipiranga e, junto com ele, a figura dos bandeirantes, que surgiam coadunados como os únicos genuínos modelos do "espírito" da "gente paulista" e de ímpeto nacional. Ainda, o diretor, enquanto historiador do tema, atuaria diretamente na construção imagética desses personagens, encomendando uma série de obras comissionadas pelo próprio Museu.

Por exemplo, Taunay confiará ao artista italiano Luigi Brizzolara duas esculturas feitas em mármore de Carrara, uma para imortalizar Fernão Dias Pais Leme, e a outra, Raposo Tavares. O material era nobre, perene, e daria importância a tais figuras, cujas estátuas ficariam dispostas bem no saguão de entrada da instituição.[19]

Na obra consagrada a Pais Leme, o artista apresentou o bandeirante como se tivesse voltado de uma expedição, trazendo uma pepita que acabara de descobrir. Na segunda escultura, o modelo põe a mão acima dos olhos para enxergar melhor o horizonte — gesto, aliás, que se associou aos bandeirantes —, denotando a longura do território que precisava ser conquistado. Em ambas, os personagens aparecem com o mesmo figurino que emulava a imagem de guerreiros medievais.[20]

MONUMENTOS E PATRIMÔNIOS PÚBLICOS

145

E, na ausência de registros visuais, foi tomando forma uma certa convenção acerca dos bandeirantes,[21] expressa a partir de vestimentas pomposas e das atitudes destemidas, sem, evidentemente, tocar-se na violência impetrada por eles, que atuaram, muitas vezes, como "capitães do mato".[22] Nada disso cabia nos novos espaços do Museu.

Com o objetivo de consolidar a associação entre o estado e esses personagens, Taunay ainda encomendou uma série de 22 retratos para serem dispostos no alto da escadaria, cujo título já entregava a intenção: Bandeirantes, Mártires da Liberdade e Grandes Vultos da Independência.[23] Os bandeirantes viravam, assim, não só corajosos desbravadores, como mártires *de* e *por* São Paulo.

Essa narrativa vitoriosa de começos do século xx, que era até então bastante regional, foi adquirindo tamanho nacional, a partir da inserção romantizada de tais figuras nos livros didáticos, nas revistas de divulgação e nos monumentos públicos, sendo bastante recente a revisão que recaiu sobre eles. E é nesse novo contexto que se insere o caso da imensa estátua de Borba Gato, que, de cartão-postal de São Paulo, converteu-se numa espécie de vilã contestada da cidade.

Manuel de Borba Gato foi consagrado, por uma historiografia de cunho mais ufanista, como um bandeirante paulista que se destacou ao participar das expedições que adentraram o sertão brasileiro em busca de metais preciosos. Junto com seu sogro, o conhecido Fernão Dias Pais, tomou parte nas expedições de 1674 e 1681, entre elas aquela que alcançou a serra do Sabarabuçu, onde, segundo documentos e relatos de época, foram encontradas jazidas de esmeraldas e de prata.

Borba Gato também atuou como tenente-general do mato e organizou as arrecadações na vila de Sabará; isso depois de ter descoberto um rico filão de ouro nas minas do local. Acredita-se, ainda, que teria participado da Guerra dos Emboabas, igualmente motivada pela disputa em torno das minas de ouro da região.

Ocorre, porém, que tais expedições não eram nada pacíficas, sendo realizadas a partir do recrutamento e exploração de pessoas pobres, muitas delas escravizadas ou forçadas a se juntarem a esses grupos, e que vieram a sofrer com doenças e fome, e a partir de uma série de ataques. Isso sem esquecer o fato de os bandeirantes atuarem como caçadores de indígenas e de africanos livres ou fugidos.

Júlio Guerra, *Estátua do bandeirante Borba Gato*, 1963. Argamassa de concreto, trilhos de bonde e pedras, 13 m.

Vamos finalmente à escultura desse bandeirante, contra quem os ânimos se voltaram no ano de 2021. Criado pelo artista Júlio Guerra entre 1957 e 1963, o monumento de grandes dimensões é todo feito de pedras coloridas. Ele conta com dez metros de altura, treze incluindo-se o pedestal, e pesa quarenta toneladas. Guerra nasceu no bairro de Santo Amaro em 1912, e por lá deixou uma série de obras. Borba Gato é, todavia, a mais famosa delas.

O monumento se projeta na cidade paulistana, tanto por seu tamanho e volume como pela grande área vazia que ocupa. Isolado no local onde foi implantado, nada atrapalha sua projeção espacial. Mas a impressão de solidez é falsa: seu interior é oco e estruturado por trilhos de bonde urbano.

O bandeirante de Júlio Guerra tem a pele clara, uma expressão rígida e impoluta, a barba bem aparada, um chapéu largo, corpete ajustado por um cinto, botas que tomam boa parcela do espaço inferior da estátua, e um bacamarte, um tanto fálico, que vai da base até o peito do protagonista. Chama atenção também o fato de não existirem florestas, indígenas ou africanos por perto: celebra-se apenas *uma* grande vitória. A vitória de uma determinada história, europeia e masculina, das elites, que é reconfirmada por um pequeno monumento próximo, totalmente apagado pelo volume e presença da obra em homenagem a Borba Gato.[24]

Esse outro trabalho faz parte do conjunto escultórico, tendo sido realizado ao mesmo tempo que a imensa estátua. A comprovar estão os materiais que os constituem: pedrinhas quebradas, moldadas e colocadas sobre o concreto. O segundo monumento, de dimensões mais modestas, é composto de quatro cenas que buscam caracterizar os grandes feitos do bairro de Santo Amaro.

Num de seus lados aparecem os retratos de João Pais e Susana Rodrigues, doadores de uma capela erguida no bairro na época da construção do conjunto arquitetônico. Em outro lado surgem Padre Anchieta e Caiubi — um natural da terra devidamente catequizado na Igreja. No terceiro estão colonos alemães anônimos, e uma referência ao "pioneirismo fabril" do bairro, pois alude à primeira fábrica de ferro do Brasil, por lá instalada. Por fim aparecem o jesuíta Belchior de Pontes, que atuou no processo de catequização, e o poeta e dramaturgo Paulo Eiró, que viveu em Santo Amaro dois séculos depois.

Numa grande mistura de tempos e personagens, vemos consagrada uma história regional e religiosa — do bairro de Santo Amaro —, a colonização e a catequese cumprindo um papel moralizador, ao lado do impulso industrial da cidade. Esses seriam todos dados "memoráveis" que teriam na figura mais destacada do bandeirante o resumo da "missão civilizadora" inscrita no local. E ainda: na parte superior da pequena obra pode ser vista uma versão estilizada do timbre do brasão da cidade, composto de torres de tijolos que simbolizam, por outra via, o status de capital do município.

O certo é que, com o tempo, e o crescimento da cidade — que aproximou bairros outrora considerados distantes —, o conjunto escultórico, executado pelo mesmo artista para atender uma encomenda feita por moradores da região, virou um patrimônio de São Paulo, a despeito dos personagens e da narrativa que naturaliza.

Referências a Caiubi e Padre Anchieta, os imigrantes alemães e o pioneirismo fabril. Painéis em mosaico com cenas de Santo Amaro, 1963.

A história da recepção do monumento do Borba Gato não é, porém, tão pacífica e edulcorada. A explicitação da violência do passado, a memória desse personagem que recebeu uma derivação mítica, acabaram ganhando eco e projeção no presente. O fato é que, desde a sua construção, ele tem sido objeto de todo tipo de intervenção e de contestação, às vezes de forma mais direta, às vezes por meio da ironia.

De uma maneira ou de outra, a partir do ataque ou da defesa, fica claro que, embora esse já se tenha tornado um patrimônio da cidade, trata-se, ao

Intervenções de protesto na estátua de Borba Gato, 2015.

mesmo tempo, de um monumento público que vai se afirmando como lugar de litígio. Para alguns ele representa um espaço patriótico; um tributo à colonização do Brasil. Para outros, uma espécie de judas, um traidor, um capataz cuja memória precisa ser, ao menos, rasurada.

Como é fácil notar, novos paradigmas, outras maneiras de entender a história e seus protagonistas, têm reflexo imediato na aceitação ou não da obra. Mas pode-se dizer também que ela ganhou "vida própria", transformando-se num "personagem difícil" da cidade. Uma exaltação aos tempos de outrora; um mau exemplo nos dias de hoje. Tanto que foi na esteira de uma série de eventos internacionais, os quais levaram à destruição, deslocamento ou crítica desses que são monumentos perversos pois celebram, mesmo que de forma não direta, a violência da colonização, que o incêndio, provocado na estátua do Borba Gato, mobilizou a sociedade nacional.

O movimento não é novo; desde a Antiguidade, passando pelos regimes totalitários, de direita e de esquerda, mudanças de paradigmas históricos e na situação política implicaram processos de "limpeza", ou uma sorte de atualização social que chega também aos monumentos. Mas o caso de Borba Gato merece uma pausa.

No dia 24 de julho de 2021, a estátua do bandeirante foi incendiada, sem que sua estrutura tivesse, de fato, ficado comprometida. Um ato sobretudo simbólico: o incêndio foi rapidamente contido pelos bombeiros e ninguém saiu ferido. Segundo relatório da polícia, pneus foram utilizados para promover essa que acabou sendo uma espécie de performance política: afinal, numa época em que boa parte dos brasileiros e brasileiras estavam em casa, em razão da pandemia de covid-19, pôde-se ver pela televisão e nas redes sociais o imenso Borba Gato em chamas.

O ato foi logo atribuído ao coletivo Revolução Periférica, e Paulo Galo — uma das principais lideranças do movimento do "precariado brasileiro" e do movimento social de trabalhadores de aplicativos Entregadores Antifascistas — foi perseguido de forma desmesurada pela Justiça durante um bom tempo. A força da repressão equivaleu ao impacto nacional com que se recebeu o evento. Equivaleu também à força da imagem e do imaginário dos bandeirantes num estado como São Paulo.

Incêndio na estátua de Borba Gato, 24 de julho de 2021.

Na mesma cidade, há uma segunda obra que concorre em popularidade com o Borba Gato, por vezes de maneira controversa, a despeito de ser mais visitada e estimada pelos paulistas. Trata-se do *Monumento às bandeiras*, de autoria do modernista Victor Brecheret, que foi entregue a São Paulo em 1953, por ocasião do seu IV Centenário. Igualmente imensa — mas ocupando um espaço mais horizontal do que vertical —, a escultura se localiza perto do Parque do Ibirapuera, próximo da Assembleia Legislativa do estado. Juntos, os três elementos conformam uma espécie de apresentação magnificada de São Paulo: a cidade, o estado e a sua representação.

A obra de Brecheret tem cerca de onze metros de altura por 8,40 de largura e 43,80 de profundidade. Em sua composição, conta com 240 blocos de granito, pesando cinquenta toneladas cada. O monumento se direciona no eixo sudeste-noroeste, como se estivesse indicando o sentido de entrada das bandeiras sertanistas pelo interior. E mais: na parte frontal do pedestal pode ser visto um mapa do Brasil, desenhado por nosso já conhecido historiador Afonso de Taunay, com os trajetos que os bandeirantes percorreram pelo interior.[25]

O Ibirapuera é o terceiro maior parque urbano de São Paulo, com vários de seus edifícios internos projetados por Oscar Niemeyer e seus jardins cria-

Victor Brecheret, *Monumento às bandeiras*, 1953. Escultura em granito, 11 × 43,8 × 8,4 m.

dos por Burle Marx; dois ícones do modernismo brasileiro — assim como Brecheret. Ou seja, se a escultura de Borba Gato se encontra em ponto um pouco afastado do centro, e divide o público quanto à sua estética, já a obra de Brecheret faz parte de uma das principais artérias da cidade modernista que a capital do estado pretendia e pretende ser.

Encomendada pelo governo de São Paulo em 1921, e terminada mais de trinta anos depois, essa obra se propunha a celebrar (segundo termos de época) o "espírito bandeirante", que nela ganha o plano principal.[26] Por conta da data em que foi inaugurada, a escultura acumulou um significado a mais, glorificando o imaginário regional na figura dos destemidos personagens. Com o tempo, e por causa da intimidade que a comunidade paulistana desenvolveu com o patrimônio, três títulos jocosos se colaram ao monumento: "Empurra-empurra", "Puxa-puxa" ou "Deixa que eu empurro", que remetem ao fato óbvio de a embarcação nele representada permanecer imóvel. Os apelidos se justificariam também em função de os grupos subalternos deslocarem, na base das cordas e correntes, uma pesada canoa. Assim, enquanto os líderes da expedição parecem pouco empenhados em fazer a embarcação se mexer, não há como deixar de notar que a figura de fundo, a última, claramente empurra a canoa. Não por acaso, ela não traz as roupas empoladas dos figurantes da frente; ao contrário, encontra-se quase nua, isolada, aludindo ao trabalho escravizado ou ao menos forçado.

A obra inclui, também, apenas dois líderes — postados à frente e montados num cavalo —, e vários outros personagens, mais numerosos e próximos entre si, em posições subordinadas. Os homens da frente não

MONUMENTOS E PATRIMÔNIOS PÚBLICOS

andam; montam a cavalo — o que encerra uma diferença forte em relação aos demais. Tais distinções estão presentes nos corpos esculpidos por Brecheret, o que não combina, por outro lado, com a visão engrandecedora que o monumento se propõe a expressar. Afinal, a escultura buscava alardear e congraçar a "união entre as diferentes etnias" formadoras de uma pressuposta identidade paulista.

O conjunto escultórico passa, contudo, uma ideia oposta. Se existe mistura, ela não reflete igualdade e falta de hierarquia. Ao contrário. E, assim, negros, mamelucos e indígenas (devidamente subjugados) são os que trabalham e empurram com muita dificuldade essa que é uma canoa de monções, embarcação utilizada em expedições fluviais, enquanto portugueses colonizadores dirigem os movimentos.[27] A ideia combina, porém, com as teorias de Gilberto Freyre, para quem, e como veremos na conclusão deste livro, a noção de democracia racial acomodava a violência da colonização e a permanência das diferenças sociais. Dizia mais respeito a convivência em ordem do que a qualquer utopia de igualdade.

Vale ressaltar, ainda, que em função do seu gênero artístico o trabalho evoca a tradição das estátuas equestres públicas, bastante presentes na produção europeia e dedicadas ao enaltecimento. Não por acaso tais patrimônios são, muito regularmente, instalados em praças centrais das cidades, sublinhando a vitória, a força e o poder dos dirigentes.

Na obra de Brecheret, a qual renova o gênero pela forma modernista e por apresentar um monumento coletivo e não individualizado, destaca-se no comando a figura de um líder que lembra a caracterização tradicional dos bandeirantes: homens fortes e vestidos tal qual guerreiros medievais. Ele olha para trás, como se quisesse se certificar de que está sendo seguido e obedecido. Na sequência, negros escravizados e indígenas convertidos, por causa das cruzes que trazem no peito, em posições basicamente semelhantes, estão dispostos numa sorte de procissão resignada. Amarrados por cordas, "sacrificam-se" para levar fardo tão pesado.

A centralidade desse patrimônio corresponde à carga de ambiguidades que apresenta. Por isso ele vem sendo constantemente questionado e contestado, encontrando novas traduções no espaço público que ocupa.

No ano de 2020, durante a pandemia de covid-19, foi a vez de o indígena Denilson Baniwa — dentro da iniciativa Vozes contra o Racismo, ideali-

Manifestações e pichações no *Monumento às bandeiras*, 2013-4.

zada pelo antropólogo e curador Hélio Menezes — projetar desenhos nas paredes do monumento. Assim fazendo, incluiu cor e outras visões por sobre a obra.[28] Desenhos e padronagens criados pelo artista ofereceram novas interpretações à escultura, transformando-a, ao menos naquela circunstância, num patrimônio indígena. Mais ainda, conferindo agência a essas populações que não raro eram representadas como passivas e adaptadas à "catequese". Por sinal, a antropóloga Manuela Carneiro da Cunha destacou que a política que concerne aos indígenas no país, desde os tempos coloniais, partiu de dois pressupostos e projetos paralelos: a catequese ou o extermínio.[29] Por essa razão, o que pareceu ser um ato isolado, no meio da noite e em pleno isolamento social, mostrou, mediante a arte, como é possível reler patrimônios ditos universais a partir de outras histórias, tramas e interpretações.[30] Contestar nesse caso é "tomar posse", mesmo que provisória e simbolicamente.

Pode parecer que essa é uma história restrita ao passado; o que não é.[31] Um imenso conjunto escultórico foi inaugurado na cidade de Santana do Parnaíba apenas em 2006, sendo que partes desse grande memo-

Denilson Baniwa, *Brasil Terra Indígena*, 2020. Intervenção no *Monumento às bandeiras*.

rial ainda não foram concluídas, ao menos no momento em que redijo este livro. Trata-se de um complexo de monumentos que gira em torno das figuras do bandeirante André Fernandes e sua mãe, a também bandeirante Susana Dias. Além deles, aparecem retratados Anhanguera e o padre jesuíta Guilherme Pompeu, bem como Domingos Jorge Velho, Raposo Tavares e Fernão Dias.

O monumento, criado por Murilo Sá Toledo, é a maior entre as mais de duzentas edificações tombadas na cidade, e hoje reconhecidas como patrimônio cultural e histórico do município. A obra se compõe de dois pórticos e 23 esculturas de bronze, todas retratando personalidades vinculadas ao bandeirismo. Ela tem sessenta metros de comprimento e vinte de largura, e está instalada bem no trevo que permite acesso ao Centro Histórico. A ideia é, portanto, até pela imensidão e grandiosidade, convencer como a cidade seria, mesmo, o centro do bandeirantismo no estado.

Para bem demarcar o objetivo do memorial, uma série de detalhes constituem o conjunto da obra. Lá estão um bandeirante que enfrenta uma onça e representa assim a coragem; macacos, pica-paus e tucanos que aludem aos

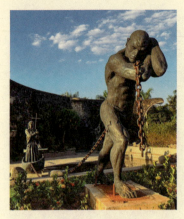

Murilo Sá Toledo, *Monumento aos bandeirantes*, 2006. 60 × 20 m.

animais das florestas; religiosos que abençoam o projeto; indígenas altivos com suas lanças; enquanto um homem negro puxa a canoa que leva os fundadores da cidade. Ele, e de forma isolada.

O ápice seria o próprio nascimento do povo brasileiro, e a afirmação da tese de que a gênese da nação é herdeira da colonização. Nesse caso, porém, um único escravizado, quase sem roupas, parece carregar, além da embarcação, os tripulantes dela. Assim, a condição de trabalhadores escravizados funcionaria não como uma circunstância, mas como um status perverso.

Monumentos e patrimônios públicos

O exemplo das edificações enaltecedoras dos bandeirantes, e sua contestação mais recente, permite retomar a importância e o papel desses monumentos públicos, que dizem respeito a processos de seleção sobre o que se pretende "comemorar", cujos critérios são sobretudo implícitos.[32]

Todavia, nem todo monumento vira obrigatoriamente um "patrimônio". Para que isso aconteça, é preciso que ele conte com o reconhecimento afetivo da comunidade que o acolhe, adota e divulga. Esta, por sua vez, reage a uma série de elementos — não apenas o valor estético-artístico, mas também, e não raro, o seu significado cultural, histórico, político e até sentimental. Entretanto, já faz algum tempo que, na bibliografia especializada, a noção de "patrimônio cultural" começou a contemplar um conjunto muito mais amplo de bens, materiais e intangíveis, acumulados ao longo do tempo, como os arqueológicos, etnográficos, bibliográficos, científicos, aqueles vinculados ao "fazer" e ao "saber fazer", além da discriminação de locais ou parques naturais, que em função de seu ecossistema ou valor histórico passam a ser protegidos.

O termo também ganhou novas especificações. Patrimônios materiais seriam os bens tangíveis, constituídos de esculturas, obras arquitetônicas,

MONUMENTOS E PATRIMÔNIOS PÚBLICOS

155

pinturas, vestígios arqueológicos e demais elementos com valor histórico, artístico e científico, e presença física. Já os patrimônios imateriais corresponderiam aos bens intangíveis, que reuniriam formas de expressão e padrões de comportamento, modos de criar, fazer e viver, incluindo a gastronomia, a religião, os ritos, a música, a dança, as festas, as manifestações literárias, e os conhecimentos artísticos, científicos e técnicos. Por sua vez, pessoas ou grupos que detêm conhecimento e técnica necessários para a produção e preservação de aspectos da assim chamada cultura tradicional, seriam considerados patrimônios vivos; enquanto entre os patrimônios naturais estariam os bens relativos ao meio ambiente: florestas, matas, córregos de água, lagoas, mangues, dunas, serras, e todos os seres vivos, animais e vegetais que habitam nesses ecossistemas.[33]

Trata-se de divisões que não são, muitas vezes, facilmente distinguíveis. De toda maneira, sua explicitação visa fazer do direito à memória uma prática republicana e como tal bem mais plural e diversa. Talvez por isso, a literatura mais recente sobre "patrimônios culturais" seja muito extensa, o que de algum modo representa um movimento paralelo à crescente importância do tema, bem como sua relevância nas políticas públicas e no cotidiano de diversos segmentos sociais. Por sua vez, o conceito de intangível permitiu "patrimonializar" uma vasta gama de itens e até mesmo "pessoas", como evidencia o projeto dos "tesouros humanos vivos", patrocinado pela Unesco, que se destina a proteger e preservar indivíduos que controlam saberes tradicionais.[34]

A partir dos anos 1980, o assunto invadiu também a agenda de diversos movimentos sociais, e, como bem mostra o antropólogo José Reginaldo Gonçalves, muito mobilizados em função das políticas de identidade.[35] Nesse sentido, e de acordo com o historiador François Hartog, eles funcionariam como "sintomas" de nossas experiências *do* e *no* tempo.[36]

A experiência moderna do tempo ocidental, de tornar o passado uma forma de presente, já havia sido observada pelo etnólogo Claude Lévi-Strauss, que numa entrevista de 1983 enfatizou como as sociedades ocidentais passavam por um processo que o estudioso definiu como um "resfriamento do tempo". Segundo ele, essa verdadeira obsessão por patrimônios estaria associada às transformações na própria representação do tempo: "às nossas sociedades, responsáveis por tragédias horríveis ou vitimadas por elas, aterrorizadas pelos efeitos da explosão demográfica, o desemprego, as guerras e outros males, um apego renascente ao patrimônio [...] [daria] a ilusão, como a outras civilizações ameaçadas, de que elas poderiam — de maneira totalmente simbólica, é óbvio — contrariar o curso da história e suspender o tempo".[37]

A ideia de um "tempo suspenso" está, pois, muito colada a esse tipo de monumentos públicos. Eles como que nos forçam a viver no "presente do passado", de um certo passado glorioso e vitorioso, e que se impõe na contemporaneidade a partir, entre outros, desses monumentos cujo concreto é metafórico mas também real. Fazendo um paralelo com uma conhecida frase de Walter Benjamin, para quem não havia documento de civilização que não fosse também um documento de barbárie,[38] talvez não exista processo de patrimonialização sem alguma forma de apagamento.[39] Tais conjuntos escultóricos representariam, assim, maneiras de reconhecimento e de preservação, e, igualmente, efeitos da nossa própria destruição.[40] Afinal, tanto no plano individual como no coletivo, somos, também, o que esquecemos.

Por todo o planeta existem bens materiais e imateriais sendo disputados por diferentes grupos sociais, que os elegem e definem como "seus" patrimônios, a partir da competição que estabelecem entre significados culturais antagônicos e, por vezes, tendo como base longos e consolidados conflitos.

Entretanto, em lugar de promover o urgente debate público, a atitude oficial tem sido a de tomar partido da salvaguarda dos patrimônios, e de sua necessária preservação. Tal sorte de processo é bastante comum no curso da história.[41] Novo mesmo é o inverso. Desde o surgimento do conceito de patrimônios não havia estourado um debate tão amplo, e que pusesse em causa, de forma pública, esse tipo de reconhecimento, e ainda mais: buscasse revertê-lo. Trata-se assim de uma mudança de paradigma: se foi um determinado contexto que criou o conceito, o que estamos vivendo na atualidade é a reversão daquilo que dele resultou.

Patrimônio pandemônio

Segundo definição mais canônica, um monumento é uma obra de arquitetura ou de escultura destinada a transmitir ou a perpetuar para a posteridade a lembrança de um grande vulto ou de um acontecimento, dando a ele uma evidência física.[42]

MONUMENTOS E PATRIMÔNIOS PÚBLICOS

A palavra "monumento" deriva do latim *moneo, monere*, que significa "lembrar", "aconselhar" ou "alertar". Em português, o termo "monumental" é frequentemente usado em referência a algo de tamanho e poder extraordinários. Um monumento existe na forma de um objeto, mas também como seu "duplo": como um símbolo. Sua relevância, não obstante, e como temos analisado, depende da importância que se atribui a ele e das situações históricas e sociais que ele evoca.[43]

No entanto, o próprio ato de "monumentalizar" algo já traz consigo uma essência conservadora — no sentido de conservar mesmo — intrínseca a esse tipo de patrimônio que, de algum modo, pretende apenas manter, e não mudar.[44] E, se monumentos grandiosos sempre existiram, foi entre o final do século XIX e início do XX que as principais cidades europeias e americanas, junto com o processo de modernização e de embelezamento do espaço urbano e público, introduziram vistosos monumentos, invariavelmente em locais estratégicos.[45] Tais obras, contudo, enquanto construções sociais, politicamente concebidas, sempre carregaram seus próprios limites. Afinal, uma contradição central faz parte da estrutura desses patrimônios: da mesma maneira como são feitos para durar, por conta dos materiais sólidos que os constituem, eles se mostram frágeis, já que estão sujeitos a interpretações não só distintas como também, e como temos visto, conflituosas.

Ficaram conhecidos os protestos dos prefeitos de Colônia e Dresden, na Alemanha, contra a estátua erguida em Londres, em 1992, em memória a Sir Arthur "Bomber" Harris, responsável pelos ataques aéreos que, cerca de cinquenta anos antes, destruíram aquelas duas cidades.[46] Na antiga URSS as imagens e bustos de Stálin foram eliminados das cidades, mas ainda podem ser vistos nas estações ou em locais isolados, aliás, sempre acompanhados por flores e outras formas de homenagem. Também se tornou célebre o caso da substituição, em 1792, da estátua de Luís XV em Paris, sendo no seu lugar erigido um monumento dedicado à Liberdade. Em tempos da Revolução Francesa, a própria praça, que levava o nome do monarca francês, foi rebatizada — passando a se chamar Place de La Révolution e, mais tarde, Place de la Concorde.[47]

Em 1876 inaugurou-se o famoso *Monumento da emancipação* (ou *Memorial da emancipação*, ou ainda *Freedman's Memorial*), localizado no Lincoln Park, no Capitol Hill, em Washington. A estátua de bronze foi projetada pelo escultor Thomas Ball, logo após a promulgação do fim da escravidão nos Esta-

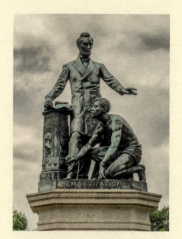

Thomas Ball, *Monumento da emancipação*, 1876. Washington, DC. Bronze.

dos Unidos. Celebra a abolição, destacando-se nela o papel do presidente Abraham Lincoln. Uma réplica do monumento, realizada pelo mesmo artista, também foi erigida na Park Square, em Boston.

Chama muita atenção o contraste entre os dois personagens. No monumento, Lincoln, que foi mandatário do país no contexto da Guerra Civil e da promulgação da lei da abolição de dezembro de 1865, é apresentado com roupas civis, um casacão ajustado lhe marcando a cintura, olhar altivo e a mão esquerda erguida. Já o homem negro, a despeito de liberto, aparece retratado com uma tanga, quase sem roupas, e descalço. Está também literalmente agachado aos pés de Lincoln, como sinal de respeito e de agradecimento pela "dádiva" recebida. Dependendo do ângulo do qual se observe a obra, o mandante parece pousar, paternalisticamente, sua mão sobre a cabeça do rapaz, mostrando, assim, ser autor e "proprietário" do ato. O gesto evoca ainda a ideia de liderança; de direção a seguir. Lincoln apoia a outra mão sobre um documento — a lei de libertação —, num gesto que parece simbolizar seu protagonismo em favor da medida. O monumento corrobora uma interpretação historiográfica conservadora, que não reconhece a participação das pessoas negras em processos que envolviam a conquista de seus direitos. São os dirigentes brancos que se apoderam de ganhos cívicos, aos quais durante muito tempo se opuseram. O suposto era que a concessão da liberdade pertencia aos brancos — e a manutenção dela também.[48]

A popularidade do monumento americano, em seu próprio contexto, animou a criação de várias outras obras, inclusive aqui no Brasil. Prova disso, como aponta a antropóloga e historiadora da arte Lúcia Stumpf, é a escultura representando a princesa Isabel hoje pertencente ao acervo do Museu Mariano Procópio, em Juiz de Fora. Visivelmente inspirada na congênere norte-americana, pretende "deslizar" a liderança de Lincoln para a princesa Isabel.[49]

Entretanto, no caso brasileiro, a escultura estava sendo ultimada quando teve seus trabalhos adiados, por conta da Proclamação da República. Talvez por isso, até hoje não se determina o ano de produção da obra, a despeito de sabermos que ela data de um momento entre o Treze de Maio de 1888 e o Quinze de Novembro de 1889. A escultura traz a regente de pé, e bem à frente de um escravizado, ou ex-escravizado, o qual (a exemplo da obra norte--americana), por sua postura agachada e jogo corporal suplicante, denota dependência e subordinação.

Em função do contraste que os dois personagens presentes na obra estabelecem entre si, fica logo explícita a distância entre suas posições corporais. Isabel surge disposta numa espécie de topo de escadaria, com roupas vistosas de regente, coroa na cabeça, muito altiva e olhando decididamente para a frente. É a própria imagem da estadista visionando o futuro da nação. Já o homem negro a observa, agachado, e de forma a mostrar dependência: ele que se encontra num plano inferior e fisicamente dela apartado. Isabel, como Lincoln, é representada como a "autora" da lei, segurando na mão direita o documento da abolição. Já seu pé direito, que aparece por debaixo de sua longa saia, se projeta para a frente. De um lado, seu direcionamento indica o progresso de uma nação que se livrava do trabalho escravizado. De outro, o fato de usar sapatos, por oposição ao ex-escravizado — que continua descalço —, demonstra como, a despeito da liberdade formal, ainda persistiriam diferenças grandes. Na estatueta a mandatária está mais elevada, por meio de alguns degraus que atribuem ao trabalho um significado novo. Afinal, se Lincoln era um líder republicano, nesse caso trata-se de elevar a memória de uma princesa que, em 1888, sonhava com a liderança de um possível Terceiro Reinado.

Assim, enquanto o presidente americano direciona seu olhar, a depender do ângulo do qual o observamos, sub-repticiamente ao outro figurante, a postura muito ereta e altiva da personagem brasileira lhe confere uma certa santidade e elevação. Aliás, não se pode esquecer, ainda, que a filha de Pedro II era católica praticante e a figuração santificada

Princesa Isabel, [188-]. Bronze.

combinaria com seus credos pessoais.[50] Há outra diferença significativa: na estátua brasileira, o escravizado se acha literalmente atrás da princesa regente: o povo segue, metaforicamente, na retaguarda do movimento.[51]

Apesar da inquestionável inspiração, persistem variações sensíveis entre as duas esculturas. A primeira encontra-se no gênero dos dirigentes e no regime político que representam: uma princesa e um presidente. Outra variação pode ser percebida na distância física entre os figurantes: se ambas as obras naturalizam a hierarquia, no caso da norte-americana os personagens estão no mesmo plano — a despeito de um estar de pé e o outro agachado. Também os olhares se entrecruzam. Por sua vez, no exemplar brasileiro, um degrau separa a regente do homem negro e, se este observa Isabel, ela definitivamente não lhe devolve o olhar. Nada, é claro, altera a interpretação que as duas esculturas carregam consigo: de direito, a liberdade se transforma em "presente" e, como tal, precisa ser retribuída com a própria fidelidade que se expressa fisicamente, com um corpo que se curva diante do outro. Dádiva é, portanto, dívida.[52]

A réplica da obra norte-americana instalada em Boston foi retirada da Park Square no dia 29 de dezembro de 2020, no bojo da pressão do movimento Black Lives Matter. Já a estatueta brasileira, com suas dimensões mais diminutas, continua endereçando uma leitura em que se avulta a lei — a mais popular do Império, mas também a mais curta e conservadora de toda a história do Brasil — como uma forma de benevolência por parte da regente.

Por fim, com essa escultura invertia-se o sentido último da história: procurava-se transformar em triunfo o que foi um ato muito tardio. A partir dos anos 1880, o Brasil era o único país do Ocidente[53] a admitir esse sistema de trabalhos forçados, o tema tornando-se supranacional. Por outro lado, hoje se sabe que aqui a abolição da escravidão resultou de um complexo movimento social, fruto da atuação de diversos setores: negros e brancos; livres, libertos e escravizados; mulheres e homens.[54]

Raimundo Cela, *Abolição dos escravos*, 1938. Óleo sobre tela, 2,22 x 3,90 m.

Importante lembrar que, não por coincidência, ganhava força no país, nesse mesmo contexto, uma sorte de culto a Isabel, que ficou conhecido já na época como isabelismo. A construção da figura pública da regente, em sua associação com a Lei Áurea, é proporcional à representação da "gratidão" que se requeria da população negra diante do ato. Pautando-se na compreensão de que o fim da escravidão era um feito da monarquia, investiu-se pesado numa narrativa civil e religiosa acerca da herdeira presuntiva do trono, que continuou forte, em certos circuitos, até nos primeiros anos da República.

Raimundo Cela, por exemplo, apresenta ainda em 1938 uma obra em claro louvor a Isabel, aqui representada de maneira alegórica. De um lado está toda a sociedade cearense branca, a qual pode ser facilmente reconhecida, numa cena alusiva à abolição da escravidão naquela província, ocorrida em março de 1884, mais de quatro anos antes da emancipação oficial, a partir do trabalho dos jangadeiros que impediram que escravizados fossem levados para trabalhar nas plantações do Rio de Janeiro.

O movimento era popular, mas a centralidade se encontra na figura alegórica feminina branca, postada em cima de uma jangada e numa posição superior aos demais; sobretudo aos escravizados, ou ex-escravizados, que aparecem agachados ou com a cabeça abaixada ou, ainda, agradecendo pela "dádiva recebida".

Nessa mesma direção vale a pena analisar uma imagem retirada da popular *Revista Illustrada*, de Angelo Agostini — caricaturista e desenhista ítalo-brasileiro, entendido como o mais importante artista gráfico do Segundo Reinado.[55] Em julho de 1888, dois meses depois da abolição, a *Revista Illustrada* trazia na capa ex-escravizados fazendo devoção a Isabel, como se ela fosse uma padroeira. Na cena central, uma família composta de mãe, pai e filho, todos bem-vestidos e calçados — denotando que já faziam "gozo" da liberdade "con-

Revista Illustrada, 29 de julho de 1888.

cedida" pelo Império —, vem depositar flores diante do retrato de Isabel. A mãe instrui o filho, e o pai tira o chapéu em sinal de respeito. Chama atenção como mais à direita uma fila de pessoas negras espera o momento de reverenciar a princesa. E, encabeçando essa que parece uma procissão em devoção à regente, uma senhora mais velha e negra, também calçada.

O culto a Isabel ia ganhando outro componente: havia um viés católico que cercava a princesa, a qual, por sua vez, como vimos, era conhecida por ser carola.[56] Ela ia sendo assim apresentada como uma heroína civil e religiosa, filha do "bom" d. Pedro, uma "santa" que fizera o milagre da emancipação e uma mãe dadivosa que cuidava de seus filhos e de seu povo. Era a ideia do protagonismo branco que se inscrevia no corpo cultuado de Isabel, e que conquistava popularidade. Num período de incertezas, receios de reescravização ou de reviravoltas na situação, muitos libertos acreditaram ser melhor ficar com o certo do que apostar no talvez.[57]

A. D. Bressac, *Alegoria à Lei do Ventre Livre*, 1871. Gesso policromado, 175 × 75 × 50 cm.

Esse tipo de imaginário — que subverte a ordem das coisas — já era forte no país, mesmo antes da Lei Áurea. É o caso da escultura de A. D. Bressac, de 1871, comemorativa da Lei do Ventre Livre.

Na obra, um menino quase sem roupas leva orgulhoso uma plaqueta na mão direita e, na outra mão, uma corrente quebrada, símbolo da liberdade. A seus pés, também podem ser vistos grilhões, todos rompidos. O personagem é muito magro, e encontra-se descalço — a representação dos "ingênuos" reforçando a ideia de desamparo.

A Lei do Ventre Livre (conhecida ainda como Lei Rio Branco, porque proposta pelo visconde homônimo) era baseada em medidas semelhantes, promulgadas por países vizinhos latino-americanos, e com mesmo nome, e estabelecia que a partir daquela data filhos de escravizadas seriam livres. Segundo a historiadora Marília Ariza, desde 1871, eliminando-se a doutrina legal do *partus sequitur ventrem* (o princípio de que o filho segue o ventre da mãe), tornavam-se formalmente livres os "ingênuos". "Da, em diante, crianças que até então ficavam de escanteio nas páginas dos registros oficiais passaram a ocupar lugar de destaque na agenda política."[58] Sabe-se, porém, que o proprietário poderia optar por permanecer com os pequenos até os 21 anos, e que foram rasurados os registros de nascimento de crianças filhas de escravizadas nesse mesmo ano de 1871. O certo é que a meninice acabava cedo para crianças escravizadas ou ingênuas, as quais por volta dos doze anos já acompanhavam os mais velhos nos trabalhos nos campos e nas cidades.[59]

Esses monumentos reforçam, pois, ideologias das elites dominantes e do próprio Estado, que pretendiam advogar o lado gradual e controlado da abolição. Tudo muito próximo da máxima de Lampedusa que afirmou que, em situações de crise, algo precisa mudar para que tudo fique como está.[60] Por sinal, na escultura o menino sorri!

A representação desse "ingênuo", termo que também carrega o sentido de "aquele que não entende a realidade", contrasta com as projeções presentes em outro monumento: a estátua em louvor de Joaquim Pereira Marinho, que pode ser vista em frente ao Hospital Santa Izabel, no largo de Nazaré, na capital baiana — cidade e porto onde quase um terço dos africanos trazidos ao Brasil desembarcaram. O homem nela representado, cujas feições se assemelham muito às de Pedro II, fez fortuna com o tráfico de pessoas para cá até depois de 1850, quando a atividade foi definitivamente proibida no país.

Ao lado dele aparecem seus dois filhos. Na comparação com a estátua de 1871, sobressai o excesso de roupas dessas crianças e seus calçados. É a imagem do pai que se depreende no conjunto da obra; o filho e a filha observando o progenitor quase em sinal de devoção. Enquanto os meni-

Estátua do traficante de escravos Joaquim Pereira Marinho em Salvador, Bahia.

nos oferecem flores a Joaquim, ele mesmo segura uma espécie de lei, numa clara operação de rasura da história: a escultura definitivamente oblitera a profissão do homenageado, caracterizando-o, tão só, como um legislador reconhecido. Joaquim Pereira Marinho chegou a receber o título de conde; honraria que ostentava enquanto membro da alta sociedade da Bahia. Obliterou, porém, num movimento semelhante e presente em muitas famílias brasileiras chamadas quatrocentonas, que sua fortuna veio do tráfico de almas. Em 1828 ele aparece caracterizado como marítimo — um funcionário de navios. Dois anos depois, já aparece registrado enquanto proprietário de embarcações que realizavam o trajeto entre a Costa da Mina (onde hoje ficam Benim, Togo e Nigéria) e as regiões nas quais atualmente se localizam Angola e Congo, e o Brasil.

Como mostra a historiadora Ana Lucia Araujo, estima-se que ele tenha trazido cerca de 11 584 homens, mulheres e crianças como escravizados à Bahia, e até 10% deles podem ter morrido durante a travessia. Depois da proibição, Marinho seguiu sequestrando africanos como cativos para as Américas. Em 1858, criou a Companhia União Africana, e, graças aos contatos que tinha em Cuba, onde a compra e venda de escravos ainda eram legais, manteve-se firme na atividade.[61] Chama atenção, portanto, como a sorte dos filhos do traficante não tem nada a ver com o destino das crianças por ele escravizadas.

Se a escultura em homenagem a Joaquim Pereira Marinho continua a salvo, a história dos monumentos associados ao tráfico de almas e à escravidão foi chacoalhada a partir do dia 7 de junho de 2020, quando manifestantes que protestavam contra o racismo jogaram a estátua de Edward Colston no rio Avon, em Bristol. Inaugurada em 1895, a obra homenageia um membro do Parlamento inglês que viveu de 1636 a 1721 e que ganhava a vida como traficante de escravizados. Calcula-se que Colston tenha traficado cerca de 84 mil pessoas entre a África e as Américas, das quais 20 mil morreram no ca-

John Cassidy, *Estátua de Edward Colston*, 1895. Bronze.

minho. No monumento público, ele aparece representado, à semelhança de Joaquim Pereira, como um aristocrata.

Britânicos mas também portugueses, franceses e holandeses foram protagonistas desse comércio entre os séculos XVI e XIX. É certo que a atividade negreira não era considerada ilegal até meados do século XIX, no entanto fazer homenagens como as mencionadas significa investir numa espécie de "apagamento da história" e numa revisão dos papéis efetivamente desempenhados por tais personagens.

O ato de "tirar a casaca" dos traficantes, sempre recobertos por seus títulos de nobreza ou feitos profissionais, virou, porém, um "evento social"[62] de grande repercussão. O movimento de contestação de monumentos públicos ganhou, entre outros locais, as ruas da Escócia, da França, de Portugal, de países latino-americanos e dos Estados Unidos. Neste país inclusive, e bem antes desse barulho todo, o grupo Decolonize This Place já submetia os museus a sério escrutínio, questionando a lógica classificatória dessas instituições, que ainda guardam formas de organização coloniais, passando para o mundo das artes certezas de uma história europeia ultrapassada. Como explica Françoise Vergès: "O museu realizou uma formidável inversão retórica, dissimulando os aspectos conflituosos e criminosos de sua história e apresentando a si mesmo como um depósito do universal, um guardião do patrimônio da humanidade, um espaço para ser cuidado, protegido e preservado de contestações, um espaço com status de santuário, isolado das desordens do mundo".[63]

Diante da movimentação social, os curadores do Museu de História Natural de Nova York, por exemplo, acharam por bem remover a escultura equestre de Theodore Roosevelt instalada bem na sua entrada. Nela, ladeando o presidente, que aparece montado num cavalo, estão um indígena e um africano, os quais, além de se localizarem num plano mais inferior, guardam

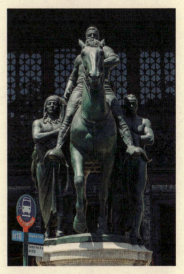

Estátua do presidente Theodore Roosevelt em frente ao Museu de História Natural de Nova York.

uma expressão resignada: enquanto Roosevelt mira à frente, as duas outras figuras mantêm os olhos mais baixos. Isso tudo na entrada principal desse estabelecimento visitado diariamente por milhares de turistas e por estudantes locais.

A questão de fundo talvez seja: quem, ou o quê, a história lembra, e quem, ou o quê, prefere esquecer? Parece bem clara, na própria distinção entre museu de arte e museu de etnografia, que forma de arte vira "patrimônio nacional" e o que fica exposto apenas como um tipo, um exemplar de "outros" povos, devidamente congelados.

Patrimônios guardam imensa eficácia simbólica, pois são capazes de, na base do majestático e pretensamente perene, fixar narrativas. "Monumentam" narrativas. Mesmo assim, não têm escapado ilesos das novas interpretações, que não apagam o conflito, considerando-os, ao contrário, centros de reflexão.

Remodelar e desnudar patrimônios, criar outros, faz parte da linguagem de Flávio Cerqueira, que, com sua obra escultórica, relê o uso do bronze: em vez de referendar divisões canônicas da história da arte, o artista as subverte na escolha dos personagens e temas que esculpe e no material que seleciona.

Um menino negro joga um balde de tinta branca sobre seu corpo. O ato parece aludir ao branqueamento social: o costume brasileiro de representar como brancas pessoas que ascendem socialmente, ou que pretendem partilhar das benesses da sociedade

Flávio Cerqueira, *Amnésia*, 2015. Látex sobre bronze, 129 × 42 × 41 cm.

MONUMENTOS E PATRIMÔNIOS PÚBLICOS

branca.[64] Mas a tinta não fica retida no corpo. Ela escorre, e devolve não só o negrume, mas o orgulho do personagem, que encara o observador.

Essa é assim uma espécie de "contraescultura". Pois ela subverte as estruturas desse tipo de arte. Em lugar de imortalizar figuras da elite, na sua imensa maioria brancas, o bronze no caso é a matéria que dá forma a um menino negro, apresentando outras versões da memória, que agora dão centralidade ao povo negro — não o apagam.

Os patrimônios públicos nacionais estão ainda muito atados a essa lógica do esquecimento, e procuram perpetuá-la na sua materialidade.[65] Por isso, consagrar e contestar são pares binários de uma mesma equação. Aquela que opõe dizer a calar, exaltar a silenciar, virar memória a passar para o esquecimento. Patrimônios sempre foram locais diletos para a apresentação de muita ambiguidade, mas nunca estiveram tão "expostos" como nos dias de hoje.

5 | BRANQUITUDE & NEGRITUDE
Quando luz é sombra e sombra é luz[1]

> *O passado não existe independentemente do presente.*
> *O passado torna-se passado em razão do presente.*
> Michel-Rolph Trouillot

Parágrafo metodológico: lendo imagens pelos detalhes e na contramão[2]

Branquitude é quase um "conceito por omissão", no sentido de que não corresponde a uma autodefinição, tampouco a um termo autoelevatório. Ao contrário, para muitos — sobretudo para aqueles que se opõem a seu uso — a palavra funciona apenas como uma forma de acusação; o que certamente não é. Branquitude corresponde a uma prática que tem sua realidade naturalizada na economia, na política, na sociedade, na saúde e na cultura.

Se desde o contexto colonial sua eficácia simbólica e concreta é incontornável, foi em especial no século xix, e, ainda mais, com a voga de teorias pseudocientíficas raciais e com o imperialismo, que sua presença, ausente enquanto discurso oficial, ganhou bem mais importância e, à sua maneira, visibilidade, como uma representação social, e de grande alcance. Uso o termo "representação", que tem uma longa tradição teórica e filosófica, com o sentido que o historiador da arte W. J. T. Mitchell lhe conferiu: justamente, o "de estar em lugar de e atuar por".[3]

Vamos, pois, neste capítulo, nos concentrar no século xix e inícios do xx, quando o uso de imagens em que convivem pessoas brancas com pessoas negras, de modo pretensamente harmonioso, se multiplicou, ao mesmo tempo que a figuração impositiva das práticas da branquitude adquiriu outra escala e projeção. O predomínio dos grupos de brancos é muitas vezes apresentado, porém, de maneira alusiva e indireta, ganhando um sentido dedutivo. Não por coincidência, também nesse contexto, a representação da branquitude é elevada a um lugar distinto, não apenas reunindo em si os ideais de liberdade e razão como resumindo a noção de beleza.

No mesmo compasso, os museus ocidentais transformam-se em estabelecimentos centrais na lógica das grandes capitais do Ocidente, onde o passado poderia ser acondicionado, como escreve Françoise Vergès, em "arquivos empoeirados e vitrines".[4] Interessante notar os rituais que circundam tais instituições: nelas, a regra pede que se fale baixo, que não se toque em nada, que se evitem discussões acaloradas, que os funcionários envoltos em seus uniformes permaneçam bastante transparentes aos olhos dos demais. Esse é o ideal de um "museu universal", que carrega no seu acervo, e no seu interior, uma certa sacralidade, a despeito de expor, mesmo que involuntariamente, desigualdades estruturais presentes nas sociedades, marcadas por classe, região, gênero e raça.[5]

Muitos deles, sobretudo aqueles que pretendem abarcar em seus recintos a produção mundial, não existiriam sem as práticas de pilhagem, saques ou as aquisições e presentes feitos por conta dos antigos direitos coloniais e depois imperiais — que tomam parte fundamental na composição pregressa dos acervos. Dependem igualmente de doações patrimoniais, que também acabam condicionando a vocação dessas coleções. Museus não são, pois, espaços "neutros"; são filhos do Iluminismo europeu, e trazem um pressuposto interno e básico, de que toda a humanidade tem a mesma origem mas se encontra em momentos diferentes de evolução e progresso.[6]

No entanto, a aura que envolve os grandes museus enciclopédicos ocidentais tem passado, mais recentemente, por grande revisão crítica. Hoje acham-se sob escrutínio os laços que atam práticas sociais a políticas de memória, aferíveis não só em textos escritos — atas, discursos, testamentos, cartas, artigos, compêndios e livros — como também nas obras de arte, nas quais é possível contemplar estéticas e gostos próprios, mas também gestos, indumentárias, expressões e paisagens, além dos patrocínios, comissionamentos e mecenatos.[7]

BRANQUITUDE & NEGRITUDE

Tem ficado evidente, ainda, como a produção artística exposta nas paredes dos museus, e impressa nos livros de história da arte, se centrou por séculos num universo muito masculino, sendo reservado às mulheres, de uma forma geral, apenas o espaço dos nus, das musas tomadas em estado de contemplação, das esposas das elites europeias retratadas no espaço da domesticidade.[8] Seria possível afirmar, também, que movimento semelhante ocorreu com os corpos de pessoas negras que, quando presentes nas obras, encontram-se em geral trabalhando ou em posições subordinadas. São raros os retratos de modelos africanos ou de descendência africana em situações socialmente elevadas.[9]

Este capítulo trata, pois, de obras que construíram, de maneira relacional, lado a lado, imagens da branquitude e da negritude, porém, na maioria das vezes, opostas em termos de prestígio e de ostentação de classe. As possibilidades seriam muitas, e aqui trago apenas alguns casos, que ganham caráter exemplar.

Eles contam, entretanto, com uma série de óbices, já que o estranhamento diante de um documento visual ou de uma obra de arte — um objeto do passado visto com olhos do presente — costuma impor uma "distância", que jamais será totalmente superada, ao menos de forma absoluta. Também sabemos que a descrição textual de um trabalho de arte dificilmente dará conta da realidade que se observa. Palavras sempre diminuem o que a imaginação suscita.

Assim, se existe uma dose de frustração na análise desse tipo de obra, busco encontrar saídas alternativas, privilegiando as formas estéticas, mas também biografias, maneiras de circulação e encomendas que as tornaram possíveis. O objetivo é recuperar elementos advindos da tradição pictórica, sem renunciar ao estudo e problematização dos dados retirados do contexto em que o trabalho se insere e do artista que o realizou.[10] Para tanto, leremos imagens na contramão: realçando detalhes pretensamente desimportantes mas que, de algum modo, acabam sendo centrais nas composições. Paradoxalmente, são justamente esses pequenos elementos, que não raro aparecem de forma reiterada, e em várias obras, que se apresentam como indícios de ambiguidades maiores, e constitutivas das pinturas e fotografias.

Para uma historiadora social da arte, que se depara com uma tela acabada — cujo processo de produção não tem como ser totalmente refeito —, a questão que se coloca, portanto, é como reconciliar imagem e história — não abrir mão da "forma", incluindo a temporalidade da obra.[11] Em seu conhecido ensaio "A arte como sistema cultural", Clifford Geertz explica que uma obra de arte se configura como uma maneira de mediação simbólica no interior das relações sociais. Isto é, para além de suas características estético-formais, ela estabelece um diálogo frutífero com o contexto que a viu nascer.[12] Estudar arte, nos termos do antropólogo, significa explorar uma sensibilidade cuja formação é essencialmente coletiva, ancorada na vida social, trazendo "um modelo específico de pensar para o mundo dos objetos, tornando-o visível".[13]

Contudo, não quero aqui dizer, de maneira alguma, que a arte apenas "reflete" a vida social. Na verdade, ao articular vocabulários de sua época com as inovações e recursos artísticos, muitas vezes as obras produzem o contexto que afirmam somente testemunhar. É por isso que o etnólogo Alfred Gell entende a arte como um sistema de ação cujo fim é mudar o mundo, e não simplesmente codificar proposições simbólicas a respeito do mundo.[14] Nas palavras dele, a arte é um "sistema de ação" que busca transformar a realidade das coisas em vez de se limitar a descrevê-las.[15]

Entender a relação entre arte, política e intervenção significa, assim, explorar o pacto que se estabelece entre um sujeito — seja ele um artista plástico, um fotógrafo, um escultor, um arquiteto — e seu momento social, sempre complexo, múltiplo, contraditório, repleto de histórias e significados que não reproduzem ou pretendem resumir um único ponto de vista.[16] Trabalhos de arte nunca são, portanto, apenas testemunhas de um tempo — aliás, são em geral más testemunhas, pois estão repletas das subjetividades do seu autor. Elas se comportam, dessa maneira, muito mais como produtoras de sentidos.[17]

Imagens também não significam sozinhas. Muitas vezes elas devem mais a outras imagens do que a seu próprio contexto.[18] Por isso, enquanto documentos, estão repletas de convenções visuais que implicam, nos termos de Bruno Latour, pensá-las não apenas como obras isoladas, mas como "cascata de imagens". Ou seja, atentar para a intricada conexão que um trabalho tem com outros, a partir de uma relação complexa de alusões, citações e paródias.[19]

Sem abrir mão de analisar os aspectos formais e estilísticos das iconografias aqui selecionadas, vale a pena dar história a elas. Essa é também uma maneira de retirar tais obras de um certo lugar "intocável", e seus artistas da qualidade de "demiurgos de seu tempo". Conforme afirma Lévi-Strauss, "pretendendo-se solitário, o artista alimenta uma ilusão talvez fecunda, mas o privilégio que se arroga nada tem de real. Quando julga exprimir-se de uma forma espontânea e fazer obra original, está a repetir outros criadores, passados ou presentes, reais ou virtuais. Saiba-se ou não, nunca se caminha sozinho pelas veredas da criação".[20]

No nosso caso, é possível selecionar verdadeiras políticas visuais, produzidas ao longo dos séculos neste universo transatlântico. Como explica o filósofo Mbembe, referindo-se à forma como pessoas negras se sentiam ao serem representadas nessas obras: viam "seus corpos e pensamentos operados a partir de fora", e se viram transformadas em "espectadores de algo que, ao mesmo tempo, era e não era a sua própria existência".[21]

A história do Novo Mundo faz parte de uma "narrativa de deslocamentos",[22] resultado do que o crítico palestino Edward Said definiu como uma geografia e história imaginativa ou figurativa[23] realizada na base de muitas supressões. Uma imposição magnificada das histórias produzidas no Ocidente, cujo sentido aparece não tanto pela afirmação, mas antes por meio de convenções visuais, reiterando imagens da branquitude contrapostas àquelas da negritude.

A branquitude, em tal contexto, aparece não como um retrato em branco e preto, mas sim do branco sobre o preto. Pensando nesses termos, obras de arte são um convite para olharmos pela fresta da janela de uma casa, em que nem sempre fomos convidados a entrar.

Sobre o que falta e o que sobra

Durante o Oitocentos, quando a escravidão ainda era vigente, a presença de pessoas negras nas telas coloniais se tornou um dado não só frequente como incontornável. Se é certo que, antes do século XVIII, africanos já apareciam em obras europeias, a partir do primeiro quartel do Novecentos sua presença se multiplicou.[24] Embora apresentados geralmente em situações subalternas, num usual segundo plano, menos vezes ainda como figurantes principais, o fato é que nessas imagens coloniais eles passaram a se constituir num registro recorrente.

Deu-se, então, uma circulação acelerada de imagens neste que já foi chamado de "mundo atlântico" por John Thorton, ou "Atlântico tricontinental", segundo Farris Thompson, ou, ainda, "Atlântico negro", na famosa expressão de Paul Gilroy.[25] Esse trânsito permitiu também uma troca — mesmo que em condições muito desiguais e adversas — de conhecimentos e saberes, técnicas e filosofias, religiões e cosmologias, mas também de formas de classificação pretensamente científicas, as quais procuraram estabilizar situações que eram resultado da política, da história e da cultura, como se fossem dados da natureza. Esse tipo de representação visual produzida por artistas brancos e para uma clientela igualmente branca posicionou pessoas negras no interior de seus próprios regimes dominantes de interpretação, inscritos nas literaturas de aventura e de viagem, nos romances exóticos, no discurso colonial, no gênero epistolar, no olhar etnográfico e nos regimes pictóricos.

O resultado mais visível é a tentativa de apagamento das populações negras, sobretudo em situações que denotavam resistência ou agência de qualquer tipo.

Mas vamos tratar de um apagamento — literal. Uma pintura do século XIX foi adulterada, e assim permaneceu, durante mais de um século, suprimin-

Atribuído a Jacques Guillaume Lucien Amans, *Bélizaire and the Frey Children*, c. 1837. Óleo sobre tela, 120 × 92,1 cm. Antes e depois de seu restauro.

do a imagem de um menino escravizado. Presente no quadro original, ele foi retirado da obra por um desejo explícito dos herdeiros da família que a comissionou. A tela do artista Jacques Guillaume Lucien Amans, especialista nesse tipo de encomenda acadêmica, foi pintada em cerca de 1837 e intitulada *Bélizaire and the Frey Children*.

Amans nasceu em Maastricht, na época em que a cidade pertencia à França, e foi treinado pela escola de arte acadêmica, sendo especialista em retratos; um dos gêneros mais lucrativos então, uma vez que atendia a uma clientela sedenta por se ver retratada e engrandecida em obras assim. Os retratos a óleo eram muito estimados, pois conferiam com sua técnica e dimensões muitas vezes elevadas uma espécie de perenidade.[26] Prometiam a eternidade advinda da mágica dos pincéis que tinham a capacidade de corrigir o imperfeito, suavizar formas e harmonizar o contraditório.

O sistema das artes francesas consistia não só na formação acadêmica, propriamente dita, como na participação em salões, os quais representavam uma maneira de promoção especial, já que contavam com a chancela da prestigiosa Academia de Belas-Artes da França. Amans tomou parte nos Salões de 1831 a 1837, sem grande proeminência mas também sem que suas obras destoassem do conjunto por lá apresentado.

Contudo, animado pelo sucesso de colegas de turma, como Jean-Joseph Vaudechamp, que fizeram fortunas encontrando patrões no Novo Mundo, Amans resolveu visitar o estado da Louisiana, nos Estados Unidos. Acabou criando raízes ali: casou-se com Azoline Landreaux, a filha de um senhor de açúcar da região, sendo que ele próprio adquiriu, com o tempo, uma propriedade, transformando-se em agricultor e dono de escravizados.[27]

A obra do artista indica dois tipos de familiaridade: com as convenções francesas da arte e com seu novo lar, na Louisiana — estado localizado no sul dos Estados Unidos, e cujo nome rende homenagem ao rei Luís XIV. A França inclusive dominou o território até 1803, quando os EUA o compraram oficialmente. Esse era um lugar, portanto, em que um francês recém-chegado da Europa se sentiria um pouco mais em casa. Era também um estado agrário, e que contava com um sistema escravocrata enraizado; o que explica o tema dos trabalhos de Amans, ao menos enquanto lá morou.[28]

Tal destreza fica evidente na tela *Bélizaire and the Frey Children*. Ela retrata os três filhos de Frederick Frey, rico comerciante de New Orleans, junto com Bélizaire, um adolescente negro de quinze anos que a família agregou quando ele tinha seis anos de idade, junto com sua mãe, Sally. "Agregar" é nesse caso um eufemismo para não deixar clara a condição social de Sally e Bélizaire — mãe e filho foram incorporados à propriedade como escravizados. Além do mais, o termo elide a exploração das crianças negras, que trabalhavam desde muito cedo e nunca faziam exatamente parte da família. Eram "agregadas" a ela.

Essa obra constitui uma amostra bastante rara de inclusão de pessoas escravizadas em telas de estilo naturalista e maneirista — ainda mais em se tratando de um retrato de família. Na França, por exemplo, terra da Revolução e das ideias de liberdade e igualdade, tentava-se ao máximo evitar trazer à tona o fato de que o sistema escravocrata continuava a grassar nas colônias francesas. Aliás, no que concerne a esse regime forçado de trabalhos, a história francesa foi no mínimo ambivalente: abolido apenas em 1794, restaurado em 1802, o sistema só teve um fim definitivo em 1848. Trata-se, portanto, de uma espécie de falseamento colonial — nos termos de Homi Bhabha, uma "mímica colonial".[29]

Já no Novo Mundo, era bem mais comum ver senhores representados junto com seus escravizados. É possível dizer que esses eram, de fato, retratos da realidade. Mas eram também símbolos de prestígio e de prosperidade dos proprietários enriquecidos com a exportação de produtos primários como a cana, o algodão ou o café.

Mas a história da tela de Bélizaire é talvez mais interessante do que ela mesma. Das crianças da família Frey, duas morreram na época em que a pintura foi feita e a outra faleceu poucos anos depois.[30] Ocorre que o quadro foi adulterado na virada do século xx, atendendo a pedido dos próprios Frey. Provavelmente, com o fim da escravidão, não era mais de bom gosto vincular a memória da família ao uso de trabalhos forçados, e de uma maneira tão íntima. Assim sendo, o quadro continuou na posse deles por mais várias décadas, porém sem a figura de Bélizaire — que foi literalmente apagada. Em 1972, uma descendente doou a obra ao Museu de Arte de New Orleans, que a deixou guardada até 2005, quando foi vendida num leilão. Em 2021, a pintura foi adquirida pelo colecionador de arte Jeremy K. Simien, da Louisiana, que encontrou e restaurou o jovem negro à pintura.

Simien também contratou a historiadora Katy Morlas Shannon[31] para rastrear o destino de Bélizaire. Nesse caso, o apagamento literal serve de me-

BRANQUITUDE & NEGRITUDE

táfora para o que ocorre, com imensa frequência, quando se trata de vidas negras, ainda mais sujeitas à escravidão. Pois bem: Bélizaire viveu como escravizado. Foi transferido para uma fazenda de açúcar na Louisiana, a Evergreen Plantation, em 1857; seu registro consta nos livros da propriedade até o ano de 1861. Foi enviado para lutar nas tropas do Sul confederado e sobreviveu à Guerra Civil. O que aconteceu depois não sabemos.

Mesmo assim, ainda que contra a vontade dos herdeiros da família, a história dele continua na tela, onde Bélizaire aparece com o rio Mississippi ao fundo. Os três irmãos acham-se representados no primeiro plano, unidos. Reiterando o estilo de época, o menino à direita está sentado, como mandava a convenção para os homens e herdeiros presumidos. A menina menor traz uma flor nas mãos, e a do meio, um livro. Talvez uma bíblia portátil, como então era hábito, e até "aconselhável" para as mulheres. Bem penteados e arrumados, os três são retratados com seus sapatos em evidência. Os irmãos observam firmemente o artista ou seus pais (ou a todos). Eles seriam os comandatários da pintura, e costumavam ficar sentados diante dos jovens modelos para garantir sua concentração. As roupas, os adereços e a cena que se descortina ao fundo são ícones suficientes para indicar seu pertencimento às elites locais.

O rapaz negro pode ser visto no segundo plano da obra. Ele veste um jaquetão bege, uma camisa de gola branca e não olha para o artista, mas para os três irmãos. Igualmente bem-vestido — devia ser um escravizado doméstico —, é retratado de braços cruzados, meio deslocado na cena, apenas observando os membros da família. Sua imagem se encontra mais apagada, uma vez que o artista joga muita luz nos demais, a fim de que eles ganhem a centralidade. Não há coincidência na fatura da pintura.

Bélizaire representa a própria ambiguidade da situação. De um lado, retratar escravizados tão "bem-apresentados" significava mostrar a opulência e as posses, dos proprietários, junto com outros símbolos de riqueza, como as roupas elegantes dos irmãos e os arredores férteis da plantação. Significava ainda expressar a harmonia e a ordem reinantes. Entretanto, o deslocamento físico de Bélizaire na tela é também real, uma vez que sua pessoa contradita o contexto apresentado como idílico. A felicidade estampada na face dos herdeiros brancos contrasta com a expressão mais nostálgica do escravizado. É na relação entre eles que construímos o sentido presente e oculto da imagem.

Jacques Guillaume Lucien Amans, *Creole in a Red Headdress*, c. 1840. Óleo sobre tela, 73,6 × 60,5 cm.

Os três irmãos e Bélizaire são como a luz que se revela na sombra, e vice-versa.

Essa não seria a única vez que Amans incluiria escravizados em suas telas. Poucos anos depois, em torno de 1840, ele fez o retrato de uma bela jovem com os ombros propositadamente à mostra, seguindo as convenções estéticas de época, bem como o processo de exotização e de erotização que envolvia os corpos das mulheres negras durante o domínio escravista e patriarcal. As intersecções de raça e gênero são evidentes: dois marcadores fortes e que sempre produziram muito prejuízo social.[32]

Não nos é dado saber o nome da modelo, que não consta da legenda do quadro, a qual apenas sublinha um "tipo etnográfico": uma moça "crioula" com seu turbante vermelho. Ela traz o rosto e o braço bem iluminados, de maneira a salientar suas formas, seus lábios e seu olhar. Trata-se de um típico retrato colonial, em que os valores da branquitude, que tornam o "outro" exótico e sedutor, apesar de não se encontrarem explicitamente presentes, lá estão a partir desse estilo acadêmico europeu.[33] O lenço em forma de turbante ajuda a caracterizar a origem e a condição da moça. A ambivalência fica por conta da aliança que a retratada traz na mão esquerda, revelando a condição matrimonial dela, mas também abrindo caminho para a compreensão da sua atitude altiva.

Dentro dessa linguagem visual ambivalente, também os turbantes poderiam ser lidos como símbolos da escravidão e da sujeição, mas, igualmente, como formas de afirmação de "identidades na diferença" — na definição de José Esteban Muñoz.[34] Sendo assim, traços e resíduos criam uma espécie de "desidentificação" dos objetos, fazendo que não sejam lidos segundo o olhar da normatividade, e sim de maneira subversiva.[35] Estes são tomados, pois, como "corpos políticos", já que com seus gestos dissidentes refletem profundas contradições dessas sociedades — por meio de indícios se revelam identidades emergentes e que desafiam as expectativas dos comitentes.

O olhar direto dela, sua firmeza ao encarar o pintor e o observador, denotam, como bem mostra bell hooks, "dissidência", sobretudo porque se trata de uma pessoa que supostamente não apresentaria tal tipo de protagonismo.[36] Interessante comparar esse olhar com o de Bélizaire, o qual, a seu modo, também denuncia o apartamento da situação. Ambos parecem desafiar a calmaria da tela.

Essas são maneiras de politizar imagens da escravidão, inaugurando, nos termos de Tina Campt, novas formas de ver.[37] Um gesto, um ornamento usado com orgulho, uma expressão, uma linguagem corporal, têm a capacidade de inquirir o arquivo colonial.[38] Não por acaso, a obra de Amans lembra o famoso quadro pintado em 1800 por Marie-Guillemine Benoist; uma artista parisiense de 32 anos que retratou uma jovem negra numa pose, considerada na época, provocante. O gesto da moça denota uma atitude, ao mesmo tempo, serena e altiva. Segundo Anne Lafont, a crescente recepção da pintura coaduna-se com novas perspectivas da história da arte, que têm sido muito revolucionadas por leituras decoloniais e afrodiaspóricas. O próprio título do quadro, *Madeleine*, só foi mudado mais recentemente, quando se descobriu a identidade da modelo, e ela se converteu em dona da sua memória.[39]

Madeleine era uma jovem criada da família Benoist, proveniente, muito provavelmente, de Guadalupe, nas Antilhas. A moça traz um turbante branco na cabeça, e a maneira como o excesso de tecido pende para o lado lembra de perto o retrato feito por Amans. Ela não usa aliança, mas há uma argola em sua orelha, num sinal identitário de nação. A modelo também olha de esguelha — a famosa orientação em três-quartos — para os espectadores e tem um dos seios revelados. No entanto, sua postura corporal altiva muda totalmente a percepção que temos dela.

Interessante também atentar para as políticas de acervo das instituições museológicas ocidentais, que, sistematicamente, exibem mais obras feitas por homens e sobre homens.[40] *Madeleine*, que entrou na coleção do Louvre em 1818, só foi exposta pela primeira vez com esse título em 2019.[41] Madeleine teve parte de sua memória res-

Marie-Guillemine Benoist, *Madeleine*, 1800. Óleo sobre tela, 81 × 65 cm.

Chichico Alkmim, *Retrato de família*, c. 1910.

gatada, diferentemente da moça que serviu de modelo para Amans, e mesmo de Bélizaire, já que o modo como terminou sua vida continua apagado nos registros históricos.

Uma sensação semelhante, de surpresa e de estranhamento, diante de uma pessoa propositadamente retirada de um registro visual, pode ser experimentada a partir da análise de uma fotografia cuja integridade só foi recuperada há pouco tempo, com a revelação do filme original. Neste caso, porém, ocorreu um processo oposto: uma menina negra, que não figurava no registro visual, agora faz parte da obra.

A foto, de autoria de Chichico Alkmim, foi apresentada numa exposição realizada no Instituto Moreira Salles, que itinerou entre 2017 e 2019. A mostra versava sobre a obra desse profissional mineiro, proprietário de um ateliê muito concorrido em Diamantina. O trabalho em questão era exibido logo na abertura da mostra, e em grandes dimensões,[42] deixando flagrante a realidade que a proporção elevada do registro denunciava: o que não deveria aparecer, agora virava personagem principal.

Desde a origem da técnica da fotografia seus profissionais prometiam milagres de modo a trapacear com a realidade: branqueavam ou (raras vezes) escureciam os personagens; faziam o dia parecer noite, e vice-versa; criavam um céu estrelado ou cheio de nuvens; e, ainda mais, eram capazes de introduzir ou cortar uma série de elementos e pessoas. Essa era, nos termos de época, a técnica da "trucagem": a capacidade de alterar o que já existia ou de incluir algo que ficara faltando.[43]

Por essas e por outras é que, não poucas vezes, o que julgamos ser o resultado de um registro imediato, ou o testemunho "verdadeiro" de um evento, é antes um processo que admite operações de cortar e colar, de incluir ou fazer desaparecer, nuançar ou elidir. A fotografia tem, pois, grande poder de iludir: produz efeitos que tornam "visíveis" certos elementos e "invisíveis" outros mais. São muitos os exemplos que servem para ilustrar tal tipo de afirmação. Gostaria de me concentrar, porém, nesse trabalho de Chichico Alkmim, que viveu de 1886 a 1978 e manteve um ateliê profissional desde o ano de 1912. São 5500 negativos que transportam o público para um Brasil do período do pós-abolição; um país republicano e sem escravizados legais, que prometeu a inclusão mas entregou também muita exclusão social.

A clientela do fotógrafo parece refletir esse momento em que não só as populações brancas pagavam pelos préstimos do profissional. Em seu acervo estão, em porções bastante equilibradas, a paisagem mineira, cenas das elites brancas ou branqueadas, imagens da sociabilidade local, o cotidiano de uma alfaiataria, a organização das escolas, freiras e padres com roupas esvoaçantes, as ruas da então pacata cidade, e muitos retratos das gentes de Diamantina.

E entre os fregueses de Chichico constam não apenas os proprietários locais ou aqueles mais aquinhoados. O fotógrafo flagra com suas lentes uma população afrodescendente, que lutara e conquistara o direito à liberdade. Por isso, em vez de aparecerem de forma vitimizada, tais clientes posam de maneira orgulhosa e comprometida com as imagens que comissionaram e pretenderam legar a gerações futuras. É de liberdade que esses registros comoventes tratam.

Não há como saber se as roupas que eles ostentam lhes pertenciam, ou se faziam parte das indumentárias oferecidas pelo ateliê de Chichico. Ter vestuários à disposição da clientela era prática comum na época, e não soaria estra-

Chichico Alkmim, *Retratos de estúdio*, c. 1920.

nha uma oferta desse tipo. Chama atenção, ainda, a pouca variação nos panos de fundo. Aliás, um deles parece ser o predileto dos fregueses. Nele, vemos uma escada falsa, uma coluna, flores pintadas e um cortinado elegante. O que também não escapa do conjunto das fotos é a cadeira em estilo império, estrategicamente disposta para que o retratado se apoiasse nela e a foto não saísse tremida. Em algumas ocasiões uma balaustrada evocando o neoclássico servia de apoio para o braço e de segurança ao corpo exposto do cliente.

Os ternos usados pelos modelos parecem, por vezes, justos; as calças um pouco curtas; e os vestidos, engomados demais. Em algumas das imagens, um certo mal-estar quase denuncia a artificialidade das roupas. Em outras tantas, o grupo de fotografados demonstra a dignidade de quem porta suas próprias vestes como se fossem troféus de sua nova condição.

Há fotos em que posam famílias extensas. Há também grupos de moças ou rapazes, todos muito alinhados para a função. Um oficial da polícia, folgadamente sentado e com o quepe bem ajustado à testa, deixa ver suas botas lustrosas. Sua esposa, de pé como manda a convenção, é ladeada pela filha. Um singelo colar de pérolas lhe cai pelo pescoço. Já a menina, de meia branca puxada e sapato boneca também imaculadamente branco, olha para a câmera e mantém o corpo ereto ao lado da mãe: ambas com seus vestidos muito brancos em diálogo com a cor de sua pele.

Um grupo se subdivide em duas fotos diferentes; são todos afrodescendentes. Numa das imagens, os rapazes contracenam com três moças. As expressões

Chichico Alkmim, *Retratos de estúdio* e *Oficial do 3º Batalhão da Polícia Militar e família*, c. 1910.

são em geral contidas. Em outra fotografia, lá estão os mesmos dois moços, agora formando um grupo de quatro. Trocaram de vestimentas e de sapatos, e estão muito sérios dessa vez. Tudo combina com a indumentária rigorosa: jaquetões e sapatos bem engraxados. Já o fundo de foto continua monotonamente igual: o mesmo painel, o vaso com arbusto, a coluna e o cortinado.

Há também fotos tristes e tiradas fora do estúdio. Um oficial e sua esposa posam junto a seu "anjinho"; termo utilizado para designar crianças que morrem ainda muito novas. Ao lado deles aparece desfocada outra criança: quem sabe o filho que vingou.

Chichico Alkmim, *Anjinho*, c. 1910.

A grande maioria das fotos que trazem pessoas negras destaca-se pela plenitude do ambiente. Flores nos cabelos, batom nos lábios, cabelos penteados à moda, vestidos caprichados e sapatos brilhantes; aí está outro mundo do pós-abolição, que vai se apresentando na sua multiplicidade, elegância e felicidade.

Mas gostaria de voltar ao *Retrato de família*. Como ocorre na absoluta maioria das imagens do ateliê de Chichico, o fotógrafo não aparece nos documentos. Podemos imaginar, porém, por conta da autoria das fotos constante na legenda, o profissional por trás da ação central, captando uma família de elite que posa solenemente para o registro.

A organização da foto encena a ideia da família patriarcal e estruturada. O pai, sentado, traz o seu relógio de bolso — um símbolo das elites brasileiras com sua presunção de aristocracia — bem guardado no jaquetão. Apenas a corrente sobressai na indumentária escura e elegante. O homem ostenta, ainda, sapatos à moda, gravata com nó bem-feito, camisa de gola alta, e olha de forma não só direta como confiante para o fotógrafo. Ele é evidentemente o páter-famílias com toda a centralidade que pretende ter. Será também aquele que encomendou a foto, pagando para ser imortalizado ao lado "dos seus": a mulher e os dois filhos.

A esposa, que surge ereta, elegante e em pé, apoia o braço no espaldar da cadeira onde está sentado o marido — também seguindo padrões de época. Ela traz o cabelo preso, e uma pequena mecha lhe cai na frente da testa. A roupa lhe cobre basicamente o corpo todo; o observador mais voyeur só pode vislumbrar parte de seu braço e o pescoço, num traje que condiz com a situação dela: mulher casada e mãe de família. Sua expressão é séria, como a do marido.

No colo do chefe de família está a filha, com cara de choro, pois deve ter dado trabalho na hora da foto. Tanto que a mão esquerda do pai parece estar tensa, uma vez que ele precisava conter a menina para que o registro não saísse borrado. Muito pequena, ela já aparece com seus sapatos destacados.

Diante da mãe, encontra-se o garoto. Com suas calças curtas e brancas (contrastando com os sapatos e as meias pretas), ele não deve ter achado graça alguma na atividade. Tanto que leva a mão à testa, claramente contrariado. Aqui os pares estão trocados: pai com filha, mãe com filho. De toda maneira, a partir de suas roupas bem talhadas, os quatro correspondem à imagem da nova família burguesa e urbana, bem enquadrada na foto do ateliê do artista.

Nesse caso, porém, o tempo tratou de pregar uma peça na obra, tornando visíveis as marcas do processo fotográfico. O painel, que deveria preencher todo o fundo da foto, acabou registrado em sua inteireza. É provável que, na hora de entregar a foto para seu cliente, o profissional tenha recortado com cuidado o documento, deixando em evidência exclusivamente a família com seus quatro integrantes — como determinava a encomenda. Todavia, durante todo esse período, o registro na sua inteireza foi conservado nos arquivos de Chichico. Nele, o cenário de fundo é mantido ereto graças a duas figurantes anônimas, ao menos em tal cena, e que não "faziam parte" da concepção original do retrato.

A esposa do fotógrafo — Maria Josefina Neto Alkmim, a Miquita —, conhecida como seu braço direito no ateliê, é quem sustenta um dos lados do painel. Ampliando a foto, pode-se notar que traz uma aliança no dedo anular da mão esquerda; a mesma que segura a mão de uma criança (quem sabe a filha ou o filho do casal), de cujo corpo só vemos uma parte.

Na outra extremidade, cumpre a mesma função — manter o painel rígido para que ele apareça como uma paisagem aprazível logo atrás da família —

BRANQUITUDE & NEGRITUDE

uma menina negra descalça e um pouco descabelada. Sua imagem é muito distinta dos demais retratos de pessoas negras que passaram pelo ateliê de Chichico. O vestido que ela usa é também branco, contudo se encontra sujo e manchado. Tratava-se evidentemente de um traje de trabalho. Além do mais, chama atenção seu olhar evasivo.

Tudo nela destoa de outros figurantes afrodescendentes, imortalizados pelo fotógrafo com roupas refinadas, cabelos caprichados e sapato à moda. O que mais choca, porém, é a comparação com os filhos do casal retratado. A garota provavelmente trabalhava, como agregada, no ateliê ou até na casa da família. Como vimos, em plena República, crianças viviam na moradia de seus patrões, acompanhavam o cotidiano deles, mas sem contar com os mesmos direitos.

A imagem também mostra a convivência entre diferentes realidades que definem a noção de infância na época. No centro vemos crianças burguesas protegidas por sua família e representadas como tal. Na extremidade esquerda, uma menina que revela como a realidade do pós-abolição não diferia muito daquela em que as garotas negras eram ainda escravizadas. Continuavam a trabalhar desde a tenra infância, e os critérios de idade definitivamente não eram os mesmos que os aplicados às crianças brancas.[44]

A capacidade e as qualidades técnicas da fotografia de Chichico Alkmim são inegáveis. Também não é o caso de "julgar" uma suposta moral do registro. Gostaria apenas de tomar partido do "acaso". Nem sempre o fotógrafo controla a produção e a memória de seu ateliê; isso, se mantiver todos os filmes em seus arquivos. Neste caso, o inesperado fez uma surpresa.

Não se trata de coincidência o fato de a esposa do fotógrafo e a menina afrodescendente estarem de alguma maneira escondidas na foto. "Esposas", mesmo que trabalhadoras e companheiras como Miquita, em geral não ganhavam crédito nas fotografias — o que seria normal —, mas ela tampouco tem seu nome associado ao ateliê profissional. É por isso que essa foto devolve, simbolicamente, seu lugar social. Por outro lado, se àquela altura a escravidão legal havia sido abolida fazia ao menos duas décadas, continuava absolutamente naturalizado um Brasil que tratava garotos e garotas "da casa", os assim chamados "moleques", em sua imensa maioria crianças negras, como trabalhadores comuns, sem nenhum direito a educação ou proteção.[45]

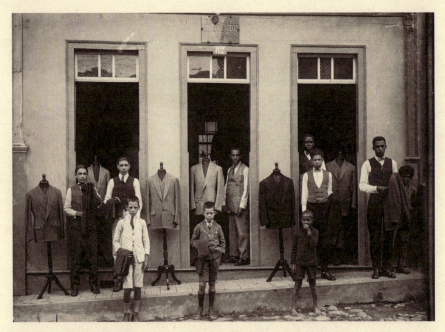

Chichico Alkmim, *Alfaiataria Americana, de João Antônio Ribeiro*, c. 1920.

Mas essa não é uma exceção. Pode-se verificar como o mesmo acontece em outras fotos do profissional, feitas em ambiente externo. Na rua, a diferença entre as crianças que usam sapatos e aquelas que não os usam é reveladora de como a desigualdade se inscrevia por meio dos detalhes.[46]

A memória anda sempre às turras com a história, ou apronta com ela. Traz para o primeiro plano o que nasceu para figurar escondido. Um escandaloso segundo plano.

Detalhes de *Alfaiataria Americana, de João Antônio Ribeiro*.

BRANQUITUDE & NEGRITUDE

A branquitude se define por oposição à negritude

Essa espécie de "espetáculo da branquitude" ganha ainda mais projeção não apenas quando elide a negritude, mas também quando explora a relação desigual que se estabelece entre uma e outra. Afinal, não há relação sem dois lados.

Não foram poucas as fotografias que, ao figurarem o luxo da sociedade branca, apresentaram, nos cantos ou em posições menos centrais, o trabalho escravizado. Chama atenção esse documento da página seguinte, tomado na varanda de uma casa-grande: termo que logo se associou à arquitetura colonial — primeiro da cultura da cana-de-açúcar e depois da de café —, onde os espaços sociais e da labuta se achavam bem delimitados. Existia, porém, um lugar liminar, digamos assim, entre a sala e a senzala: eram as varandas. Situadas bem na fachada externa dos casarões, nessas áreas conviviam grupos distintos. Elas eram como que os cartões de visita.

Em geral suntuosas, viraram lugar de espetáculo para os profissionais das lentes. Nessa imagem de Revert Henrique Klumb, conhecido por sua técnica e por ser professor da princesa Isabel, destacam-se marcadores de gênero, raça e classe. No centro está o chefe de família, que encara o fotógrafo. A seu lado estão as duas filhas e a esposa, que se vestem de branco. Como mostra Ann Laura Stoler, essa era a cor das roupas das senhoras, como se assim lembrassem a pureza, contrastada com as vestes mais escuras das escravizadas.[47] Duas mulheres negras encontram-se no segundo plano da foto; deslocadas como convém à sua posição social.

Também na pintura, esse tipo de relação polar e opositiva, entre senhores e escravizados, fez sucesso. Vamos então explorar as relações entre o barão do Rio Preto e o pintor francês Jean Jules Le Chevrel; artista que fez sua formação na Escola de Belas-Artes de Paris entre 1840 e 1845 mas que se mudou para o Império brasileiro de Pedro II em busca de nova clientela. Essa era uma rota, como temos visto, se não fácil ao menos conhecida. O país era governado por um monarca de origem europeia e aparentado com o antigo rei da França, e contava com uma burguesia agrária enriquecida pelo café e ávida por se beneficiar daqueles que eram, na época, emblemas vistosos da cultura da Europa. Com efeito, naquele momento as artes francesas representavam um modelo dos mais prestigiosos de produção artísti-

Revert Henrique Klumb, *Escrava com sua senhora na varanda*, c. 1860.

ca, e seus pintores e escultores eram entendidos como o suprassumo dessa atividade cultural.

Chevrel decide viajar então para o Rio de Janeiro, e passa a se introduzir no ambiente das artes locais, participando de várias edições das Exposições Gerais de Belas Artes, realizadas pela Academia Imperial de Belas Artes (Aiba), e recebendo prêmios da instituição, como a disputada medalha de ouro de 1847.

E sua ascensão foi rápida: em 1850, é homenageado com o título de Cavaleiro da Imperial Ordem da Rosa; em 1864, é contratado no lugar do pintor Pedro Américo na cadeira de Desenho na Aiba; e, em 1868, substitui Victor Meirelles, que atuava na área de pintura histórica na mesma instituição. Por sinal, esses dois artistas eram considerados os "queridinhos" do imperador Pedro II, e os grandes beneficiários do seu mecenato.

A despeito de sua atuação como professor de desenho e de pintura histórica, Chevrel se dedica, como forma de sobrevivência, ao retrato — como vimos, um gênero muito bem remunerado no período. Na produção do artista, destacam-se os retratos de d. Pedro II (*c.* 1862) e de Domingos Custódio Guimarães Filho (1860).

No célebre retrato de Pedro II, o pintor se esmera na caracterização do ambiente que rodeia o imperador. Nessa tela de grandes proporções e de corpo inteiro, podemos apreciar o soberano com trajes majestáticos, vestindo sua famosa murça de penas de tucano. Usando da técnica e da formação que trazia da França, Chevrel coloca no pano de fundo uma mesa onde se encontra pousada a coroa, o cetro com a forma da serpe — símbolo dos Bragança mas que foi conservado pela monarquia brasileira — e uma imensa sombra que evoca o trono com sua tonalidade verde dos Habsburgo.

Jules Le Chevrel, *Imperador d. Pedro II do Brasil em trajes majestáticos*, 1862. Óleo sobre tela, 254 × 152 cm.

O artista faz, assim, uma espécie de citação da tradição europeia da pintura de retratos, que costumava privilegiar figuras políticas proeminentes. Neles, abundam atributos do poder, representados a partir da projeção dos símbolos da realeza. Além do mais, o francês joga luz por sobre a vestimenta do monarca, na qual se destacam as referências às folhas do café.

D. Pedro II é apresentado ainda jovem, com sua barba enfatizada pelo artista, bem como suas pernas longas; Chevrel também explora toda a variedade de texturas e a riqueza dos ornamentos dos tecidos. O imperador parece voltar os olhos para o observador — como se cuidasse dos seus súditos — a despeito de manter um ar pensativo e até filosófico, que combinava com a representação que cultivava, dentro e fora do país: a de um "monarca cidadão".[48] Muito bem comissionado, Chevrel devolvia a encomenda elevando a figura do modelo, como um soberano europeu vivendo nos trópicos. Ele encarnaria a própria representação do futuro da nação, ainda pouco conhecida pelos pares do pintor.

No retrato de Domingos Custódio Guimarães Filho, Chevrel apresenta o futuro barão do Rio Preto elegantemente vestido. A ambientação é bem convencional, trazendo elementos comuns aos retratos acadêmicos. Entretanto, em função da pose do modelo, do seu rosto jovial, e ainda mais se levarmos

Jules Le Chevrel, *Retrato de Domingos Custódio Guimarães Filho*, 1860. Óleo sobre tela, 115 × 89 cm.

em conta o brinquedo estrategicamente incluído na meia coluna onde está apoiado o vaso com flores, fica evidente a pouca idade de Domingos na ocasião do retrato — o que era bastante incomum nesse gênero.

Trata-se, porém, de uma pintura bem realizada. A luz que incide de forma diagonal, muito utilizada pelo artista, faz com que o personagem ganhe a atenção no primeiro plano, enquanto a vegetação dos trópicos domina o ambiente de fundo. Chevrel usa uma paleta restrita, na qual predominam variações de ocre e bege contrastadas com o verde da vegetação.[49] Domingos também traz um chapéu nas mãos, quem sabe para destacar suas vestes à europeia mas com um leve toque tropical.

Interessante pensar que o pintor retrataria o pai desse mesmo personagem, anos depois. Grande proprietário e dono do título de barão do Rio Preto, Domingos Custódio pai herdara da família uma empresa de abastecimento de carne e, a partir de 1830, se dedicara ao plantio de cana na região do Vale do Rio Preto, no Rio de Janeiro. Dono de uma imensa fazenda, ele chegou a comendador da Imperial Ordem da Rosa, galgando quase todos os degraus da recente aristocracia agrária brasileira. Foi também vereador em Valença, na Bahia, exercendo dois mandatos consecutivos, entre 1861 e 1868, e concentrou na sua figura uma série de títulos que lhe garantiam não só privilégios como reconhecimento durante o Segundo Reinado.[50]

No brasão, Domingos dispôs, além da coroa de visconde, imagens que aludiam a uma nobreza europeia, como o leão rampante, em diálogo com as comendas brasileiras. Essa era uma nobreza inventada, com a prerrogativa de titulação cabendo ao imperador. Devia-se pagar à Coroa a "honra" recebida, e os valores aumentavam conforme a titulação; o que no caso do visconde significava arcar com uma despesa de monta. Portanto, assim que pôde, ele aplicou os símbolos de sua nova condição social em todos os lugares: nos pratos, nos talheres, nas paredes, nos portões da fazenda, no cabeçalho de seus documentos.[51] Essa foi uma maneira dileta que a nova aristocracia brasileira criou de dar um lustro antigo ao que fazia parte da lógica recente.

Por isso mesmo, ter um retrato equestre pintado por um artista francês como Chevrel podia afagar a vaidade do visconde. Esse gênero de pintura, muito estimado por monarcas, generais, dirigentes e nobres europeus, sugeria o alto status do homenageado, uma vez que o vinculava a um passado mítico e à imagem da cavalaria medieval.

Estátuas equestres já eram frequentes na Antiguidade romana. Feitas em material durável, evocavam a valentia e as conquistas das pessoas retratadas — em sua quase totalidade homens.[52] Por essa razão, o gênero era também associado à virilidade, representando a potência masculina ao domar "a fera" — no caso um cavalo branco, ou por vezes outros animais.[53]

A obra em questão leva o título de *Retrato equestre do visconde do Rio Preto acompanhado de seu pajem*. Nela, o visconde aparece em cima de um fogoso cavalo branco, em pleno galope. A figura altiva usa botas pretas brilhantes, calças de montaria muito brancas, jaquetão e colete bege sobre uma camisa igualmente branca, e uma aristocrática gravata-borboleta cinza. O chapéu também bege completa seu traje. A imagem do cavaleiro, sua expressão bem delineada e séria, e a paisagem que não parece tropical aludem a um cavaleiro e a uma nobreza europeia. A propriedade ao fundo é ainda símbolo de riqueza do representado, e vincula o personagem principal às suas posses. Com uma expressão segura, ele observa o pintor e, assim, a nós que avaliamos a tela. Tudo aparenta estar em perfeita ordem.

Uma espécie de desmentido surge, porém, no plano mais baixo. Um rapaz negro acompanha a pé o trote veloz do cavalo. Nada mais distante da aristocracia europeia do que esse jovem trabalhador negro, vestido como pajem mas que,

Brasão de Domingos Custódio Guimarães, barão e visconde do Rio Preto, 1869.

Atribuído a Jules Le Chevrel, *Retrato equestre do visconde do Rio Preto acompanhado de seu pajem*, c. 1855. Óleo sobre tela, 48 × 37 cm.

diferentemente do seu patrão, não apresenta os traços do rosto bem resolvidos — olhos, boca e nariz. A representação ressoa, física e metaforicamente, a subalternidade. Ele traja um terninho azul e uma camisa branca, que parece um pouco suja. E leva o chapéu na mão direita, talvez indicando o esforço da corrida, ou o respeito que era requerido em tais situações. O rapaz e o cavalo ocupam a parte inferior da tela; são "bens semoventes", conforme apareciam nos testamentos de época, que naturalizavam a desigualdade.

Nessa obra, a importância de um personagem se define a partir da inferioridade do outro. O mecenas e retratado do quadro é branco, assim como o artista que o pinta. O título também alude à ideia de propriedade: lá estão o visconde e "seu" pajem. Estamos diante, pois, de um discurso visual dos valores da branquitude. Esses são, ao menos no quadro, termos inseparáveis de uma mesma equação social. Enquanto nós sabemos o nome do nobre e divisamos sua expressão, não temos noção da identidade do rapaz, que havia de ser um escravizado. A posição dos dois sujeitos da tela explora inequivocamente a posição social de cada um. O visconde doma o seu cavalo e seu pajem, e ambos respondem com passividade à superioridade moral dele.

Essa mesma situação "domesticada" — "domesticar" com o sentido figurado de época que indica a ação de tornar educado para o convívio social — parece estar presente em duas aquarelas hoje muito conhecidas de autoria do francês Jean-Baptiste Debret, cuja biografia já tivemos oportunidade de explorar.[54] Como vimos, o artista legou centenas de imagens do Brasil, sendo que em boa parte delas a escravidão aparece retratada com as ambiguidades constitutivas desse sistema e intrínsecas a ele.

Originalmente dividido em três partes, o livro que as contém foi publicado apenas entre 1834 e 1839 — quando Debret já estava de volta a seu país — e com o título de *Voyage pittoresque et historique au Brésil, ou Séjour d'un artiste français au Brésil, depuis 1816 jusqu'en 1831 inclusivement, époque de l'avènement et de l'abdication de S. M. D. Pedro 1er fondateur de l'Empire brésilien*. É certo que com a obra o artista ganhou o direito a entrar na Academia de Belas-Artes da França. No entanto, no seu próprio contexto, não se pode dizer que o título tenha feito muito sucesso ou alcançado uma grande difusão.

Foi em especial a partir dos anos 1930 que as aquarelas começaram a ser crescentemente reproduzidas em revistas, jornais, livros e todo tipo de material alusivo à escravidão, virando uma espécie de "retrato fiel" do Brasil desse período. A violência passava desapercebida a quem queria ver nelas apenas um espelho exótico de um tempo distante — e que definitivamente se fora.

Mas, se é possível recuperar aspectos do cotidiano do período joanino e do Primeiro Reinado a partir de detalhes que se encontram nas obras do artista francês, em seu conjunto elas respondiam a uma perspectiva moral algumas vezes muito mais idealizada do que real. Aliás, ser "verista" não era uma preocupação central nas pinturas acadêmicas, que deveriam guardar sobretudo um aspecto normativo, didático e elevatório. Tanto que no trabalho de Debret sobressai uma tentativa de apaziguamento, mesmo que de forma subjetiva. Duas aquarelas do artista, a despeito de aparecerem regularmente numa série de mídias, trazem cenas fortes acerca das contradições presentes no regime escravocrata.

Na primeira delas, chamada de maneira pretensamente naïve de *Um jantar brasileiro*, naturalizam-se as relações desiguais criadas pelo sistema escravocrata — a intenção do artista é antes descrever uma cena que seria tão "corriqueira" como pacífica. Na imagem a atenção do observador é levada para uma refeição farta, com os patrões sentados à mesa. No entanto, basta apurar o olhar para ver três cenas acontecendo de modo concomitante. Na central, estão o senhor e a senhora; ao passo que ele come concentrado e alheio ao que ocorre à sua volta, ela entrega "sobras" da sua refeição. Ambos estão muito bem-vestidos, e usam chinelos no interior protegido de sua casa.

Na parte de cima da aquarela, três escravizados domésticos estão representados enquanto serviçais. Os dois homens apenas observam a cena de braços cruzados, com expressões que parecem denotar contrariedade. É como se aguardassem a refeição acabar.

A mucama à esquerda, com o colo à mostra, evidenciando a erotização de seu corpo, bastante adornada (a despeito do vestido simples e dos pés descalços), abana a mesa dos senhores. Ela olha para baixo, como se não estivesse autorizada a observar a cena. O mundo de fato se divide em dois: os que servem e os que são servidos.

Jean-Baptiste Debret, *Um jantar brasileiro*, 1827. Aquarela sobre papel, 15,9 × 21,9 cm.

Não, na verdade se divide em três. Impressiona ainda mais o que se desenrola na parte inferior da obra. Duas crianças negras — uma de pé e outra sentada — são alimentadas pela senhora como se fossem animais de estimação. O próprio Debret, no texto que escreveu para acompanhar a aquarela, fala em "cachorrinhos", o que não deixa margem de dúvida para outras interpretações.[55] A ambivalência fica por conta da mensagem explícita e ao mesmo tempo implícita presente em tal texto: essa é a "boa patroa", explica Debret, que lhes dá de comer. São, porém, os "restos" que ela serve como ação de benemerência.

Chama atenção também o contraste entre a maneira como o artista delineia a expressão e os contornos do rosto das pessoas brancas, deixando a indefinição como marca nos demais casos. Há aqui uma relação que se evidencia ainda mais a partir do contraste. O que pertence a um grupo social é o que não faz parte do outro.

Se esse fosse um exemplo único, poderíamos deixá-lo apenas na esfera do acaso. No entanto, outras aquarelas confirmam a tentativa de edulcorar situações abjetas que aparecem de forma rotineira na obra de Debret. Na que apresentamos abaixo, cujo título mais uma vez suaviza e "domestica" a conjuntura violenta — *Uma senhora brasileira em seu lar* —, vemos uma cena que, ao primeiro olhar, parece ordeira e pacata. Ao centro, uma mãe branca a costurar se dedica a ensinar sua filha, que lê uma cartilha. Vale apreciar o fato de mulheres serem representadas fazendo uso do letramento e não apenas em situações de domesticidade.

O problema se encontra no conjunto da obra, e é do contexto mais amplo que se retira o significado. O que fazem as pessoas negras? Um homem à direita, descalço, irá servir as mulheres brancas. Com o olhar fixo na senhora, ele devolve a submissão necessária num regime de trabalhos forçados como aquele.

No chão estão duas escravizadas. Uma delas, bem-vestida e com as costas desnudas — delineando a bela figura —, borda compenetrada. No lado oposto, e com os seios à mos-

Jean-Baptiste Debret, *Uma senhora brasileira em seu lar*, 1823. Litografia aquarelada, 16 × 22 cm.

BRANQUITUDE & NEGRITUDE

tra, a outra mulher parece também bordar um tecido: essa é a atividade que parece caber às senhoras, dentro da intimidade do lar e no espaço da domesticidade.[56] E, mais uma vez, bem ao centro, duas crianças negras, uma nua, outra seminua, observam a cena, numa posição semelhante àquela em que aparecem os bebês negros na aquarela apresentada anteriormente: ao rés do chão. Na reiteração há sempre enredo e intenção.

Outros dois detalhes significativos. No lado esquerdo, sobre o sofá, um macaco — um mico-leão — acorrentado (segundo o artista) observa a cena, marcando com sua presença a exoticidade dos trópicos e, quem sabe, a comparação entre esse animal e os serviçais negros. Atrás do sofá, um chicote todo feito de couro desponta do até então "inocente" cesto de roupas, que está lá, teoricamente, apenas para caracterizar a atividade feminina de bordar. O que denota o chicote numa situação pretensamente tão pacífica? A "necessária" repressão num regime compulsório como aquele e a violência explícita e implícita a ele. Até mesmo num universo feminino e dentro do lar.

Mais uma vez, não é o caso de condenar a posição particular de Debret sobre o tema, que já foi, inclusive, exaustivamente debatido na academia e fora dela.[57] Vale mais refletir sobre a imensa presença que a obra desse pintor conquistou no Brasil e no exterior, e acerca do uso despolitizado que durante tanto tempo se fez dessas que são imagens coloniais e por certo violentas. Elas foram continuamente entendidas, ademais, como registros do que "de fato" existia. Não quero com isso afirmar que essas imagens sejam mentirosas. Ao contrário, diante da falta absoluta de documentos visuais sobre o cotidiano da escravidão, elas ganharam uma importância merecida em função do que efetivamente testemunham. Meu comentário se dirige muito mais à recepção crítica tardia da obra, que se manteve imune ao lado perverso de tais representações. Esse tipo de reação, aliás, diz muito a respeito da maneira como a escravidão foi ao longo de tanto tempo naturalizada no Brasil.

No nosso caso, a própria identidade nacional, sobretudo a partir dos anos 1930, se deu às custas de um rebaixamento da escravidão, quando se difundiu a imagem oficial de que por aqui teria existido uma escravidão "benéfica", e mais positiva, como se um sistema que supõe a posse de uma pessoa por outra tivesse chance de ser bom.[58]

Mas, se essas imagens ainda povoam nosso imaginário, existe toda uma produção artística mais contemporânea, em especial de autoria de artistas

Gê Viana, *Sentem para jantar* (da série *Atualização traumática de Debret*), 2021. Impressão em jato de tinta com pigmento natural de colagem digital sobre papel Hahnemühle, Photo Rag® 308 g/m²; 29,7 × 42 cm.

negros e negras, que vem furando a névoa da naturalização e o mito da escravidão pacífica. Partindo da ideia de que Debret pautou imageticamente o período colonial brasileiro, e investindo numa contraleitura das obras do artista francês, Gê Viana inverte padrões e valores nelas presentes. E, assim fazendo, força muitos a ver o que não querem enxergar.

No lugar da aristocracia branca perfilada no centro da obra, são os ex-serviçais — agora plenos e donos de si — que jantam descontraidamente. Por sinal, também os garotos negros estão bem inseridos na cena, e partilham o ambiente com os comensais. Um desses meninos, de short e sandálias, à moda, brinca com um celular, e traz símbolos de sua ancestralidade num dos braços e no colar que usa. Agora é um cão que aparece debaixo da mesa, fazendo o papel metonímico e real do animal doméstico.

Gê também povoa a casa com objetos íntimos a esses comensais, entre eles a foto de uma mulher negra, com seu turbante bem evidenciado. O registro em questão é de autoria de Alberto Henschel, mas poderia ter sido feito por outro, fotógrafos do século XIX. Essa espécie de registro não costumava trazer o nome ou a identidade das mulheres africanas retratadas; elas eram descritas apenas como "tipos". No caso da pintura da artista, porém, e colocada nesse novo contexto, a mulher fotografada vira o retrato de uma ancestral, e ganha assim outra memória possível. A lembrança de um passado que lhe foi durante tanto tempo denegado. Já seu turbante não lembra mais a pura exoticidade, antes referindo-se à autoestima de quem recorda e vive da sua história.

Trata-se, aliás, de novas formas de reler as obras europeias: a partir de uma perspectiva decolonial, que não apenas restitui vidas como as de Bélizaire ou de pessoas negras antes fadadas a permanecer no apagamento produzido pelos trabalhos de artistas ocidentais. Essas figuras são agora convertidas em exemplos de "corpos sobreviventes".

Segundo Saidiya Hartman, o caráter anônimo de tais personagens também lhes permite agir como pessoas que ficam para contar suas próprias histórias, no lugar de tantas outras figuras negras que simplesmente desapareceram das fontes. Essas são histórias que, vistas em conjunto, escapam do apagamento,[59] num processo que a estudiosa chama de "fabulação crítica" — quando a falta de imagens, de referências e nomes é invertida de maneira criativa e até mesmo crível, para representar muitas outras testemunhas. Essas são histórias alternativas; formas de dar à morte uma nova vida.[60]

Como argumenta o crítico argentino Walter Mignolo, não se trata de buscar "modernidades alternativas, mas alternativas para a modernidade".[61] Estou me referindo a uma modernidade que não esconde a escravidão. Um novo e alternativo movimento da memória reivindica assim a reconstrução visual de uma unidade subjacente aos povos negros que a colonização e a escravidão dispersaram com a diáspora africana. Essa atitude implicaria uma reunificação do próprio imaginário, por tanto tempo cindido.

Branquitude e negritude são dessa forma, como temos visto, representações sociais que se definem por contraste. E, se a negritude já virou uma atitude política de contestação e de dissidência — um ato de afirmação identitária —, o conceito de branquitude ainda se pauta pela negação, e pela não racialização de seus elementos. Por isso, na sua representação ela permanece dividida entre uma extrema visibilidade e uma incômoda mas confortável invisibilidade. Ou seja, uma visibilidade tão interiorizada que não precisa nem ao menos ser nomeada. Ela é porque assim existe. Mas pode deixar de ser.

6 | OS FANTASMAS DAS AMAS NEGRAS
Intimidade como forma de agressão

Para uma mulher que era escrava, amar alguma
coisa tanto assim era perigoso, principalmente se era a
própria filha que ela havia resolvido amar.
A melhor coisa, ela sabia, era amar só um pouquinho;
tudo, só um pouquinho, de forma que quando
se rompesse, ou se fosse jogado no saco, bem, talvez
sobrasse um pouquinho para a próxima vez.

Toni Morrison, *Amada*

Durante o século XIX, e sobretudo a partir de meados do Oitocentos, a fotografia se expandiu e popularizou de tal forma que acabou se convertendo num ícone da modernidade — representava a quimera da captura fiel da realidade, da multiplicação das imagens, e do controle do tempo de maneira rápida e eficiente.[1] Não sem motivos, a técnica se converteria, também, em símbolo de status das famílias mais abonadas, as quais passariam a frequentar os ateliês, cada vez mais luxuosos, que prometiam a certeza de um resultado à altura da projeção social de seus clientes.

Mas, se a fotografia serviu às elites brasileiras, a técnica alcançou também outro grupo, flagrado com menos frequência em outros países: pessoas escravizadas a quem não era conferido o arbítrio de decidir se queriam ou não ser incluídas nessas representações. Tal especificidade se deve, de um lado, ao fato de o Brasil ter sido o último país a abolir a escravidão mercantil — depois dos Estados Unidos (1865) e de Cuba (1886) — e, de outro, ao fato de a fotografia ter entrado muito cedo nestas paragens. A situação gerou, assim, seu próprio paradoxo.

Já nos idos de 1834, Hercule Florence fazia suas primeiras experiências fotográficas por aqui, e em 28 de dezembro de 1839 saía a notícia da chegada do *L'Oriental*, um navio francês que trouxe os primeiros equipamentos fotográficos ao país.[2] Três semanas depois, o *Jornal do Commercio* comunicava com destaque a boa nova, que oferecia a miragem de um mundo duplicado em apenas poucos minutos: "É preciso ter visto a cousa com os seus próprios olhos para se poder fazer ideia da rapidez e do resultado da operação. Em menos de nove minutos [...] todos os [...] objetos circunstantes se acharam reproduzidos com tal fidelidade, precisão e minuciosidade que bem se via que a cousa tinha sido feita pela própria mão da natureza, e quase sem intervenção do artista".[3]

Se foi dessa maneira que se recebeu primeiramente a técnica da fotografia — como cópia veloz e fiel do real —, aos poucos tornaram-se claras outras potencialidades. Como bem mostrou Susan Sontag, a "fotografia é uma arte porque pode mentir", e assim criar realidades. "As imagens possuem os predicados das coisas reais, mas nossa tendência é atribuir a coisas reais os predicados de uma imagem."[4]

E, se o recurso serviu de documento visual e testemunho de época, também ajudou a reinventar e dar brilho ao que se pretendia com ele destacar: status e demonstração de hierarquia, por exemplo. A técnica pegou rapidamente no Brasil, logo alcançando o Paço Imperial de Pedro ii, que gostava de se definir como o primeiro soberano fotógrafo, e as famílias mais abonadas, formadas majoritariamente por proprietários rurais.[5] A recém-criada nobreza do Império aderiu de maneira febril à novidade que prometia eternizar grupos e indivíduos com um simples clique.

O processo foi se aprimorando, e já na segunda metade do século xix era possível evitar o desaparecimento das imagens — que antes, passado algum tempo, sumiam —, bem como, a partir de 1880, garantir sua reprodução em série, para a alegria das classes mais ricas e influentes, que se puseram a distribuir suas imagens, ou guardá-las em seus orgulhosos álbuns de família.[6] As fotografias tornavam-se assim souvenirs, ou uma forma de troca de afetos e de influências. E tanto melhor era a apresentação quanto mais reconhecido fosse o fotógrafo.

Fazer-se retratar por fotografia era um tíquete de projeção social. Proprietários se mostravam com pomposas roupas civis ou militares, suas mulheres desfilavam a prosperidade em que viviam a partir da exibição de indumentárias e adereços caprichados, crianças ainda pequenas eram clicadas com roupas formais e sapatos novos. Por vezes famílias inteiras se dirigiam à cidade, onde tomavam parte num verdadeiro ritual que implicava ser fotografado num dos famosos ateliês à disposição dos clientes prontos a pagar seus preços salgados. Por vezes recebiam os fotógrafos em casa, sempre usando seus melhores costumes.

O negócio era lucrativo para os dois lados. Para os fotógrafos estrangeiros e nacionais significava um rico filão, em que se vendia a bom preço a imagem dos clientes e a demonstração do prestígio, que vinha nela embutido. Era a técnica que emprestava capital simbólico ao retratado. Já para os fregueses, ter sua imagem capturada pelas lentes de profissionais cujos ateliês representavam verdadeiras grifes, consistia num modo de aplacar a vaidade pessoal e obter projeção social.[7]

A voga também permitiu reproduzir imagens diversas dos locais "distantes". Se até então eram as aquarelas, aguadas, desenhos e óleos dos viajantes europeus que faziam sucesso enquanto formas de representação, a partir dos anos 1860 a fotografia invadiu esse lugar cativo. A exemplo do que ocorria na pintura, a paisagem tropical era uma das temáticas prediletas de alguns fotógrafos itinerantes, que com suas lentes captavam cachoeiras, praias, campos, cidades.

Contudo, por mais inacreditável que pareça hoje em dia, a representação da escravidão, devidamente exotizada, também vendia muito. A "suavidade" das imagens, que apostavam no pitoresco e na absoluta ausência de conflitos, era apresentada a partir de vários motivos e situações: o menino inocente que distribuía recados, a mucama com suas belas formas, o africano com marcas de escarificação, a senhora negra idosa com adereços e panos de nação, um homem musculoso transportando cargas pesadas.

Por vezes, escravizados eram incluídos nas fotos por mero acaso, caminhando nas ruas ou trabalhando nos campos. Noutras vezes, ao contrário, eram captados propositadamente nas cenas, como se fizessem parte da própria paisagem. Em certas ocasiões eram usados apenas para elevar a representação altiva do senhor ou da senhora. Podiam ainda ser apresentados nas imagens que a polícia e a ciência da época utilizavam, para assim comprovar teorias do determinismo e da degeneração racial.[8]

Aliás, não foram poucas as ocasiões em que os levaram aos estúdios fotográficos para posarem e personificarem estereótipos legitimados pelo senso comum, mas apresentando-os com uma roupagem "científica", a partir de classificações como "tipos étnicos" ou "costumes africanos". Em ambientes artificiais e construídos externamente, lá estavam eles cumprindo o papel de engraxates, carregadores, quitandeiras, sapateiros, trabalhadores do campo, cesteiros, mineradores, negros e negras de ganho... Sempre sem nome, como se apenas a pretensa função viesse no lugar da própria subjetividade.

O fotógrafo Christiano Júnior, de origem açoriana e dono de um estabelecimento conhecido na capital, criou um álbum contendo 24 fotos, e fez propaganda delas nos jornais nacionais, exaltando que se tratava de uma "variada coleção de costumes e tipos de pretos, coisa muito própria para quem se retira para a Europa".[9] Procurando aproveitar esse que era considerado um rico filão, em 1865, o profissional lançou o material com o título de *Photographias de costumes brazileiros*, apresentando-o, primeiramente, na Exposição Internacional do Porto.

Composto de duas molduras, cada uma contendo doze fotografias de escravizados das ruas do Rio de Janeiro, o conjunto foi, depois de exposto, oferecido pelo fotógrafo a d. Fernando, rei de Portugal. Nas fotos vemos cenas de trabalho totalmente recriadas no ambiente do ateliê do profissional. O objetivo era didaticamente explicar o trabalho que escravizados e escravizadas realizavam no Brasil, bem como mostrá-los sempre de maneira pacífica e controlada. Por isso, esses são "tipos": cesteiros, quitandeiras, barbeiros, carregadores, vendedores de frutas e de cadeira. Christiano também os dividiu por origem, escrevendo logo abaixo de cada documento o porto africano de onde eram provenientes: Mina Nagô, Cabinda, Angola, Moçambique, Monjolo, Congo.

Em comum, todos os figurantes são negros e trazem um olhar distante, não são identificados pelo nome, estão sempre descalços, e disfarçam as hastes de ferro que lhes fixaram entre a camisa e as costas, nas pernas e em outras partes do corpo para garantir que a foto não saísse tremida por causa de um movimento qualquer dos modelos — que deviam ficar exaustos depois de sessões tão longas. Essas imagens visavam o olhar estrangeiro que consumia o exótico e não a violência do sistema.

E foi no interior de tal contexto, e na rabeira do êxito da nova técnica, que as fotos de amas de leite alcançaram grande sucesso, no país e no exterior, e viraram uma espécie de convenção visual dentro desse verdadeiro "mercado de imagens". São centenas de exemplos em que crianças brancas aparecem

Christiano Júnior, *Photographia de costumes brazileiros*, 1865. Albúmen.

fotografadas ao lado de mulheres negras. Eram seus pequenos "nhozinhos" — termo que já revela a nomenclatura das inscrições da hierarquia. Elas eram escravizadas e eles livres. Elas não eram identificadas por nomes próprios (e muito menos pelo nome de suas famílias), e eles, embora muito pequenos, já ostentavam um longo sobrenome.

Essas fotografias pretendiam anunciar, portanto, um certo "espaço idílico" da escravidão; significavam uma verdadeira contradição em seus termos. Eram também a melhor figuração exótica, "afetiva" e nada violenta do sistema escravocrata. Representavam, por fim, a força da relação, a intimidade e uma segunda maternidade — tratada como secundária à biológica. Os registros vendiam milagres: a submissão, a passividade e o amor sublime, mesmo num regime de trabalhos forçados.

Sua aceitação foi tamanha que elas viraram uma tópica com poucas variações e inundaram o eixo afro-atlântico, a ponto de muitas se transformarem em cartões-postais, vendendo a falsa ideia de uma "escravidão romântica", e explorando a noção de uma suposta relação apenas afetuosa entre uma "mucama negra" e seu pequeno senhor branco. Nesse sentido, não parece coincidência que tenham ganhado vulto justamente no contexto final do escravismo, quando se procurava assegurar a imagem de um sistema benigno e sem violência.

O termo "ama" deriva do latim hispânico e significa "mãe". A ama era definida como uma segunda mãe, a qual substituía as mães biológicas que não podiam ou não queriam amamentar seus filhos. É certo que a profissão era antiga e exercida em outros contextos. Mas, enquanto em regimes de trabalho distintos as amas recebiam pagamento por suas funções, num país escravista como o Brasil não havia remuneração, acordo de horários, a opção de amamentar o próprio filho ou até de negar qualquer outro pedido dos senhores. Por isso, ainda que se possa admitir a existência de afeto nessa relação, não era exclusivamente de afeto que se tratava.

Ademais, com o correr do século XIX, e como veremos, o aleitamento, de um modo geral, deixa de ser considerado uma prática saudável ou recomendada. Era, então, comparado à animalidade e, dessa maneira, tido como uma atividade pouco digna ao menos para as mulheres das elites brasileiras que, sem constrangimento algum, e amparadas na força dos costumes, recorriam aos préstimos de serviçais; no caso, escravizadas.[10]

Assim, e a despeito do papel fundamental que desempenhavam na vida das crianças — não só as alimentando como as provendo de cuidados e de educação —, as amas foram sempre mantidas à sombra da sociabilidade da casa senhorial, limitando-se ao espaço da domesticidade. Nesse sentido, poderiam até contar com um tratamento melhor do que a maioria dos cativos e cativas que trabalhavam no campo: alimentavam-se amiúde, eram mais bem-vestidas e privavam de uma certa proximidade no interior da família. Contudo, não deixavam de ser escravizadas, seguindo um cotidiano penoso junto a seus patrões, adultos e crianças.[11]

A mesma relação de subalternidade pode ser vislumbrada no conjunto das fotos do gênero. Não obstante, sem as amas, e sem a intimidade que criavam com seus pequenos senhores, talvez esses registros não viessem a termo. Os pequenos poderiam se assustar com o novo ambiente, reagir às luzes emitidas pelas câmeras, fazer cara de choro ou até se mexer, estragando os resultados esperados.

O foco das lentes dirigia-se aos bebês ou jovens, que levavam consigo o nome de suas respectivas famílias, conferindo assim legitimidade à genitora — mesmo que ausente da foto. Por sinal, o provérbio "Mãe só tem uma" data justamente do século XIX, e guarda um sentido preciso — a ideia era que só existiria uma "mãe legítima": a mãe biológica, formal e socialmente reconhecida como tal. Já a mãe não branca, aquela que era na época conhecida como "mãe mercenária", transformava-se nessas fotos numa espécie de braço, colo ou ombro.[12] Numa propriedade cujo nome nem sequer devia ou precisava ser mencionado.

Reina, pois, um constrangedor anonimato na convenção das fotos de amas de leite tiradas durante a segunda metade do século XIX. Nos registros norte-americanos, anteriores a 1865, ano da abolição da escravidão nos Estados Unidos, amas aparecem parcialmente escondidas pela proeminência de seus pequenos senhores, ou atrás deles, mostrando simbolicamente, e também de maneira

À esq.: *African American Woman Holding a White Child*, c. 1855. Ambrótipo.
À dir.: *H. E. Hayward and His Slave Nurse, Louisa*, 1858. Ambrótipo.

prática — porque a técnica pedia delas o controle e a imobilidade da criança —, sua subalternidade: ainda mais nas décadas de 1850, 1860 e 1870, quando a fixidez absoluta era condição prévia para garantir o bom produto fotográfico.[13]

No Brasil, uma vez que a abolição tardou demais, as fotos de amas não apenas são mais numerosas como se encontram disseminadas nas diversas províncias do país. Nelas, as escravizadas se "dão a ver", mas parecem não entregar nada com seu olhar, até porque não foram consultadas sobre sua presença na foto, e tampouco tiveram direito a interferir na situação a que são submetidas.[14] Lá estão elas, com seus corpos expostos, identidades sequestradas, e roupas em geral emprestadas.

Como mostra Gilza Sandre-Pereira, "o leite, entre outras substâncias corporais, é investido de um forte aspecto simbólico em diferentes culturas, e a amamentação ultrapassa, assim, de forma evidente, o quadro biológico e nutricional".[15] É certo que essas mulheres tinham um papel muito mais importante do que aquele que transparece nas fotos. Cabia a elas o zelo pela alimentação, pelos primeiros passos, pelas palavras iniciais, pela higiene e bem-estar das crianças. Não obstante, as amas de leite, amas-secas, mães de criação, babás, *nannies* ocupam em tais registros visuais um vergonhoso segundo plano, se não físico ao menos alegórico, sem direito a identidade própria.

Dessa maneira, se existiram vínculos fortes entre as amas e as crianças com as quais contracenam, elas estarão sempre divididas por conta da noção de domínio que estrutura essa relação, e pelo sentimento de coação daquela que luta pela própria sobrevivência. Na definição de Rita Segato, criava-se um "parentesco do seio", que pedia outras interpretações de maternidade.[16]

E, com a ampla circulação desse tipo de imagem, essa se transformou numa verdadeira política visual da oposição entre visibilidade e invisibilidade. Até a abolição da escravatura no Brasil, muitas das amas eram escravizadas da própria família, ou podiam ser alugadas de outros proprietários, com o mesmo objetivo. Poucas tiveram a sorte, porém, de receber autorização para "dividir" o seu leite com o próprio filho.

Esses documentos visuais guardaram, assim, um registro sensível da situação ambivalente que representavam. De um lado, o testemunho da relação que as amas efetivamente criaram com suas crianças brancas. De outro, um grande mal-estar diante da patente desigualdade da circunstância, da artificialidade da cena e da certeza de que tais mulheres existiram no passado, e que a única forma de lembrá-las é anotando, hoje em dia, suas expressões, seus pequenos gestos e os detalhes dos adereços que trazem consigo.

Se o sentimento dominante na relação entre a ama e seu pequeno senhor, por parte da primeira, era de afeto ou revolta, não há como saber. Sem dúvida havia afeto *e* revolta, afeto *com* revolta, diante de situações que deveriam simbolizar uma relação afetiva mas que, paradoxalmente, escancaravam as contradições de um sistema condicionado pela violência e pela exposição didática de uma hierarquia rígida.

Os tempos de Mônica[17]

Foram poucas as exceções à regra do anonimato, que imperou magnânima no caso dessa convenção de fotos. O exemplo mais icônico é o de Mônica; talvez a única ocasião em que uma escravizada foi captada duas vezes pelas câmeras, e com dois senhores diversos, mas ambos pertencentes a uma só família pernambucana: os Gomes Leal.[18]

Como mostra Sandra Koutsoukos, na primeira vez em que Mônica foi clicada pelo fotógrafo João Ferreira Villela, num registro da década de 1860, ela já aparece de forma digna, altiva e com um olhar firme; encontra-se ladeada por seu senhor, Augusto Gomes Leal. Não era para ser assim, mas sua expressão forte inundou todo o retrato.

Villela não era um fotógrafo amador. No ano de 1855, e sem anunciar seu nome, ele abriu um ateliê no Aterro da Boa Vista, 4, no Recife.[19] Em seu estúdio, oferecia retratos para pessoas idosas e adultas e para crianças, bem como explicava que poderia se locomover para qualquer lugar a fim de tirar retratos de pessoas

João Ferreira Villela, *Augusto Gomes Leal com sua ama de leite Mônica*, 1860. Albúmen, *carte de visite*.

IMAGENS DA BRANQUITUDE

> **Antiga galeria e officina de Daguerreotypo.**
> **Aterro da Boa-Vista n. 4, terceiro andar.**
>
> A esta casa acaba de chegar de Paris um rico sortimento de caixinhas, quadros, molduras, passe-partouts, cassoletas e alfinetes de ouro com esmalte e sem elle, para collocarem-se retratos e cabellos ; lindo mimo para festas. Na mesma casa continua-se a tirar retratos com toda a perfeição, tanto de crianças como de pessoas adultas e idosas. Vão-se tirar em qualquer lugar retratos de pessoas mortas. Tiram-se também retratos em stereoscopo, isto he, de maneira a apresentar a pessoa em relevo e ao natural. Incumbem-se de tirar copias em daguerreotypo de edificios, paisagens, retratos, estatuas e quadros. Existem para esses trabalhos duas excellentes machinas novas, chegadas ultimamente, sendo uma dellas dos celebres autores Voigtlander & Schn., e adverte-se que não se entrega retrato ou trabalho algum sem estar perfeito, semelhante e ao gosto de seu dono. A galeria e officina estará aberta desde as 9 horas da manhã até as 4 da tarde.

> **DAGUERREOTYPO E ELECTRO-TYPO.**
>
> Na antiga galeria e officina do aterro da Boa-Vista n. 4 terceiro andar continua-se a tirar retratos com a maior perfeição tanto pelo systema francez, como pelo norte americano. Existe na mesma casa, e para a collocação dos retratos, um rico e abundante sortimento de objectos taes como lindissimos alfinetes e medalhas de ouro, mui lindas caixinhas americanas e francezas, de papel, marroquim e veludo de seda, desde o tamanho de uma polegada até um palmo ; passe-par-touts de todas as qualidades, molduras de todos os tamanhos e de muitos e differentes feitios, tanto pretas como douradas, e não só para a collocação de um retrato ou grupo de differentes pessoas, como para a collocação de dous ou tres retratos separados ; todos estes objectos são novos e chegados ha pouco uns de França e outros dos Estados-Unidos. Das 8 horas da manhã até as 5 da tarde a galeria e officina estão a disposição do publico.

À esq.: *Diario de Pernambuco*, 10 de dezembro de 1855. À dir.: *Diario de Pernambuco*, 2 de outubro de 1856.

mortas — um costume de época. Também fazia propaganda de sua técnica, sendo versado, declarava ele, no sistema francês e no norte-americano. No seu estabelecimento possuía "um rico e abundante sortimento de objetos" — alfinetes e medalhas de ouro, caixinhas americanas e francesas de papel, de marroquim, e veludo de seda, passe-partout de todos os tamanhos e cores, e ainda garantia que eram "novos e chegados há pouco".

O profissional tratou de divulgar, também, que sua galeria ficava aberta das oito da manhã às cinco da tarde, e à disposição da distinta clientela. O negócio era tão lucrativo que, em pouco tempo, Villela abriu novo estabelecimento de daguerreotipia na rua Nova, 18. Mais uma vez destacava seu "completo sortimento de caixinhas, molduras pretas, douradas e joias para a colocação dos retratos".

A fama foi crescendo, a ponto de o imperador Pedro II, ele próprio um entusiasta da técnica e fotógrafo amador, encomendar de Villela, quando em visita ao Recife, vistas de locais do interior de Pernambuco pelos quais havia passado. Na sequência, o titulou de "ambrotipista da Augusta Casa imperial do Brasil", e depois de "fotógrafo imperial", em claro reconhecimento à expertise do profissional.

Em anúncio estampado no *Diario de Pernambuco* de 22 de maio de 1860, o fotógrafo gabava-se de ter tirado mais de 5 mil retratos em quatro anos. Em outra propaganda, já usando as armas imperiais, descrevia os panos encerados e os equipamentos modernos que possuía em seu estabelecimento comercial. Os negócios iam de vento em popa, tanto que em 1870 abre a Photographia Imperial e Galeria de Pintura de João Ferreira Villela em novo endereço, ainda mais elegante: rua do Cabugá, 18.[20]

É esse inclusive o endereço que consta na primeira foto de Mônica. Não foi, portanto, a qualquer lugar que levaram a ama com o intuito de ela posar junto de seu pequeno senhor — Augusto Gomes Leal. Pela idade do garoto, supõe-se que, mesmo que a escravizada o tivesse amamentado, àquela altura ela talvez cumprisse o papel de "sua ama-seca". Não sabemos. Mas ao menos Mônica teve direito a ter seu primeiro nome na legenda: o seu nome pessoal. Essa deveria ser uma deferência conquistada.

Diario de Pernambuco, 4 de outubro de 1860.

A fisionomia de Mônica é, porém, tensa. Bem mais tensa que a do menino, que se apoia nela de forma confortável. Era sua a responsabilidade de manter o garoto quieto, pois as lentes não eram instantâneas e qualquer movimento podia rasurar a foto para sempre. Talvez por isso Mônica tenha tensionado, como bem mostrou o historiador Luiz Felipe de Alencastro, uma das mãos junto ao colo e contra o tecido pesado do vestido.[21] Ou talvez a mão acabasse revelando um gesto contraído, diante da artificialidade da situação. Afinal, ela posa vestida com o que parece ser um luxuoso vestido de festa e com um colar, ambos provavelmente emprestados da patroa ou do estúdio de Villela.

Podemos fabular que o fotógrafo estava não só à frente dos dois "modelos", como dando todo tipo de instrução sobre como deveriam se portar. Nada de sorrisos largos, nenhum movimento brusco. No tempo lento das lentes, Mônica e Augusto precisariam ficar firmes, cada um no seu lugar e cumprindo seu papel. Podemos imaginar, também, que o senhor e/ou a senhora Gomes Leal, pais do menino Augusto e proprietários de Mônica, estivessem ali para apreciar as "mágicas" da fotografia. Como vimos, esse era um verdadeiro programa social: ir à cidade e frequentar um ateliê elegante. É possível notar o tapete rebuscado estendido no chão e o tecido que cobre a bancada onde Mônica pousa o braço, mostrando falsa descontração.

A família Leal enriquecera como proprietária de terras e com o comércio, e tinha grande ascendência na política local. O nome carregava um peso social. O coronel Antônio Gomes Leal, membro da aristocracia rural de Olinda, tomara parte no enfrentamento à revolução da Confederação do Equador em 1824 e na Revolução Praieira de 1848. Foi também um dos mobilizadores dos Batalhões de Voluntários da Pátria de Pernambuco, grupos que se formaram no Brasil todo ainda no início da Guerra do Paraguai, em resposta à investida do país vizinho no Mato Grosso e no Rio Grande do Sul. O Recife não escapou à regra: sob o comando do coronel do Exército Antônio Gomes Leal, no dia 27 de abril de 1865, seguiram 789 homens em campanha.

Boa parte deles morreu em combate na Guerra do Paraguai. O próprio coronel foi ferido em 1866, nas batalhas de Tuiuti e de Estero Bellaco — em 1867 solicitou exoneração do comando da 10ª Brigada e o atenderam prontamente. Foi o suficiente para, ao longo de sua carreira militar, Antônio Gomes Leal ser condecorado com a Imperial Ordem de Cristo, a Imperial Ordem do Cruzeiro, a Imperial Ordem de São Bento de Avis, as medalhas de campanha de 1824 e da Guerra do Paraguai.[22]

No registro feito no ateliê, hoje amarelado pelo tempo, o páter-famílias ostenta sua pose de militar, com a espada visível do lado esquerdo e trazendo no peito, orgulhoso, o excesso de medalhas que recebeu.

Mas deixemos o coronel de lado para retornarmos ao caso de Mônica. Não temos certeza se membros da opulenta família Leal estavam junto com a ama e a criança no momento da foto. Se lá estivessem, sem dúvida representariam mais um fator de constran-

Léon Chapelin,[23] *Antônio Gomes Leal* [Brigadeiro, Guerra do Paraguai]. *Carte de visite*, 8,6 × 5,4 cm.

OS FANTASMAS DAS AMAS NEGRAS

gimento para a moça, postada bem à frente deles e aguardando, quiçá impaciente, o clique.

Como explica Roland Barthes: "na Fotografia jamais posso negar que a coisa esteve lá. Há dupla posição conjunta: de realidade e de passado".[24] Não que as fotos tragam de volta um passado intocado, mas atestam que o que eu vejo hoje, algum dia, e de alguma maneira, existiu.[25] Tais registros mostram também as potencialidades desse tipo de arquivo e os "padrões de intenção" que acionam, em termos de comissionamento, mercado e expectativas de reprodução.[26] No caso das fotos de amas, transformam-se em símbolos da linguagem da desigualdade multiplicada nos tempos da escravidão.

No entanto, e como mostra Maurício Lissovsky, no "momento de espera", na "demora" entre a determinação e a realização da foto, reside a oportunidade de impor a "presença de si". Ou seja, talvez nesses segundos de aguardo Mônica tenha conseguido expressar alguma subjetividade própria, conferindo ainda mais excepcionalidade ao registro. Não que a ama tivesse nas suas mãos a "liberdade capaz de fundar uma utopia", mas fez bom uso de uma certa "ética do devir do instante".[27]

Enfim, entre o clique e a abertura e fechamento do obturador da câmera, nesse pequeno hiato, nesse instante de hesitação, quem sabe uma possível reação tenha ocorrido.[28] E Mônica reagiu. No tempo breve de que dispunha, ela contraiu a face, deixou seu olhar muito firme (talvez para não piscar), e acabou por sutilmente desmentir a mensagem última dessas fotografias que prometiam uma grande concórdia. Ficou claro como o ritual era outro: tratava-se do espetáculo da hierarquia e do apagamento.

E falta uma pessoa na cena, e em todas as demais envolvendo amas de leite: a própria criança negra, filha da ama, que fica de fora do retrato. No caso, a ausência é absoluta e o silêncio incomoda na situação, cuidadosamente preparada para, tão só, encantar. Tem razão Luiz Felipe de Alencastro quando escreve que "o Brasil inteiro cabe nesta foto".[29]

De toda maneira, com seu nome próprio e uma atitude altiva, Mônica parece se distanciar das tantas criadas que restaram mais apagadas nas centenas de fotos do gênero. Mônica também está envolta num xale, que cobre seus ombros como se fosse um pano da costa, uma marca de sua origem e nação.

Mas o caráter de exceção dessa história ficará ainda mais destacado se associarmos outro elemento à narrativa. A ama foi captada numa segunda

Alberto Henschel, *Isabel Adelaide Leal Fernandes e a ama de leite Mônica*, 1877-82. Albúmen, *carte de visite*, 6,5 × 10 cm.

imagem, alguns anos mais tarde. E, outra vez, lá está seu nome próprio na legenda: Mônica. Se a primeira foto data da década de 1860, a segunda é dos anos 1877-82. São assim vinte anos de convivência na mesma família.

Vale lembrar que, no primeiro registro, Mônica já aparentava ser uma mulher madura, com seus cabelos em parte brancos. Apesar de ser preciso relativizar os marcadores de idade em escravizadas — sabemos que envelheciam precocemente por conta dos trabalhos severos a que eram submetidas —, fica evidente como, na segunda foto, os anos pesaram para Mônica.

Nesse retrato, ela se encontra junto da pequena senhora Isabel Adelaide Leal Fernandes. De novo se destaca o contraste entre o nome completo da garota e o registro simples da criada. Dessa vez a foto foi feita no ateliê de Alberto Henschel, que, nascido em Berlim em 1827, chegou ao Recife em 1866 e, ao longo de dezesseis anos, teve uma atuação crescentemente reconhecida não só em Pernambuco como no Brasil. Ele se tornou um verdadeiro empresário da fotografia, possuindo ao mesmo tempo quatro estabelecimentos: no Recife, em Salvador, no Rio de Janeiro e, por fim, em São Paulo. A produção do profissional era conhecida pela variedade de registros, que incluíam paisagens, imagens etnográficas e muitos retratos de estúdio, e sua ascensão foi ligeira — ele alcançou o título de "fotógrafo oficial da Família Imperial", o grande mecenas naquele momento. Para fazer a foto da filha Isabel com sua ama Mônica, a família recorreu, pois, a um profissional ainda mais famoso e caro.

Se na imagem Mônica parece mais envelhecida, seu olhar continua determinado e digno. Ela aparece, mais uma vez, ricamente vestida, com um colar no pescoço e um xale nos ombros. A cadeira em que está sentada tem um espaldar barroco que ajuda a completar o ambiente refinado, com um tapete no chão e um rico tecido que cobre de forma exuberante a mesa lateral. Suas mãos, pousadas no vestido, aparentam estar um pouco mais relaxadas. Talvez a técnica tivesse evoluído, naquele espaço de tempo, e não fosse mais tão primordial segurar firme as crianças; além disso, Isabel é mais velha do que o menino Augusto. Parece inclusive já estar casada, daí o sobrenome Fernandes adicionado ao Leal. De toda forma, lá estão elas, próximas mas bem mais distantes, sobretudo quando se compara esta foto à primeira. O peso da idade de Mônica também é acentuado pelo fato de ela encontrar-se sentada e a menina, em pé. Isabel apoia um dos braços na cadeira à sua direita e a outra mão segura o braço da ama, revelando alguma intimidade. As duas olham fixamente em direção ao fotógrafo.

Ela deve ter atuado como ama ao menos para duas crianças da família Leal, continuando a cumprir a mesma função de uma geração a outra. Estudiosos chamam a atenção para o fato de que, depois de tantos anos servindo à casa senhorial e amamentando as crianças da família, esse tipo de criadagem acabava alcançando o direito de permanecer em seus aposentos, embora houvesse deixado de exercer suas tarefas originais, o que provavelmente era o caso de Mônica nessa etapa da vida.[30]

Contudo, após o registro na segunda imagem, infelizmente perdemos a pista do destino dela. Não sabemos se conquistou a carta de alforria, e mesmo assim continuou a viver com a família Leal, ou se permaneceu escravizada. De toda forma, os dois registros, raros que são, contam o que há de ter sido uma parte significativa da vida de Mônica. O que esses retratos também narram é uma certa história que pode ser depreendida a partir dos detalhes neles contidos.

Mônica com certeza foi avisada, nas duas ocasiões, sobre a visita ao estúdio fotográfico, e à sua maneira, quiçá, agenciou sua imagem. Para além da suposta e desejada representação de "harmonia", a ama pareceu se impor por meio de seu olhar firme e da postura elegante que ostenta. Ela apresenta também um ar seguro, talvez resultado da proximidade que alcançara junto a Augusto e depois Isabel. A legenda parece conduzir a atenção do observador para os pequenos proprietários. Todavia, paradoxalmente, ao menos nos dias de hoje, é Mônica quem mais se destaca nesses daguerreótipos do passado.

Trata-se apenas de pequenos indícios, é certo. Mas fazem parte de estratégias usadas por escravizadas que lutaram contra processos violentos de anonimato e invisibilidade. Se Mônica escapou da regra, e apareceu por duas

Eliana Amorim, *Possíveis sonhos de Mônica*, 2019. Colagem digital.

vezes, e com seu primeiro nome discriminado, não fugiu desta que é uma convenção visual, e feita em série: mulheres negras, bem-vestidas, ladeadas por crianças brancas.

No entanto, mesmo que não saibamos mais seus nomes ou detalhes de suas histórias de vida, elas viraram testemunhas de seu tempo. E é essa testemunha que Eliana Amorim[31] recria na obra *Possíveis sonhos de Mônica*, de 2019.

Trabalhando com a colagem, a artista apresenta um fundo texturizado e um chão ladrilhado, fazendo uma paródia com os recursos elegantes existentes nos ateliês fotográficos do século XIX. Na obra, em vez dos dois "filhos brancos" de Mônica, agora duas crianças negras, também retiradas de registros do Oitocentos, aparecem ao lado dela; são seus filhos biológicos que estão artística e simbolicamente representados. Afinal, como vimos, seus próprios rebentos, que devem ter sido dela afastados, permaneceram ausentes das imagens originais e da história pregressa.

Nessa obra contemporânea, como em outras, entre as quais as da artista Rosana Paulino, Mônica não é mais "ama dos outros", mas cuida de seus filhos legítimos, que não foram abandonados na Roda dos Expostos — lugar onde eram deixadas as crianças escravizadas, durante o século XIX, cujas memórias só podem ser hoje fabuladas.[32]

As muitas Mônicas: o afeto como forma de agressão[33]

O sistema escravista criou suas próprias formas de visualidade, apresentando muitas Mônicas sem nome, junto às suas crianças brancas. De um lado, e como temos visto, pretendia-se registrar, didaticamente, essa "maternidade escrava", exposta a partir de noções como afeição, amor e cuidado. Por isso, com o aprimoramento da técnica, tais fotos logo foram transformadas em *cartes de visite*,[34] encontrando um bom mercado tanto no Brasil como no exterior. Viraram não só uma convenção, sendo as imagens produzidas em série, como também um ótimo negócio, até mesmo em países que não possuíam o sistema de trabalhos forçados. Fotos de mães negras se tornaram uma tópica afro-atlântica: uma maneira estabelecida e compactuada de se referir a uma suposta faceta sentimental e palatável da escravidão.

O outro lado do espelho refletia, porém, uma situação muito mais complexa, já que implicava uma relação imposta, comprada, alugada, mercantilizada. Não por coincidência, essas fotos se converteram, no final da década de 1880, e nas mãos dos movimentos abolicionistas, em exemplos de uma via oposta: da violência da escravidão, do trabalho forçado e do sequestro da intimidade.[35]

Tais eram, pois, os limites e impasses desse tipo de representação visual que pretendia difundir uma espécie de "elogio da barbárie". De toda maneira, até a abolição, a convenção acabou por se impor, neutralizando o conflito. Era a imagem que desmentia a realidade mas virava, paradoxalmente, a própria realidade. Como explica Ludwig Feuerbach, preferia-se "a imagem à coisa, a cópia ao original, a representação à realidade, a aparência ao ser".[36]

Foram assim muitas as Mônicas sem nome que circularam no "rio chamado Atlântico",[37] com as fotos vendendo ilusão a partir da reiteração. Aliás, muitas vezes, um determinado registro visual, ao ser repetido à exaustão, transforma-se em verdade. Por outro lado, e como explica o historiador da arte Ernst Gombrich, em várias circunstâncias uma imagem deve muito mais a outra imagem do que ao contexto que lhe é imediato.[38]

A eficácia simbólica dessa sorte de violência (convertida em representação harmoniosa) vem, portanto, não só da repetição como da associação que se fazia entre as tantas fotos de amas que circulavam naquela época. Ao mesmo tempo que "vemos", acionamos relações, fazemos ilações, entendemos símbolos a partir dos vocabulários visuais que já trazemos conosco e fazem parte do nosso tempo. Livros próximos a um retratado denotam erudição, roupas elegantes indicam riqueza, um cetro nas mãos é sinal de realeza, uma expressão compungida revela tristeza, estar montado num cavalo é índice de virilidade, uma flor lembra feminilidade, e, por sua vez, carregar e apoiar outra pessoa, de outra condição social e raça, é símbolo de subalternidade.

Não estou aqui defendendo que documentos visuais são aleatórios, no sentido de invariavelmente inverterem o que querem expressar. Ao contrário, sua capacidade de comunicação e até mesmo de veiculação depende do diálogo que estabelecem com seu contexto imediato. Mas nem sempre são apenas isso. Todos os signos linguísticos organizam o mundo conferindo significados "convencionais" — no sentido de firmarem convenções visuais — a elementos mais dispersos. Por isso, muitas vezes, observamos uma imagem a partir de uma série de códigos socializados pela cultura.

É nessa perspectiva que as imagens de mães negras causam, hoje em dia, num contexto distinto, estranheza e embaraço. O mesmo não ocorria, porém, no Oitocentos, quando a proximidade de um pretenso abraço entre uma ama e uma criança, ou a mera aproximação corporal entre elas, de alguma forma veiculava uma suposta "suavidade" da escravidão. No entanto, e como chamou atenção Marcel Mauss, técnicas corporais compõem gramáticas tão legíveis como aquelas escritas.[39] Já o antropólogo Didier Fassin, mais recentemente, explicou de que forma, exposto a determinadas situações que lhe evocam traumas, "o corpo lembra" e reage. No caso dessas mulheres são muitos os traumas: o trauma da objetificação de seus corpos, da lida incessante do dia a dia, do assédio, e da separação de seus próprios filhos.[40]

Por isso, os corpos não só posam de maneira acomodada e adequada. A seu modo, "lembram".

Se a circulação alargada desse gênero de fotos procura cauterizar a percepção da dor, a contradição nelas inscrita "lembra". Proponho assim ler tais imagens na contramão; de maneira contraintuitiva. As fotos de amas negras revelam, ao menos no presente, um mundo de ambiguidades: servidão e afeto, humilhação e intimidade. Mas mostram mais: pequenos desacatos silenciosos.

Nas fotos, várias amas recontam, a partir de gestos diminutos, a história de um país que não escapa do fato de ter sido o último a abolir a escravidão mercantil no Ocidente e de ter enraizado a hierarquia. Por isso esses registros visuais se parecem um pouco com fantasmas; carregam consigo a assombração de revelar que o presente anda mesmo lotado de passado.

Sobre amas e fantasmas

Durante muito tempo, esta tela foi atribuída ao pintor Jean-Baptiste Debret, e interpretada como um retrato do futuro imperador Pedro II nos braços de "sua" ama negra. Simbolizaria assim, mas em chave positiva, de exaltação, o nascimento de uma nação marcada pelo trabalho escravizado.

Hoje, porém, nada disso é considerado verdade, restando ao redor do quadro muita indeterminação, sobre sua autoria e sobre as pessoas nele representadas. O título da obra foi, igualmente, sendo alterado no tempo: primeiro, ela ficou conhecida por um nome bastante perverso — *Nhozinho no colo de mucama* —, o diminutivo dando o tom da intimidade logo desmentida pela palavra "mucama". Já a última versão, mais inócua, menciona de maneira genérica uma ama e uma criança: *Ama com criança ao colo*. Especialistas também deixaram de atri-

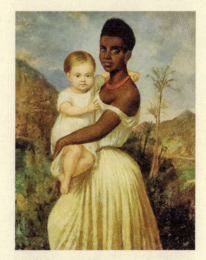

Autoria desconhecida, *Ama com criança ao colo*, século XIX. Óleo sobre tela, 55 × 44 cm.

buir a tela a Debret: comparada com os poucos óleos que o francês realizou, fica evidente a diferença do colorido, das formas e até mesmo da temática presentes nessa tela. Essa mudança de autoria e de título é digna de interesse, pois destaca as várias ressignificações culturais a que a pintura esteve sujeita.

Na versão corrente, tanto a mulher como o garoto ganharam nomes e contexto. A escravizada, que se chamava Catarina (não sabemos o sobrenome), estaria carregando no colo o menino Luís Pereira de Carvalho, que depois se tornou um tenente-general do Exército. A pesquisadora Maria Elizabeth Ribeiro Carneiro explica que a obra teria sido ofertada ao Museu Imperial pela madrinha do retratado, d. Maria Isabel de Jesus Vieira, mãe do barão da Aliança.[41] Não se sabe direito de onde nasceu a antiga interpretação, mas sem dúvida por conta dela é que o quadro teria ficado exposto na área do museu dedicada à família imperial.

Mesmo com as mudanças na atribuição de autoria e título da pintura, durante algum tempo ela continuou na ala imperial, mais exatamente no quarto da princesa Isabel. Contudo, depois de tanta controvérsia, o próprio destino da tela foi alterado: hoje ela está guardada no acervo do Museu.[42]

De toda maneira, trata-se de uma pintura realizada dentro da convenção visual das amas de leite. Nela, um menino de pele muito branca e de cabelos claros contracena com uma mulher negra e de cabelos escuros. A diferença de cores fica evidente no detalhe da mão negra que segura a criança, e das pernas nuas e brancas do menino. O contraste também se destaca a partir da mão branca do bebê que toca levemente os seios cobertos da moça. O gesto é sutil, mas muito revelador da função dela. Os dois vestem roupas claras. Ele está coberto na parte superior do corpo; ela deixa entrever o dorso desnudo e sensualizado. Um colar de coral vermelho, de nação africana, sublinha ainda mais a pele exposta.

Rita Segato afirma que o quadro é uma alegoria de uma criança que se "apega a uma pátria-mãe jamais reconhecida, mas não por isso menos verdadeira". Como explica a antropóloga, trata-se de uma dupla obliteração, da mãe negra e da África, e por isso a mão do menino parece relutar em largar aquele seio.[43] A tela e o caminho que ela percorreu servem de alegoria para pensarmos na quantidade de anonimatos e silêncios implícitos nessa que é uma verdadeira retórica das imagens.

Não foram poucas as pinturas que reiteraram o mesmo tipo de situação. Nesta obra, é também branca a menina mantida no colo de sua ama escravizada. Uma criança com nome e filiação completos, retratada, ademais, como uma adulta: com roupas e joias que não condizem com sua idade mas falam muito de sua classe e condição social. A imagem contrasta as cores branca e negra mediante a luz que incide forte sobre Ana Maria, destacando nela o objetivo último do pintor. A meta do artista é elevar a filha dos comitentes, e talvez por isso — falta de técnica mas excesso de intenção — o rosto da garota tenha ficado grande demais e ligeiramente desproporcional em relação a seu corpo.

Autoria desconhecida, *Ana Maria de São José e Aragão (filha dos barões de Jaguaribe) no colo de uma escrava*, [s.d.]. Óleo sobre tela, 85 × 60 cm.

Contudo, é possível afirmar que a convenção visual dos retratos de ama se formou não tanto por causa da pintura; foi com a fotografia que o costume virou voga. Aí, sim, depois dos anos 1850, uma série de daguerreótipos e *cartes de visite* passaram a insistentemente apresentar as famílias abonadas brasileiras a partir dessa dupla improvável: a criança que representava a projeção social dos pais, junto a uma mulher de alguma maneira desprovida de seu corpo e destino, "tornando mais leve e mais suave o peso e o jugo da escravidão na memória social".[44]

E as "fotos de amas" ganharam volume, junto com a própria história da fotografia no século XIX, mantendo sempre certos padrões comuns e recorrentes. Na maioria dos retratos, essas serviçais apareciam vestidas à europeia, com roupas e acessórios elegantes, em geral emprestados nos próprios ateliês fotográficos. Por isso mesmo, enquanto as roupas das crianças estão bem ajustadas a seus corpos, nas escravizadas o ruído começa já na indumentária, que é normalmente excessiva ou demasiado grande. Além disso, tais vestimentas costumavam cobrir todo o corpo das amas, convencionando um tipo de representação oposto à imagem sensualizada e estereotipada das mulheres negras, que muitas vezes surgiam com o colo nu e os braços à mostra.[45] Nesse caso, o objetivo era mostrar serviçais pudicas, cuja função seria cuidar dos pequenos, e não chamar demais a atenção dos adultos. Precisavam figurar a imagem da mãe, de uma segunda mãe subordinada.

O conjunto também confirma o que vimos aqui destacando. A estarrecedora maioria dessas mulheres não apresenta seus nomes discriminados. São apresentadas apenas como serviçais, e sua função substitui a identidade. No entanto, trata-se do modelo, não exatamente da realidade. Quando vistos em seus detalhes, esses documentos revelam, sim, a tensão expressa nos olhos fixos — temerosos de que a tarefa não fosse bem-sucedida e isso levasse a algum tipo de punição —, os braços rígidos e alguma distância em relação às crianças, a qual vai aumentando com o apuro da técnica, que não pedia mais a absoluta imobilidade. O fato é que se amplia com o tempo um certo afastamento corporal. Elas, desajeitadamente, seguram as crianças e as mantêm eretas; muitas vezes sem um gesto ou uma expressão de afeto.

Além da ausência dos nomes nas legendas, tampouco as vestes revelam algo de suas identidades.[49] Algumas imagens, entretanto, mesmo que raras, trazem marcas de nação, a partir dos panos da costa que as amas ostentam e das indumentárias ou turbantes que trazem consigo. No terceiro registro abaixo,

À esq.: Alberto Henschel, *Babá com criança*, 1877-82. *Carte de visite*, 6,5 × 10 cm. Ao centro: Henschel & Benque, *Ama negra com menina branca*, c. 1870. *Carte de visite*, 6,5 × 10 cm.[46] À dir: Antônio da Silva Lopes Cardozo, *Antônio da Costa Pinto com a sua ama de leite*, 1868. *Carte de visite*, 6,3 × 10 cm.[47]

se a saia tem uma padronagem mais ocidental, o turbante e o pano da costa não deixam dúvidas sobre a origem da modelo. Já no primeiro registro abaixo, a moça não só carrega a criança à moda de África, como se destacam o brinco e o bracelete que remetem a seu continente. Também sobressaem na foto, ainda mais quando comparada a outras do gênero, os cabelos soltos e a expressão mais sisuda da modelo, bem como o fato de ela não se voltar para o fotógrafo. Seu corpo também está mais exposto, a exemplo do processo de sensualização que se cola à representação das escravizadas, feita em geral por fotógrafos europeus e homens.[50] Quem sabe esse foi um recurso utilizado pelo próprio profissional, que era proprietário de um ateliê muito concorrido em Salvador e vendia fotos "típicas". Não obstante, chama atenção o olhar enviesado da moça, o qual não combina com o fundo aprazível, provavelmente encomendado pela família do pequeno, que segue feliz no colo da mucama.

Rodolpho Lindemann, *Cenas de escravidão*, 1885.[48]

Assim, se as amas fotografadas "se davam a ver", também "se faziam ver",[51] parecendo agenciar a partir de pequenos detalhes suas próprias imagens. É certo que os senhores e o fotógrafo controlavam a situação: determinavam o horário, a duração do ritual, as roupas e as paisagens de fundo. Mas não tinham como impedir que a personalidade da "modelo" viesse à tona, e de forma inesperada.

Interessante é o caso da "ama de leite Benvinda", a qual, de certa forma, desmente o que a convenção fotográfica e seu nome anunciam. Com seu turbante, colares e pulseiras de contas, ela olha para baixo e não segura o bebê como deveria. Resultado: Maria Rita Meireles da Costa Pinto se moveu, e sua feição ficou pouco definida e mais borrada. Já Benvinda leva no nome o eufemismo que se queria incutir numa situação assim compulsória.

Antônio da Silva Lopes Cardozo, *Maria Rita Meireles da Costa Pinto com a ama de leite Benvinda*. Bahia, *c*. 1881. Cartão cabinet, 11 × 16,5 cm.[52]

João Goston, *Retrato de ama com criança*, c. 1870 Albúmen.[53]

No caso desta foto feita no ateliê de Goston, se a ama segurou bem a criança, aproveitou também para expor uma série de adereços, decerto pessoais, que revelam sua origem e subjetividades. Sentada numa cadeira bastante adornada, barroca nos torneados da madeira, contando com uma paisagem de fundo meramente decorativa, ela traz um turbante vistoso, brincos, colar e pulseiras. Orgulhosa, fita bem as lentes. Não temos certeza se se tratou de uma atitude premeditada da escravizada ou de uma orientação do fotógrafo, mas, de toda maneira, a ama sai muito digna na foto.

Também não há como saber se tais mulheres puderam apreciar suas imagens impressas nas fotos. Provavelmente não, mas também pouco importa. Vale mais anotar a própria vaidade e autoestima delas, que tinham seu direito, fundamental, à subjetividade corriqueiramente desprezado. E assim, mesmo que na contramão, esses registros viraram testemunhas de suas vidas e de suas pequenas dissidências.

Com o passar do tempo, e com as críticas ao aleitamento materno, sobretudo de mães negras, também a técnica foi se alterando. A prática pedia agora que as mucamas ficassem desfocadas, ou fossem cortadas, para que apenas as crianças ganhassem destaque. Dessa maneira, afastava-se ainda qualquer possibilidade de reação não prevista ou não devidamente controlada pelo profissional. Esse tipo de expediente foi muito aplicado por Militão Azevedo, um fotógrafo radicado em São Paulo e que fez sucesso com a freguesia local e com a ascensão econômica da capital do café.

Militão criou, então, um estilo novo dentro da convenção, e literalmente "sumiu" com as amas. Delas ficaram somente as mãos ou parte do corpo. Não o rosto ou qualquer outro sinal que pudesse ajudar na sua identificação.

Tomemos aqui alguns exemplos dentre a variedade de registros deixados por Militão. A comparação destaca o apuro da operação fotográfica que tem por princípio revelar uma parte e esconder outras tantas. Como mostra a antropóloga e educadora Rafaela Deiab, nesse caso apenas a babá se encontra borrada, ausente ou objetificada; as fotos guardam tão somente pedaços de

Da esq. para a dir.: Militão Augusto de Azevedo, *Sem título*, 1883. Albúmen; *Sem título*, 1879. Albúmen; *Sem título*, 1880. Albúmen; *Sem título*, 1880. Albúmen.

seus corpos. Quase nada delas restou; um pedaço de xale, um fragmento das vestes escuras ou as mãos calejadas do trabalho.[54]

Esse processo de "desaparição", literal e simbólico, e que pode ser observado no trabalho de outros fotógrafos, como, por exemplo, Alberto Henschel, acompanha pari passu o movimento eugenista e de crítica ao chamado "leite mercenário". No final do século XIX, são muitos os relatos que se insurgem contra o aleitamento feito pelas amas e paralelamente defendem aquele realizado pela própria mãe. No periódico *A Mãi de Familia*,[55] veiculado na corte entre 1879 e 1888, valorizava-se o aleitamento materno em oposição direta ao delegado a escravizadas, que, alertava o jornal, acabava por distanciar o Brasil do rol dos países tidos como "civilizados".

O suposto era que não se tratava de um aleitamento benéfico, uma vez que "oferecido" por pessoas "degeneradas" ou "inferiores", cujo leite teria a capacidade de contaminar as crianças que o recebiam e de perpetuar o atraso. Datam dessa época, também, o surgimento e o incentivo ao leite em pó, então considerado "mais saudável".

Entretanto, em terras brasileiras, o "costume" já havia se imiscuído no âmago das famílias de proprietários brancos e fora assim naturalizado. Nesse contexto, porém, e sobretudo a partir dos anos 1880, tomaram força

Possivelmente a primeira versão da Farinha Láctea, ainda na segunda metade do século XIX.

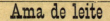  

Da esq. para a dir.: Anúncio publicado em abril de 1886; propaganda do leite em pó Lactogeno Nestlé, publicada na *Revista da Semana*, 28 de setembro de 1929; e propaganda do Leite Condensado Moça, publicada na revista *Fon Fon*, novembro de 1912.

as teses do darwinismo racial — que pressupunham a existência de raças superiores e inferiores e condenavam a mistura —, conferindo um argumento a mais aos médicos nacionais contrários à prática. Isto é, o aleitamento feito por mulheres consideradas "racialmente inferiores", que, como diz o anúncio, não eram "sadias e boas", transmitiria qualidades morais aos bebês, alterando e prejudicando seu caráter, sua formação física e mental.[56]

Esse é o teor também da propaganda de Leite Condensado Moça que traz a imagem de uma mãe branca, com olhar calmo, roupas igualmente brancas e que envolve carinhosamente seu filho nos braços. O que impressiona, porém, é o texto do anúncio que grifa a ideia de que esse seria o "único substituto" de "confiança", na falta do leite materno. Muitas vezes um texto diz muito mais pelo que propositalmente resolve omitir.

Não parece coincidência, pois, que as famosas fotos das amas fossem substituídas, aos poucos, por imagens em que elas deixavam literalmente de figurar. Esses novos registros representavam o apagamento, físico e metafórico, de seus corpos, de seu leite e dos filhos próprios que deixaram de amamentar. Sua presença era agora, e ainda mais, uma grande ausência.

Carregando o próprio filho

Restaram, porém, desenhos e fotos, mesmo que minoritários, em que mulheres negras aparecem carregando seus próprios filhos. Se é correto que os corpos lembram, guardam suas histórias, uma certa conexão especial pode ser percebida quando é dado a essas amas o direito de se fazerem representar ao lado de seus rebentos.

Foram poucos os profissionais que se dedicaram a fotografar mulheres negras junto a seus bebês, e quando o fizeram pareciam visar, sobretudo, à criação de outro tipo exótico.

Nesse documento de Marc Ferrez, por exemplo, tudo parece ser construção. A foto foi reproduzida como cartão-postal e comercializada enquanto um símbolo aprazível do Brasil: mais um souvenir. A jovem traz na cabeça um cesto com espigas de milho e o apoia num objeto de sisal especialmente feito para este fim: suportar grandes cargas. A fotografia revela também equilíbrio estético na sua composição: o branco do turbante e da manga se destaca diante da tonalidade escura da modelo. O braço torneado produz um quadrante perfeito nessa foto tirada, conforme a convenção, de perfil ou em três-quartos.

Entretanto, nem tudo parece ter dado certo na produção; ela deu quase certo. Em primeiro lugar, a moça está de olhos quase fechados; ausentes. Se o ato é proposital ou não, hoje será impossível confirmar. Já seu bebê, curioso, encarou o fotógrafo, mexendo-se um pouco de modo a atrapalhar a nitidez da imagem. De toda maneira, em função do apuro

Marc Ferrez,[57] *Negra com seu filho,* c. 1884. Gelatina de prata, 12,4 × 8,8 cm.

Alberto Henschel, *Retrato de jovem mulher com bebê nas costas e um tabuleiro de frutas em frente*, c. 1870. Carte de visite, 9,2 × 5,7 cm.[59]

técnico e da beleza do registro, a foto virou um sucesso comercial, e acabou circulando como modelo e propaganda de uma suposta, e sem dúvida enganosa, escravidão "pacífica" e "bela" do Brasil.[58]

Mas há algo de íntimo e de familiar na forma como o pano da costa envolve todo o bebê, só deixando seu pequeno pé à mostra. Há também segurança nessa arte de carregar o filho e cuidar dele. Sutil é a maneira como o cotovelo da mãe se aproxima do corpo da criança. Pele na pele.

Essa foto de Henschel corrobora o mesmo argumento. De uma parte, o profissional evidentemente procura destacar o lado exótico da situação — a moça tomada de perfil sendo associada à prática da venda de frutas. De outra, porém, o sono tranquilo do bebê revela, por novo ângulo, a proximidade calma que parecia existir entre uma mãe e seu filho — inclusive em situações extremas como essa: a tomada de uma foto com o objetivo de venda ou propaganda.

Sabemos que profissionais fotógrafos também criaram cenários, com o objetivo de divulgar uma visão ordeira do sistema escravista. É o caso da foto de Georges Leuzinger, na página ao lado; mestre em criar paisagens socialmente construídas.

A despeito de a foto não ter sido realizada no interior de um estúdio, tudo nela é igualmente artificial, como se fosse um ateliê a céu aberto. Cada pessoa e cada objeto parecem estar em seus exatos e premeditados lugares. O cenário corresponde a uma das várias fazendas de café que, apesar de em tal contexto se encontrarem decadentes, cabia ao fotógrafo engrandecer e imortalizar. Ao fundo, divisam-se as montanhas que cercam a propriedade, já um pouco destruídas pelo plantio inclemente. Esse era o conhecido café de encosta, que, em função da falta de descanso da terra, costumava gerar panoramas marcados por devastação. Ao centro, uma construção bastante rudimentar traz sinais do tempo: paredes mal rebocadas e sujas contracenam com janelas às quais faltam alguns vidros. Essas são imagens da antiga opulência mas que não disfarçam os efeitos da decadência econômica da região.

Conforme diz a legenda incluída na foto, trata-se em definitivo de um documento sobre a labuta do café. Tanto que tudo é didática e anacronicamente explicado: como se fosse possível documentar todo o processo de fabrico do produto em apenas uma foto. À esquerda vemos o café já preparado e à espera do ensacamento enquanto, mais ao centro, um grupo de escravizados posa para o fotógrafo.

Quase todos, incluindo as crianças, olham para baixo ou para a frente: o escravizado à esquerda que com seu rastelo separa os grãos de café, a escravizada que traz seu filho às costas, as crianças negras sempre representadas no chão. Também olha para baixo a moça negra com um turbante na cabeça que parece ser a ama do menino muito louro e com cabelos bem penteados. Uma espécie de velocípede, e que devia pertencer ao herdeiro da Fazenda do Quititi, ajuda a adornar o registro. Outra política visual de desigualdade: o menino branco é o único que aparece mais evidentemente na foto em situação de lazer. Aos demais, o trabalho!

Georges Leuzinger, *Fazenda do Quititi* [*secagem do café*], *c.* 1865. Albúmen, 18,2 × 24 cm.

Chama atenção, nesse mesmo sentido, que apenas o pequeno senhor olhe para o fotógrafo. O menino deve ter recebido uma voz de comando qualquer para assim deixar mais evidente sua posição social. Há outro aspecto memorável — e talvez não proposital. Existem duas mulheres negras no registro: uma, postada mais à direita e próxima do menino branco — ela há de ser sua ama —, guarda a distância e a humildade requeridas àqueles que ocupam tal posição. O fotógrafo talvez tenha lhe pedido que se portasse dessa maneira, deixando claro seu lugar na foto.[60] No lado oposto outra escravizada leva seu próprio filho às costas. Eles estão muito juntos, tanto que mal vemos o bebê. A moça olha para a frente. Esse é o seu filho. E ela o carrega com grande altivez.

Muitas vezes, mães negras com seus filhos naturais apareciam nas fotos, mesmo que por engano ou descuido. Na imagem abaixo, de MarcFerrez, mais uma vez, tudo e todos parecem estar em seus devidos (e supostamente imutáveis) lugares. Tanto que os escravizados se acham espaçados de forma não só equilibrada como cuidadosamente equidistante.

Parte de um álbum realizado sob encomenda, e organizado pelo fotógrafo com o objetivo de mostrar a pujança das fazendas escravistas de café, num período de clara desmontagem desse sistema de trabalhos forçados, a

Marc Ferrez, *Escravos em terreiro de uma fazenda de café*, c. 1882. Gelatina de prata.

imagem pretende, didaticamente, encenar a ordem reinante em tais plantações. Escravizados e escravizadas aram a terra, carregam cestas, separam as sementes. O conjunto é em tudo grandioso; ao fundo observamos a extensa propriedade do senhor e as montanhas circundantes tomadas pelo cultivo do produto, tão lucrativo para o país que acabou conhecido como "ouro verde". Ainda mais ao fundo, e sem tanta proeminência, notamos uma senzala ou um local onde se podia estocar o café.

No entanto, há uma imensa diferença entre analisar a foto no atacado e observá-la no varejo. Ou seja, no conjunto, o documento parece desenhar um ambiente de absoluto controle.[61] Nenhum dos escravizados e escravizadas, reconhecíveis por sua cor, roupas e atividades, parece mostrar algum tipo de reação. Todavia, e como diz Caetano Veloso em "Vaca profana", "de perto ninguém é normal". Ampliando a fotografia, podemos observar expressões de embaraço e de humilhação, e até mesmo dois homens cochichando, possivelmente desfazendo da artificialidade da situação. E mais: fica claro como a misteriosa figura no primeiro plano não é um feitor, e sim alguém que aparenta estar vinculado à produção da foto e à marcação da posição dos personagens.

Detalhe de *Escravos em terreiro de uma fazenda de café*.

Mas há um detalhe ainda mais forte, e comovente. No centro à esquerda da foto, olhando para a câmera e como que ausente da encenação, está sentada uma escravizada; ela segura seu filho no colo. A moça provavelmente escapou à teatralidade da imagem, julgando estar escondida por um colega que revolve o café com um rastelo. Porém, não escapou das lentes do fotógrafo, mesmo que não de forma intencional.

A proximidade dos corpos e o cuidado para com a criança parecem interromper a cena do trabalho, e devolver ao observador não só a agência dos escravizados, como a subjetividade de uma mãe envolvida nos cuidados para com o seu bebê.

Passado futuro

Segundo a crítica Natalia Brizuela, as fotos de pessoas escravizadas em situação de subordinação mostram como o outro lado do Atlântico nunca significou "um lar". Representou um "túmulo" ou uma "vitrine da morte". Escreve ela: "Esses corpos são removidos da paisagem, transformados em relíquias do passado, vendidos como símbolo da futura transformação da economia brasileira numa economia industrial". Para o viajante europeu, que ao voltar podia levar consigo os corpos que desejasse, como souvenirs, esses eram registros de alguma terra longínqua que ainda vivia nas trevas.[62]

Fotografias se comportam, de fato, como fantasmagorias, pois parecem estar presas ao passado, a despeito de irromperem na temporalidade do presente. De acordo com Roland Barthes: "Ao me dar o passado absoluto da pose [...], a fotografia me diz a morte no futuro".[63]

Esse é um registro visual que escapou aos limites temporais da escravidão no Brasil. Muito reproduzida, também por conta da violência da situação que escancara, a fotografia é datada de 1899, mostrando como o passado continuava, teimosamente, a existir no presente da Primeira República. Interessante reparar nas técnicas corporais que vemos na foto. Ambas as modelos dirigem o olhar ao fotógrafo. A criança branca, de cabelos lisos, bem-vestida, traz uma expressão tímida e parece se equilibrar desajeitadamente sobre as costas da babá. O termo constante da legenda mudou, e a antiga "ama" era agora referenciada como "babá". Mudava o nome, mas não a condição.

Com sua pele escura, seus cabelos curtos e uniforme imaculadamente branco — para não lembrar sujeira ou falta de higiene —, ela não deveria chamar muita atenção. Funcionava como um suporte real e simbólico

Jorge Henrique Papf, *Babá brincando com criança*, c. 1899. Albúmen.[64]

OS FANTASMAS DAS AMAS NEGRAS

para a criança que ocupa a posição central na foto: como sabemos, é para ela que deve convergir o olhar. Também chama atenção o contraste de cores: a babá é muito negra, como se as lentes não fossem capazes de captar nuanças em cores a não ser o branco.[65] A questão não era técnica, mas moral — não havia interesse econômico e social em retratar pessoas negras. Não obstante, na época, profissionais costumavam se queixar e alegar falta de recursos. O comprimento dos cabelos da babá era então explicado pela eugenia — teoria racial pseudocientífica muito influente no período, que recomendava cabelos bem curtos nesses casos, a fim de evitar-se a "contaminação".[66]

As posições também são invertidas. A criança se encontra na parte superior da foto, a babá na parte inferior. Mas um elemento parece ter se esquivado à desejada invisibilidade da serviçal: o branco de seus olhos expressivos salta na foto. Ela não sorri; aliás, não deveria sorrir, como mandava a convenção. Observa, porém, o fotógrafo, como se nos forçasse a entrar na foto e sentir a humilhação que ela sentia. Foi no instante da espera que ela não vergou e, de alguma maneira, nos incluiu no registro, e, assim, no absurdo da situação.

Além do mais, se todos os elementos que a rodeiam e definem procuram apagar dela qualquer rastro de individualidade, uma pulseira presa no seu braço esquerdo ganhou inesperado destaque. Talvez o adereço tenha escapado ao arbítrio do fotógrafo, mas ele faz toda diferença no interior dessa circunstância de extremo apagamento.

Não por acaso, essa foto virou símbolo ao revés, bem como inspirou obras contemporâneas que leram nela outros sentidos: de insurreição, por exemplo.[67] A fotografia se transformou num fantasma de si, e obteve sua realidade e rebeldia.

Há algo de alegórico em tais fotos. Ao mesmo tempo que elas nos causam repulsa e nos afastam, como se não quiséssemos tomar parte nelas, a força do olhar das mulheres negras nos torna cúmplices. Essa é, aliás, uma das mágicas da fotografia, que, diferentemente da pintura, pode incluir a "contingência". Segundo Walter Benjamin: "A mais exata das técnicas pode dar a seus produtos um valor mágico [...] Por mais que o fotógrafo trate cuidadosamente da pose de seu modelo, o espectador sente uma compulsão irresistível de olhar para uma pequena centelha de contingência [...] e achar um ponto imperceptível".[68]

Essas são também fotos ambivalentes. Como explica Saidiya Hartman para o caso de outros documentos visuais de meninas e moças negras "rebeldes": "O corpo dela está exposto, mas ela retém tudo. 'O corpo se revela', obedecendo à exigência, mas ainda assim 'não se dá, não há generosidade nele.' É possível dar o que já foi tomado?".[69] Dessa maneira, o olhar direto delas para a câmera, a despeito de, como vimos, nos tornar cúmplices da violência, não representa um convite àquele que observa a foto. Também não há reciprocidade. Afinal, trata-se de imagens forçadas.

As fotos de amas são, pois, e citando Tina Campt, "imagens de recusa". Elas se encontram "capturadas" — literal e metaforicamente — em tais documentos. Por isso, esses são quase registros fantasmas, na medida em que as amas, de algum modo, se negam a atuar: não se dão a ver. Estão nas fotos, mas não integralmente. Não há muita ternura, não há excesso de afeto, não há expressão. A recusa, mesmo que externada por pequenos detalhes, revela grandes estruturas: significa o uso da resistência como uma forma última e um recurso criativo para abraçar a possibilidade de se fazer representar de outra maneira.[70] Afinal, nenhuma mulher negra esqueceria a associação que esse tipo de trabalho carregava com a escravidão.

Entretanto, se é certo que a fotografia tem o dom de fabricar suas próprias formas de difusão e consentimento, nessas imagens há algo de "mímica", seguindo-se o conceito de Homi Bhabha: uma maneira de "desobediência civil dentro da disciplina da civilidade".[71] Tal perspectiva nos permite ver esses documentos invertendo as normas que os presidem; a partir de uma espécie de teoria da resistência, que possibilita novas elaborações históricas; formas de estratégia para aqueles que estão fora do poder.

Tentei aqui ver essas fontes, apagadas pelo tempo mas muito firmes na memória, de modo contraintuitivo. Uma certa "forma de ver" canônica, ensinada durante muitos anos, difundiu uma estrutura própria para enxergar as pessoas negras apenas de maneira subordinada. Contudo, no olhar firme das amas, nos poucos adereços que ostentam, há também algo de desafiante e de tremendamente desconfortável. Há elementos responsivos[72] e contrários a essa que é uma convenção criada por famílias brancas e escravocratas.

Toda fotografia supõe certo grau de manipulação material, outro temporal e outro, ainda, dado pela circunstância: pelo intervalo.[73] Ao mesmo tempo que a fotografia tem a possibilidade de arrancar um pedaço de realidade,

OS FANTASMAS DAS AMAS NEGRAS

ela permite essa "centelha de contingência", que faculta captar subjetividades por vezes imperceptíveis no tempo do ateliê, de seu fotógrafo e de seus clientes. É essa centelha que revela uma espécie de "inconsciente óptico da fotografia": aqueles desejos e medos que ativam a imagem, criando vínculos apenas latentes entre o fotógrafo e seu modelo, entre o espectador e a fotografia.

Esse também não é um passado já passado e exterior a nós. É um passado presente que mostra como convenções de outrora figuram no tempo atual, a partir de um imaginário mítico de escravizadas íntimas e afetivas, que se inscreve nas vestes brancas das babás, nos cabelos presos e envoltos por redes, na tentativa de perenização das formas de subordinação, e na atitude dos novos "profissionais das fotos", que com seus celulares nas mãos ainda acreditam na fidelidade inocente do retrato.

"Fotos são um meio de aprisionar a realidade [...]. Ou ampliam a realidade."[74] Interessante pensar que, com o passar do tempo, e como afirma Gilles Deleuze: "Em última análise, só o estranho é familiar e só a diferença se repete".[75]

7 | O ESPETÁCULO DOS SABONETES
Passando a limpo as fantasias raciais

> *Minha mão está suja.*
> *Preciso cortá-la.*
> *Não adianta lavar.*
> *A água está podre.*
> *Nem ensaboar.*
> *O sabão é ruim.*
> *A mão está suja,*
> *suja há muitos anos.*
> Carlos Drummond de Andrade, "A mão suja"

Introdução: inventando o conceito de raça

No final do século XIX, o darwinismo racial e as teorias de degeneração viviam seu momento de maior influência e popularidade, nomeadamente no Brasil. Tais modelos supunham que as raças constituíam realidades ontológicas e essenciais, sendo a humanidade dividida, cartesianamente, a partir de raças superiores (as caucasianas) e inferiores (as africanas e as indígenas). No entanto, para os proponentes dessas teses, que tinham na época o status de cientistas mas eram sobretudo divulgadores, muito piores do que as raças puras — das quais se sabia o que esperar (e o que não esperar) — eram as raças chamadas de mistas ou miscigenadas, que, segundo as mesmas concepções, tendiam a herdar de seus genitores tudo o que havia de pior — eram, assim, "degeneradas".

Outro pressuposto dessas teorias era que a degeneração racial trazia consigo estigmas: loucura, epilepsia, alcoolismo, parafrenia (transtorno mental que se caracteriza pelo surgimento de ideias fixas e obsessivas baseadas em fatos falsos ou infundados), e a própria criminalidade.[1] A associação era imediata, pobreza e raça (negra) viravam categorias articuladas a indicar desordem, caos social e perigo. Por outro lado, e com a teoria da "recapitulação", acreditava-se que cada criança significava uma miniatura orgânica do seu ancestral de raça. Criava-se, dessa maneira, uma analogia entre o selvagem e a criança, uma vez que, como dizia o zoólogo Ernst Haeckel, um grande divulgador do darwinismo racial, toda infância repete os "defeitos da mãe" e da sua herança.

Em nome da identificação da "degeneração social", também se examinavam sinais físicos — como o comprimento e a forma da cabeça, o antebraço longo (uma característica dos macacos), panturrilhas largas (mais uma vez numa aproximação com os macacos), orelha sem lóbulo, o comprimento da cartilagem nasal, o achatamento do nariz, a testa baixa e pelos faciais. Esses eram os famosos "estigmas" da antropologia criminal de Cesare Lombroso, cuja utopia maior era prender um assassino antes mesmo que ele pensasse em cometer o crime. O princípio básico pautava-se na concepção de que criminosos eram pessoas regredidas e atávicas, crianças adultas condicionadas por marcas raciais de degeneração. A geometria do rosto correspondia diretamente ao que era chamado de "psicologia das raças": os aspectos internos das pessoas decaídas.[2] Os estigmas serviam, pois, para localizar e disciplinar "raças atávicas" que conviviam com as sociedades europeias e as "contagiavam". Assim se criava uma "retórica da raça", fundamentada na biologia do período mas usada para inventar distinções e originar práticas sociais.

Leo Spitzer, em seu livro *Vidas de entremeio*, definiu esse contexto como uma "época de ouro das libertações" mas que gerou, paradoxalmente, sua própria reversão de expectativas: no lugar da assimilação de populações até então excluídas produziu muita marginalização.[3] Com a abolição formal da escravidão em países como Estados Unidos, Cuba e Brasil, a extinção de pogroms na Europa e a eliminação de outros espaços segregados, difundiu-se a esperança de que a liberdade era um ganho não só incontornável como irrevogável. Porém, a realidade tratou de logo desmentir a utopia de época, e o que ocorreu foi todo tipo de quebra das promessas de igualdade. Conforme escreveu Saidiya Hartman: "Essa primeira geração pós-escravidão era tão apaixonada pela liberdade que poucos notaram ou se preocuparam com o fato de que eles não tinham sido libertos. [...] As pessoas estavam muito ocupadas sonhando com aquilo que desejavam ser, pensando em como queriam viver, nos acres que iriam cultivar. [...]

O ESPETÁCULO DOS SABONETES | **237**

A liberdade era a promessa de uma vida que a maioria nunca teria, e que poucos tinham vivido".[4]

O mesmo período, entre o final do século XIX e o começo do XX, ficou também conhecido como a "Era da Ciência", e termos como "progresso" e "evolução" permeavam o "espírito da época",[5] guardando o suposto comum de que as sociedades evoluíam em sentido único e cumulativo. Na base do triângulo social que compunha a humanidade estariam as populações africanas e indígenas, e no topo a Europa com sua "civilização". E era justamente (e tão somente) essa "civilização ocidental" que deixaria de ter amarras ou freios.[6] Segundo bel hooks, criava-se uma vasta produção em torno do "discurso sobre raças, sem que a brancura fosse questionada",[7] tudo com o beneplácito da ciência e da biologia.

Também nesse momento tomam força as teorias eugênicas que propunham uma verdadeira separação física entre as raças. A história da palavra "eugenia", sua aplicação a políticas públicas estatais e nacionais, bem como seu manejo, fazem parte de movimentos sociais cujas perspectivas eram muito complexas. Se o termo se refere a um conceito que traz uma raiz etimológica grega — *eugéneia*, que significa "gerar o melhor": *eu*: "bom", "melhor"; *genia*: "gerar", "geração" —, indicava igualmente uma política com implicações no cotidiano das populações. A eugenia evoluiu então de uma teoria científica de laboratório para uma política pública voltada para o "melhoramento da sociedade". Estado e ciência agiriam, assim, juntos a fim de, por meio de modelos deterministas, garantir aos eugenistas uma intervenção direta na saúde das comunidades.[8]

Enquanto a prática e sua associação com a biologia eram novas, o discurso sobre as raças era bem mais antigo. Aparece pela primeira vez em 1684 no artigo de François Bernier intitulado "Nouvelle Division entre la terre, par les différents espèces ou races d'hommes qui l'habitent". Bernier não oferecia, porém, delimitações biológicas rígidas a demarcar os diferentes grupos; eram os costumes que ordenavam tal divisão. Nada tinham a ver, portanto, com o conceito biológico de raça e muito menos com as práticas sociais que ele gerou séculos depois.[9]

Foi sobretudo no século XIX, e junto com a promessa das abolições de toda ordem, que tal conceito deu forma a uma nova teoria das diferenças humanas e adquiriu uma conotação mais determinista, passando a vincular aspectos externos e fenotípicos — cor de pele, formato de olhos, lábios e nariz, dimensão do crânio, tipos de cabelo — a características internas: morais e intelectuais. Vários intelectuais dedicaram-se, então, a estudar as "raças humanas" e sua presença desigual em diversas partes do mundo. Entre eles destacam-se os naturalistas Johann Friedrich Blumenbach e Georges Cuvier, que ficou conhecido, aliás, como o pai do conceito. O suposto era que certas características intrínsecas determinariam a existência de diferenças entre os homens, tão estáveis como aquelas que existem entre as várias espécies do mundo animal.

Essas teorias partiam de cinco pressupostos. O primeiro determinava a realidade das raças. O segundo estabelecia uma continuidade entre características físicas e morais, enquanto o terceiro destacava a relevância do grupo raciocultural no comportamento do indivíduo. O quarto confirmava a existência não só de diferenças estruturais, como de hierarquias humanas únicas, cujo vértice máximo estaria na Europa e cuja base estaria nas populações nativas dos países coloniais. O quinto, por fim, determinava a urgência de uma política em harmonia com essas conclusões: a eugenia.[10]

A partir dos anos 1870, vários Estados nacionais passaram a adotar práticas que visavam "racializar" as relações sociais, controlando grupos considerados inferiores. Diante da certeza determinística sobre as variações entre as raças, aplicaram-se políticas que, pautadas na eugenia, propugnavam a intervenção e o controle populacional. Utilizando uma concepção alargada de doença — da qual fariam parte não só os doentes físicos, como os "doentes mentais e morais" —, insistiam os médicos higienistas numa primazia de sua atividade para os desígnios da coletividade. Segundo Michel Foucault, desenvolve-se então uma tecnologia das ciências da vida ou biociências. Tendo como base a teoria da degenerescência e o princípio da hereditariedade, passou-se a implementar práticas sociais de eliminação da transmissão de linhagens que supostamente apresentassem problemas físicos, mentais ou estéticos.[11]

Tal tipo de política não era exatamente novo. É possível dizer que já em Esparta adotaram-se medidas em prol do controle rigoroso dos nascimentos, estimulando que mulheres robustas gerassem filhos sadios, ao mesmo tempo que crianças nascidas com imperfeições fossem desprezadas. Mas o que não existiam eram medidas de Estado pautadas em diferenças que acomodavam fenótipo com nascimento e hereditariedade. É em meados do século XIX que surgem verdadeiros "dispositivos de racialidade", os quais, de acordo com Sueli Carneiro, eram estruturados a partir de um conjunto de elementos verbais e não verbais com capacidade de influenciar na própria realidade.[12]

Em 1883 Francis Galton explorou esse tipo de preocupação em torno do "bom nascimento" e, utilizando-se dos conhecimentos de Malthus, Lamarck, Darwin e das ideias circulantes na Inglaterra, definiu eugenia como o "estudo dos fatores físicos e mentais socialmente controláveis, que poderiam alterar para pior ou para melhor as qualidades racionais, visando o bem-estar da espécie".[13] A busca pela melhor compleição física e mental culminou com a esperança de "melhorar e aperfeiçoar a espécie humana" através do controle reprodutivo. Segundo esses autores, a ideia da eugenia teria sido adaptada da agricultura e da pecuária, em sua busca pelo aperfeiçoamento técnico. Na agricultura, desde o século XVIII, selecionavam-se as cepas nas plantações de maçã e milho, enquanto na pecuária se priorizava o cruzamento das melhores estirpes. Também se realizaram pesquisas sobre traços morfológicos humanos considerados normais e anormais, e acerca dos fenômenos de hibridação humana. Foi, porém, no Novecentos que tal saber se voltou diretamente para o "aperfeiçoamento" da espécie humana e para a valorização da "pureza" das linhagens.

A noção de hereditariedade se desenvolveria muito em 1838, com os estudos de embriologia de Von Baer, mas foi Galton que vinculou o termo "eugenia" à capacidade científica de aprimorar a espécie humana através de "uniões desejadas". Sustentava-se que, para tal, bastava incentivar casamentos eugênicos — escolhendo as "boas estirpes" — e restringir as uniões entre raças muito diferentes. Antes das "descobertas" de Gregor Mendel em 1865, não se sabia, contudo, quais práticas interfeririam na linhagem humana. Tanto que se previam uniões entre estratos elevados como forma de melhorar o desempenho da nação, bem como medidas de higiene dos corpos. Foi apenas com a eugenia, entretanto, que esse tipo de saber se transformou numa espécie de ideologia científica a serviço do Estado.

A teoria dos casamentos eugênicos passou a priorizar, então, a união entre iguais — de corpo e mentalidade. O objetivo era propiciar a seleção eugênica na orientação dos matrimônios e estimular a procriação pelos casais considerados aptos. A seleção levaria a boas linhagens hereditárias e à realização do "tipo eugênico": uma "síntese feliz" de qualidades superiores, de temperamento e de inteligência. Não por acaso, considerava-se que os indivíduos eugênicos se concentravam nas altas camadas dirigentes e nas classes superiores. Dessa maneira, uma pequena minoria estaria mais capacitada a representar as qualidades de uma nação do que a maioria de seus habitantes, concentrados nas classes populares. O estímulo à procriação era realizado a partir de exames pré-nupciais e estudos genéticos dos nubentes. Entre as medidas que potencializavam o nascimento de "crianças saudáveis" estavam o saneamento básico, os cuidados com a nutrição, as atividades físicas, a assistência pré-natal, o controle e tratamento de doenças. Essa era a assim chamada "eugenia positiva".

Já a "eugenia negativa" preconizava a segregação e a eliminação dos "incapazes", dos "defeituosos", dos miseráveis, além dos negros e estrangeiros. O objetivo era diminuir o número de pessoas não eugênicas, por meio da limitação ao casamento e à procriação delas. Propunha-se, nesse sentido, um maior controle governamental sobre a reprodução humana, através da exigência de exames pré-nupciais e de estudos genéticos. Defendia-se também o aborto eugênico, o controle das formas externas de degeneração, chamadas de "disgênicos" — entre elas o alcoolismo, a tuberculose e as doenças venéreas como a sífilis —, incluindo limitações nas políticas imigratórias. Recomendavam-se, ainda, a segregação e a esterilização de doentes mentais e de outros "indivíduos degenerados". Nesses casos, previam-se medidas anticoncepcionais e a esterilização para elementos provenientes de classes mais desfavorecidas e empobrecidas, compostas de negros e mestiços — considerados "elementos inferiores".[14]

Assim, em nome da ciência e da biologia, avaliavam-se de forma negativa condições de vida produzidas pela própria sociedade — como a pobreza e a falta de educação formal, agora entendidas como resultado de fatores hereditários. A eugenia também resvalava em áreas como as questões econômicas, sociais e do meio ambiente; além de buscar influenciar na educação, nos costumes e na imigração. Aplicavam-se, então, conceitos (quase) biológicos, como "tipo", "gênero", "espécie" e "raça", enquanto expressões de autoridade, fazendo da natureza uma sorte de cúmplice das políticas de controle social.

Não por acaso, o primeiro grande centro da eugenia foi a Inglaterra vitoriana, cujas condições chamaram a atenção de Francis Galton como um

O ESPETÁCULO DOS SABONETES | **241**

exemplo de "decadência racial". Galton era primo de Charles Darwin e, depois de ler *A origem das espécies*, ficou especialmente interessado em como o "estoque humano" poderia ser "melhorado" por meio dos cruzamentos seletivos, a exemplo do que ocorria com espécies de plantas e animais domésticos. Também adaptou o conceito de seleção natural. Segundo o autor, seriam hereditárias as características físicas — como cor de pele e dos olhos — mas igualmente as "morais", como a preguiça, a inteligência, a criminalidade e a loucura.

Tanto lá como nos Estados Unidos, a eugenia se enraíza como uma reação ao crescimento desordenado das cidades que tornava urgente a intervenção do Estado. Seus apoiadores eram em geral indivíduos de classe média, brancos e com certa educação formal, que se sentiam de alguma maneira lesados com a chegada de camponeses, pobres e operários aos centros urbanos. Era voz corrente em tais setores que a entrada desses novos agentes sociais estaria ampliando os espaços da criminalidade, da prostituição e do alcoolismo. Os imigrantes vindos do Sul e do Leste da Europa também eram considerados inferiores hereditariamente, assim como os irlandeses — chamados de "calibãs celtas" e "negros brancos" — eram diferenciados dos anglo-saxões.[15]

E, para lidar com essas que eram tidas como verdadeiras degenerações sociais e coletivas, foram criadas associações e instituições em que a eugenia negativa proliferou. Em 1910, inaugurou-se um laboratório perto da cidade de Nova York — o Escritório de Registro de Eugenia — onde se coletavam informações que iam desde a cor dos cabelos até a dos olhos ou mesmo ao fato de ser portador de epilepsia. A ideia era mapear a promiscuidade, a vagabundagem e a sobriedade. Todos igualmente considerados fatores de degeneração.

A eugenia se converteu, então, numa palavra familiar nesse país: era tema corrente nos jornais, nas rádios, nos filmes. Em meados dos anos 1920, esterilizar pessoas era legal em alguns estados americanos. Os surdos, cegos, epiléticos, "débeis mentais", como os chamavam, eram esterilizados, e a própria pobreza tinha agora um diagnóstico médico, numa clara biologização dessa condição social. Cerca de 60 a 70 mil indivíduos foram esterilizados nos Estados Unidos, e, até 1979, certos estados, como a Virgínia, continuavam a adotar a prática.[16]

Virando voga no Brasil

Por aqui, a "ciência" da eugenia bem como os movimentos dela decorrentes tomaram força a partir da década de 1910, muito particularmente nos meios acadêmicos e em especial nas faculdades de medicina — nomeadamente na do Rio de Janeiro. O Brasil sofria com as consequências do fim do regime da escravidão e com a imensa desigualdade dele resultante. Sem políticas de inclusão social, o período do pós-abolição acabou sendo longo e profundamente injusto. Por outro lado, a força da recepção do darwinismo racial nos circuitos acadêmicos, científicos e literários fez com que essas teorias fossem entendidas como um diagnóstico e a eugenia como a melhor solução.

Diante da ameaça que significava a igualdade jurídica — anunciada pela abolição da escravatura e pela promulgação da República —, a eugenia dava conta de estabelecer uma desigualdade biológica, com um discurso supostamente universal. Concorria sobretudo para "naturalizar" o predomínio de determinadas posições sociais e silenciar outras.

Além do mais, a voga das teorias raciais, que surge no Brasil já nos anos 1870 muito ligada à antropologia criminal e à frenologia, também auxiliou na absorção de princípios eugênicos. O médico Nina Rodrigues, fundador da Escola Tropicalista Baiana, ajuizava, como mostrou a antropóloga Mariza Corrêa, caber ao profissional de saúde legislar sobre o Código Penal de 1890, já que o criminoso não passava de um doente regredido. Data de 1894 a publicação de *As raças humanas e a responsabilidade penal no Brasil*, livro em que o médico, partindo do suposto da desigualdade entre as raças e da degeneração dos mestiços, advogava pela existência de vários códigos legais, adaptados às capacidades variantes dos cidadãos.[17] Já a frenologia pautava-se na noção de que a mensuração do formato e tamanho do crânio poderia levar a conclusões determinísticas acerca do estado de desenvolvimento das populações.

O importante é que, mesmo não sendo termos sinônimos, tais teorias apostavam que era possível, a partir da biologia e das características hereditárias, avaliar os potenciais variáveis das raças e, portanto, da própria humanidade. Inimigos do livre-arbítrio e dos ganhos republicanos das noções de igualdade e cidadania, esses teóricos propunham a intervenção pública, a coerção e o impedimento das liberdades individuais. O indivíduo pouco valia; interessava mais o grupo racial, que determinava suas potencialidades.

O ESPETÁCULO DOS SABONETES

E foi assim que a eugenia encontrou no país um terreno fértil. Nas primeiras décadas do século XX, a maior preocupação centrava-se no controle da população formada por ex-escravizados e imigrantes recém-chegados, muitos em processo de proletarização. Vários intelectuais, referências em suas universidades, estimavam que a miscigenação era um mal e que o Brasil não tinha futuro. Nesse sentido, os discursos eugênicos se apresentaram como formas de sanear a nação.[18]

João Batista de Lacerda, diretor do Museu Nacional, participou como representante do Brasil no Congresso Universal de Raças, realizado em 1911, em Londres, com a tese "Sur le Métis au Brésil",[19] na qual apregoava que, no espaço de três gerações, por efeito da "seleção natural" e dos "mais fortes", e por conta da entrada de imigrantes europeus, o país seria branco — grego até.[20] A mesma tese já havia sido explorada por Sílvio Romero em *História da literatura brasileira* (1888),[21] que conclamava os "brancos" reunidos no Sul do país para que se misturassem aos demais grupos de modo a garantir sua supremacia biológica e o branqueamento final. Contudo, por aqui, o maior defensor da eugenia foi Renato Kehl, formado na Faculdade de Medicina do Rio de Janeiro. Ele, que viria no futuro a tecer elogios ao modelo do apartheid da África do Sul, advogava medidas como a esterilização, o controle matrimonial, a seleção de imigrantes e outras políticas que faziam da propaganda eugênica a sua missão política e intelectual, o que lhe rendeu o título de "pai da eugenia no Brasil".[22]

Outro líder do movimento eugênico brasileiro foi Edgard Roquette-Pinto, que, nos anos 1930, quando era diretor do Museu Nacional, sustentou a tese de que seria preciso regenerar a população do país, a qual ele considerava biologicamente degenerada. O antropólogo lançou obras sobre o assunto, além de ter presidido o I Congresso Brasileiro de Eugenia, realizado no Rio de Janeiro em 1929.[23]

A imagem de uma árvore passava a representar, exemplarmente e enquanto paradigma visual, o progresso evolutivo na forma de um modelo progressivo e cujo sentido era tão "obrigatório" e "universal" como a natureza. Se a natureza da Renascença — a natureza divina — era entendida como cosmológica, organizada de acordo com a vontade de Deus, a árvore da eugenia representava uma demonstração cabal do desenvolvimento incontornável da evolução social.

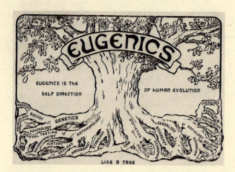

"Eugenia é a autodireção da evolução humana." Logo da II Conferência Internacional de Eugenia, 1921.[24]

Árvores sempre representaram esquemas visuais de hierarquia. Já eram utilizadas para historiar dinastias e realezas, assim como entraram na linguagem da nobreza e de aristocracias mais recentes, que desse modo procuravam confirmar sua antiguidade. No entanto, foram os evolucionistas sociais que as transformaram não numa referência histórica ou mesmo divina, mas numa imagem "natural" do progresso humano, uma genealogia natural da diferença.[25] Sua leitura era tão corriqueira, que elas viraram esquemas visuais, pretensamente mais racionais e científicos, onde se explicava como o que valia para a natureza, valia igualmente para a humanidade.

Esse tipo de modelo pode ser encontrado nos gráficos referentes à reprodução humana. A ilustração abaixo foi retirada do *Boletim de Eugenia*, que tinha como diretor/proprietário justamente o médico Renato Kehl. Ele mostra os perigos da união entre uma mulher saudável e um homem hemofílico.

Não se deve exagerar, porém, a importância e penetração institucional desse discurso, ao menos no Brasil. Na opinião de Vanderlei Sebastião de Souza, "embora esse debate encontrasse audiência pública e estivesse em consonância com o desejo de intelectuais, médicos e setores das elites políticas brasileiras, a medida nunca chegou a ser legislada no Brasil". Isto é, os métodos mais radicais de intervenção eugênica acabaram não sendo aplicados pelas autoridades políticas do país.[27]

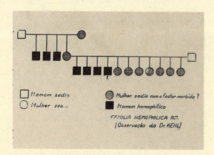

Ilustração publicada no *Boletim de Eugenia*, Instituto Brasileiro de Eugenia, janeiro de 1930.[26]

Mesmo assim, esse tipo de prática conquistou espaço em outros locais também poderosos: o imaginário popular, que tinha no espaço do lar o seu grande alvo e nas propagandas uma forma inesperada de difusão de máximas eugenistas, sobretudo endereçadas à raça negra. Nesse sentido, um dos primeiros passos para melhorar o que era descrito como um "fardo" da raça branca em sua "missão civilizatória", seria justamente ensinar e incutir princípios de higiene em especial no interior das classes menos abonadas. E é esse debate que transforma com facilidade um conjunto de teorias acadêmicas numa disputa em torno do sabão e seus derivados de limpeza. Tais mercadorias, que visavam originalmente a higiene doméstica, passam a simbolizar de maneira alegórica a depuração das raças, relacionando a salubridade à cor da pele e apostando, se possível, no branqueamento. Além do mais, ao mesmo tempo que o produto virava sinônimo de asseamento, ele ia sendo associado ao combate às doenças, as quais, por sua vez, eram diretamente vinculadas à pobreza e à raça negra, assim ressoando conceitos de época como a "degeneração".

O nascimento dos museus de etnografia, as exposições universais: a construção da raça como problema alheio

Os museus de etnografia são criações de finais do século XIX. Instituições formadas no mesmo contexto dos museus de arte, acabaram colando-se à própria imagem das cidades em que se localizavam. Esse movimento foi tão frequente e relevante nas grandes capitais europeias e da América do Norte que o antropólogo George Stocking Jr. chamou o fenômeno de "era dos museus".[28]

Mas existia uma divisão canônica, e internamente partilhada, própria à lógica que presidia a organização desses estabelecimentos. Enquanto os museus de arte guardavam obras que deveriam expor o belo — apresentando telas e esculturas, não por coincidência, basicamente originárias de contextos europeus e feitas por artistas europeus cujas obras eram consideradas "universais" —, os museus de etnografia exibiam em seus espaços as culturas do mundo todo, exceto as provenientes dos países ocidentais; justamente aqueles que realizavam esse tipo de curadoria que pretendia versar de maneira universal sobre o passado mas que acabava classificando apenas os "seus outros". Ou seja, se a Ásia, a África, os indígenas americanos e os nativos da Melanésia passavam a figurar nos salões de tais instituições, a Europa — que organizava a estrutura delas — ficava fora e acima dessa forma de ordenação. Nesse caso, não eram considerados objetos de arte, mas "artesanatos", "artefatos", ou "exemplos" de outros povos. Por isso não ganhavam autoria, sendo pensados como obras coletivas e "representativas" nesse sentido.

A ideia de evolução humana organizava o espaço expositivo, sendo o passado guardado a partir da exegese e apresentação das origens, por sua vez tipificadas a partir de crânios, esqueletos e fósseis. Com isso, os museus de etnografia lembravam uma espécie de casa de fetiches do próprio arcaico. Com a Europa ausente desses museus e de suas exposições didáticas — até porque se entendia como exemplo maior da lógica evolucionista que levava ao progresso histórico —, a África, na famosa concepção do filósofo alemão Hegel, virava um espaço anacrônico: fora do espaço e fora do tempo.[29]

Conforme definiu Sander Gilman, tratava-se do "anacronismo histórico das classes degeneradas que agora era exposto nos museus de etnografia na base de ossos, esqueletos e da elevação de um certo arcaico".[30] E assim essa ciência evolucionista não apenas determinava uma relação entre os macacos e a humanidade, como localizava a origem da espécie numa certa humanidade originária da África, que precisava, segundo tal perspectiva, passar por um processo civilizacional ascendente. Era como se esse lugar tivesse ficado congelado no passado, as imagens de época estabelecendo uma clara associação entre o continente e os ancestrais primatas.

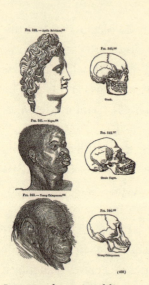

Imagem de uma publicação "científica" do século XIX, que sugeria que os negros seriam o elo evolutivo entre os brancos e os macacos.

Como mostra Donna Haraway, esse tipo de visão ocidental da primatologia levava à construção do "eu" — europeu — a partir da produção da cultura do "outro" como se a natureza fosse um material virgem. Nesse mesmo sentido, macacos e chimpanzés apareciam no discurso ocidental como o espelho humano da distorção evolutiva desta "ciência do outro".[31] Essa é também a época dos museus de ciências naturais, que davam um lugar todo especial a tal tipo de espécime, que representava o berço da civilização.

Esse tipo de concepção evolutiva também encontrou imenso espaço nas exposições universais de finais do século XIX, que iam sendo abertas nas grandes cidades europeias com relevante sucesso de público. Um dos maiores ícones da modernidade foi a mostra realizada em 1851 no Palácio de Cristal, em Londres. Ferro, vidro e vitrines; trilhos, locomotivas e passeios de fim de semana fizeram da Feira um espaço dedicado à celebração do progresso oitocentista.

Darwinismo racial e evolucionismo social nas imagens. Autoria desconhecida, *Um orangotango abraça um cafre, seu mestre*, 1813. Gravura.

Verdadeira vitrine dos projetos e das aspirações das elites encantadas pela miragem da civilização, as exposições universais serviam, ainda, para expor e separar a evolução social, distinguindo a barbárie da civilização. No Palácio de Cristal a lógica classificatória era evidente. Organizada a partir de quatro categorias fixas (matérias-primas, maquinários, manufaturas e belas-artes) e códigos que misturavam algarismos arábicos, romanos e letras do alfabeto latino, o evento apresentava a produção material das diferentes "nações" — do Taiti à poderosa Grã-Bretanha — para um público sedento por imagens de um mundo que agora parecia compacto e disponível.

Tal tipo de ordenamento tinha a capacidade, porém, de naturalizar e esconder o índice classificador da exposição: justamente a lógica ocidental que dividia o mundo à sua "imagem e perfeição". Com efeito, diferentes países respondiam ao que era uma projeção dos grandes modelos imperiais. Basta notar que os produtos americanos eram denominados "artesanato"; os objetos presentes no estande francês, "de luxo"; e os do país-sede, "indústria". Por outro lado, a dificuldade em definir as contribuições vindas das colônias — de esteiras pandanus a elefantes indianos — revelava, de maneira inversa, uma visão muito hierarquizada acerca das contribuições perfiladas nesses certames. Tanto que eram todos designados sob o rótulo de "matérias-primas". Tratava-se do pressuposto vitoriano que acreditava que "nem todos os homens haviam avançado no mesmo passo, ou chegado ao mesmo ponto".[32]

De toda forma, vendidas ao público como uma espécie de parque de diversões para adultos, as exibições compreendiam lógicas diferentes: saciavam a curiosidade, mostravam o exótico, mas também procuravam limitar a noção de progresso a apenas poucas nações. Não por coincidência, os livretos que as anunciavam diziam que elas agradariam a todos: do "simples camponês" ao "mais evoluído cidadão".

O Palácio de Cristal — que lançou e simbolizou o grande modelo dessas feiras — e as exposições universais de um modo geral convertiam-se ainda em palco para grandes negócios, não só em função do número de visitantes como também por conta dos acordos que lá se realizavam, sobretudo nas seções de maquinários e produtos. Conforme escreveu Régis Debray: "As almas têm suas festas desde sempre: as liturgias religiosas. Os corpos também, desde a Grécia: os Jogos Olímpicos. A festa das máquinas remonta apenas à metade do século XIX: é a Exposição Universal. Assim equilibra-se o calendário das sociedades industriais".[33]

O fato é que, a cada feira, reacendia-se uma nova competição entre as nações participantes e, acima de tudo, entre aquelas que sediavam os eventos. O tamanho, o estilo arquitetônico dos prédios, a variedade de pavilhões e de produtos, tudo visava a ostentação frente aos demais países. Cidades monumentais eram erguidas para serem destruídas em seguida, e o espetáculo que mal abria acabava rapidamente. Mas as exposições não se limitaram a reproduzir o mundo. Inventaram toda uma nova arquitetura e uma maneira de exibir produtos e objetos e desse modo hierarquizá-los. Era como se fosse urgente teatralizar a realidade a partir da construção de cenários efêmeros.

Desde a terceira exposição universal, realizada em Londres, o Brasil foi presença cativa nesses eventos. No decreto de 25 de outubro de 1861, assim se defendia a participação do país: "Tornar o Império conhecido, e devidamente apreciado, apresentando alguns espécimes de seus multiplicados e valiosos produtos [...]; dar uma ideia, posto que fraca, de nossa atividade e civilização, fazendo assim desvanecer preconceitos que hajam formado contra nós. As exposições são os congressos do povo, que preparam a paz do mundo. As festas da inteligência e do trabalho [...] Essa é a primeira vez que participamos e a voz da monarquia produz ecos de simpatia".[34]

As razões eram claras. Era preciso mudar a imagem externa do país e impor a sua "real face": a monarquia e seu projeto civilizacional. Conforme mostra o texto, as exposições pareciam corresponder ao melhor local para

O ESPETÁCULO DOS SABONETES

a apresentação de "outro" Brasil, mais evoluído e distanciado da ideia que o vinculava a práticas bárbaras e sobretudo à escravidão. Por sua vez, o soberano investia pessoalmente na elaboração do estande brasileiro, tomava parte nas mostras nacionais, ajudava na escolha dos produtos a serem expostos, e ainda premiava os produtores selecionados.

E a cada país a sua contribuição. É assim que a organização de grandes exposições universais em cidades como Londres (1851, 1862), Paris (1855, 1878, 1889, 1900), Viena (1873), Filadélfia (1876), Calcutá (1883), Antuérpia (1885), Chicago (1893) é paralela a essa época de investimentos vultosos na montagem de coleções etnológicas, na criação de museus a partir de obras retiradas de seu contexto para adquirir outras funções em tais estruturas, na realização de grandes negócios e, também, na produção de propagandas que traziam consigo, de maneira por vezes indireta e muitas vezes direta, as máximas da evolução. E, dentre os novos anúncios comerciais, destacavam-se aqueles patrocinados, justamente, por empresas de sabonete. Era o mundo passado em branco.

Sobre sabonetes e a limpeza

Como mostra Anne McClintock, muitos rituais vitorianos giravam, de um modo ou de outro, em torno dos sabonetes e da noção de limpeza, associando-se, assim, as fronteiras do corpo com as hierarquias sociais. Era, aliás, a propaganda que trazia os signos íntimos da domesticidade para o lugar público do Estado. E, dessa maneira, a própria conquista colonial aparecia agora em latas de biscoito, garrafas de uísque, tabletes de chocolate, caixas de chá e barras de sabonete, que reinventavam, de forma popular e acessível, a diferença racial.[35]

Antes de 1851 a propaganda quase não existia. Os anúncios se limitavam a pequenas tiras nos jornais, cartazes nos muros ou panfletos distribuídos de mão em mão, impressos em papel barato e sem o uso da cor. A situação iria mudar radicalmente a partir dos anos 1880. Na Inglaterra, junto com o crescimento das plantações e do mercado de tecidos de algodão, ganhavam força empresas que, investindo no crescimento urbano, vendiam um pouco de tudo para a nova burguesia que pretendia estar liberta do campo. Mas estava tudo conectado tal qual círculo vicioso. Como explica Eric Hobsbawm: "Quando dize-

Campanha do sabão Pears, 1884.

mos industrialização, dizemos algodão".[36] E, quando dizemos algodão, dizemos escravidão. Assim, não se dissociavam esse e outros produtos britânicos do tema da escravidão e da colonização africana.

Um bom exemplo pode ser encontrado na veiculação acelerada do "espetáculo do sabão". Era ele que, como mostra Anne McClintock, brilhava qual um fetiche, permitia a regeneração doméstica, curava "doenças da sujeira", eliminava as pestilências e "limpava" a desigualdade racial. Nessa época adquirem fama os produtos de Andrew Pears, um filho de fazendeiro que deixa sua cidade natal na Cornualha para abrir uma barbearia em Londres. O negócio prosperou e o comerciante inaugurou uma loja onde vendia cremes, dentifrícios e sabões. O último produto fez tamanho sucesso que Pears resolveu investir na propaganda. Elaborou e divulgou, então, toda uma série de anúncios em que seus sabonetes não apenas ofereciam limpeza física, como simbolizavam uma forma de purificação social e racial. Eles limpavam a sujeira, em termos amplos, o que significava associá-los às classes trabalhadoras e às populações coloniais. Eram três os elementos destacados nos anúncios: as roupas brancas, a água e os espelhos.[37]

Propaganda do sabão Pears, [s.d.]. Henry Stacey Marks, cromolitografia, [s.d.], publicada na revista *Harper's Weekly*, 1886.

A propaganda acima é dividida em duas cenas. Enquanto na primeira imagem uma criança branca mostra um pedaço de sabão e uma escova a um menino negro sorridente, e que se encontra dentro de uma tina de água, na segunda o espelho devolve o "milagre": o (começo do) fim da degeneração de raça e de classe. O texto de fundo (*Matchless for the complexion*, com o sentido de tornar a pele incomparável), representa uma alegoria da evolução simbolizada pela mudança de cor/raça.

Já no anúncio ao lado, igualmente analisado por Anne McClintock, a prática colonial é mencionada de maneira ainda mais explícita, a partir da inclusão de uma caixa de sabão que chega ao litoral de um distante domínio colonial, povoado por populações "selvagens".[38] Ao fundo, vemos uma embarcação parcialmente naufragada, e as caixas de sabão sendo levadas pela correnteza até a praia. A alusão é forte: a entrada obrigatória da "civilização ocidental" se dá até por infortúnio, apagando-se assim o papel desigual

Campanha publicitária do sabão Vinolia, século XIX.

da metrópole inglesa nesse rico comércio colonial. Já ao centro encontramos uma espécie de "nativo universal", que é mais escuro na cor mas usa uma lança e uma pena que lembram os indígenas americanos. Vale destacar que o texto que acompanha o anúncio não deixa dúvidas de como se daria o primeiro contato: "O consumo de sabão é uma medida da riqueza, civilização, saúde e pureza das pessoas". A legenda cumpre um papel moral e, a seu modo, indexa a imagem. Nela, fica ainda mais evidente a associação entre um certo modelo de sociedade e a evolução social e racial que ele representaria.

O Vinolia Soap fez uma campanha agressiva vinculando ainda mais diretamente a falta de sabão à sujeira, o fetiche da mercadoria servindo de paródia para o poder imperial. A menina de sapatos, à beira do mar — que mais uma vez alude à colonização —, chama a outra criança de "suja" e oferece uma barra de sabão para resolver o problema. A criança da direita, negra, encontra-se descalça e vestida de maneira simples, enquanto a da direita está totalmente paramentada: vestido de mangas compridas, chapéu, meias e sapatos. A civilização se veste, ao passo que a barbárie se acha quase sempre desnuda.

A propaganda de Chlorinol, uma soda empregada para branquear a roupa, novamente alude à colonização — no barco idealizado como uma caixa de sabão e nas cores dos tripulantes. Ela faz uso de uma definição de evidente

Propaganda do alvejante para roupas Chlorinol, 1890.

teor derrogatório: *nigger*.[39] Os dois meninos negros mostram orgulhosos o produto que promete milagres. Mais à direita, próximo da imagem de um sol que se levanta — em mais uma metáfora do Iluminismo e do "esclarecimento" —, um garoto branco rema. É ele que tem o controle dessa viagem rumo à civilização. Por sinal, chama atenção, nesse e em outros anúncios, o uso constante de crianças, o que confere ao material um ar de inocência, ao mesmo tempo que se sublinham os conceitos de evolução e progresso. Afinal, são as crianças que aqui representam, simbolicamente, o futuro da nação.

Fazendo coro às leituras científicas da época, eram expostos nessas propagandas indígenas e sobretudo africanos como se tomassem parte num espaço híbrido: não eram nem bem humanos, nem não humanos. Habitavam a fronteira entre a floresta e a cidade.[40]

Não por coincidência, tais propagandas deliberadamente vinculavam pessoas negras a macacos, e seu sucesso andava em compasso com as imagens científicas que mostravam uma pretensa evolução natural, a qual caminhava dos primatas aos homens brancos civilizados. E é dentro dessa lógica que se desenvolvem os anúncios de sabonetes, produtos capazes de limpar até mesmo a cor da pele, mensagem que por meio da metáfora pretendia dizer respeito à realidade.

No imaginário vitoriano e evolucionista, o macaco cumpria o papel da metamorfose, e sua imagem, além de ressoar a ciência, combinava com o sabão que aqui ocupa, também, um papel liminar: enquanto a natureza representava a própria desordem, a falta de civilização e a sujeira, a cultura europeia significava a racionalidade, a pureza, a própria "normalidade" civilizatória.[41]

Anúncio do sabão Pearline, século XIX.

Uma mãe negra, com roupas de serviçal doméstica, experimenta o sabonete Pearline em seu filho. Diz o texto, usando uma linguagem de gíria: "Caramba! Eu acredito que Pearline pode tornar esta criança branca". O desenho traz a linguagem visual da charge, e faz troça deslocando imagens caras ao tema da evolução. Mais abaixo, e bem na caixa onde o garoto apoia seu pé descalço, vem o complemento: "Experimente Pearline". O próprio nome do produto alude à brancura de uma pérola, que contracena com a sola do pé sujo do menino.

A antropóloga Mary Douglas, em seu clássico *Pureza e perigo*, estipula um regime de paralelos entre as seguintes antinomias: pureza/impureza, limpeza/sujeira, purificação/contágio. Segundo ela, entretanto, seu sentido se expressa, em especial, a partir das relações que os termos estabelecem entre si e que levam a "separar, purificar, demarcar e punir transgressões", impondo a sistematização de convenções sociais diante de uma "experiência inerentemente desordenada". Esses são sistemas simbólicos que permitem entender por que uma vassoura no meio da sala será sinal de sujeira, já dentro do armário lembrará limpeza; comida não significa sujeira, mas uma panela deixada no quarto pode ser considerada como tal; equipamentos de banheiro não devem figurar na sala de visitas tampouco as roupas usadas.[42] E o mesmo se dava no contexto vitoriano inglês, quando esses conceitos opunham civilização a barbárie, ordem a perigo. Era preciso "limpar" o caos das populações imigrantes coloniais e branqueá-las o quanto antes. Era necessário sobretudo evitar o "contágio" das populações pertencentes às colônias, ainda que nas metrópoles elas cumprissem o papel estratégico da classe trabalhadora.

Fazendo uso de um recurso imagético que mais tarde chamaríamos de "antes e depois", nesse caso é o progresso imperial — representado por um homem branco de monóculo, paletó, camisa branca e gravata-borboleta — que faz com que a mercadoria vire a página da história. A colonização era um "fardo", e não um fator que trazia consigo riqueza e poder.

A degeneração racial deixava de ser, pois, só uma questão biológica para virar uma metáfora social. E ao lado do conceito deste conceito vigorava ainda outro: o do "contágio". Esse era o grande medo que assolava as elites imperiais, as quais temiam o que chamavam de "doenças da pobreza". Por isso era necessário controlar os matrimônios, cuidar da saúde

Propaganda do sabão Lautz Bros. & Co., veiculada nos Estados Unidos em 1890.

e do corpo político. Segundo Ann Stoler, "a mestiçagem (união inter-racial) em geral e o concubinato em particular representavam o perigo maior para a pureza racial e para a identidade cultural em todas as suas formas. Através do contato sexual com mulheres de cor, os europeus "contraíam" não só doenças como também sentimentos inferiores, inclinações imorais e extrema suscetibilidade a estados incivilizados".[43]

Gênero, raça e classe surgiam assim como categorias articuladas, como marcadores sociais de diferença atravessados que produziam muita discriminação pautada em conceitos que se definiam e se queriam como apenas científicos quando eram sobretudo morais. E, da mesma maneira que ocorria em território britânico, também nos Estados Unidos, e em outros países da Europa que contaram com um movimento eugênico em suas terras, a voga das propagandas de sabonete, associadas a questões de raça e classe, firmou-se.[44]

No contraste que se estabelece entre as duas crianças abaixo, muitos elementos podem ser destacados: a limpeza versus a sujeira, a roupa alinhada versus a vestimenta improvisada, os sapatos e as meias da menina branca versus os pés descalços e timidamente unidos da garota negra. Outra vez, a pergunta desloca o sentido do sabão, articulando-o à ideia de civilização: "Por que sua mãe não te lava com sabão Fairy?". Aí estava uma questão que não demandava resposta, e ainda aludia ao descaso da maternidade negra.

Chamo a atenção também para a primeira e a última das propagandas da página ao lado, que fazem parte de uma sequência de imagens semelhantes na forma, mas provenientes de diversos países. Na primeira, uma mulher branca bem-vestida mostra àquela que deve ser a mãe da criança — retratada com roupas de trabalho e com imagem caricata — o resultado do sabão Sol — cujo nome remete à ideia de claridade. A mulher que lava é branca e está bem-vestida, tem cabelos claros, usa sapatos e meias, enquanto a mãe negra está descalça e com parte da perna desnuda. Mais ao fundo, a imagem de uma fábrica em atividade indica onde moram o progresso e o futuro. O último documento repete a representação do menino negro sorridente numa tina,

Propaganda do sabão Fairy, veiculada nos Estados Unidos em 1900.

Anúncios de sabonetes, desde *c.* 1830.

com seu rosto e pescoço já brancos, por efeito do uso do sabão Cook, um "*lightning soap*". A ideia de "branquear" é assim diretamente vinculada à "limpeza racial", os meninos ao fundo "invejando" o efeito da "lavagem".

Como diz Díaz-Quiñones: "a guerra entre impérios requeria grande energia para a produção simbólica".[45] A associação entre sabonetes, limpeza e questão racial é tão frequente que mais se parece com uma convenção visual. O objetivo era anunciar a mercadoria e, ao mesmo tempo, de forma subliminar, afagar os efeitos da colonização, da industrialização e do progresso; todos entendidos em termos raciais.

Água que depura, sabão que limpa. O Brasil e os sabonetes

Água mole em pedra dura tanto bate até que fura.

No Brasil, a linguagem da "depuração das raças" por meio da limpeza operada pelas águas é antiga e foi usada com certa recorrência. Talvez o primeiro texto conhecido sobre o tema seja a famosa tese de Von Martius, publicada na *Revista do Instituto Histórico e Geográfico Brasileiro* em janeiro de 1845, defendendo a hipótese de que as raças negra, indígena e branca corresponderiam a três grandes rios de tamanho e importância diversos. O famoso naturalista, especialista em palmeiras, participara em 1844 de um concurso proposto pelo Instituto Histórico e Geográfico Brasileiro cuja ementa era simples: "Como se deve escrever a história do Brasil". Segundo o bávaro, a própria correnteza do rio depurava e misturava as águas fazendo prevalecer o afluente branco. Assim, mesmo num contexto anterior às teses do darwinismo racial e da degeneração, o texto elevava a mistura operada no país, mas dissimulava acerca das hierarquias de poder e mando, as quais continuavam mantidas na perspectiva que apontava para um futuro branco. As águas que purificavam, por extensão também branqueavam.[46]

O guarani, romance de José de Alencar publicado em 1857, e que logo se converteria em ópera de Carlos Gomes, e num ícone no Brasil do Segundo Reinado, evoca em sua cena final a corrente do rio que leva os dois principais personagens salvos de uma enxurrada — uma mulher branca e um homem indígena — para um destino incerto, mas que funciona como metáfora dessa nação mestiça. "A palmeira arrastada pela torrente impetuosa fugia... E sumiu-se no horizonte."[47]

Tal qual uma boa releitura da fábula dos três rios de Von Martius, aqui mestiçagem também não é sinônimo de mistura. No romance, ocorre uma interdição básica que se apresenta num movimento ambivalente de atração e proibição tácita. O rio funciona, na verdade, como alegoria da noção de tempo; uma paródia do porvir, para prever como seria branca a mestiçagem e o futuro do país.

A questão da brancura é aqui aludida a partir de uma série de elementos alegóricos. Pallière foi um conhecido artista francês da Academia Imperial de Belas-Artes, tendo chegado ao então vice-reino em 1817, no mesmo navio que trouxe Maria Leopoldina, futura imperatriz do Brasil. Há quem conte que ele seria próximo de d. João e de seu filho, o então príncipe Pedro, e por isso acabou por realizar uma série de obras da corte. Em 1822 ele se casa com a filha do arquiteto Grandjean de Montigny, em cuja residência é realizada a tela ao lado.[48]

Nela vemos o filho de Arnaud, o futuro pintor Jean Leon Pallière, ainda bebê, no centro da tela. O pai artista escolhe o ambiente da varanda para a realização da obra; mais uma vez esse local da arquitetura colonial onde se "misturam" os senhores brancos com os serviçais negros. Destaca-se uma coluna que revela a opulência da morada e uma palmeira, símbolo dos trópicos, mais à esquerda. O menino tem os pés desnudos e que serão lavados bem no centro da pintura; pela sua forma e expressão ele alude à cena bíblica da limpeza dos pés de Cristo. Chama atenção também como a criança leva sua mão até o decote do vestido da mãe, buscando cobrir o seu seio, e não o destacando; como vimos nas fotos e pinturas de amas. A roupa da mãe é clara como convém às elites; branca como os lírios que aparecem a seus pés.

Mais uma vez a luz incide sobre a mulher branca e seu bebê, deixando claros os traços deles, sendo que o oposto não ocorre: os três figurantes negros basicamente não têm rosto, ou expressão — estão na sombra. A mulher no primeiro plano e a outra mais à esquerda têm o colo nu, trazendo sensualidade a seu gênero. O rapaz, que carrega panos e o sabonete, por conta de suas roupas caprichadas, deve ser um pajem. Todavia, seus pés, bastante destacados no quadro, estão descalços. É a velha "dança dos sapatos" que mais uma vez aparece retratada nessa tela que alusivamente se refere à "purificação das águas" a partir da metáfora do banho. Repare-se que a mãe tem seus sapatos destacados e pousados numa espécie de almofada, enquanto a escravizada tomada de costas, que traz um bracelete num dos braços, já está pronta com uma tina de água, para começar a operação de limpeza. Se a obra pode ser tomada como testemunhal — com vários elementos que denotam o verismo da situação —, ao mesmo tempo ela tem uma carga "ideal", a cena mostrando alusivamente o processo benigno de "limpeza" e de "civilização" do Brasil.[49]

Arnaud Julien Pallière, *O filho do artista tomando banho na varanda da residência de seu avô, Grandjean de Montigny,* c. 1830.

Há, portanto, dois tipos de teoria acerca da mestiçagem. Até o final do século XIX e começo do XX, tempos do predomínio dos modelos do darwinismo racial, ela levava sempre à degeneração racial e da nação. Apenas a literatura e a pintura de fundo romântico pensavam a mistura de maneira "otimista", digamos assim. No entanto, a partir dos anos 1910 tais interpretações são substituídas por outras que apostavam numa mestiçagem benfazeja: aquela que levava ao embranquecimento.[50] Eram as teorias do branqueamento.

Propaganda do sabonete Arêgos, 1917. Cartaz, 106 × 75 cm.

E por aqui esse tipo de concepção entraria em cheio nas propagandas de sabonete, herdeiras de uma linguagem criada no exterior. Em 1917, o sabonete português Arêgos lançou uma campanha na base do "embranquece e cura a pele". Não é possível esquecer que seis anos antes, e como já destacamos, o Brasil tomara parte num congresso em Londres sobre o tema das raças, e defendera a tese de que dali a três gerações o país seria branco.[51]

Assim, se a noção de eugenia tinha vários opositores entre as autoridades do país,[52] já o conceito de branqueamento andava na ordem do dia, e o título da propaganda não poderia ser mais direto.[53] Nesse caso, o texto explica e a imagem completa. Uma menina branca e loura, de olhos claros, traz um sabonete em cada uma das mãos. Ela esfrega um deles no rosto de um homem negro, que esboça um sorriso. Ele está vestido como uma espécie de mestre de cerimônias de um show: quiçá o "espetáculo" de sua cor; de fraque e cartola, gravata-borboleta e flor na lapela. Seu rosto já está parcialmente branco, por isso na parte superior do desenho o texto arremata a intenção do anúncio, usando uma expressão sintética: "só falta metade". Ou seja, com o processo de branqueamento fazendo seu curso.

A imagem entrega aquilo que pretende demonstrar: o paralelo da limpeza e da raça. Afinal, quanto melhor o produto, mais amplo é seu efeito. O sabonete também "cura", o que faz com que a imagem veicule subliminarmente a ideia de que ser negro é uma doença, que pode ser abrandada ou mesmo extirpada.

Anúncio dos sabonetes Vizella, publicado na revista *A Cigarra*, 1920.

A mesma noção de "cura" está presente no anúncio dos sabonetes Vizella. Mais uma vez, três crianças negras, muito estereotipadas — pois delas só vemos os lábios grossos e os olhos brancos —, tomam banho numa tina. Elas estão nuas; não saem da banheira nem para apanhar o sabonete no primeiro plano. E sorriem.

A propaganda da Chita Crioula traz outra referência ao processo operado pela limpeza e pelas águas. O anúncio pretende divulgar a eficácia dessa chita, um tecido cuja cor branca é "fixa". Mas a publicidade prefere associar o tecido branco à imagem de uma bela moça negra que é tomada, como se não percebesse nada, lavando uma peça de roupa branca. O objetivo é alardear a "cor fixa" e alva do produto. No entanto, é a sexualidade da mulher que se destaca no anúncio, a roupa acentuando as formas do corpo da moça maliciosamente definida como "crioula". O ambiente é tropical, e a água lhe cobre os pés. A despeito de não se tratar de uma propaganda de sabonetes, são eles que mantêm a roupa branca, e contrastada com a cor preta da modelo.

Anúncio da fábrica de tecidos Chita Crioula, [s.d.].

Na propaganda abaixo, três marcadores aparecem de maneira cruzada: geração, raça e classe. Creolina é o nome comercial de um desinfetante ambiental utilizado sobretudo em instalações rurais. Seu uso deveria ser prescrito por um médico, mas ele é aplicado regularmente como germicida em animais. O produto funciona como metonímia e metáfora. Já o desenho estabelece uma hierarquia visível, em primeiro lugar, a partir do ângulo mais elevado que o artista toma para representar o proprietário ou funcionário branco, e a posição mais baixa da menina negra, que mostra um bilhete onde está escrito o nome do produto. Ela, muito provavelmente, não sabe ler ou escrever. É uma "menina de recado", como eram chamadas as garotas negras pobres que exerciam essa função desde a tenra infância. O homem também parece ser de outra geração e usa óculos, o que denota uma superioridade educacional e na maturidade.

Anúncio da Creolina Pearson publicado no jornal *O Globo*, 1º de dezembro de 1958.

À esq.: rótulo do Sabonete Fino Monbijou, litogravura, 9,7 × 18,8 cm. À dir.: rótulo do Sabonete Triumpho, litogravura, 15,7 × 23,3 cm.

Importante contrastar esses produtos com as marcas mais luxuosas — os "sabonetes finos" — que em geral evocam situações de um passado nobre, com pessoas bem-vestidas e penteadas, e sempre brancas.

E esse tipo de divisão ganhou espaço com o efeito do tempo. Por exemplo, a limpeza pesada, feita com sapólio e palha de aço, foi sendo, crescentemente, associada à figura de pessoas negras, e em geral crianças.

Muito antes de o Bombril fazer sucesso, a palha de aço Krespinha — cujo nome aludia de maneira preconceituosa a um tipo de cabelo — podia ser encontrada em São Paulo na loja Sabarco, localizada na rua Florêncio de Abreu, no Centro. O símbolo era uma criança negra com seus cabelos indomados destacados.

Mesmo anos mais tarde, o sapólio Radium incluía na sua lata a foto de uma empregada negra segurando o produto. Aliás, sinais de classe social passaram a aparecer cada vez mais nos rótulos dos produtos de limpeza.

À esq.: Propaganda da esponja de aço Krespinha, 1952. À dir.: Anúncio do Sapólio Radium, 1973.

A propaganda do sabão Portuguez traz uma moça negra, com roupas que evocam as de uma trabalhadora doméstica: um avental e os cabelos escondidos por um lenço em forma de turbante, mas de bolinhas. Sorridente, ela mostra uma barra de sabão e uma peça de roupa branca àquela que deve ser sua patroa. Esta é tomada de perfil, com suas roupas alinhadas, os cabelos à vista, traços brancos e um sorriso de aprovação diante do lençol alvo. A legenda completa a imagem: "exija sempre". Os estereótipos de cor são evidentes, a moça branca sendo apresentada de maneira elegante, e a moça negra de forma sempre "excessiva": no peso, nas roupas e nas atitudes.

Essa "forma excessiva", inventada pelo discurso europeu e vitoriano — visual e escrito —, caracterizou a mulher negra a partir de uma série de preconceitos. O folclore as via como "excessivas" sexualmente, assim como na sua corporalidade. São fantasias do mundo imperial, que até hoje as despem e também as vestem.

Exemplo significativo é o da exibição de Saartjie Baartman, que acabou virando uma espécie de paradigma e de invenção do corpo humano negro, definido por uma ciência e curiosidade europeias como "excessivo".[54] Levada para ser apresentada nas mesmas exposições que mostravam o progresso contraposto à barbárie, ela morreu em 29 de dezembro de 1815, mas seu cérebro, esqueleto e órgãos sexuais continuaram a ser exibidos no museu de Paris até o ano de 1974. Seu nome "artístico" era "Vênus Hotentote".[55]

Além da exotização do corpo alheio, e sua transformação em espetáculo, estava em questão a exaltação do culto da domesticidade, como o local do domínio do feminino em mais um estigma da divisão de trabalho por gênero e raça. No lugar do espaço público, a discriminação se volta agora para o santuário do privado: o lar. E nesse lugar a mulher branca é que dirige o espetáculo.

Propaganda de Soalina no jornal *O Globo*, 26 de abril de 1932, segunda edição.

Anúncio do Sabão Portuguez, produzido pela União Fabril Exportadora, 5 de julho de 1960.

Caricatura de Saartjie Baartman, de autoria desconhecida, c. 1810.

Isto é, a grande definição de uma nova classe média feminina, urbana e europeia residia no fato de ela contar com criadas domésticas.[56] Nas propagandas, o lazer da dona de casa correspondia ao trabalho da criada, apagando-se as contradições entre o trabalho feminino pago e o trabalho feminino que não era pago. Paralelamente se dá a exaltação de "uma miríade de ferramentas e tecnologias do trabalho — baldes, vassouras, escovas, cestos, ferros, utensílios de cozinha etc." —,[57] que ajudavam a compor o ambiente quase sacro e purificado, limpo, do mundo do privado.

Nesse mundo da domesticidade cada uma tinha seu papel. Elas eram babás, lavavam, passavam e dormiam na casa de seus senhores — ocultando-se qualquer conflito presente na relação. Como mostra John Fletcher Clews Harrison, a essência da classe média era essa experiência de relação com outras classes que conviveriam "ordenadamente" na sociedade dentro de casa.[58] De maneira sempre organizada, controlada e, ademais, sorridente.

No caso brasileiro, a sexualidade feminina era dividida em classes e raças. A herança escravocrata é tal que, até recentemente, as empregadas domésticas não contavam com direitos equiparados aos dos demais trabalhadores.[59] No rosto, nos cabelos, nas vestes e nas mãos que trabalham, encontram-se os símbolos mais eloquentes dessa relação. Já as mulheres de classe alta, brancas, estavam biologicamente reservadas ao lazer e ao ofício de governar o lar. E, se a situação era cheia de conflitos, a propaganda virou o local em que esse cenário era não só suavizado, como exaltado ao lado dos produtos domésticos que invadiam a "modernidade brasileira".

O ócio não significava somente um direito à inércia, mas antes um papel social, típico de mulheres que faziam parte dessa "classe respeitável". Por isso, em tais imagens não há conflito, mas tão só uma sensação "tranquila", com os lugares sociais devidamente protegidos. E, como as propagandas estabelecem uma relação de complementaridade entre imagem e texto, lemos logo a "boa nova" no anúncio da página ao lado: "Grande notícia para quem lava e para quem veste". Para quem trabalha, a novidade estava em lavar melhor; "para quem veste", vestir mais branco. Essa é quase uma declaração, com certeza inadvertida, de como os papéis sociais se acham apartados.

O trabalho doméstico, das pessoas negras, continua assim basicamente invisível, porque o crédito vai para aquela que "administra o lar e a família". Também se tornava invisível qualquer ruído, inerente a essa distribuição social naturalizada. O espaço doméstico ia sendo racializado a partir de um lado só, tendo o sabão como elemento moderador. Era ele que tornava branca a roupa da patroa que tinha o mesmo tom de pele.

Campanha publicitária, veiculada em 1970, para promover o sabão em pó Viva.

Empregadas eram, pois, parte fundamental do novo ritual da domesticidade. Cabia a elas limpar os tecidos, as maçanetas, as panelas, o chão, as cortinas, não porque estivessem sujos, mas porque, como explica McClintock: "esfregá-los e poli-los ritualmente mantinha a fronteira entre o privado e o público e dava a esses objetos um valor de exibição enquanto marcadores de classe".[60] A roupa se torna dessa maneira um elemento central na exibição das fronteiras sociais: o branco da roupa lembrava a cor da patroa, e também o trabalho da empregada.

A brancura reiterava, portanto, a ideia de pureza, e de civilização. De maneira que quanto mais branco, melhor. Nesse contexto ficou famosa a propaganda do sabão Rinso, que lavava (ainda) mais branco. Na imagem duas mulheres carregam suas compras enquanto comparam a cor das suas vestes. No diálogo que aparece no texto abaixo da foto, termos como "sujeira", "tão branca", "limpa", "puro" se destacam, como se formassem um vocabulário articulado, paralelo aos discur-

Propaganda do sabão em pó Rinso, publicada na revista *A Cigarra*, setembro de 1965.

Propaganda da Feijoada Completa Wilson, publicada na revista *O Cruzeiro*, 17 de outubro de 1953.

sos de eugenia. Além do mais, a atividade realizada no privado encontra sua confirmação no espaço público e ambíguo das ruas. Era uma espécie de subestimação do trabalho feminino a partir da superestimação da mercadoria: o sabão.

O suposto era também aquele do sexo "puro" e "limpo", representado pela família heteronormativa, patriarcal e branca, que tinha na domesticidade seu lugar sagrado. Dava-se a reinvenção da diferença racial, agora a partir da rotinização dos espaços do lar. Na propaganda de uma feijoada completa, vemos o ideal da casa burguesa: a mãe de avental, mas bem-vestida por debaixo dele, o pai de terno que a abraça amorosamente, e o filho já perto da mesa. Os créditos vão para a mãe da família branca, que apresenta a feijoada, feita "[sem] sair de casa". No entanto, há outro elemento a destacar: diminuta, num canto à direita, está a figura da empregada. "Bem brasileira", diz o balão que teoricamente evoca a fala da cozinheira negra, de turbante. Afinal, ela ocupa um duplo lugar na peça publicitária: lembra seu país de origem — quando hoje sabemos que a feijoada é uma invenção nacional e não africana — e repisa sua posição subordinada, até no tamanho reduzido em que aparece representada na cena. Ela é a "outra" da família branca, núcleo em miniatura do progresso dessa nação, que tem pressa.

Voltando aos sabões, e tratando de permanências do passado no presente, ficou famosa a campanha "9 de cada 10 estrelas usam Lux", que lançou todo um imaginário duradouro envolvendo padrões de beleza brancos. A ideia era sempre trazer uma atriz de cinema branca como modelo e explorar a relação entre saúde e pureza. Era a brancura do sabonete que emprestava significado à metáfora social.

Enfim, durante anos as propagandas de sabonete foram feitas a partir da exposição da brancura e da invisibilidade negra, como se o país fosse composto exclusivamente de europeus. Mas em 2017 uma propaganda capita-

O ESPETÁCULO DOS SABONETES

Campanha "9 de cada 10 estrelas usam Lux", criada pela agência J. Walter Thompson nos anos 1960, com Mylène Demongeot, Antonella Lualdi e Susan Strasberg.

neada pela Dove causou polêmica, mostrando quão arraigados são os padrões que vimos aqui apresentando.

A peça publicitária foi publicada na página do Facebook da empresa, nos Estados Unidos, e continha a imagem de uma mulher negra trocando de blusa e tornando-se branca logo na sequência. Não sem motivos foi logo tirada do ar. Afinal, ela ressoa as propagandas de sabonete do início do século XX, sugerindo que a mulher negra, depois de utilizar o produto, ficaria "limpa" e "pura" e, sendo assim, branca. Reforça também o estereótipo racial de que a pele da população negra é "suja", enquanto a dos brancos seria sempre "limpa".

Não era a primeira vez que a empresa fazia propaganda com teor racista. Em 2011, a empresa dispôs num anúncio três mulheres vestidas com toalhas brancas, o que lhes ressaltava os diferentes tons de pele. À esquerda estava uma mulher negra, no centro uma parda, e à direita uma branca. A Dove usou, então, de um recurso conhecido na área: a introdução das palavras "antes" e "depois" para mostrar os benefícios do produto à venda. Deslocou, porém, o significado dessa que é uma convenção da linguagem da propaganda, para relacio-

Campanha do sabonete líquido da Dove, 2017.

Campanha da Dove, 2011.

nar uma mercadoria, o sabonete Dove, com a mudança (positiva) na coloração da pele, e, portanto, na raça das modelos e na corporalidade, mais ou menos magra, das modelos. A mulher negra é a que tem o corpo "mais excessivo" e insinuante, se atentarmos para a postura de corpo expressa pela mão na cintura e pela perna mais dobrada.

O sabão seria capaz de mediar, pois, as transformações do mundo da natureza (o lixo, a sujeira, e a desordem das sociedades coloniais) em direção ao mundo do progresso e da cultura (marcado pela limpeza, pela racionalidade e pela miragem de uma sociedade cujo ápice é branco); tudo envolvendo uma linguagem que intersecciona raça e gênero.

Esses são emblemas fortes de um contexto oitocentista mas que ainda ecoa um tempo anacrônico, que embaralha datas e se desenvolve na longa duração. Por isso o sabonete virou ícone e fetiche de uma sociedade que teimosamente se imagina branca, depurada pelas águas, purificada pelo sabão, e que usa o corpo feminino como suporte para a elevação dessa civilização que tem, contudo, na masculinidade seu princípio fundador.

O artista Raphael Escobar criou em 2022 uma obra contundente feita de sabonete, e a chamou de *Com quantos pobres se faz um rico?*.

O trabalho se comporta como um contramonumento. À primeira vista, ele se assemelha a uma lápide de mármore; dessas capazes de sobreviver ao tempo e às suas intempéries, bem como evocar no presente a memória do passado. Entretanto, a obra de Escobar tem algo de simulacro, na medida em que seu aspecto sólido não combina com o material de que ela é feita: um retângulo de sabão, frágil, quebrável e capaz de derreter com o efeito da água e da chuva.

Na verdade, diferentemente do que ocorre com a maior parte das esculturas — realizadas de maneira a se eternizarem —, nessa obra é a vulnerabilidade que se destaca, junto com um grande descompasso entre sua forma estética e a realidade material que efetivamente apresenta.

A ambivalência se confirma nos dizeres dessa (não) lápide. A obra escancara, sem meias-palavras, a tremenda desigualdade existente no país, e representa uma denúncia contra a naturalização da pobreza numa sociedade de tanto excesso e maior escassez. O artista explica, ainda, que o trabalho é feito com restos de sabonete, e por isso não apresenta a cor branca, visível na maioria desses produtos, que procuram mimetizar e vender a noção de pureza. Tampouco é perfumado. Isso porque, de alguma maneira, retoma a ambivalência desse fetiche: de um lado ele vai ao encontro das necessidades mais básicas de pessoas em situação de rua; de outro, remete à vocação higienista das grandes cidades, que se mantém forte e inabalável até os dias de hoje, configurando-se como um braço da repressão.

Como todos os fetiches, com suas falsas qualidades encantatórias, a representação do sabonete é eivada de contradições: ela encarna a esperança no progresso ilimitado dessa sociedade que imagina sua brancura como sinônimo de pureza, porém expressa igualmente os medos da mesma sociedade, que teme a desordem e o descontrole diante dos "tantos outros" que procura construir à sua imagem e semelhança.

Apropriando a linguagem da publicidade, é a própria branquitude que inventa um "antes", um "depois", mas também um "agora": tudo refletido na sua imagem. Como escreveu Cida Bento, estamos diante de um imenso "pacto narcísico".[61]

Raphael Escobar, *Com quantos pobres se faz um rico?*, 2022.[62]

8 | O NACIONALISMO BRASILEIRO TEM COR
Discursos sobre branqueamento no Brasil

> [...] *Vontade de mudar as cores do vestido (auriverde!) tão feias*
> *De minha pátria, de minha pátria sem sapatos*
> *E sem meias, pátria minha*
> *Tão pobrinha!*
>
> Vinicius de Moraes, "Pátria minha"

A pátria é um projeto afetivo branco e masculino, mas simbolizado por mulheres

A cena retratada na página seguinte é roubada da intimidade de uma sala de estar. A nós, espectadores intrusos, olhando pela fresta da janela ou de uma porta de entrada imaginária, cabe somente admirar o espetáculo. Lá estão cinco mulheres e quatro crianças irmanadas na tarefa de cerzir, bordar e cuidar dos símbolos da nova pátria. A atividade pede calma.[1]

O nosso lugar na economia da tela é o de observadores desse local recluso e protegido das intempéries do mundo — quase um altar doméstico. O lar é o domínio das mulheres — elas que "costuram a nação" e mal notam nossa presença. Ou melhor, apenas uma criança, que de pé segura a bandeira nacional parcialmente terminada, nos devolve o olhar e de alguma maneira nos inclui na ação.

Interessante lembrar que o nome da tela é *Pátria* — cuja etimologia remete a *patra/patris*, que corresponde, por sua vez, à "terra dos pais", no sentido de marcar tanto um lugar de nascimento quanto a fidelidade a determinado ancestral. Mas se a pátria é masculina a nação é aqui simbo-

Pedro Bruno, *Pátria*, 1919. Óleo sobre tela, 190 × 278 cm.

lizada pelo vigor das mulheres que ocupam, porém, uma posição secundária nos destinos da mesma. A atividade que elas desempenham é quase santificada; implica a confecção do maior símbolo nacional. O encontro entre as cores verde, amarela, azul e branca está quase pronto. Faltam estrelas; crianças que representam o nascimento dos novos Estados Unidos do Brasil. A bandeira é o personagem principal, figurando no centro da imagem, nas mãos das mulheres que costuram o tecido de forma zelosa, abraçada pela criança de pé, e nas mãos de um bebê que observa uma estrela como se esta fosse um brinquedo; tão inocente como ele. O que estamos sendo convidados a assistir é, nada mais nada menos, do que o nascimento de uma nação.

No canto superior direito da tela, bastante apagado, encontra-se o único personagem masculino da cena. Se apurarmos o olhar, notaremos a presença de um senhor mais idoso que se acha sentado, com o corpo levemente agachado, uma espada nas mãos, o que denota um pouco de vergonha. Na comparação com os demais personagens, ele aparenta estar um tanto deslocado — não tendo papel algum na dinâmica, apenas acompanha a função. A imagem, em contraste com a de tantas mulheres ativas, é de uma pessoa ultrapassada e arcaica. Se a sala é muito iluminada, a figura do homem surge imersa na sua própria névoa. Ele permanece na sombra, enquanto mulheres e crianças estão cheias de luz. Tomado nessa situação, o velho senhor parece estar de partida, retirando-se da história que tivera início no Brasil em novembro de 1889. O homem representa a "velha monarquia", ao passo que as mulheres, na tradição das Mariannes — figuras alegóricas criadas durante a Revolução Francesa —, significam a "nova República", nessa que é também uma batalha de tempos: o passado resiste, mas é vencido pelo presente. Há ainda, à esquerda, uma mulher idosa que faz par com o homem citado. Ela recolhe a bandeira do Império para dar lugar à nova, costurada pelas figurantes mais jovens.

O conjunto da tela busca despertar uma sorte de memória afetiva da pátria, as cores da flâmula nacional sendo bordadas e unidas num ambiente de total calmaria. Tudo simboliza a paz na confecção segura da "Pátria". Mas não era bem assim que se desenrolava a década de 1890 e o começo do século xx no Brasil. Mudava o regime, e, ao compasso, alteravam-se nomes de ruas, edifícios e avenidas, e até as formas de tratamento. Não era mais de bom-tom usar títulos de nobreza, agora vinculados à monarquia. A República os extinguiu no ano de 1890, e a voga era dar nomes que lembrassem a Antiguidade clássica — Caio, Túlio, César — para assim evocar a nova organização social do país.[2]

Distantes do ambiente de paz e concórdia reinante naquele recinto, apartadas do tempo e do humor dos homens, do lado de fora do "lar das mulheres", numerosas rebeliões estouravam em várias partes do país. Uma delas, a revolta popular de Canudos (1896-7), que, entre outras coisas, punha em questão os limites estreitos da abolição da escravidão e o perfil do novo regime, que prometera igualdade mas andava entregando muita desigualdade.

Aliás, as mudanças dos novos tempos também desaguariam no ambiente da Academia Imperial de Belas Artes, que é nesse momento renomeada como Escola Nacional de Belas Artes, instituição onde estudou Pedro Bruno, o pintor da tela. Mas uma das funções primordiais do estabelecimento se manteve bastante intacta: as orientações gerais sobre a produção de símbolos e alegorias nacionais. Por lá pairava uma sorte de "projeto civilizatório", no qual o próprio ensino desenvolvia-se a partir da criação de obras de arte a serviço do governo, com o programa pictórico ganhando continuidade em tempos republicanos.[3]

Pedro Bruno frequentava a Escola desde 1918. Era aluno do pintor acadêmico Batista da Costa e conquistara o prêmio Viagem ao Estrangeiro com essa que ficou conhecida como sua obra mais emblemática e de nome pomposo: *Pátria*. Como vimos, "alegoria" vem do grego *allegoría* e significa, a partir da junção de suas partes, *állos*, "outro", e *agoreúō*, "discorrer oralmente numa assembleia, discursar em público". Isto é, trata-se de "falar de outra forma"; o que, no caso em questão, tinha o sentido de representar de maneira figurada realidades, pensamentos e modelos políticos então vigentes. E, pensada nesses termos, a obra não deixa margem para dúvidas: realiza uma alegoria positiva sobre como nascem as pátrias. Na interpretação do pintor, o primeiro momento da República poderia ser captado a partir da metáfora do trabalho conjunto de mulheres que costuram o porvir num ambiente idílico e irmanado.

Nações muitas vezes se imaginam a partir de uma tela, a qual é, por sua vez, originalmente imaginada pelo artista que a realiza.[4] Por outro lado, pintores acadêmicos, como Pedro Bruno, frequentemente não só respondiam a encomendas como eram custeados pelo Estado, sem que com isso se apagassem as escolhas próprias de cada artista.

Para a elaboração da *Pátria*, Bruno selecionou um ambiente doméstico e recorreu a uma imagem retirada do senso comum, que costuma imaginar esse espaço, dominado por mulheres e suas crianças, muito distante da "política pública" dos homens. O próprio termo "nação" vem de *natio*, que quer dizer "nascer", "ser posto no mundo". É comum o uso de expressões como "pátria mãe", "terra natal", "berço da nação", que referendam o mesmo sentido. Dessa maneira, imagens que lembram famílias, ou genealogias domésticas, ganham imediata associação com o conceito de pátria. Frases do tipo "A pátria é minha família", "A pátria é meu lar" vinculam tal espaço privado a uma espécie de gênese da narrativa histórica, um micro-organismo que espelha o conjunto da nação.

Nesse sentido, as mulheres que lá estão, costurando a bandeira, estão "cuidando" do nascimento da nação, e uma delas, mais à esquerda na tela, dá de mamar a um bebê, tornando a metáfora ainda mais direta.

Pátria é um conceito criado sobretudo a partir de finais do século XIX, junto com o fortalecimento de determinadas nações e das próprias teorias do nacionalismo. Esses não são projetos políticos inocentes, uma vez que

O NACIONALISMO BRASILEIRO TEM COR

almejam cimentar a diferença transformando-a numa unidade sem contradições ou ruídos sociais: pátrias são, portanto, cerzidas como um bordado. São também projetos imaginários, uma vez que é preciso procurar valores comuns, suficientes para inventar uma nova identidade nacional e lhe dar lastro. Criam-se assim memórias cujo motor não é apenas a lembrança; também o esquecimento toma parte constitutiva nesse projeto.

No caso brasileiro, era tarefa da República irmanar uma série de ex--províncias, agora transformadas em "Estados Unidos do Brasil" mas que não necessariamente se mostravam fiéis e obedientes ao novo governo. Parecia urgente, também, "enterrar" de vez a monarquia, e legitimar o novo regime que, no contexto de elaboração do quadro de Bruno, completava trinta anos. Não era mais uma criança.

Sabemos que todos os nacionalismos são inventados, no sentido de coletarem, na cultura, na história e nos costumes, valores que possam dizer respeito a todo um território político e, sobretudo, às populações que nele habitam. O historiador Eric Hobsbawm mostra, no entanto, como nacionalismos podem ser perigosos, uma vez que por detrás de uma roupagem pacífica esses movimentos muitas vezes se afirmam como verdadeiras tecnologias a serviço da naturalização da diferença e da rotinização da violência.[5]

Ernest Gellner, um dos grandes teóricos do tema, chama a atenção para o fato de que nações são criadas em locais que não existem, inventando-se passados antigos para países de história recente.[6] Por sua vez, Benedict Anderson insiste em que nações não são apenas inventadas — como se fossem mentiras. São, na verdade, "imaginadas", pois se pautam em sistemas de representação cultural nos quais as pessoas se identificam enquanto uma comunidade mais ampla, e que comunga de uma série de valores comuns.[7] Conforme explica o sociólogo, ninguém imagina sozinho, ou em cima de elementos puramente aleatórios. A nação se pensa a partir de determinadas construções afetivas retiradas do próprio contexto, sendo algumas delas inflacionadas, em oposição a outras que permanecem devidamente escondidas, enterradas ou borradas.

Entretanto, os autores acima mencionados deixaram escapar outras facetas também fundamentais para a compreensão desse que é um fenômeno político, social e cultural: o fato de os nacionalismos terem raça e gênero. Segundo Frantz Fanon, a nação é sobretudo idealizada e gerida por homens brancos, cuja vitória se realiza imaginariamente sobre um espaço doméstico dominado por mulheres.[8] Por isso, nesses ambientes femininos, o homem não precisa estar fisicamente presente; sua presença é evocada na "falta" que ele simboliza. É ele que reina no espaço público: vai à guerra, domina as leis, rege o Estado, trabalha para o sustento do lar. Ele é o enfrentamento, ela o acolhimento; ele é a racionalidade, ela a própria subjetividade.

Telas oficiais, como é o caso de *Pátria*, cumprem um papel estratégico: elas são realizadas a partir da elevação de emoções primárias que muitas vezes criam um "desejo de nação" — um "desejo de comunidade". Na obra de Bruno, a ação central é toda exercida por mulheres — elas aludem à novidade do novo regime, sendo a República brasileira comparada a uma filha menor da francesa. Talvez por isso a presença de crianças seja forte na pintura, lembrando o próprio nascimento e a juventude da nação.

A criança mais à esquerda mama tranquilamente no colo da mãe, a qual, por sua vez, tem o corpo tomado por parte da flâmula nacional. A criança ao centro, para onde convergem as luzes, encontra-se de pé e abraçada com a bandeira; aliás, é ela que convida os espectadores a participarem da ação, comungando do mesmo sentimento. Um terceiro bebê aparece deitado, apoiado num travesseiro, brincando com uma das estrelas que será ainda costurada na bandeira. Nesse mesmo sentido, vemos mais à esquerda outras estrelas saindo daquilo que há de ser uma cesta de costura — outro objeto associado ao trabalho feminino. Há ainda uma quarta criança, de cabelos igualmente claros e meias nos pés, que abraça a mãe, mais ao fundo e à direita. Tudo reforça o culto da domesticidade como o local onde se "aninha" o novo, longe do mundo conturbado da política. A maternidade é o elemento simbólico que organiza toda a pintura, pois abriga e acolhe os filhos — fazendo-os crescer —, assim como é nessa condição que estaria a gênese da nação, a qual precisa ser ainda costurada para conformar o sentimento de pátria dos jovens cidadãos.

Vale destacar outros elementos que aparecem mais ao fundo, nas paredes. De um lado, pode ser divisado um quadro de Tiradentes no cadafalso, personagem que durante o período colonial e boa parte do imperial fora tratado como traidor — pois líder de uma rebelião considerada regicida. Contudo, no final da monarquia e no começo da República, o personagem acabou sendo positivamente ressignificado, de maneira a ocupar o lugar de

O NACIONALISMO BRASILEIRO TEM COR

herói e de símbolo maior da pátria: aquele que lutou por "nossa" liberdade. Como mostra o historiador José Murilo de Carvalho, uma vez que não restaram imagens de Tiradentes, ele foi sendo construído, imaginariamente, como uma figura épica que preenchia dois espaços concomitantes: o religioso e o cívico. Religioso, porque o alferes foi associado a Jesus, com suas vestes brancas, cruz no peito e cabelos nos ombros. Cívico, uma vez que sua proeminência vinha de uma conjuração ocorrida em Ouro Preto (então Vila Rica) no ano de 1789, sendo ele o único exemplarmente executado.[9]

Em tempos de República, lá está ele, como um retrato na parede, e na qualidade de herói nacional. Apresentado em seu momento derradeiro, aparece com um semblante resoluto: era o herói que morria pela pátria. A mensagem torna-se ainda mais direta se repararmos que, ao lado desse retrato, há outro, sendo que o vínculo entre ambos é físico, mas também político e simbólico. Este segundo traz o marechal Deodoro da Fonseca, aquele que não só "proclamou a República", como foi o primeiro presidente do novo regime. Deodoro é representado como militar, e ostenta um uniforme de gala. A obra enaltece o primeiro mandatário da República, e que deixou seu posto em 1891, com sua atuação sendo muito contestada.[10] Por essa razão, há quem veja na tela a imagem de outro líder republicano, Benjamin Constant, igualmente um veterano de guerra, e, além do mais, pai de uma próspera família cujas filhas estariam não só presentes na pintura, como tomadas bordando a bandeira.

O certo é que os homens são basicamente fantasmagorias da nação, que se sacrificam pela "pátria", enquanto as mulheres e os pequenos emulam bons valores, no ambiente do lar que aqui funciona como uma manjedoura — em outra associação do discurso cívico com o religioso.

Ao voltar a atenção para os detalhes do quadro, é possível perceber como o ambiente é simples, opondo as casas de famílias trabalhadoras da República aos recintos suntuosos dos palácios da monarquia e da nobreza. Se a bandeira é o símbolo máximo da nação, ela se encontra, contudo, pousada numa esteira de palha, típica das casas mais humildes. Há uma exposição, quase didática, dos lugares de gênero, a partir de uma operação semelhante de desvelamento do espaço da domesticidade num contexto republicano. A costura, aliás, surge exaltada como atividade naturalmente feminina: uma função delicada para o assim chamado "sexo frágil".

Entretanto, se existe na tela uma clara subordinação do papel feminino, nota-se uma falta gritante: não há mulheres negras ou indígenas na *Pátria*; só vemos mulheres brancas. Fica também evidente como o trabalho doméstico moralmente elevado nada tem a ver com aquele da limpeza, por exemplo, considerado "sujo" e pouco dignificante. A *Pátria* explora um ambiente em tudo europeu: as mulheres e as crianças são todas brancas. Até mesmo a paisagem que se divisa pela janela lembra nas suas formas e cores os Alpes gelados, em vez dos trópicos brasileiros. O quadro consagra uma República de feições europeias.

Uma obra como essa — que passou a integrar a pinacoteca da Escola de Belas Artes e depois o Museu da República — pode ser lida, pois, como um discurso visual e triunfante sobre o branqueamento nacional. Pode ser lida também por seus silêncios, pelo que esconde e apenas emula.

É possível considerá-la como mais uma versão da mitologia do branqueamento, que encontra seu ponto de partida — ao menos oficial — na fábula já citada das três raças criada por C. F. von Martius, em 1844, como resposta ao concurso proposto pelo Instituto Histórico e Geográfico Brasileiro, e que consistia na elaboração de um ensaio acerca do tema: "Como se deve escrever a história do Brasil".

O objetivo era criar *uma* história e que esta fosse (por suposto) nacional. Vale destacar que o primeiro lugar ficou para um naturalista estrangeiro que não entendia muito do tema, e por isso recorreu a uma metáfora fluvial: "Devia ser um ponto capital para o historiador reflexivo mostrar como no desenvolvimento sucessivo do Brasil se acham estabelecidas as condições para o aperfeiçoamento das três raças humanas, que nesse país são colocadas uma ao lado da outra, de uma maneira desconhecida na história antiga, e que devem servir-se mutuamente de meio e de fim".[11] Para tanto, utilizava-se a alegoria de um rio caudaloso, correspondente à herança portuguesa, que deveria "absorver os pequenos confluentes das raças índia e etiópica".

O Brasil surgia representado, pois, a partir da especificidade e escala de sua miscigenação. Três grandes rios compunham a mesma nação: um extenso e caudaloso, formado pelas populações brancas; outro um pouco menor, nutrido pelos indígenas; e ainda outro, mais diminuto, composto pelos negros. Harmonia não significava, assim, igualdade, pois a hierarquia continuava presente na correlação que se estabelecia entre os rios e as raças e no

O NACIONALISMO BRASILEIRO TEM COR

movimento paralelo de "absorção", "depuração", "limpeza" e "purificação" das águas, que acabavam brancas.

Por sua vez, a tela *Pátria* — presente na época em cédulas, selos e cartazes — pode ser entendida como mais uma modalidade dessa mesma ladainha da "mistura racial" que imagina como resultado uma nação branca. Conforme explica o etnólogo Claude Lévi-Strauss, mitos não mentem, crescem em espiral, por meio de suas inúmeras versões, que, cada qual à sua maneira, retomam contradições fundamentais e não resolvidas da sociedade. No caso brasileiro, a maior contradição dessa comunidade que se imaginava livre e republicana residia nos legados, para negros e brancos, do longo, enraizado e recém-abolido sistema escravocrata.

Por isso, novas versões desse que é um mito nacional não cessam de surgir, tendo nos documentos visuais repertórios destacados para a naturalização da diferença social e racial; tão características da sociedade brasileira que pretendia, em tal contexto, se branquear por meio da ciência, da imigração e por força da imaginação. Como garantia o sociólogo Oliveira Viana, com um pouco de ajuda (e sorte) seríamos gregos no futuro.[12]

Na sala da burguesia paulista

A tela de Almeida Júnior apresenta uma bela e tranquila cena cotidiana, tomada, supostamente, "num dia qualquer" da família do engenheiro Adolfo Augusto Pinto. É certo que a obra não foi comissionada ou comprada pelo Estado, ao menos num primeiro momento — ela era o resultado da iniciativa e mecenato daquele que leva seu nome na legenda do quadro. Mas, com o tempo, o quadro ganhou outra vida e passou a simbolizar uma espécie de aspiração de nacionalidade. Virou ainda cartão-postal, marcador de livro, capa de livro figurando um tipo de crônica da capital paulista de finais do século xix, cujas elites queriam ser vistas e descritas a partir de sua "capacidade de civilização" e de seu poder econômico logrado pelo café. Queriam também ser representadas como branqueadas pelo costume e por força da aspiração.

Adolfo Augusto Pinto fazia parte da elite paulistana em ascensão no período, e é ele quem encomenda, no ano de 1891, um retrato da sua famí-

Almeida Júnior, *Cena de família de Adolfo Augusto Pinto*, 1891. Óleo sobre tela, 106 × 137 cm.

lia; uma pintura de gênero, como eram então chamadas as obras que traziam ambientes do interior das casas, destacando contextos privados como exemplos de virtudes públicas. Essa escola se desenvolveu sobretudo nos Países Baixos, enfatizando-se as descrições de cenas rotineiras e da vida diária, em que mulheres cuidam dos afazeres domésticos e homens negociam, leem ou trabalham. Nesse local, a pintura de gênero (também chamada de *petit genre*), com seu estilo característico e o apuro de detalhes, representou uma sorte de resposta nacionalista e enaltecedora da cultura burguesa local, apresentando ambientes acolhedores, mobília farta e adereços que distinguiam o que pretendia ser um novo estilo de vida, mais liberto das amarras da servidão.[13] E, no Brasil, o apelo social não seria diferente, a despeito de deslocado no tempo.

Engenheiro paulista bastante reconhecido, Pinto se notabilizou por sua atuação profissional na área dos transportes; empreendimento de grande relevância e altamente estimado em São Paulo. Como explica a historiadora

O NACIONALISMO BRASILEIRO TEM COR

Janice Theodoro da Silva, a figura do engenheiro se transformaria na representação simbólica por excelência daqueles tempos modernos e que tinham na velocidade e no empreendedorismo ícones de progresso.[14]

Pinto era figura tarimbada nos meios artísticos e culturais da época, aliando capital econômico com o crescente e luminoso mundo das artes. Ele era também conterrâneo de Almeida Júnior, e juntou assim o útil ao agradável. Afinal, ter um retrato desse artista, no ápice de sua carreira, era sinal não só de poder econômico como de capital social e cultural. Ao que tudo indica, o cliente, num primeiro momento, teria sugerido que o título do quadro fosse apenas "O lar" ou "Um interior familiar", de maneira a destacar a harmonia reinante em sua casa. Contudo, no final preferiu, em acordo com o pintor, deixar o próprio nome na legenda da obra.[15]

O personagem representa a nova burguesia de São Paulo, os profissionais liberais que procuravam se separar do passado e sobretudo da escravidão, agora considerada um legado vergonhoso — estrategicamente associado à monarquia.[16] A obra homenageia, por fim, o próprio estado de São Paulo, que se uniu ao golpe militar de 1889, e que gostava de se autodenominar "locomotiva do Brasil", numa referência às prósperas finanças locais vinculadas ao café, à estrada de ferro e ao suposto pioneirismo dos empreendedores locais.[17]

É certo que Almeida Júnior, em anos anteriores, tinha pintado o retrato não só de Benjamin Constant, como, ainda no conturbado ano de 1889, do próprio Pedro II fardado como almirante.[18] Mas nesse momento ele já era outro pintor, mais atento aos personagens caipiras de seu estado, e às novas elites, que eram agora seus mais promissores mecenas.[19] A crítica Gilda de Mello e Souza destacou a qualidade do artista paulistano, na maneira como representou tipos nacionais, evidenciando sua expertise para captar a dinâmica dos gestos, as técnicas do corpo e as sutilezas das expressões. Para ela, foi Almeida Júnior que estabeleceu "um vínculo profundo entre o artista e a realidade nova do país".[20]

O pintor ficou conhecido sobretudo a partir das obras denominadas, pela pesquisadora Maria Cecília França, de regionais. Telas como *Apertando o lombilho* (1895), *Cozinha caipira* (1895), *Caipira picando fumo* (1893), *Amolação interrompida* (1894), *O violeiro* (1899), *Nhá Chica* (1895) e *Saudade* (1899), entre outras, mostram o empenho em definir o país a partir dessas figuras pitorescas, que ainda não chegavam à modernidade. Já o quadro aqui selecionado não apresenta o brasileiro do campo, ainda fechado em sua realidade; ele traz um exemplo loquaz de uma São Paulo que se queria e imaginava cada vez mais cosmopolita e vivia de sua bonança econômica.[21]

Almeida Júnior sabia escolher muito bem os símbolos que empregava, e nessa pintura ele se esmera em dispor uma série deles num só ambiente. Na tela, a sala de estar é novamente transformada no palco ideal para a exibição de um projeto de nacionalidade, atravessado por marcadores de gênero, classe e raça. Nesse belo quadro, vemos a família do engenheiro, em momento supostamente descontraído e harmonioso, a artificialidade da cena apenas traída pela elegância e apuro das vestes.

À direita, mas em primeiro plano, delineia-se a figura do páter-famílias, com seu traje completo, mesmo dentro de casa, sentado de maneira confortável numa poltrona próxima a um piano. De terno escuro, camisa branca com abotoaduras nos punhos, cebolão no bolso, meias e sapatos em destaque, ele lê, compenetrado, a *Revista de Engenharia*, numa relação metonímica com a profissão que ostenta, orgulhoso. No braço da poltrona, uma sorte de coberta envolve o cachorro de estimação do engenheiro, nesse que virava mais um hábito a distinguir as famílias de elite: ter um animal doméstico.[22] Numa perfeita divisão de tarefas associadas ao gênero, ao lado de Adolfo se encontra o terceiro filho do casal, Gastão Liberal Pinto, futuro bispo de São Carlos, na tela retratado aos sete anos.[23] Ele observa um livro com fotografias dos Augusto Pinto — jogando luz em outro costume das pessoas abonadas: ter um álbum de família.

Ao centro vemos a mãe "prendada", d. Generosa Liberal Pinto, sentada perto de uma de suas filhas. A menina se dedica a aprender, também de maneira circunspecta, uma arte considerada feminina: o bordado. A matriarca cochicha algo no ouvido dela, demonstrando cumplicidade. A função futura da garota parece estar bem delineada: ela será uma boa esposa, dedicada ao lar e ao ofício da costura. Bem-vestidas, mãe e filha se recostam num sofá de tom vermelho, guarnecido com almofadas. A filha mais velha, Águeda Liberal Pinto, teria dez anos em 1891,[24] e sua irmã, Ida Liberal Pinto, vista num plano inferior, nove.[25]

Das mãos das duas — mãe e filha — cai um pano branco, por elas costurado, que leva nosso olhar em direção aos outros três filhos. Eles são tomados num plano inferior, mas não se sentam diretamente no assoalho feito de tábuas elegantes. As crianças se acomodam num tapete de estampa persa — mais um ícone de distinção.

Um dos três filhos, talvez um menino, aparece calçado e com meias em destaque. Ele olha para o pai com deferência. A outra criança traz no colo um bebê que também vira o rosto em direção ao patriarca: embora pequena, ela traz meias nos pés. Uma boneca é deixada de lado, largada no assoalho, junto com um chocalho. Nada distrai nosso olhar da cena principal: o pai com sua revista, absorto na leitura — talvez, apenas, uma cesta de costura, com vários tecidos e uma tesoura aberta.

Cestas de costura foram utilizadas em várias pinturas famosas, simbolizando essa que seria uma função primeira das mulheres. Parece tratar-se assim de uma espécie de "citação" por parte de Almeida Júnior. Já mencionamos a cesta que aparece na tela *Pátria*, que acabamos de analisar, e que se vincula diretamente à atividade feminina. Mas há exemplos ainda mais conhecidos e que podem ter servido de inspiração para Almeida Júnior. Observemos, por exemplo, a obra *Os lictores devolvendo a Brutus os corpos de seus filhos*, de Jacques-Louis David, mestre do estilo neoclássico. Exibida em 1789, deu grande proeminência ao artista e ilustra a célebre passagem em que Brutus, fundador da República romana, permitira que seus próprios filhos fossem mortos por haverem traído o regime. Na cena, um pai pesaroso mas inflexível está sentado em primeiro plano, à sombra de uma estátua que representa a pátria divinizada: *Dea Roma*. A luz ilumina um corpo sem vida. Enquanto Brutus dá as costas à movimentação, um conjunto de figuras femininas banhadas pela luz, mais à direita do quadro, mostra a esposa do herói e suas filhas em desespero. O ato de patriotismo viril é contraposto à emoção subjeti-

Jacques-Louis David, *Os lictores devolvendo a Brutus os corpos de seus filhos*, 1789. Óleo sobre tela, 323 × 422 cm.

va das mulheres; vítimas de seus sentimentos. E ali está a indefectível cesta de costura, simbolizando o lugar subalterno das mulheres na compreensão dos destinos da nação.[26]

Impressiona no trabalho sobre o engenheiro paulista como toda a sala de estar é minuciosamente pintada de maneira a evocar vários "símbolos de civilização", entre tapetes, almofadas, quadros, esculturas, porta-retratos, um violoncelo e um piano com uma partitura aberta, um animal doméstico, bem como diversas marcas de gênero. A sala de estar era "o espaço onde as mulheres eram visitadas para serem vistas como conspicuamente ociosas",[27] enquanto, para os homens, significava o lugar do estudo e do aperfeiçoamento nas artes e na cultura.

Duas vidraças, dispostas nas partes mediana e superior de uma porta, introduzem no quadro a imagem do pequeno jardim contíguo à casa. A luz quente lembra o sol dos trópicos, mas seu espaço delimitado no ambiente da sala remete ao controle que a civilização impõe à natureza. Além do mais, uma tela de paisagem, logo acima do piano, e os vasos que decoram o ambiente ajudam a demarcar a origem dessa que poderia ser uma casa burguesa qualquer. Parte de uma palmeira pode ser vista, a forma da árvore surgindo refletida no vidro da porta. Justamente uma palmeira, símbolo religioso de paz, vitória e bondade, mas também uma marca dileta dos trópicos brasileiros. Para completar a lateral da obra, Almeida Júnior desenha um muro que representa os limites físicos da moradia. É possível observar o telhado de outra residência, deixando claro que se trata de uma casa urbana, não de uma fazenda isolada. Essa era, afinal, uma elite que agora habitava as cidades, e não mais uma aristocracia rural, vinculada ao "passado" do Império e que convivia com símbolos de urbanidade.

Outro detalhe: como era uma convenção nos retratos de família, a despeito de todos os membros aparecerem na obra, o pai é a figura enaltecida.[28] O quadro confirma a ordem reinante no interior da casa, onde as hierarquias de gênero de fora são reiteradas no espaço de dentro. O pai é o chefe da família, responsável pelo sustento, enquanto cabe à mulher mostrar-se bem apresentada, manter os filhos asseados, a casa arrumada e acolhedora.[29]

E há ainda outro tipo de hierarquia naturalizada nesse retrato. A família é toda branca ou branqueada na cor da pele, mas também por seus costumes e vestimentas. Por isso, acaba sobressaindo o tom escuro do rosto do bebê que

O NACIONALISMO BRASILEIRO TEM COR

ocupa o centro da representação. Ao que tudo indica, trata-se do filho caçula, Adolfo, que, segundo notas deixadas pelo próprio pai em seu livro de memórias, teria nascido em 23 de junho de 1891, ano de que é datado o quadro.[30]

Há quem aposte que a coloração da pele do bebê seja efeito da ação do tempo e do uso do betume. Na chave oposta, os historiadores Elaine Dias e Luciano Migliaccio reforçam a ideia de que a criança de tonalidade negra, quase uma boneca, aludiria "ao destino dos antigos escravos na ordem futura da sociedade".[31] Se não há como resolver, definitivamente, a questão, vale destacar a ambivalência da obra, uma vez que não poucas famílias buscaram esconder a existência de seus filhos chamados "ilegítimos". Pelo sim pelo não, gostaria de ficar com o que a imagem de fato apresenta. Uma família bem estruturada, disposta num cômodo elegante e entretida nas suas atividades mais rotineiras, devidamente dividida por gênero, e cujo "processo civilizacional" corresponde ao próprio "processo de branqueamento", real e metafórico. Ademais, fica subentendido o lugar da concubinagem e da mestiçagem, com a mãe negra mais uma vez ausente da representação. Seu filho faz parte dessa "história", já ela não mais.[32]

A família sempre teve um papel valioso na figuração do tempo histórico. Como metáfora, ela homenageia tanto a manutenção da hierarquia social como o próprio movimento da história. A projeção da imagem da família como símbolo do progresso nacional permitia, também, rotinizar processos sociais de exclusão a partir desse que era um exemplo de harmonia com ordem: a mulher era dependente do marido, mas o casal burguês e bem-sucedido era o governante natural das crianças imaturas — legítimas e ilegítimas.

Destaca-se, ainda, uma situação em especial: o mito da mestiçagem racial redentora. Ou seja, na pintura se consagra a imagem de uma família branca mas que recebe em seu seio, e de maneira afetuosa, um novo parente negro. Detalhe importante: ele também olha fixamente para esse que seria seu pai natural, e não para a mãe postiça.

Como na metáfora do rio, que não "limpa" a hierarquia social, apenas torna mais branco o futuro, na tela vemos outra forma de redenção feita pelo progresso material e simbólico, que, visto pela fresta da porta de uma família de elite, também branqueia.

Um futuro branco

Não à toa, uma série de obras de ficção são publicadas nesse período, e fazem grande sucesso, a partir da projeção de um Brasil que no futuro seria branco. Talvez a mais emblemática dentre elas seja *Canaã*, de autoria de Graça Aranha, que ganhou um lugar na Academia Brasileira de Letras por conta da repercussão de seu romance. Datado de 1902, o livro se desenvolve em torno da imigração alemã para o Espírito Santo, a partir de dois personagens principais que representam linhas filosóficas opostas: o universalismo ("a lei do amor") e o divisionismo ("a lei da força"). No fundo, porém, e como mostra o crítico José Paulo Paes, *Canaã* explora a espinhosa questão da raça dentro de um enquadramento que previa um futuro branqueamento da população, seguindo-se a ótica da eugenia, citada no livro como a ciência que canalizaria a formação do "tipo étnico brasileiro".[33]

O tema que Graça Aranha selecionava fazia parte das aspirações de época, e a respeito dele se pronunciavam autores como Sílvio Romero, Araripe Júnior e Euclides da Cunha, avaliando, de alguma maneira, que esse seria o destino natural, ou estimulado pela imigração, da assim chamada "questão racial" no Brasil. Sílvio Romero, por exemplo, já em 1888 publicava sua *História da literatura brasileira*, afirmando que no futuro do país prevaleceria um tipo de mestiço que dificilmente se distinguiria do branco.[34] Era essa também a posição do político e sociólogo Oliveira Viana no opúsculo que escreveu chamado *Raça e assimilação*.[35]

Com efeito, o tema do "futuro racial" do Brasil aparecia com frequência na imprensa nacional, bem como modulava o texto de uma série de anúncios.[36] Conforme explica a historiadora Agnes Lugo-Ortiz, explorar o conceito de "cultura visual" implica não apenas analisar objetos de arte, mas incluir outras experiências óticas, presentes em artefatos, propagandas, teses, livros, imagens científicas e etnográficas, folhetos efêmeros e um grande número de objetos da cultura material.[37] Neles, o branqueamento "previsto", ou melhor, "estimado" escondia a naturalização da hierarquia pautada em critérios internalizados de cor e classe.

Datada de 1888, a imagem ao lado representa um exemplo da tentativa de transformar a abolição numa efeméride associada diretamente à monarquia. Diferentemente das tensões sociais que se sucederam à Lei Áurea, considerada conservadora até mesmo em seu contexto,[38] essa propaganda feita por uma fábrica de tecidos para celebrar a data reitera as assimetrias persistentes entre brancos e negros. Num ambiente em tudo alvissareiro, e tendo o cartão-postal do Pão de Açúcar ao fundo, dois homens se cumprimentam de maneira efusiva. Em primeiro plano, e para realizar os objetivos do patrocinador, vemos diferentes tecidos por toda parte. Entre eles está uma flâmula comemorativa da lei do Treze de Maio, destacando-se o brasão do Império, bem ao centro, como a simbolizar o lugar da realeza como fiadora da nova ordem social. Chama atenção

Cartaz registrado pela fábrica de tecidos Samuel, Irmãos & Cia., 1888.

também, para além da perspectiva mais oficial e conservadora — do tipo "estamos juntos, mas cada um no seu lugar" —, a cor do homem negro. Não se trata de uma pessoa africana, mas quem está sendo incluído, digamos assim, é o mestiço, como temos visto, mais clareado.[39]

Para contrariar a imagem de exclusivo congraçamento, que mais se parece com uma alegoria, temos notícias de rebeliões que estouraram por todas as partes do país, e do papel da população negra escravizada, livre e liberta, no sentido de pressionar para que a realeza saísse do seu imobilismo político, que fez do Brasil a última nação a abolir a escravidão mercantil.[40] Contudo, a versão oficial creditou à princesa Isabel todos os méritos, e inclusive buscou pavimentar seu lugar como dirigente de um eventual Terceiro Reinado. A ideia era que só a monarquia poderia conduzir o país de modo seguro: sem escravizados, mas também sem convulsões sociais. Importante estranhar o que uma certa história oficial brasileira torna familiar: o Império levava os créditos por um feito, a abolição, que, na verdade, foi responsável por tardar demais a realizar.

Por isso, o anúncio veicula o senso comum da época, neutralizando a desigualdade, abolindo o conflito para apenas destacar a harmonia. Na imagem, um homem branco, o qual, pela caracterização de suas vestes, se parece com um fazendeiro e quiçá um ex-proprietário de escravizados — com suas botas, paletó e chapéu —, saúda um homem negro. De maneira alegórica, eles se dão as mãos. O rapaz negro veste roupas que denotam sua antiga condição, agora estilizada: calça de algodão imaculadamente limpa e uma camisa listrada. Seu chapéu é também mais modesto que o do colega: trata-se de um utensílio de trabalho, para aguentar a labuta no sol. Mais um detalhe relevante: ele continua descalço, a despeito de sua suposta liberdade.

A história muitas vezes trapaceia com a realidade e, enquanto a realeza prometia uma espécie de "viveram felizes para sempre", os militares e as elites cafeicultoras paulistas tramavam pela República: a monarquia conheceria seu próprio fim em novembro de 1889, e a família imperial, destituída, rumaria para o exílio na Europa.

Mas, ao menos naquele momento, muito pouco mudaria no que se refere ao critério de inclusão social e racial. Liberdade sempre foi um direito difícil de alcançar no Brasil, e ainda mais complicado de manter.[41] Não por coincidência, datam dessa época as "teorias de branqueamento", que se tornam influentes não só como modelos pseudocientíficos, mas também enquanto "conceito do senso comum", que passou a descrever e julgar "mais brancas" pessoas que enriqueciam, ganhavam poder e ascendiam socialmente, de uma maneira geral.[42] Era o branqueamento social brasileiro.[43]

Assim, no início da República, em vez de condenar a "mestiçagem extremada", ou considerá-la detratora da nação — como faziam as teorias do determinismo racial do século XIX —, parecia mais viável encontrar uma saída, no futuro, que não implicasse a falência da nação (em decorrência da degeneração racial), porém tampouco privilegiasse a inclusão social. O que se previa, pois, não era uma mistura igualitária, mas antes uma depuração racial, a negritude da população sendo aos poucos substituída, real ou metaforicamente, pela branquitude. E, enquanto esse processo de engenharia racial não ocorria, todas as diferenças e hierarquias continuavam preservadas.

É nesse contexto que o cientista João Batista de Lacerda, diretor do Museu Nacional do Rio de Janeiro, é selecionado para representar o Brasil no I Congresso Internacional de Raças, realizado de 26 a 29 de julho de 1911. O representante do único país latino-americano convidado para o certame internacional levou uma tese chamada "Sur les Métis au Brésil". Nela, a mensa-

O NACIONALISMO BRASILEIRO TEM COR

gem era clara: em três gerações, passando pelo negro e pelo mestiço, o Brasil seria "finalmente" branco.

A abordagem não era nova. Como vimos, quase um século antes Von Martius defendia tese muito semelhante. Mas dessa vez a participação era oficial e nacional, sendo a delegação financiada pelo governo Hermes da Fonseca. Intelectual de renome, Lacerda formara-se em medicina pela Faculdade do Rio de Janeiro, era autor de pesquisas na área de fisiologia e microbiologia, tendo sido chefe do Laboratório de Fisiologia Experimental, bem como subdiretor da Seção de Antropologia, Zoologia e Paleontologia no Museu Nacional. Por fim, foi também presidente da Academia Nacional de Medicina.[44]

O evento era muito aguardado. Tratava-se da primeira edição do Congresso Internacional de Raças, que seria realizado na Universidade de Londres, com o objetivo de discutir "as contribuições das diferentes *raças* para a humanidade".[45] O assunto não era apenas teórico; era na verdade estratégico naquele contexto em que o imperialismo se afirmava como um discurso e uma prática sobre as raças.

O encontro contou com o patrocínio de catorze países (França, Inglaterra, Bélgica, Itália, Pérsia, Turquia, Egito, Japão, África do Sul, Hungria, Rússia, Haiti, Serra Leoa e Brasil) e reuniu delegados de muitas partes do globo. Havia dois tipos de participação: apresentações de ensaios sobre os distintos contextos nacionais, ou palestras acerca de assuntos definidos como: "A raça negra nos Estados Unidos"; "A posição mundial do negro e do negroide"; "A consciência moderna e o tratamento dos povos e comunidades dependentes"; e "As raças sob o ponto de vista sociológico". Como se pode notar, pouco antes da eclosão da Primeira Guerra Mundial, o marco dos modelos deterministas, promotor da noção de que as raças compunham fenômenos bio-ontológicos finais, continuava dominante.[46]

Na opinião do delegado brasileiro, o jornal *The Ethical World* resumia bem os propósitos do encontro: "os brancos, cuja consciência desperta com a ideia do dever, convidam os negros e os amarelos, seus irmãos, a estreitar mais os liames da amizade".[47] Os anfitriões eram, pois, "os brancos", assim como eram eles que detinham o poder de convidar, ou não, os demais participantes.

Diante do peso geopolítico do evento, e da importância que o Brasil conferia a ele, o país encontrou na tese de Lacerda uma resposta adequada às inquietações daquele certame. O diretor do Museu Nacional acreditava no embranquecimento racial, e se contrapunha às teorias que viam na mestiçagem um sinal de "degeneração da espécie". Seguia, desse modo, a orientação geral do Congresso, que entendia o branqueamento populacional como uma resposta harmoniosa e adequada para as relações raciais; ainda mais em países que saíam de experiências enraizadas de convivência com a escravidão.[48]

O argumento de Lacerda partia do suposto de que, devido à superioridade biológica e social da "raça branca", em três gerações o Brasil seria branco. Escrevia ele: "É lógico supor que na entrada do novo século os mestiços terão desaparecido no Brasil, fato que coincidirá com a extinção paralela da raça negra entre nós".[49] A ideia era mostrar, para norte-americanos e europeus, que não havia "nada a temer" no que se referia ao "futuro racial" do país.

O ensaio de Lacerda não fez tanto sucesso em sua época: até porque se julgou, naquele contexto, que três gerações seria tempo demais.[50] Entretanto, mais do que entender a repercussão do folheto durante o evento, vale pensar na cauda longa de sua recepção aqui no Brasil. Nesse sentido, e como revela a antropóloga Tatiana Lotierzo, a "popularidade" do artigo tem muito a ver com a tela que aparece logo na abertura do ensaio.[51]

O cientista incluiu a reprodução de um quadro do espanhol Modesto Brocos, *A redenção de Cam* — que vinha acompanhada da legenda (esta escrita por Lacerda): "O negro passando para branco, na terceira geração, por efeito do cruzamento de raças". Importante destacar que a tela não fora realizada expressamente para a ocasião — ela havia sido apresentada ao público em 1895 (dezesseis anos antes do Congresso), quando recebeu a medalha de ouro na Exposição Geral de Belas Artes. Mas a história dessa obra se colou ao texto de Lacerda.

O quadro apresenta um retrato de família em três gerações, marcadas por distintas gradações de cor: à esquerda, a avó negra; ao centro, a mãe "mulata", com um bebê branco no colo; à direita, o pai presumido da criança, também branco. É evidente como, a despeito de não ser uma obra de encomenda, ela cabia como uma luva na tese de Lacerda.[52] O próprio texto da legenda sugere como o cientista estaria "traduzindo" a tela, imprimindo-lhe o conceito de "evolução" da espécie, que nesse caso seria resultante de uma "seleção sexual", promotora do branqueamento.

O NACIONALISMO BRASILEIRO TEM COR

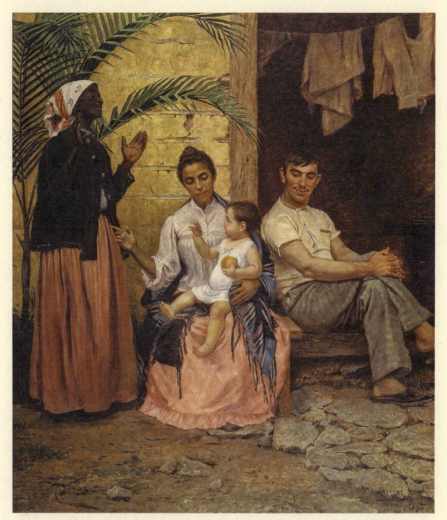

Modesto Brocos, *A redenção de Cam*, 1895. Óleo sobre tela, 199 × 166 cm.

Hora de ler a pintura pelos seus detalhes. A avó, de pé, leva as mãos aos céus anunciando a "graça recebida"; o pai, que tem jeito de imigrante português, dirige seu olhar ao filho com expressão orgulhosa; a mãe, com traços e cores mais "depuradas", aponta para o futuro com a mão direita, enquanto o filho a segue com os olhos e o braço direito. Era um futuro branco o que o aguardava.

Outros elementos comprovam a intenção do artista, e devem ter animado Lacerda no sentido de selecionar a obra. A avó negra pisa num chão de terra, e seus pés estão descalços. O pai pousa os pés calçados sobre um terreno pavimentado, a despeito de inacabado — revelando como ele já vive em outro momento civilizacional —, ao passo que mãe e filho se encontram numa região intermediária: metade terra, metade asfalto ou pedra.

A redenção de Cam propõe, se prestarmos atenção no título, a inversão de um episódio bíblico retirado do Gênesis, 9. Nessa passagem, Cam expõe aos irmãos Sem e Jafé a nudez de seu pai, Noé, e por isso é condenado pelo patriarca, junto com seu filho Canaã, a ser escravo deles. Durante a Idade Média e o início da Moderna dá-se, contudo, uma ressignificação do episódio: num momento de expansão da cristandade ocidental rumo à África, Ásia e, posteriormente, às Américas, o fragmento passa a ser utilizado como justificativa para a escravização de africanos. Tal alteração se pauta na cor: a pele de Cam (e de seus descendentes) se torna, segundo essas novas interpretações, negra; ao mesmo tempo que o filho Sem começa a ser associado à Ásia, e Jafé é descrito como branco.[53]

Se na reinterpretação do episódio ocorre o "enegrecimento" de um dos filhos, já na tela de Brocos o movimento é oposto. Apresentada sete anos após a emancipação no Brasil, a pintura propõe uma leitura original do episódio bíblico, mostrando um caminho possível para reverter a maldição de Noé: ou seja, branquear os descendentes de Cam. Assim a laranja, que significa alegria, prosperidade e sucesso — quiçá uma versão tropical da maçã de Eva —, nesse caso indica não o perigo, mas a certeza da escolha correta. Por outro lado, uma palmeira mais à esquerda e o revestimento de taipa da parede revelam tratar-se de uma casa localizada no Brasil. O grupo também alude à Sagrada Família em mais uma associação com as Escrituras bíblicas.

Sem dúvida Brocos se pautava em outros modelos, os quais, por sua vez, também foram sendo transformados no decorrer dos tempos.[54] De toda forma, se em momentos anteriores a religião representou a principal via de explicação para a questão, a partir do século XIX amplia-se o papel da ciência na justificação da tese. No entanto, enquanto em muitas partes do globo (no mundo hispânico, por exemplo) acreditava-se ser impossível recuperar processos raciais, no Império português e no Brasil o branqueamento completo se tornava não só uma crença arraigada como uma tese científica que agradava à opinião pública. E então se cria um ideal, amparado em diferentes discursos — políticos, médicos, literários e visuais —, que se assenta sobre a

O NACIONALISMO BRASILEIRO TEM COR

tese de branqueamento como um projeto transformador a um só passo demográfico e moral.[55] Essa é, pois, ao menos enquanto estrutura, uma pintura de castas — no estilo da América espanhola — mas com um pressuposto local diverso: ao passo que por lá o gênero artístico descritivo carregava uma prescrição rígida — as raças eram fenômenos finais —, por aqui o suposto é que elas "evoluiriam embranquecendo" e assemelhando-se física e moralmente às nações ocidentais.

A tela de Brocos tanto oferecia uma justificativa para as preocupações correntes na época a respeito da incorporação dos ex-escravizados à ordem livre do país, como agregava uma tradição religiosa de longa duração, fazendo uma interlocução com a iconografia cristã, aludindo às natividades. Existe, portanto, uma relação difícil entre a tese científica de Lacerda e o quadro incluído no folheto. Se a pintura passou para a história como derivada do trabalho apresentado no Congresso em Londres, além de ter sido vinculada imediatamente ao imaginário racial,[56] o certo é que ela possui outras histórias internas, interseccionando marcadores como raça, gênero e sexualidade.

Em primeiro lugar, avó e mãe estabelecem uma oposição de cor com relação à figura paterna e ao menino, configurando uma dupla ruptura: racial, mas também de gênero. Nota-se inclusive um certo olhar de cumplicidade masculina — do pai para o filho —, confirmando-se a paternidade (branca) da criança. Por outro lado, pressupõe-se que o pai da mãe, que figura no centro do quadro com seu filho no colo, deveria ser mais claro do que sua companheira: a avó da criança — que aparece no canto esquerdo. Isso significa dizer que o avô é, portanto, mais uma presença ausente que garante o projeto branqueador, defendido na tela. Isso posto, se é verdade que o movimento percorrido pela obra vai do negro ao branco, pode-se pensar que o trabalho como um todo tem um gênero predominante, uma vez que o "futuro racial" da família é branco e masculino.

As mulheres aparecem, dessa maneira, como "agentes voluntárias" em tal "processo branqueador", a pintura reforçando a imagem de um "casal miscigenado" formado pelo homem branco e pela mulher não branca (e não o contrário) — e, como observa a antropóloga Laura Moutinho, esse é o par predominante nas teorias clássicas sobre o Brasil.[57] Assim, no quadro o homem branco mantém a posição de superioridade: ele é o polo ativo do embranquecimento e da própria ação reprodutora, os atributos de cor e sexo do menino corroborando sua paternidade.

Na produção visual dos séculos XVIII e XIX, a presença conjunta de mulheres brancas e negras foi sempre tomada por uma espécie de alusão pictórica negativa à sexualidade feminina negra.[58] Entretanto, é no século XIX que se desenvolve um sistema de notação para o corpo feminino, em consonância com os modelos científicos deterministas. O suposto era que as mulheres negras teriam uma sexualidade considerada patológica, e um padrão de corpo similar ao de Saartjie Baartman, que, como vimos, ficou conhecida como "Vênus Hotentote" a partir da segunda década do Oitocentos,[59] quando foi transformada em atração na Europa. O traço diferencial de Baartman era a hipertrofia das nádegas — denominada posteriormente esteatopigia —, característica que chamaria a atenção também de cientistas como Georges Cuvier e J.-J. Virey. A característica de destaque seria o perfil "excessivo", em termos de massa corporal, das mulheres negras; o que imediatamente se associava a uma sexualidade igualmente "excessiva".

A ciência do período elegeu ainda outros sinais como indícios de uma sexualidade feminina tida como "anormal", como a orelha de Darwin (simplificada nas vilosidades ou sem lóbulo), o excesso de peso, o rosto assimétrico, o nariz desfigurado e uma hipertrofia do crânio na região parietal. Essas eram todas fantasias e preconceitos criados por uma cultura masculina europeia,[60] ou, como mostra bell hooks, pressupostos de época que vinham embasados por sistemas de dominação, os quais, por sua vez, encontravam nas imagens uma forma de difusão especial.[61]

Brocos não apostou, porém, nesses modelos, até por contraposição, e preferiu afastar as duas mulheres de sua obra desses padrões negativos de época, apresentadas totalmente vestidas e destituídas de qualquer atributo de erotização. O pintor também não era um principiante quando terminou *A redenção de Cam*. Nascido em 1852 na Galícia, numa família de artistas,[62] ele realizou seus estudos entre o país de origem e a Escola de Belas-Artes de Paris, com passagens pela Accademia Chigi, em Roma, antes de fixar-se no Brasil.[63] Chegou à "terra do Cruzeiro", conforme se referia a estas paragens, em 1872, onde trabalhou como gravador, ilustrador, além de frequentar como aluno livre as aulas de Victor Meirelles e Zeferino da Costa na Academia Imperial de Belas Artes.

Foi, por sinal, o primeiro deles quem propôs, numa de suas aulas, que a turma pintasse uma versão do episódio bíblico retratado em *A redenção de*

O NACIONALISMO BRASILEIRO TEM COR | 293

Cam: um "Noé bêbado", disse o mestre.[64] Como mostra Tatiana Lotierzo, já entre 1875 e 1877 o artista andava motivado pelo tema. Brocos deve ter entrado em contato, também, com o pensamento determinista ensinado na Escola de Belas-Artes de Paris por Hippolyte Taine, de quem foi aluno.[65] Logo, estava familiarizado com os modelos vigentes de representação das mulheres negras e com as implicações conceituais por trás de suas escolhas formais.[66]

Era bem rara, ao menos no Oitocentos, a inclusão de mulheres negras na pintura brasileira. Entre os exemplos mais conhecidos estão: *Negra* (1891), de Almeida Júnior; *Preta quitandeira* (1900) e *Monjolo* (*c.* 1895), de Antonio Ferrigno;[67] e *Feiticeira* (1890), de Antônio Rafael Pinto Bandeira. Há ainda outras telas de autoria do próprio Brocos, como *Engenho de mandioca* (1892), *Crioula de Diamantina* (1894), *A mandinga* ou *Feiticeira* (1895), sendo que nestas últimas o artista vincula as mulheres negras ao mundo do trabalho ou àquele das religiões afro-brasileiras.[68]

Na tela ora analisada, Brocos parece mais interessado em representar uma sorte de reação ao período do pós-abolição e ao receio sobre a falta de integração da população negra à sociedade livre.[69] Não se tratava de uma crítica ao Estado, mas de uma forma de solução pictórica. Em primeiro lugar, ele apresenta um retrato de família, que traz as duas mulheres posando, e não trabalhando. Em segundo, elas não dividem o espaço pictórico com personagens brancos do sexo feminino, mas sim com um bebê e um homem branco, com quem a mais jovem manteria um relacionamento afetivo-sexual de caráter formal — basta observar como a mão esquerda da moça ganha uma proporção exagerada, de modo a se destacar uma aliança no dedo. Além do mais, a tela mantém um sistema de notação mais realista, em chave alegórica e não voyeurista.[70]

Também não há insinuação de uma sexualidade patológica na caracterização dos personagens negros. Ao contrário, a tela dialoga formalmente com a iconografia cristã. Há, por exemplo, uma analogia entre a mãe que segura o bebê e a Virgem com o Menino Jesus no colo; bem como entre a avó e os anjos, os quais, na imagística do cristianismo, são intermediados pelo gesto que anuncia uma relação entre o plano terreno (visível) e o divino (invisível). O azul do xale também alude à Virgem Maria, cujo manto tem essa mesma cor nas representações mais canônicas.[71] Por fim, existe uma associação entre o pai da criança e o personagem José, que soube vencer adversidades: vendido como escravizado, acabou governador de todo o Egito.

Tatiana Lotierzo, em trabalho definitivo sobre a tela, demonstra como a avó negra, no seu imobilismo, lembra uma estátua. A rigidez da postura e o rosto pintado como uma mancha marrom-escura, uniforme, lembram as figuras de argila e a característica rústica de algumas santas populares.[72] Nesse sentido, é no Oitocentos, paralelamente à aparição meteórica da Vênus Hotentote como objeto de ciência (e de curiosidade pública), que a Madona Negra, cultuada durante séculos pelos cristãos, torna-se a patrona da fertilidade.[73] A figura da senhora também alude ao fato de que, no catolicismo brasileiro, a Virgem Negra é considerada a protetora dos escravizados — lembrando que os pés descalços da avó sugerem que ela tenha sido uma escravizada.

Vale sublinhar ainda como o trabalho de Brocos segue perspectiva oposta à voga determinista e pessimista de época, expressa em romances como *O mulato* (1881) e *O cortiço* (1890), de Aluísio Azevedo. Neles se reforçam imagens de mulheres negras de "moral sexual pouco cristã", e muitas vezes inférteis — como é o caso da "mulata" Rita Baiana, que, seguindo teorias do período, por fazer parte das populações miscigenadas, era "incapaz" de ter filhos, apesar da vida sexual ativa. Aliás, a maioria dos personagens femininos desses romances vive em concubinato e/ou mantém relações ilícitas com homens brancos e/ou negros, o que não ocorre na tela de Brocos.

Entretanto, se as figuras femininas de *A redenção de Cam* se distanciam dos demais modelos mais detratores, nem por isso elas estão longe dos preconceitos de época. Afinal, o homem em cena continua sendo o polo desejável ou exemplar. O pai está na sombra, pois quem há de se modificar não é ele; mas o lado feminino e negro da família. Nesse sentido, a obra procura mostrar uma suposta transformação corporal — de negro a branco — e vinculá-la à ideia de espiritualidade. Assim, o que se afirma na tela é a ideia de que a família, o casamento e a sexualidade devem ser postos a serviço dos interesses nacionais, no caso, do embranquecimento. Por fim, não há como esquecer que no quadro as duas mulheres negras tomam parte num projeto de Estado que, no limite, busca a supressão de seu próprio grupo étnico. Um apagamento futuro é o que as espera.

Da ciência para a propaganda: a naturalização do branqueamento

Tomava força, assim, um modelo que previa como, de maneira natural ou por meio do recurso à imigração europeia, o Brasil seria "finalmente" branco. Paralelamente, difundia-se uma certa representação nacional de que no país quem enriquecia, ganhava fama ou ascendia no poder tornava-se sempre mais claro. São muitas as polêmicas envolvendo personagens negros como Lima Barreto,[74] Machado de Assis[75] e, mais recentemente, a psicóloga Virgínia Bicudo,[76] entre tantos outros exemplos, que muitas vezes à sua revelia branquearam na representação, mas não na obra.

É também nesse momento que as capitais brasileiras tomam um banho de modernidade, o movimento urbano ganhando o nome ideológico de Regeneração. As grandes cidades se transformam, então, em cartões-postais para o desfile das elites do país, que costumavam exibir sua suposta harmonia aliadas às forças, incontornáveis, do progresso e da civilização. "Estamos condenados à civilização", professava Euclides da Cunha em *À margem da história*, com um misto de orgulho e preocupação.[77] Afinal, o que essa "tendência" elidia era que a expansão se fazia a partir da expulsão da pobreza; retirada dos grandes centros para viver em aglomerações populacionais nos subúrbios.

Esse é o pano de fundo da época que ficou conhecida como Belle Époque brasileira, a qual se dá no período entreguerras, com a paralela expansão imperialista do *American way of life* — uma nova quimera de consumo popular, que, com certeza, não chegava para todos.

A miríade da modernidade concentrava-se no Sudeste brasileiro e para a sua justificação valia todo tipo de prognóstico. O antropólogo Roquette-Pinto, por exemplo, que quando jovem trabalhara ao lado de Lacerda, tornou-se presidente do I Congresso Brasileiro de Eugenia de 1929. A despeito de sua crítica às posições racistas, o cientista previa que em 2012 teríamos uma população composta de 80% de brancos e 20% de mestiços; nenhum negro, nenhum índio.[78] Datam também desse período, e como vimos, as teses branqueadoras de Renato Kehl, favorável à eugenia e à esterilização da população mestiça nacional.[79]

E é em meio a essa atmosfera, pretensamente utópica, que se desenvolve a representação da mãe-esposa-dona de casa, a qual, nas imagens existentes, é eminentemente uma mulher branca. Essa seria a principal e mais importante função feminina — pregada pela Igreja, legitimada pelo Estado, ensinada por médicos e juristas e divulgada pela imprensa. Em tal contexto é publicado o manual de economia doméstica chamado *O lar feliz*, que era dirigido a jovens mães e "a todos quantos amam seu lar". Lançado em 1916, no mesmo ano em que é aprovado o Código Civil da República, o livro analisava o papel de homens e mulheres na sociedade. O lar é comparado a um pequeno Estado, no qual o ministro da Fazenda é o marido, cabendo à companheira dele os negócios do Interior.[80]

Fica claro como não há igualdade nesse "pequeno Estado" em que, como explicava o escritor Afrânio Peixoto, todos eram "iguais, mas diferentes. Cada um como a natureza o fez".[81] Assim, longe dos ideais feministas e sufragistas que explodiam pelo mundo, e ganhavam adeptas também no Brasil, por aqui o próprio Código Civil sacramentava a inferioridade da mulher casada em relação ao marido. O homem era o patrão da sociedade conjugal e dessa maneira cabia a ele a representação da família, a administração dos bens do casal, o direito de determinar ou mudar o local de residência.[82] Era o esposo, ainda, que autorizava à mulher trabalhar ou não trabalhar. Conforme resumia na época o jurista Clóvis Beviláqua, era o homem que devia "harmonizar as relações da vida conjugal".[83]

Data igualmente desse momento uma série de discursos — literários, religiosos, médicos e jurídicos — sobre a família e o casal, mostrando como era no seio do lar que se desenvolviam as relações sexuais legítimas, classificadas como decentes e higiênicas.[84] O médico eugenista Renato Kehl afirmava não existir felicidade fora do ambiente da casa, pois era lá que a mulher se transformava em esposa e mãe.[85] O discurso higienista também separava a vaidade das mulheres honradas daquela das "libertinagens" das mulheres cuja conduta era considerada "duvidosa".

As publicações femininas, que crescem então em popularidade, reforçavam as mesmas perspectivas normativas. A *Revista Feminina*, por exemplo, publica um "Decálogo da esposa", onde explica como o objetivo da mulher era o de amar

"O menu de meu marido", publicado na *Revista Feminina*, 1917.

seu esposo "acima de tudo na terra", manter "em ordem" a casa, não consumir o "supérfluo", deixar os "filhos bem-arranjados", e ser "boa" com a sogra.[86]

Nas imagens, famílias felizes vivendo em harmonia ao redor da mesa e das refeições fartas completavam a mensagem, naturalizando um mundo projetivo, onde não existia pobreza nem outras raças e grupos sociais.

Também nas propagandas de época, grandes divulgadoras das teorias que muitas vezes permaneciam encerradas entre as paredes das faculdades, o futuro branco, e modelado por imagens da Antiguidade, aparecia em primeiro plano, com as populações negras deixadas mais ao fundo e no espaço do trabalho.

Era como se os objetivos da eugenia saíssem das teses científicas e ganhassem o espaço dos anúncios, onde famílias brancas, num país majoritariamente composto de populações negras, definiam os desígnios da nação.

No interior do lar, núcleo em miniatura da própria República, os locais sociais andavam bem delimitados. A família surge, assim, como uma estrutura metafórica para veicular uma narrativa histórica feliz, unida, harmoniosa. A nação em um capítulo. Na segunda imagem acima, à direita, a estrutura doméstica surge de forma didática: a esposa que se apoia levemente no marido, enquanto as crianças respeitam os adultos. Para as mulheres a cidadania ficava mediada pelo casamento; para as crianças, pela esfera doméstica. Interessante notar que, de tão branca e ocidental, a família perdia marcas de tempo e espaço, podendo se situar na Europa, nos Estados Unidos ou até mesmo no Brasil. O branqueamento unificava, como projeção, uma certa aspiração social e de classe.

Autoria desconhecida, *Caixa Mútua de Pensões Vitalícias*, 1914.

Raul Pederneiras, "Alerta! Palavras do chefe da Nação", [191-]. Cartaz, 76,4 × 56,4 cm.

Casa Isidoro, [19--].
Litografia Ypiranga,
12,2 × 8,8 cm.

A Casa Isidoro, que vendia tecidos finos, selecionou como marca da empresa a representação de uma mulher branca e atemporal. Nela, a imagem do espelho aparece duplicada: na mão da moça que admira seu rosto, e na grande moldura que ambienta o anúncio. Não há tempo certo nesse documento visual. Como explica Homi Bhabha: "As nações, como as narrativas, perdem suas origens nos mitos do tempo".[87]

São imagens sem tempo ou espaço que servem para identificar o que então se chamava de "novo": uma modernidade europeia e norte-americana que aqui chegava para consagrar um período em que a abolição se realizava a partir dos produtos domésticos e das novas tecnologias de consumo. Para tanto, e como mostra Walter Benjamin, era preciso inventar imagens de tempos míticos, oscilando entre a nostalgia do passado e, ao mesmo tempo, o descarte do passado em nome do progresso.[88]

Nesse enquadramento simbólico, as mulheres aparecem como o corpo autêntico da tradição.[89] Estamos assim diante do espetáculo da elevação da esfera doméstica, e é dele que trata a propaganda da Farinha Láctea Nestlé. Uma senhora negra, caracterizada por seu avental, lenço de trabalho e formas mais excessivas de corpo, serve uma senhora branca, confortavelmente recostada numa cadeira de balanço, com as mãos em primeiro plano, pousadas, aguardando o "serviço". O anúncio revela que a herança da escravidão não era tema do passado, com as divisões sociais reiteradas no espaço privado. Novamente, não há tempo ou espaço certos nessa propaganda. O produto também não tem pátria, mas diz respeito a um contexto em que imperou, sem dúvida, o escravismo.

A propaganda de 1916 anunciava: "Farinha Láctea Nestlé na convalescença. Quando o estômago debilitado necessita restaurar-se não encham-no de drogas inúteis; o submetam simplesmente a

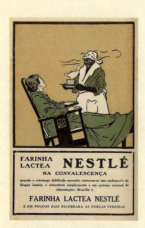

Propaganda da Farinha
Láctea Nestlé, publicada
na revista *Fon Fon*, 1916.

um sistema racional de alimentação: dê-se-lhe a Farinha Láctea Nestlé e em poucos dias recobrará as forças perdidas". Essa era a versão "racional" do uso do leite, como fórmula de cura e de saúde. Não mais o leite de escravizadas, mas agora os compostos científicos que afastavam a sociedade brasileira de tudo o que lembrasse aquele sistema; apagado enquanto imagem, presente na realidade.

O modelo do lar era, portanto, representado a partir da perspectiva idealizada das classes mais abonadas, as quais, por sua vez, se projetavam nos ambientes europeus e norte-americanos. E assim, nas propagandas da primeira metade do século XX, dá-se uma sorte de enrijecimento dos lugares sociais. Enquanto as mulheres brancas ocupavam o espaço da sala de estar, as negras eram representadas a partir do trabalho na cozinha.

Nas novas casas era na área de serviço que apareciam as mulheres negras, sempre imersas nas tarefas de cozinhar, costurar, cuidar e lavar para as famílias burguesas. Também eram marcadas por uniformes que incluíam aventais e toucas, e por sorrisos que destacavam seus traços físicos. Nas propagandas de azeite, ficava exposto um verdadeiro mapa social doméstico. A "alegria das cozinheiras", dizia a propaganda do produto Sol Levante, com uma mulher negra de proporções corporais "excessivas" — sorridente e com pulseiras nos braços, aludindo a sua origem. Ela mostra, satisfeita, o azeite, ao mesmo tempo que exibe um peixe e uma ave nas mesas da cozinha.

"Retenha em casa seu marido", diz o anúncio, na próxima página, dos "aparelhos domésticos", verdadeiras coqueluches do consumo nessa época. No período do entreguerras, passa a ser produzido em massa um enorme acervo de bens utilitários, entre eletrodomésticos, móveis, tapetes, cristais, porcelanas, presentes nas propagan-

Anúncio do Azeite Sol Levante, publicado na revista *A Cigarra*, 1921.

Anúncio do Azeite Sol Levante, publicado na revista *Para Todos*, 1922.

Anúncio de fogão General Electric, 1934.[90]

das que divulgavam as "novas casas". O mesmo ocorria com a cozinha, cujo espaço e atividades as indústrias americanas prometiam racionalizar.

Criava-se quase que um culto fetichista ao redor desses produtos que "não podiam faltar nas casas brasileiras" — como se estivessem ao alcance de todos os bolsos. Tratava-se de glamorizar o espaço doméstico, transformando seus diferentes itens em objetos do desejo e do consumo.

E, se teoricamente tais produtos vinham para diminuir o trabalho das "esposas" e "mães do lar", no Brasil, um país de longa tradição escravocrata, eles foram logo associados ao serviço das empregadas — com muita frequência negras. No anúncio acima, a conotação sexual é intuitivamente estabelecida, o título reiterando o que o texto diz: "A boa mesa prende em casa os maridos". Ou então, conforme explica o dito popular machista, "mulher segura o homem pelo estômago". A ideia é que o homem, que vive no espaço público — e no perigo sexual público —, fica em casa se aí encontrar um "bom jantar" — garantido, nesse caso, pela cozinheira que olha para o casal com uma expressão de cumplicidade. Vale pensar, ainda, como se associa às mulheres negras um certo "prazer" oferecido pela boa comida e aromas, desenhando-se outras formas de concubinato, nesse triângulo feito pelo marido, a esposa e sua "empregada doméstica".

O texto ainda destaca as palavras "higienicamente", "asseio", "economicamente" e "eficiente", aliando os termos higienistas com a nova era do consumo dos aparelhos domésticos. Chama atenção, porém, a disposição das pessoas incluídas na propaganda. Em primeiro plano está o marido que, sorridente, lê o jornal — a exemplo da tela de Almeida Júnior que retrata o engenheiro paulista. No tempo interno da família, o mundo de fora é introduzido nesse ambiente isolado, a partir da imagem do periódico que invade o recinto com as histórias do espaço exterior.

O homem, que usa um traje alinhado, não olha diretamente para a mulher: fumando, ele concentra a atenção no jornal — é novamente (e como vimos no quadro de Almeida Júnior) a imagem do marido que não tem tempo para a superficialidade das atividades do lar. Já a esposa, bem-vestida, observa o esposo, como se pedisse algum tipo de aprovação. As roupas dela não denotam que exerça trabalho braçal; é a mulher negra, mais ao fundo, que carrega os pratos retirados da mesa de jantar. A propaganda se desenrola no tempo do descanso dos patrões, que é o tempo do trabalho para a serviçal, a qual olha de soslaio e como se estivesse satisfeita para a dupla. Com suas roupas de serviço — inscritas no xadrez grosseiro do uniforme, do avental, da touca — ela se diferencia da "esposa", e também da forma física por ela ostentada. Juntas, a mulher negra com o corpo mais "avantajado" e a mulher branca "delgada" estão empenhadas em manter o patrão em casa.

Nessa propaganda de refrigeradores, onde aparecem adjetivos como "prático", "econômico" — aludindo à racionalidade que chegava ao lar —, transmite-se a mensagem de que, a partir dos novos eletrodomésticos, "a senhora" poderia preparar a cada dia um prato diferente, e assim agradar a família. Mas quem trabalha não é a mãe branca, que olha de maneira cúmplice para sua empregada negra, vestida como serviçal. É esta que traz nas mãos os quitutes, e que sobressai não apenas por seus adereços — que evidenciam o lugar do trabalho — mas também por sua forma física fora da "norma" da corporalidade das "donas de casa".

Assim, nesses anúncios, branquitude e negritude criam uma relação, uma categoria definindo a outra na base do contrário. O "outro lado" é o dos lares negros, representados pela oposição que estabelecem: pelo sinal da falta e não por suas potencialidades. Na propaganda do Rádio Pilot, realça-se a ideia de que ele

Anúncio de geladeira General Electric, 1940.

Anúncio do Rádio Pilot, publicado na revista *Bello Horizonte*, 1936.

"conduz do ar, só felicidade em qualquer lar". O que o termo "qualquer" anuncia? Que até mesmo o pior dos lares — em outras palavras, o mais pobre dos lares — pode chegar à felicidade.

Se a menina, a filha do casal negro, aparece bem-arrumada, e com um sorriso e gestos de aprovação, destacam-se, na chave adversa, as roupas de seus genitores. O pai tem a camisa aberta e rasgada numa das mangas. Senta-se "preguiçosamente" numa cadeira simples, de palhinha, o que permite ver o seu sapato, que em primeiro plano apresenta um furo — de alguma maneira fazendo-se graça com a pobreza. Mais uma vez os sapatos funcionam como marcadores sociais de classe. Sorridente, chapéu na cabeça — o que não combina com a norma burguesa —, ele exclama: "Não quero outra vida". A "outra vida" seria o trabalho; já a vida que "ele quer" é o ócio, embalado pelas ondas do rádio, numa evidente demonstração de preconceito.

Segundo o historiador Nicolau Sevcenko, o rádio virou uma espécie de Orfeu moderno; uma nova forma de entrar no recôndito das famílias. Uma voz abençoada apresentava de tudo: de novelas a propagandas. Como dizia a canção de 1936, de Lamartine Babo, A. Ribeiro e J. de Barros: "Nós somos as cantoras do rádio/ Levamos a vida a cantar/ De noite embalamos teu sono/ De manhã nós vamos te acordar".[91]

O rádio, influenciado pelos congêneres norte-americanos, encantou o mundo da publicidade e conquistou os ouvintes. Relativamente mais barato e com vários suportes, deu novo espaço a políticos populistas, que logo adivinharam as possibilidades do equipamento com sua alta audiência, e a cantores.

Há uma clara associação entre a representação do homem no anúncio em questão e a figura do malandro, muito divulgada naquele momento e vinculada de maneira bastante direta às pessoas negras. A malandragem foi, inclusive, motivo de análises hoje consideradas clássicas. Antonio Candido, em seu famoso ensaio "Dialética da malandragem" (1970), tendo como base o romance de Manuel Antônio de Almeida, *Memórias de um sargento de milí-*

cias, de 1854, chegou à conclusão de que sobreviveria no Brasil, a partir dessas figuras, uma determinada "dialética da ordem e da desordem", onde tudo viraria, ao mesmo tempo, lícito e ilícito. Já o malandro seria figura exemplar nesse lugar; aquele que não faria nada de errado mas também nada de certo.[92]

O antropólogo Roberto DaMatta, em *Carnavais, malandros e heróis*, de 1979, propôs uma nova interpretação do Brasil a partir da pergunta rotineira: "Você sabe com quem está falando?". Evocando a mesma figura do malandro, DaMatta retoma a expressão que lembraria a maneira como por aqui se aplicaria a norma privada na manutenção da hierarquia social e das práticas nepotistas de Estado. Diagnosticou, então, a existência de uma sociedade dual: um mundo de "indivíduos" sujeitos à lei, e outro de "pessoas" para as quais os códigos seriam formulações distantes e irrelevantes. O malandro seria aquele que vive entre essas normas, se valendo das duas.[93]

Foi também no início da década de 1940 que os norte-americanos desenvolveram uma retórica de solidariedade — o pan-americanismo — que propunha aos países da América Latina uma série de medidas cooperativas de natureza econômica, tecnológica e militar. O então presidente dos Estados Unidos, Franklin Roosevelt, batizou a nova estratégia com o nome ambicioso de Política de Boa Vizinhança, e concluiu o projeto com o que chamou de um programa de aproximação cultural.[94] Logo em 1941, os estúdios Disney decidiram fazer parte do negócio. Em agosto, Walt Disney em pessoa voou com uma equipe de músicos, roteiristas e desenhistas para o Brasil e a Argentina, e regressou, em outubro, com pesquisas suficientes para dois desenhos animados que se transformaram num grande êxito da Política de Boa Vizinhança: *Alô, amigos* (*Saludos Amigos*) estreou em 1942, e *Você já foi à Bahia?* (*The Three Caballeros*), em 1944 no México e nos Estados Unidos em 1945. As duas películas apresentaram o Brasil ao público norte-americano sob os auspícios do papagaio Zé (Joe) Carioca.[95] O personagem fora inspirado nas intermináveis anedotas de papagaio ouvidas pela equipe de Disney durante a estada no Rio de Janeiro, e nasceu numa sala do hotel Copacabana Palace.

Cartaz do personagem Zé Carioca, de Walt Disney.

Estava pronto o argumento. Zé Carioca era uma espécie singular — um "papagaio na periferia do capitalismo",[96] um malandro para exportação. Seu sucesso foi instantâneo. Afinal, ele combinava elementos culturais diversos, bem como estetizava a figura do malandro, a esvaziando de seu sentido transgressor. Vivendo de biscates, sem dinheiro — na "prontidão", como dizia a gíria da época — e um tanto preguiçoso, ele era "mestiço", como os brasileiros.

O que não ficava mesmo claro era como Zé Carioca, o anfitrião da Política de Boa Vizinhança, morava e ainda mora numa favela dos morros do Rio de Janeiro, área em que se instalara uma população pobre, expulsa, e excluída da remodelação da cidade, vivendo de maneira precária em suas casas, sem infraestrutura ou serviços básicos, com pouca chance de emprego, mal paga, e não contando com objetos modernos à disposição.[97]

A modernidade chegava acentuando desigualdades e acabava atingindo a todos. O malandro nacional não era um papagaio, mas um homem negro, de camisa listrada, terno branco, chapéu de palha e que usava das suas agências para sobreviver, uma vez que fazia parte de uma população que permanecia, em sua grande maioria, invisível. Não que não quisessem entrar na modernidade; eram expulsos dela e criavam outra.

Mário Mendez, *Baianos legítimos*. Guache, nanquim e aquarela sobre papel pardo, 1934.[98]

Como se vê, a figura do malandro oscilava nesse contexto entre o exótico e a danação — e era dela que, sub-repticiamente, tratava a propaganda do Rádio Pilot. Não havia nada de muito bom na malandragem. Ela era antes sinal da falta de labuta, da assim chamada "vida boa", e do nada fazer. Já a mulher negra é a que mais trabalha no anúncio. Vira-se para o marido, que não olha para ela, e aparece com as mãos imersas numa tina. Sua blusa está um pouco aberta, meio suja, e a saia é protegida por um avental. Portanto, ela, diferentemente do marido, continua a trabalhar fora e dentro de sua casa.

Enfim, nesse Brasil do branqueamento, famílias negras funcionavam como "a exceção que confirma a regra". Caso exemplar é o do anúncio do chocolate Lacta, de 1919, que pretensamente fazia graça com a atuação da polícia. Como a piada é feita do deslocamento de sentidos, a propaganda apenas registra e deixa flagrante a discriminação social da instituição. Um soldado diz para o colega: "Com gente fina, que passa a chocolate Lacta, não me meto". A pergunta inversa é, "afinal, com quem a polícia se mete?". Não com a boa sociedade que lá se encontra em meio a uma atividade social. "Gente fina" era branca e de origem europeia — restando longe da repressão.

Por outro lado, indiretamente, sabe-se que o oposto não é verdadeiro. Isto é, se a boa sociedade ia sendo branqueada nesses anúncios, o Brasil pretendendo se assemelhar à Europa ou à sociedade branca norte-americana, já para os negros sobrava o lugar da contravenção, da diferença — as laterais dessas imagens.

A famosa loja de departamentos Casa Colombo fez uma propaganda cujo objetivo era divulgar roupas "práticas" para viajar. Um casal elegantemente vestido aparece em meio a um cenário onde sobressaem malas no primeiro plano e uma estação de trem mais ao fundo — tudo lembra uma ilustração europeia. Cortês, o homem levanta o chapéu diante da moça, que, por sua vez, tira as luvas — tudo com cara de "importado" e pouco apropriado aos trópicos brasileiros. Chapéus obedeciam a códigos complicados na época; seus modelos variavam conforme a idade, estado civil, condição social, hora do dia, atividade, bem como em função das características da roupa que se estivesse usando. Esse era, portanto, um símbolo de distinção em si.

Mas há um personagem na lateral esquerda que claramente *não* vai viajar. É ele que ajuda a transportar a "praticidade" do casal. Trata-se

Anúncio do chocolate Lacta, publicado em *O Estado de S. Paulo*, 21 de dezembro de 1919.

Anúncio da Casa Colombo, publicado na revista *Para Todos*, 1924.

E. Bussons [e] Cia Ceará, *Badiana: Estylo Africano*, [19--]. Rótulo, 12,5 × 10,2 cm.

de um rapaz negro, um carregador uniformizado, que segura as malas e um guarda-chuva. Ele não olha para a dupla central. Um boné complementa o vestuário. O trabalho continua a ser "tarefa" de pessoas pobres e negras; e é ainda quase invisível.

O certo é que, passados tantos anos da abolição formal e oficial da escravidão, em plena República, pessoas negras mantinham-se exercendo funções subordinadas, as propagandas refletindo tal situação social e ajudando a reproduzi-la. Negros também começavam a ser considerados estrangeiros — africanos em seus hábitos e costumes — depois de tanto tempo vivendo no Brasil.

Na propaganda acima, uma pessoa negra é "transformada" em africana em seu próprio país. Destaca-se o brinco na orelha esquerda, que indica tratar-se de alguém originário da África. A imagem também devolve a caricatura e o preconceito, sublinhando os lábios muito vermelhos do músico, que contrastam com os dentes brancos. Eram novos "estrangeiros", cuja inserção se limitava ao espaço social da música e dos esportes.

Pessoas negras viravam também metáfora e metonímia, como na propaganda do "Algodão torcido", em que um rapaz negro aparece descalço, com pulseiras nos braços e nos tornozelos, vestindo roupas que lembram as dos antigos escravizados, e levando no ombro fios de algodão. O anúncio ainda brinca com a frase: "Preto especial". Há muita ambiguidade nesse documento: a mensagem se refere ao "especial", mas apresenta um rapaz negro destituído de atributos na época considerados "civilizados". Avulta-se, mais uma vez, o estereótipo que demarca a boca carnuda e os dentes brancos. A ironia está justamente no deslocamento de sentido, o desenho mostrando uma pessoa negra "comum" e não "especial".

Algodão torcido, anos 1920.

Esse é também o caso da propaganda de laxante Negritas, que anuncia versejando: "E com seu ar petulante/ As Negritas vão avante/ Muito cheias de razões/ Conquistando multidões". Duas meninas negras aparecem estereotipadas, com lábios volumosos, cabelos curtos encaracolados, praticamente nuas e sem sapatos. Mesmo assim têm "ar petulante", numa clara associação com a sexualidade negra. A propaganda é feita da caricatura fácil, que vira e mexe explora preconceitos sociais, aumentando ou deslocando imaginários existentes na sociedade. Mulheres negras — meninas negras — curariam até prisão de ventre. A piada com toda a certeza não tem graça nenhuma.

Anúncio publicado no jornal *O Estado de S. Paulo*, 17 de fevereiro de 1938.

Branquitude como metáfora e pressuposto

Toda propaganda se pauta em pressupostos vigentes, aberta ou silenciosamente partilhados. Sendo assim, muitas vezes, anúncios são tão ou mais eficazes quando invertem, subvertem, deslocam sentidos latentes na sociedade. Entretanto, para que chamem atenção, eles precisam manipular significados facilmente decifráveis pela própria comunidade que comunga com tais valores.

Por isso, propagandas guardam estruturas de organização semelhantes à da piada, que também atua controlando e deslocando, de forma sub-reptícia, palavras, expressões, imagens e conceitos. É o psicanalista Sigmund Freud quem mostra como o "chiste" joga com ideias, gira-as e desse modo surpreende. Piadas nos fazem rir pelo que escondem; pelo que não dizem, mas ao mesmo tempo a partir do que evocam. Isto é, piadas tomam situações familiares e as removem de seu contexto original, condensando ou substituindo termos e assim gerando uma acepção dupla: por vezes um novo sentido, por vezes a cumplicidade diante de um tema espinhoso partilhado porém não afirmado diretamente.[99]

Nessa perspectiva, impressiona a quantidade de anúncios que foram sendo criados ao redor do "tema racial", os quais tendem não a alterar, mas a reificar e estabilizar os diferentes lugares sociais ocupados por brancos e negros. Por exemplo, em 1972 houve a primeira transmissão de TV em cores no Brasil, a despeito de a maioria das casas só terem aparelhos em branco e preto. Aqueles eram tempos de ditadura militar, e os generais manipularam o quanto puderam a popularidade da Copa do Mundo realizada no México. Um Brasil "ao vivo e em cores" entrava nos planos do governo, que, com a difusão do esporte, pretendia desfocar a violenta repressão existente nos quartéis.

A Embratel fez essa transmissão em caráter experimental, e atingiu milhares de pessoas. Aí estava uma nova divisão social, entre aqueles que podiam ter acesso a aparelhos de TV em cores e os que precisavam se contentar com os televisores em preto e branco. Havia, ainda, aqueles que não dispunham desse tipo de modernidade em suas casas: ficavam mesmo era com o radinho no ouvido.

Ter ou não ter uma televisão era, então, uma espécie de marcador social de classe. Afinal, a TV funcionava como caixa de Pandora da tecnologia, entrando nos lares com seus astros, noticiários, novelas e garotas-propaganda: todas lindas, arrumadas, em geral brancas e sempre sorridentes.[100] Mas o aparelho significava ainda mais. Basta notar a ironia presente no anúncio do televisor ABC-Color. A frase alude a uma contradição central na sociedade brasileira: o "preconceito de cor" nos termos da década de 1970, ou o "racismo estrutural", fazendo-se uma atualização da expressão.[101]

Propaganda do televisor colorido ABC-Color, 1972.

Como o significado se faz sempre em contexto, tratava-se de deslocar o sentido original da frase para vender televisão em cores. Contudo, hoje em dia, a expressão (que se pretende engraçada) causa desconcerto. O texto remetia a uma questão social tensa, e escorregava para o elogio à modernidade do aparelho, reservado ainda para poucos: pessoas em geral brancas, de classe média e alta. Justamente aquelas que "tinham" preconceito de cor.

Na propaganda de comemoração de aniversário do óleo Salada, a mensagem selecionada fazia um elogio ao "gosto" das "donas de casa brasileiras". No entanto, a imagem apresentava apenas uma empregada negra em ação. Lá está ela, com seu uniforme de trabalho: avental, e lenço cobrindo os cabelos. E um amplo sorriso nos lábios. A frase carregava um duplo sentido atribuído à expressão "passar bons bocados" — consumir pratos saborosos, ou passar dificuldades, remetendo à frase feita, que é "passar maus bocados". O óleo era "cinquentão", assim como a situação de desigualdade social. Era a própria ambivalência em forma de anúncio.

Anúncio do óleo Salada, 1977.

O mesmo tipo de recurso ao deslocamento de sentidos aparece neste anúncio de inauguração da fábrica da Fiat em Betim (MG). O edifício começou a ser construído no dia 14 de março de 1973; com a presença do então presidente da empresa, Giovanni Agnelli, e do governador Rondon Pacheco, que assinaram o "acordo de comunhão de interesses" no Palácio da Liberdade, em Belo Horizonte. A produção propriamente dita teve início no dia 9 de julho de 1976, quando apareceu nos jornais locais esse anúncio de página inteira.

Lançamento da unidade fabril da Fiat, em Betim (MG), 1976.

Na imagem e no título percebemos a intenção da Fiat de "brincar" com uma série de concepções difusas no imaginário nacional. Tutu à Mineira é um prato muito vinculado à identidade local, e assim a empresa estrangeira indicava estar aprendendo a "linguagem" dos seus novos funcionários. Mas a expressão se cola imediatamente à imagem. Nela, uma mulher negra vestida como empregada encontra-se num ambiente doméstico: os quadros, as plantas, a toalha bordada, tudo lembra o seu trabalho no espaço do lar. Ela também apresenta uma maleta como se fosse um quitute que tivesse acabado de preparar. Todavia, nesse prato não há comida, há dinheiro. O objetivo provavel-

Anúncio da Hoechst, 1977.

mente era demonstrar que a fábrica italiana estava trazendo capitais para o Brasil, gerando mais produtos, empregos e divisas. Mas a relação entre a "mala de dinheiro" e a atividade criminosa da contravenção, e, ademais, a associação às pessoas negras fazem parte do jogo de sentidos que a propaganda evoca.

Ocorre o mesmo com esse anúncio da Hoechst, uma empresa alemã químico-farmacêutica que estava, então, em expansão no Brasil. Na imagem, uma telefonista negra faz caras e bocas enquanto atende ligações. A ideia era mostrar que as pessoas tinham dificuldade em pronunciar o nome da empresa, e brincar com isso. Mas a introdução da palavra "gênio" ligada a uma mulher negra prenuncia, em vez de uma tentativa de elogio, muita ironia para expressar como é demorado e difícil, sobretudo para algumas pessoas sem educação formal, aprender um novo idioma.

Propaganda da Concessionária Guaporé (Chevrolet), veiculada no jornal O Estado de S. Paulo, 1970.

Se esse fosse um caso isolado, não passaria de uma brincadeira — de mau gosto. Mas é possível ver como a questão racial era e continua a ser assunto frequente para piadas e tiradas promocionais.

Veja-se, por exemplo, o anúncio de uma concessionária Chevrolet. Só num país de passado escravocrata esse material promocional poderia fazer algum sentido. Além de estabelecer um paralelo desastroso entre os vários modelos de carros da marca e uma "família de escravos", a propaganda traz no texto: "Ponha um escravo a trabalhar por você". Estamos na década de 1970, a escravidão fora abolida oficialmente fazia quase um século, e o paralelo ainda era considerado risível. Escravizados carregavam pesos, levavam senhores em cadeirinhas, transportavam todo tipo de produto. Assim sendo, não há nada de inocente na comparação.

Por oposição, pois estamos falando de termos e situações relacionais, podemos também ler o que tais anúncios não dizem ao ironizar situações tratadas como excepcionais. Atentemos, nesse sentido, para as duas propagandas nesta página.

No material promocional da cerveja preta, o "enfim" comunica o caráter "inusitado" do caso. Durante muito tempo, heróis foram apenas brancos na política e na historiografia nacional, também. Associa-se assim a natureza rara da situação com uma bebida, e dessa maneira as populações negras restam duplamente caricaturadas. Por outro lado, a propaganda patrocinada pelo Ministério dos Transportes, no ano de 2017, pretendia mostrar como "gente boa", ou (até mesmo) o "melhor aluno da sala", se não obedecesse aos limites de velocidade, poderia se converter num perigo social. Chama atenção, porém, o fato de se ter escolhido um rapaz negro para protagonizar o anúncio.

Como o sentido nunca sobressai isoladamente, vale comparar essa propaganda com outra, na página seguinte, feita em 2019 pelo MEC. O anúncio divulga um produto e uma situação, em si, bastante meritórios: uma moça negra, sorridente, mostra orgulhosa o seu certificado de formatura. A peça publicitária divulga um programa de bolsas, o ProUni, urgente para a efetiva inclusão social

Acima: anúncio da cerveja Brahma Hércules, anos 1970. Abaixo: campanha "Gente boa também mata", do Ministério dos Transportes, Portos e Aviação Civil, 2017.

de pessoas negras e pardas no ensino de terceiro grau. Até aí tudo certo. Todavia, é preciso observar a imagem pelos detalhes, para notar como o projeto branqueador não se limita ao passado. A mão que aponta para o canudo é negra, em perfeita concordância com a cor de pele da modelo. No entanto, a mão

Campanha do Ministério da Educação para inscrição do ProUni, 2019.

que segura o certificado de formatura é branca. Não se trata apenas de um erro técnico, pois a intenção é confirmada a partir de um pequeno vídeo veiculado pela mesma campanha, que mostra a moça negra se transformando em branca, e loura. É como se a mensagem indicasse que uma pessoa negra, quando formada, vira uma pessoa branca. Essa é a força da ideia de branqueamento e do racismo estrutural.

O conjunto de imagens apresentadas neste capítulo conforma uma sorte de política visual, corporificada nos costumes, nas vestimentas e em marcadores sociais de gênero, raça e classe. Ele conta uma história do branqueamento a partir das teorias, mas também de maneira simbólica, determinados elementos aparecendo de forma reiterada no tempo. Como escreve Frantz Fanon, "é por seus adornos que os tipos sociais se tornam conhecidos".[102] Nessas que são janelas sociais, apenas algumas pessoas são racializadas; em geral as "outras". Já os produtores e consumidores desse tipo de material aparecem dispostos em situações tão "normais" e "confortáveis", que sua própria identidade não precisa ser questionada ou marcada. É a regra e, como tal, torna-se quase que invisível na sua presença impositiva.

Identidades são construções sociais pautadas em critérios seletivos, na escolha de certas diferenças devidamente majoradas e de semelhanças igualmente transformadas em realidades de alto alcance.[103] Ninguém é negro em sua terra, tampouco branco. Como conta Chimamanda Ngozi Adichie, por meio de seu personagem de certa maneira autobiográfico, ela só soube que era negra quando chegou à América.[104] Branquitude é, assim, não só a condição da cor branca de pele, mas uma forma social, um conjunto de valores que tende a transformar privilégios em méritos e benesses históricas em dádivas.

Nada como lembrar das famosas fotos de formatura de engenheiros, advogados, dentistas, médicos, e de toda uma série de especialistas em profissões valorizadas pelo mercado. Se passarmos estas últimas por um escrutínio rápido, veremos, e sem muitas dificuldades, a homogeneidade social, de gênero e raça que elas apresentam. Podemos também imaginar ambientes de trabalho onde se encontram representadas apenas as altas lideranças empresariais: a participação será monotonamente a mesma, destacando-se a grande ausência de pessoas negras e de mulheres.

"Comunidades imaginadas" não são comunidades ingênuas ou aleatórias.[105] As pessoas imaginam experiências em que compartilham sentimentos e formas de identificação, como se constituíssem um único povo, irmanado nas suas homogeneidades. Vimos, porém, como é possível inventar nações onde elas, de fato, não existem.[106] Ou melhor, existem também como experiências divididas e bastante apartadas.

Nações nada têm de fantasmagorias sem efeito ou consequência; elas resultam em práticas que têm forte impacto na realidade. E o papel dos documentos visuais é fundamental. Identidades são representadas visualmente, mas são naturalizadas em função da reiteração e do jogo de associações que estabelecem entre si. Afinal, ver é também um ato de estabelecer relações.

O jogo do nacionalismo é decididamente uma forma de memória que aborda dificuldades e esperanças de suas populações, transformando-as em temas que têm a ver com o exercício do arbítrio, e com questões de cunho moral.[107]

Pessoas negras e mulheres, de maneira geral, podem até virar símbolos nacionais ou metáforas do país, mas o colonizador, aquele que cria as alegorias, é tipicamente um homem branco de classe média ou alta, que nem ao menos precisa aparecer na representação. Pois é ele que está por detrás dela: é a ausência da presença.

QUASE CONCLUSÃO
Na espiral dos mitos da democracia racial

*Obras de arte não são espelhos, mas, como os
espelhos, participam dessa ardilosa mágica da transformação
que é tão difícil transformar em palavras.*
Ernst H. Gombrich

Nem tudo tem um fim, embora o começo mude.
Jamaica Kincaid

Imagens falam entre si

Dizem que toda imagem conta sempre uma boa história. O crítico de arte E. H. Gombrich costumava apresentar em suas aulas a imagem de um rinoceronte, realizada em 1515 pelo gravurista alemão Albrecht Dürer. Segundo depoimentos deixados pelo artista, ele teria feito a xilogravura do animal a partir de informações de segunda mão, adiantando que tratara de completar as lacunas do desenho com suas próprias fantasias. Afirmou andar muito influenciado pelo "mais famoso dos animais exóticos, o dragão, com seu corpo encouraçado".[1]

Ele se baseou, porém, num esboço de um suposto rinoceronte indiano que teria chegado a Lisboa no começo daquele ano, e cuja autoria é hoje desconhecida. Conta a história, muito envolta nas brumas da lenda, que esse teria sido o primeiro exemplar da espécie visto na Europa, desde os tempos do Império Romano. Ele foi enviado como presente ao papa Leão x pelo então rei de Portugal, d. Manuel i, mas morreu no naufrágio do navio que o transportava. Se sabemos muito pouco acerca desse animal, a imagem que Dürer criou perdurou e virou convenção visual e, assim, realidade.

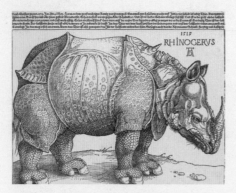

Albrecht Dürer, *O rinoceronte*, 1515. Xilogravura, 21,2 × 29,6 cm.

A tradição visual criou sua própria vida, ganhando espaço até nos mais sisudos compêndios de história natural. É só com o advento da fotografia, em meados do século XIX, e sua popularização no início do XX que o desenho divulgado pelo gravurista alemão passou a ser reconhecido como obra da imaginação, já que nenhuma espécie conhecida pelos zoólogos corresponde à gravura, com sua pele que mais se parece com uma couraça ou uma armadura de guerra. É interessante pensar que ela foi apresentada como tendo sido realizada "ao vivo". Contudo, o rinoceronte de carne e osso tem mais de um chifre, um corpo alongado e não costuma exibir expressão de fera. Mesmo assim, o professor Gombrich continuou a introduzir a bela gravura em suas palestras, ensinando, por meio dela, como imagens devem mais à imaginação e à convenção artística do que propriamente à realidade. Não há, pois, naturalismo que seja neutro.

Gombrich também costumava brindar os alunos com o exemplo de um professor de pintura chinês que, certo dia, resolveu levar seus discípulos até uma das velhas portas da cidade de Pequim, pedindo-lhes que retratassem o lugar. A demanda, porém, desnorteava os estudantes, a ponto de um deles pleitear que o mestre lhe providenciasse um cartão-postal para copiar.[2] Ou seja, os discentes eram tão acostumados com esquemas de ver, que julgavam que uma gravura ou pintura era mais real do que a própria realidade. Conforme provoca o escritor Alberto Manguel: "a imagem dá origem a uma história, que, por sua vez, dá origem a uma imagem".[3]

Esses e outros exemplos — a maneira como convencionamos desenhar uma casa, uma nuvem, um vaso, uma pessoa — mostram como não copiamos, de fato, a realidade. Vemos por meio de conceitos, por *schematas* — esquemas visuais —, que nos levam a observar tudo o que nos cerca a partir de registros mentais com os quais fomos educados, de modo que aquilo que nos é familiar, ou o que conhecemos por meio da tradição, será sempre o ponto de partida para a representação de algo que nos é ainda desconhecido.

QUASE CONCLUSÃO | **317**

Sendo assim, em boa parte dos casos, uma imagem deve, muitas vezes, mais a outra imagem do que à sua própria realidade, ou, como escreveu Heinrich Wölfflin, um historiador da arte que defendeu a ideia da existência de "formas de ver": "nem tudo é possível em todas as épocas".[4] Houve momentos em que víamos sem o recurso à perspectiva, contextos em que as cores eram mais comedidas, longos períodos em que a reprodução em larga escala de uma imagem, por questões técnicas, não era possível. O certo é que documentos visuais sempre recorreram a imagens anteriores, da "mímica", ou do que Aby Warburg chamou de "páthos": fórmulas tomadas de empréstimo e que dependiam da tradição, a arte nascendo da própria arte, e não da natureza.[5] O que vemos é, no limite, o que já vimos antes: "é a pintura traduzida nos termos da nossa própria experiência".[6]

Aí está o longo trajeto da ilusão proporcionado pela arte, que não precisa cobrar pedágio para a realidade. Não pretendo aqui dizer que a arte, apenas, mente, distorce, ou é inexata. Na verdade, ela inclui elementos do cotidiano, mas os traduz a partir de esquemas socializados, cujas alterações dependem da seleção de modelos visuais anteriores adaptados aos novos registros. Por outro lado, quase toda arte profissional começa com uma encomenda, que adiciona ainda mais uma orientação nessas que são formas plásticas de observação. Toda arte começa não exatamente com uma impressão no papel, mas com um conceito, uma ideia, um estereótipo visual. E é bom lembrar que até mesmo a fotografia, que prometeu a miragem de uma reprodução fiel, nem sempre guarda compromisso com o real. A fotografia tem a capacidade de tornar presente inclusive o que é ausente.[7]

Pessoas que carregam outras pessoas

Se a Europa criou convenções visuais para melhor representar o Velho Mundo — sofisticando, entre outras imagens, a figuração de catedrais, palácios, paisagens temperadas com os campos sempre em flor, as cidades e suas elites —, no Brasil, país de larga experiência escravocrata, duas tradições conviveram. Em primeiro lugar, a da paisagem tropical edenizada a partir do olhar dos viajantes naturalistas, em boa parte estrangeiros. A natureza foi engrandecida e transformada em monumento. Em segundo lugar, esses mesmos artistas trataram de naturalizar formas de ver a escravidão, numa produção que, de um lado, erradicava ou suavizava o conflito e, de outro, buscava romantizar os corpos negros, mostrando os trabalhadores africanos com seus corpos atléticos no caso dos homens, e sensualizados no das mulheres. Não conseguiram, porém, apagar de todo a perversão de um sistema que se baseava na posse de uma pessoa por outra. Enquanto a sociedade branca é descrita passeando nas ruas, conversando em suas casas e se divertindo nas festas que promovem, as pessoas negras são normalmente tomadas exercendo as mais diferentes atividades laborais. O trabalho é seu cotidiano.[8]

Desse conjunto de imagens destacou-se um tipo de cena muito emblemática em função do simbolismo e da assiduidade com que foi incluída nas obras: a representação de pessoas negras carregando pessoas brancas. Como o contato corporal direto constituía uma espécie de tabu, com práticas de evitação sendo prescritas pelo costume, logo se socializou o uso das "cadeirinhas", também chamadas de seges, serpentinas, liteiras ou redes; formas de transporte em que pessoas escravizadas negras carregavam patrões e patroas brancas em mais ou menos vistosos veículos, equipados para impedir que eles tomassem sol ou gastassem seus sapatos em ruas esburacadas e enlameadas. Serviam ainda de símbolos ambulantes de status — para as populações brancas; tentativas de subordinação, no caso dos escravizados; e, paradoxalmente, de exaltação de uma certa sociabilidade "mista", contanto que ficassem bem marcadas as diversas posições sociais.

A imagem, abjeta por definição, aparecia com tal frequência nas cenas que buscavam descrever o cotidiano supostamente pacato das colônias, que ela se imiscuía na paisagem: ganhava estatuto de exótico, não deixando transparecer nenhuma denúncia ou crítica à violência do costume.

Manufatura de Gobelins, O*s dois touros* (da série *Pequenas Índias*), 1723-30. Alta liça, 326 × 356 cm.

QUASE CONCLUSÃO

A representação visual dessa prática circulou entre as Américas e o Caribe, passando a definir, na chave do eufemismo social, formas de ser e estar nestas paragens distantes do Velho Mundo mas povoadas por elites de origem europeia, e por pintores, e depois fotógrafos, igualmente provenientes, em sua maioria, daquele continente. E, se a atividade por certo não era uma invenção local, já os entornos, adereços e cenários tinham muito de imaginários, ou, então, de elementos retirados de obras coevas. O caráter pitoresco que essa atividade ganhou também fez com que o mesmo registro fosse repetido, em série. A partir daí criaram-se esquemas de ver, com pequenas variações nas formas e contextos, mas com uma estrutura básica sempre muito semelhante.

Em primeiro lugar, se reproduzem, como vimos ocorrer no caso de outras práticas, formas internalizadas de visibilidade e da falta dela: do seu apagamento. Como na tapeçaria ao lado, em que o senhor ou a senhora são como uma presença ausente. Ele ou ela estão lá, protegidos por outra tapeçaria, repousando nos veículos, e sendo carregados por duas pessoas negras, musculosas e com seus brincos de nação em evidência. Se persiste algum mistério que encobre os corpos de pessoas brancas, já os dos escravizados estão superexpostos, produzindo um lugar de mando invisível, pois onisciente. Em segundo lugar, como indica o título — *Os dois touros* —, há um paralelo insidioso entre os homens que carregam e os animais em primeiro plano: são "formas de transportar". Por fim, destaque-se a idealização da paisagem — transformada numa espécie de natureza-morta, gênero artístico de grande sucesso naquele momento. Acima, duas palmeiras tomadas por pássaros e um macaco estrategicamente dependurado dão endereço certo para a obra, em outra convenção criada pelos naturalistas oitocentistas. O macaco indicava a origem e a infância da humanidade e a vinculava ao Novo Mundo.

Falta dizer que o próprio suporte em que a imagem aparece reproduzida, uma tapeçaria de Gobelins, já era, em si, um ícone de status, uma vez que esse tipo de arte costumava abastecer a corte dos monarcas franceses desde o tempo de Luís XIV.

É possível estabelecer um paralelo entre a prática do uso das cadeirinhas — na sua aparência pacífica e cordial — e outra modalidade de racismo: o famoso "mito da democracia racial", formulado apenas nos anos 1930 mas cuja cauda é, como vimos, muito mais longa.[9] Segundo Florestan Fernandes, que é também autor da expressão, essa era uma distorção essencial da sociedade brasileira, criada desde o sistema colonial, diante da inclusão de mestiços nas famílias brancas. Resultado de uma situação compulsória e profundamente desigual, o demérito transformava-se num antídoto para combater o racismo, alçando-se a miscigenação a elemento central de mobilidade social para os negros — o que estava longe de corresponder à realidade.

Sob a roupagem exótica da "mistura", difundia-se a ideia da convivência harmoniosa nos trópicos, que não dava conta de encobrir, porém, a supremacia branca que reinava na figura simbólica e alegórica daquele carro movido a força humana e negra. Mistura não era, pois, sinônimo de igualdade plena. Era apenas mistura de corpos em situações sociais profundamente separadas — e que assim deveriam permanecer.

Por aqui, esses registros visuais proliferaram, além de terem sido divulgados no exterior, como se fossem exemplos de quão tranquilos e ordenados eram os trópicos do Brasil. Oscilando entre cenas centrais e situações em que a prática aparecia somente nas laterais, chama atenção a proximidade estética existente entre diferentes documentos dedicados a esse tipo de atividade. Tanto que a forma se tornou convenção, naturalizando a ideia de controle e subordinação. Aliás, é possível especular que vários dos artistas que descreveram esse tipo de transporte não o tenham sequer testemunhado. Em tais casos, apenas repetiam esquemas visuais.

Comecemos com uma primeira série, apenas com mulheres sendo carregadas. Nas duas imagens ao lado, o artista Carlos Julião retrata essas liteiras como se fossem uma espécie de carimbo de época, marca da calma colônia dos portugueses. Natural de Turim — então Reino de Piemonte —, Carlos Juliani, conforme alguns documentos oficiais se referem a ele, nasceu em 1740, atuou como tenente no exército português, e recebeu o título de cavaleiro da Real Ordem Militar de São Bento de Avis. Viajou pelo Império luso como inspetor de fortalezas: combateu em Mazagão, última possessão portuguesa no Norte da África, reconquistada pelos muçulmanos em 1769; serviu em Macau; e chegou à capitania de Pernambuco em 1788. Aposentou-se em 1811, no posto de coronel.[10]

Como militar engenheiro, Julião tinha, ainda, a responsabilidade de dar aulas de desenho, etapa necessária na preparação dos oficiais portugueses em missão pelo interior do Império. Para garantir o domínio do ultramar, era preciso prover a metrópole de informações sobre a geografia, os povos residentes em suas colônias e os costumes deles.[11]

Em Goa, Damão, Macau e Brasil, Julião desenhava figurinhas iluminadas — pequenas gravuras seriadas — que representavam com seus corpos e adereços as diversas regiões e hábitos do Império português. As composições do militar repetiam esquemas visuais: apresentavam-se os vários personagens dispostos em cima de pequenas estruturas de terra, e vestidos de forma pitoresca e colorida. No caso brasileiro, Julião optou por retratar, sobretudo, a extração de diamante e a atividade da mineração — de maneira a melhor caracterizar as riquezas desse domínio —,

Carlos Julião, *Dama em liteira, carregada por escravos, e suas acompanhantes*, 1785. Aquarela, 45,5 × 35 cm.

Carlos Julião, *Dama de muito prestígio levada em cadeirinha de luxo*, c. 1776-95. Aquarela, 45,5 × 35 cm.

mas também os trajes de mulheres negras em dias de festa, a vistoria de um cativo e, no Rio de Janeiro, a suposta "convivência harmoniosa" entre negros escravizados e brancos livres.

Não por coincidência, Julião pintou com frequência considerável, se recordarmos que o trabalho dele não era extenso, as indefectíveis cadeirinhas; nesse caso, levando sempre mulheres parcialmente escondidas entre os vãos formados pelos cortinados entreabertos. Influenciado por outras imagens que fez acerca dos costumes do vasto território português, Julião se concentrou nos variados povos do Império lusitano. Na primeira imagem acima, dois pajens negros, vestidos com motivos que evocam os trajes indianos, carregam uma senhora no que mais parece ser uma carruagem europeia, sendo seguidos por serviçais brancas com indumentárias que pouco lem-

Joaquim Cândido Guillobel, *Senhora viajando de rede*, c. 1814. Aguada e aquarela sobre papel.

Joaquim Cândido Guillobel, *Serpentina de luxo*, c. 1814. Aguada e aquarela sobre papel.

bram as práticas locais. Na segunda imagem da página anterior, dois carregadores negros, igualmente bem-vestidos, são guiados por um homem branco, que deve ser um ajudante de ordens. A diferença entre eles está nos chapéus, que como vimos eram grandes sinalizadores de status, e na presença ou ausência de sapatos — que foi também notada pelo oficial ítalo-português.

O caso de Julião confirma uma das teses perseguidas neste livro de como, muitas vezes, a forma antecede o conteúdo; são artifícios para comunicar sensações e ideias, com uma imagem dialogando com outra, que lhe antecede ou é sua contemporânea. As figuras iluminadas, quase que pequenos carimbos, são semelhantes em qualquer parte do Império: são registros de colonizados. O que varia, um pouco, são as vestes, mais ou menos influenciadas pelos trajes locais.

Vejamos duas imagens criadas por Joaquim Cândido Guillobel, que nasceu em Lisboa e atuou como desenhista, aquarelista, arquiteto, topógrafo e cartógrafo, tendo se mudado para o Rio de Janeiro em 1808, junto com a leva de pessoas que desembarcaram no Brasil no contexto da fuga da família real portuguesa. Por aqui, ocupou o posto de primeiro-tenente do Imperial Corpo de Engenheiros, e exerceu a função de desenhista do Arquivo Militar, recém-fundado naquele momento.[12]

Passou a fazer também desenhos sobre cenas do cotidiano, coletados no livro *Usos e costumes do Rio de Janeiro*, com destaque para as suas igualmente conhecidas "figurinhas". A proximidade dos traços denota a existência de uma convenção visual, seguida por esses militares desenhadores. Como é possível notar, a mulher branca retratada na primeira imagem acima olha por entre o cortinado, ecoando a cena imortalizada por Julião. Na base do esconder e mostrar, o artista joga nossa atenção para essa figurante que ocupa o lugar de personagem central da pequena obra.

Nas duas imagens, são pessoas negras que carregam suas senhoras, ora numa rede, ora numa cadeirinha. Calças brancas, mais ou menos gastas, e jaquetas azuis compõem o visual caprichado desses que devem ser escravizados domésticos. Eles estão todos descalços, destacando-se assim sua condição social. E levam um fardo pesado como se estivessem passeando, suavizando-se a violência da situação.

Henry Chamberlain, *The Chege and Cadeira*, 1822. Água-tinta e aquarela sobre papel, 25,9 × 36,7 cm.

Mas o caso mais flagrante — não de plágio, pois na época a questão da autoria não estava estabelecida, mas de "citação" — é o desse desenho feito por Chamberlain. Ele basicamente reproduz a imagem anterior, da mulher na cadeirinha, retirada da gravura de Guillobel, apenas a incluindo num contexto urbano. Os dois "carregadores" negros repetem inclusive o mesmo gesto corporal, um deles olhando para a frente e o outro para o lado. Interessante é que, dessa vez, a segunda figura, disposta em outro cenário, parece observar distraidamente outro "transporte de senhores abastados": uma charrete de grandes rodas vermelhas, puxada por um cavalo e conduzida por uma pessoa negra que ergue sua espada. Há também outro cativo negro atrás do veículo, vigiando a circulação. A pasmaceira das imagens parece mostrar que o mundo do trabalho está ocupado, passivamente, pelos escravizados.

Existe todo um desejo de nobilitação das elites cariocas que agora moram nas cidades, as quais surgem aqui caracterizadas por suas edificações; uma das particularidades das obras de Chamberlain, que neste caso específico reproduz a sede do consulado britânico no Rio.

Henry Chamberlain era desenhista, pintor e oficial da Artilharia Real Britânica. Chegou ao Brasil em 1819, junto com seu pai, o cônsul-geral da Inglaterra, incumbido de transações comerciais no país. Permaneceu no Rio de Janeiro por muito pouco tempo, e já em 1820 estava de volta a Londres. Portanto, encontrava-se de passagem, o que não lhe permitiria, mesmo que fosse essa sua intenção, mobilizar muitos repertórios acerca do, então, Reino Unido de Portugal, Brasil e Algarves.[13] De toda maneira, e assim como Guillobel, Chamberlain levou a sério a arte do desenho. Tanto que em 1822 publica o álbum *Views and Costumes of the City and Neighbourhood of Rio de Janeiro*, contendo 36 gravuras em água-tinta, e em cor, acompanhadas por textos descritivos.

Chamberlain estava evidentemente mais interessado do que Guillobel em reproduzir os cenários urbanos e, neles, também os tipos da cidade. Tanto que há quem diga que certas ruas e edifícios do Rio estão lá reproduzidos com muita fidedignidade, e que a obra funciona como documento de época.[14] Já as pessoas lembram álbuns de figurinhas, onde os personagens são inseridos nas cenas como se fossem recortados, e são apresentados a partir da variedade de vestimentas e adereços que ostentam. Lembram ainda as "figuras populares" que iam aparecendo nos livros de "viagens pictóricas"; gênero editorial que fez grande sucesso no Oitocentos. Neles, os registros deveriam ser "típicos", e assim destituídos de qualquer laivo de crítica ou denúncia.

"Pitoresco" vem do italiano *pittoresco*, originalmente um termo ligado à pintura em geral. O gênero homônimo, criado na Inglaterra, foi muito estimado no contexto de inícios do século XIX, que, por meio de desenhos combinados a textos explicativos, procurava prover de imagens daqueles domínios longínquos e com hábitos singulares a cansada imaginação europeia.[15]

O mesmo ocorre com estas duas artes de Chamberlain. No documento à esquerda, a cena da rede é retomada, repetindo-se as tópicas. A diferença é que o militar inglês situa a figura num ambiente urbano. Já a gravura da direita é basicamente igual à de Guillobel. Pode-se dizer, portanto, que a

À esq.: Henry Chamberlain, *The Rede, or Net*, c. 1822. Gravura, água-tinta colorida, 21,5 × 28,9 cm. À dir.: atribuído a Chamberlain a partir de Guillobel, *Brazilian Lady in her Cadeira*, 1819. Aquarela, grafite e tinta ferrogálica sobre papel, 16,7 × 21,6 cm.

QUASE CONCLUSÃO

Henry Chamberlain (a partir de desenho de Joaquim Cândido Guillobel), *A Pleasure Cart*, 1822. Gravura, água-tinta e aquarela sobre papel.

convenção visual se impôs, a tópica virando um elemento forte na caracterização daquele domínio português.

Situações de viagem são igualmente retratadas pelo oficial inglês, guardando-se sempre as mesmas convenções. Na primeira imagem acima, uma mulher viaja sozinha com o guia escravizado, num terreno descampado; na segunda, o chefe de família lidera a travessia, estando acompanhado por sua mulher, escondida na rede. As paisagens são inóspitas e um pouco estranhas ao ambiente do Rio — mas servem ao pitoresco.

Jean-Baptiste Debret também teve oportunidade de incluir em seu grande acervo de gravuras brasileiras uma arte que apresenta cenas semelhantes. E caprichou nas vestimentas, nos adereços, e na representação de pessoas tranquilas e acomodadas em seus papéis. Esse era o tipo de imagem que agradava no exterior: exótica e calma.

Jean-Baptiste Debret, *Senhora transportada numa cadeirinha para ir à missa*, 1835. Aquarela.

Trazendo em primeiro plano uma forma de figuração recorrente da escravidão, os pés descalços, Debret incluiu carregadores bem trajados e uma pajem negra para completar a situação. Mais uma vez, é uma mulher branca que pode ser vista por detrás do cortinado.

Debret inova não apenas na definição da atividade — enquanto "típica" —, mas na inclusão de

Jean-Baptiste Debret, *Liteira para viajar no interior*, 1835.

Jean-Baptiste Debret, *Regresso de um proprietário*, 1835.

cenas compostas de mais pessoas. Numa delas, ao lado, uma família segue viagem em local ermo, chamando atenção o imenso chapéu do escravizado que impede a visão do rosto dele. Pelo título, *Liteira para viajar no interior*, vemos como o francês usa esse tipo de "transporte" para caracterizar os costumes do lugar. A família viaja numa cadeirinha. Um dos escravizados, descalço, pisa na água, o outro conduz o cavalo, e ambos trazem chicotes nas mãos; dessa vez para tocar animais de carga.

A gravura de baixo é uma das mais conhecidas e reproduzidas obras de Debret. Nela vemos, de maneira talvez mais explícita, a demarcação das diferenças sociais. Um senhor aparece numa rede, sendo carregado por dois escravizados musculosos, e devidamente estilizados para sinalizar a "naturalidade" da situação: eles sustentam a carga sem dificuldade. Um garoto acompanha o passo dessa procissão privada; mesmo jovem, ele já trabalha como pajem. Bem-apresentado mas igualmente descalço, porta um guarda-chuva, para assim proteger, se necessário, o senhor do sol inclemente ou da chuva intrometida. Uma mulher equilibra na cabeça uma cesta de frutas imensa e desproporcional, quando comparada a seu tamanho — em mais uma exotização da paisagem —, ao mesmo tempo que segue atrás do cortejo. O título é também revelador: *Regresso de um proprietário*. De chapéu e traje completo, ele retorna para casa, e seu caminho é tranquilo ao lado de um cachorro — que marca presença nesta e em outras imagens feitas pelo artista.

O registro da cadeirinha é repetido de tal maneira que Maria Graham — a preceptora de Maria da Glória, filha de d. Pedro I — inclui em seu diário um desenho de sua autoria mas que evoca obras coevas.

À esq.: desenho de Maria Graham, publicado em *Diário de uma viagem ao Brasil*. À dir.: Thomas Ender, *Construção incompleta do prédio da Academia de Pintura. 1. Teatro*, c. 1817-8. Aquarela sobre lápis, 20,5 × 28,2 cm.

O processo de reiteração/naturalização é tamanho que, mesmo numa tomada mais distanciada, a cadeirinha ajuda a compor a atmosfera geral, toda estruturada a partir de personagens e situações considerados "típicos". Ender era pintor, gravador e aquarelista, especializado em retratar paisagens para o Império austríaco, e esteve no Brasil em 1817, na missão que acompanhou Maria Leopoldina. Teve oportunidade de fazer centenas de desenhos sobre os costumes brasileiros, e tal prática não poderia faltar.

De tão forte e reiterada, a convenção visual escorregou para a nova técnica. A foto em questão pretende exemplificar a prática a partir de uma cena corriqueira de rua. Mas o caráter construído do registro foi igualmente flagrado. Os dois escravizados carregam a cadeirinha, seguindo a estrutura da pintura: roupas, adereços, postura corporal, pés descalços. O senhor também surge clicado em situação análoga à que vimos descrevendo: vestido de forma elegante, comodamente sentado e protegido pelo aparato de transporte.

Mas algumas circunstâncias denunciam os andaimes da montagem. Um rapaz ao fundo, que deve ter passado por acaso, não sabemos, acabou entrando na

Alberto Henschel, *Escravizados transportando homem numa liteira*, c. 1869. Albumina e prata, 9,1 × 5,7 cm.

foto — ele observa tranquilo a encenação realizada na sua frente. Já o senhor que é carregado parece não ter contido a curiosidade, e olha para o fotógrafo. Por fim, diferentemente do que ocorre nas pinturas e gravuras, dessa vez a sege não se encontra em movimento. Ela vira assim pura alegoria: em vez de cumprir com sua função, se transforma, ela própria, numa reificação de si. O título da foto também ajuda a estabilizar seu significado, ao deixar de identificar o senhor, que vira apenas um "homem" (qualquer), visto nessa que seria (apenas) uma cena cotidiana da escravidão. Era a bênção da nova técnica orientando formas de ver.

O "teatro da realidade", criado pela fotografia, torna-se ainda mais explícito quando a cena se transfere para o estúdio fechado. Com as marcas dos painéis de fundo bem à vista, a mágica da representação deixa escapar uma parte do espetáculo.[16]

Ao centro vemos a bela mulher que deve ser a segunda esposa de José da Costa Carvalho, que era bem mais jovem do que ele. Mulheres em geral não mereciam nomes individuais nas fotos, e esta restou apenas como esposa desse rico senhor da região cafeeira do Vale do Paraíba — ao menos na primeira legenda que a foto recebeu. Usando vestido à moda e vistosos brincos, ela pousa as mãos no colo, aparentando controle, assim como observa altiva o fotógrafo e, quem sabe, o marido/cliente — ambos provavelmente postados diante dela.

Ao lado da mulher estão dois escravizados, reconhecidos pelos pés descalços destacados. Também não sabemos seus nomes, mas somente, e pela legenda, que são escravizados. O homem à esquerda deve ter devolvido a postura corporal que lhe foi solicitada. Bem-vestido como pajem, ele traz o corpo levemente curvado e baixa o olhar. Tira o chapéu da cabeça e o segura com a mão direita. Nada conhecemos sobre ele, apenas que o excesso de roupa é índice da riqueza de seu patrão, ou da imagem que este gostaria de divulgar.

Fotógrafo não identificado, *Senhora na liteira com dois escravos*, *c.* 1860. Albúmen, 5,5 × 8,1 cm.

QUASE CONCLUSÃO

Já o homem da direita evidentemente desobedeceu às instruções, assim questionando assimetrias e estruturas escondidas da foto. Em vez de simular estar carregando a sege, ele se apoia nela com o braço direito, como se relaxasse. A mão esquerda é levada desafiadoramente à cintura, atitude que ele acompanha cruzando as pernas, numa postura descontraída que destaca ainda mais seus pés descalços, os quais contrastam com a roupa caprichada. O homem não tira a cartola, e olha para a frente. Se não nos é dado saber seu nome, o certo é que com seus gestos inesperados ele captura o nosso olhar. Desconstrói com sua pose, aliás, modelos naturalizados, o corpo funcionando como expressão de dissenso. Pratica, desse modo, sua pequena/grande insubmissão.

Convenções permeiam nosso olhar, que aprende a ler esses veículos de transporte como parte da paisagem, relegando a um segundo plano a subordinação e a celebração do poder que eles igualmente revelam. Por isso, em boa parcela das imagens acerca da prática das "cadeirinhas" dá-se uma exaltação dos limites entre o visível e o não visível; senhores e senhoras aparecendo como uma "presença ausente" e os escravizados dispostos como componentes do cenário. Vale lembrar ainda o papel das legendas, que estabilizam sentidos e estão repletas de descrições significativas como: "uma liteira de luxo", "*a pleasure cart*", "retorno de um proprietário".

Como vimos, não há como apostar se todos os artistas testemunharam tais situações, aliás frequentes nas grandes cidades brasileiras. De todo modo, na hora de "copiar a realidade", esses militares, viajantes, naturalistas, desenhistas, pintores e fotógrafos trouxeram para as obras de sua lavra não tanto uma percepção ótica original, mas a tradição visual em que foram educados e que ajudaram a educar. Afinal, como defendeu Carlo Ginzburg, se o artista faz sua elite, a elite também faz seus artistas.[17] Isto é, tratava-se de uma maneira não só de "retratar" a realidade, mas de retratá-la a partir das demandas daqueles que encomendavam ou gostavam de consumir esse tipo de trabalho.

No livro *Civil Contract of Photography*, Ariella Azoulay propõe deslocar as origens da fotografia, do domínio da tecnologia para "o corpo político dos usuários", e reconstruir, assim, a história dessa linguagem a partir de suas práticas sociais.[18] Ou seja, ao invés de cair na mera "iconização" das imagens, cujos sentidos são com frequência estabilizados, é possível buscar o significado da reiteração.[19] Aliás, o fetiche da hierarquia é tal, que "cadeirinhas de arruar", como eram também conhecidas, até pouco tempo estavam em

À esq.: cadeirinha de arruar no Museu de Arte da Bahia. À dir.: cadeirinha do acervo do Museu Paulista da USP.[20]

exposição no Museu de Arte da Bahia, em Salvador, e no Museu Paulista, em São Paulo, mostrando o fascínio que esses objetos provocam.

Na via oposta, o artista Dalton Paula inverte formas de ver colocando cadeirinhas sobre cadeiras — e não sobre pessoas negras —, e assim embaralha regimes de visão, denunciando as violências presentes nesse tipo de representação. Traz para o primeiro plano o que era então compartilhado como um silencioso segundo plano.

Dalton Paula, *Assentar volta à cidade de um proprietário de chácara*, 2020. Nanquim e aquarela sobre papel, 25 × 40 cm.

Nessa série, o artista dialoga com o traço rápido da aquarela de Debret.[21] Com isso, procura subverter pressupostos internos das imagens coloniais, ao escancarar enunciados que em geral restaram apenas implícitos. Também inclui a linguagem do candomblé a partir da ideia de "assentar", embaralhando o sentido primeiro da obra. No ritual afro-brasileiro, "assentar" significa "plantar o axé", tornar o chão do terreiro um lugar sagrado e uma extensão da comunidade.

Na página ao lado, no trabalho de Dalton Paula, vemos duas cadeiras de "assento". Ligando-as, está uma vara frágil, em mais uma alegoria com relação ao transporte. Ao centro, uma rede vazia; ou melhor, repleta do seu vazio, alude à gravura do artista francês. Nesse jogo de metalinguagem, a cadeira não serve para "sentar": ao invés de exaltar o senhor branco, ela lembra o axé e outros "assentamentos" de memórias negras.

O jogo do anonimato e das linguagens de subordinação é retomado abaixo de forma crítica. A citação a Debret não vira celebração, como ocorre na tradição acadêmica. Pois o silêncio não é vazio; é ausência, e assim se torna eloquente.

Dalton Paula, *Assentar uma senhora indo à missa*, 2020. Nanquim e aquarela sobre papel, 25 × 40 cm.

Sobre "Os mitos do mito" da democracia racial

Cadeirinhas cumprem, pois, um papel simbólico paralelo, ou melhor, constituem-se numa versão oitocentista e sintética do mito da democracia racial: a exaltação do privilégio branco como se fosse um dado natural; a representação da ordem em ambientes conflituosos; a ideia de que a "mistura" é feita da convivência amistosa num mesmo espaço físico, ainda que socialmente apartado.

Mas a versão forte desse verdadeiro mito nacional tomou forma mais definida a partir dos anos 1930. Isto é, como temos visto, de finais do século XIX até inícios do XX predominavam teorias mais pessimistas com relação à miscigenação, as quais, no limite, previam a falência da nação ou seu necessário branqueamento. Foi apenas nesse contexto que, como num "passe de mágica" — pois nada na realidade havia mudado —, o "mestiço" se transformou definitivamente em ícone nacional, num símbolo para exaltar nossa (suposta) identidade cruzada no sangue, sincrética na cultura, pacífica no seu cotidiano. Redenção verbal que não se concretizava no dia a dia, a valorização da mestiçagem é acima de tudo uma retórica que desconhece a necessária contrapartida na valorização das populações negras, que continuaram e continuam a ser discriminadas nas esferas da justiça, do direito, do trabalho, da segurança, da saúde, da cultura.

De veneno a solução, da detração à exaltação, tal forma pretensamente harmoniosa de convivência entre os grupos sociais e raciais foi, aos poucos, sendo gestada como um verdadeiro mito de Estado: era a falácia da "democracia racial". E assim, em pleno governo Getúlio Vargas, e em coerência com a vocação política do mandatário, o que era "menos" vira sinal de "mais". O novo regime introduz, nesse período, novas datas cívicas: o Dia do Trabalho, o aniversário de Vargas, e o Dia da Raça — 5 de setembro —, criado em 1939 para celebrar a "tolerância" de nossa sociedade. De maneira paralela, a partir de 1938 os atabaques do candomblé passam a ser tocados sem interferência policial.[22] Até o futebol, esporte de origem inglesa, foi progressivamente associado às populações de origem africana, sobretudo a partir de 1923, quando o Vasco da Gama passou a ser o primeiro clube brasileiro a aceitar negros em sua equipe — em meio a um processo que tenderá a se afirmar com a profissionalização dos jogadores. O momento coincide, ainda, com a escolha de Nossa Senhora da Conceição Aparecida para padroeira do Brasil. Meio branca, meio negra, a nova santa era "mestiça como os brasileiros" — a imersão nas águas do rio Paraíba do Sul teria escurecido a Virgem, e sua "súbita aparição" feito dela uma "legítima" representante da nacionalidade.[23] Por fim, também nessa época, o presidente ressignifica o sentido da feijoada: de um prato comido por escravizados, feito com as sobras e pedaços de porco desprezados pelos senhores, ela vira uma iguaria "tipicamente nacional", o arroz representando as populações brancas, o feijão, as negras, a laranja, os orientais, e a pimenta, os indígenas.[24]

Começava a prevalecer, assim, a ideia de uma troca livre de traços culturais entre os vários grupos que compunham a nação, cuja "mestiçagem" era entendida como píncaro desse modelo harmônico de convivência racial — que suavizava o conflito e naturalizava o predomínio das populações de origem europeia. A força do mito consistia em apresentar a pluralidade da nação, celebrando a igualdade e fazendo com que um grande "nós" elidisse as diferentes formas de pertencimento à nação. Nessa comunidade imaginada, uma certa fissura era precondição de possibilidade da igualdade, isso porque a contradição fundante do mito está justamente em proteger aqueles que, como diz Arendt, são os únicos que acreditam ter direitos a terem direitos.[25]

A formulação da tese de uma democracia racial já vinha sendo gestada, como sabemos, fazia tempo. Não era projeto individual e datado. Mesmo no contexto dos anos 1930 e 1940 vários autores apostaram em tal concepção, entre eles o psicólogo Arthur Ramos, que cunhou a expressão "democracia racial", defendendo que a harmonia dessas relações se constituía numa especificidade da identidade brasileira.[26]

Contudo, foi com Gilberto Freyre que essa concepção contou com formulação exemplar e se difundiu no exterior — nomeadamente para as colônias africanas de Portugal e em processo de libertação. *Casa-grande & senzala*, de 1933, e sobretudo os livros sobre o lusotropicalismo, a exemplo de *O mundo que o português criou* (de 1940),[27] transformaram a mestiçagem numa alegoria, destacando-se as similitudes e de certa maneira menosprezando-se as diferenças — tudo em nome de um cruzamento racial singular.[28] Ficava bem evidente, porém, como a ideia de "mestiçagem" não elidia o domínio e a direção portuguesa sobre todo o processo de "caldeamento de raças" defendido por Freyre.

É famosa a passagem em que o intelectual de Apipucos usa a metáfora forte da "sifilização" — a mistura entre civilização e sífilis — para definir a especificidade da colonização portuguesa: "Começaram juntas, uma a formar o brasileiro — talvez o tipo ideal do homem moderno para os trópicos, europeu com sangue negro ou índio a avivar-lhe a energia; outra a deformá-lo. Daí certa confusão de responsabilidades; atribuindo muitos à miscigenação o que tem sido obra principalmente da sifilização". Ele afirma que as raças negras, amerín- dia e portuguesa "pura[s] ou sem cruzamento" possuíam admirável "beleza" e "robustez física". E que era a miscigenação que continha em si o seu próprio paradoxo: a despeito de ser "bela", produzia a sífilis, o "feio", o "bisonho".[29]

A "miscigenação" era, assim, simultaneamente, a profunda originalidade dessa colonização, mas também a sua praga. A analogia permitia, ainda, na- turalizar o padrão de violência sexual existente e, ao mesmo tempo, estabili- zar a ideia de que a mestiçagem tinha um "casal-padrão": era feita a partir do homem branco que estuprava a mulher negra. Era feita igualmente do exer- cício "sádico" do poder, manifesto nas mais diferentes áreas de domínio co- lonial. Ele explica que o "intercurso sexual entre o conquistador europeu e a mulher índia [...] [e] com as escravas negras" era realizado "em circunstân- cias desfavoráveis à mulher. Uma espécie de sadismo do branco e de maso- quismo da índia ou da negra terá predominado nas relações sexuais como nas sociais do europeu com as mulheres das raças submetidas ao seu domínio".[30]

Freyre justifica, desse modo, a violência das relações em função da pas- sividade e do "masoquismo" das demais raças. Vamos a mais um trecho: "Nesse período é que sobre o filho da família escravocrata no Brasil agiam influências sociais — a sua condição de senhor cercado de escravos e animais dóceis — induzindo-o à bestialidade e ao sadismo [...]. Transforma-se o sa- dismo do menino e do adolescente no gosto de mandar dar surra, de mandar arrancar dente de negro ladrão de cana, de mandar brigar na sua presença ca- poeiras, galos e canários — tantas vezes manifestado pelo senhor de engenho quando homem-feito; ou no simples e puro gosto de mando [...]. Resultado da ação persistente desse sadismo, de conquistador sobre conquistado, de senhor sobre escravo, parece-nos o fato, ligado naturalmente à circunstância econômica da nossa formação patriarcal, da mulher ser tantas vezes no Brasil vítima inerte do domínio ou do abuso do homem; criatura reprimida sexual e socialmente dentro da sombra do pai ou do marido". Assim, um "sadismo de senhor" e a correspondente "inércia" das mulheres explicavam o abuso na "esfera da vida sexual e doméstica".[31]

QUASE CONCLUSÃO | **335**

O calor dos trópicos estimulava, na opinião do sociólogo, uma prática sexual excessiva e abusiva mas que era transformada, a partir do intercurso correto entre o homem branco e a mulher negra, numa civilização da doçura — marcada pela metáfora da produção do açúcar.[32] Segundo ele, pelo "concurso genético de um elemento superior, recrutado dentre as melhores famílias e capaz de transmitir à prole as maiores vantagens do ponto de vista eugênico e de herança social".[33] Ou seja, mesmo que a mestiçagem fosse a consequência de um processo nada igualitário, pois resultava de uma rotinização do poder dos brancos, ela era elevada a padrão nacional e depois internacional. Sendo assim, a violência não eliminava a ideia de democracia racial, porque se justificava a partir do que Freyre chamava de uma combinação equilibrada entre sadismo e masoquismo. Tratava-se do célebre conceito de "equilíbrio de opostos", que não negava os conflitos; ao contrário, incluía-os como parte de nossa formação.[34]

A teoria que Freyre ia criando representava um retorno da imagem mestiçada deste país; não mais como demérito, mas agora enquanto fortuna. Em 1940 o sociólogo publica *O mundo que o português criou*, após longa viagem pela África e Índia lusófona. No livro, ele defendia que a "pluralidade de cultura e miscigenação à grande — é que dá riqueza, força e capacidade de expansão, não só ao todo nacional luso-brasileiro, como ao conjunto de culturas nacionais ou regionais marcadas pela de Portugal e de que o Brasil é hoje a expressão mais destacada".[35]

Na mesma obra, é cristalina a ideia de que a mistura não significava igualdade, mas a manutenção de estruturas de dominação: "Esse primado da cultura de origem principalmente portuguesa no Brasil: o primado da língua — a língua portuguesa enriquecida, como aliás aquele bloco inteiro de cultura, pelo que já assimilou do indígena, do africano, do holandês, do espanhol, do francês [...] Aliás está dentro da tradição portuguesa no Brasil, como no Oriente e na própria África, a tendência a assimilar elementos estranhos. E assimilá-los sem violência, dada a oportunidade que sempre, ou quase sempre, lhes tem dado, de se exprimirem. De modo que a assimilação se faz docemente e por interpenetração. A assimilação ou a contemporização".[36]

A partir do conceito de "assimilação", mais uma vez destaca-se a noção de que uma cultura forte orquestra e assim incorpora as demais; mantendo sempre seu protagonismo. Para unir conceitos tão díspares como violência e democracia, imposição e igualdade, Freyre dá seu famoso nó conceitual, defendendo que o domínio se faz "quase sempre" sem violência. Sem lembrar que suas descrições explicitamente provam o contrário. De toda forma, não restam dúvidas sobre quem assimila quem, quais são os "elementos estranhos", e de quem é o "primado" da "interpenetração".

Em livros como *Interpretação do Brasil*, Freyre reuniu uma série de conferências apresentadas no ano de 1944 em instituições norte-americanas, com o fito de divulgar o lusotropicalismo para um público estrangeiro. Nelas, o intelectual radicalizava seu pensamento, para torná-lo ainda mais "palatável", defendendo que no Brasil "nenhuma minoria ou maioria étnica exerce de fato domínio cultural e social absoluto, sistemático e constante". E acrescentava que seria "possível que entre reduzido número de brancos se note o desejo de dominar os muitos homens de cor da comunidade brasileira". Mas que esse seria um grupo "desarticulado" e que não teria influência suficiente na cultura ou na política externa do Brasil. Tudo isso para concluir que a nação enquanto "comunidade" estava cada vez mais consciente "de seu destino de democracia social. Social e étnica".[37] Em *Brasil: An Interpretation*, de 1945, mais tarde transformado no livro *Novo mundo nos trópicos* (1971), Freyre retoma e resume suas teses expressas em obras anteriores: a concepção de uma relativa "benignidade" da escravidão no Brasil, o "equilíbrio de antagonismos", e a existência de condições necessárias para que o país representasse um exemplo de "democracia racial", dentro da qual descendentes de negros e de indígenas teriam oportunidade de se inserir na sociedade.

Se a expressão não era do sociólogo, o elogio rasgado à colonização portuguesa no Brasil, em sua variada composição étnica, vinha de Freyre. Este chega até a comparar o que chama de violência dos regimes ditatoriais na América do Sul frente à "solução brasileira", numa comunidade que teria assimilado diferenças na resolução de seus conflitos. Essa seria, pois, uma "civilização moderna nos trópicos", que incluiu valores europeus sem perder as raízes de sua nacionalidade.[38]

Assimilação e incorporação são substantivos estratégicos para entender as bases do mito da democracia racial na famosa versão freyriana. Apesar de descrever as práticas violentas, o sadismo das relações, os intercursos forçados com as escravizadas, a manutenção de uma hierarquia estrita em que os portugueses garantiam mando e privilégio, o intérprete defende, e tenta exportar, esse modelo supostamente pautado numa convivência não só pacífica como feliz. Era o duplo significado do mito, que acomodava violência com democracia, hierarquia com sabor de igualdade.

QUASE CONCLUSÃO | **337**

A recepção de tais ideias foi tamanha que a própria denúncia do preconceito e do racismo ou mesmo o fortalecimento dos movimentos e associações negras no Brasil encontraram na divulgação desse mito um entrave para a consciência crítica nacional. Como escrevia Florestan Fernandes, na década de 1960, os brasileiros e brasileiras compartilham de um "preconceito retroativo": o "preconceito de ter preconceito".[39]

Mas não se tratava, por certo, de uma ideia solo. Em 1928, pouco antes da publicação de *Casa-grande & senzala*, um livro foi logo alçado ao patamar de clássico nacional. Nesse ano, Mário de Andrade lançava *Macunaíma*, cujo personagem viajava pelo Brasil inteiro, tinha muita preguiça e mudava de raça. O modernista incorporava em seu livro toda uma cultura não letrada, em que se inseriam indígenas, caipiras, sertanejos, negros, mulatos, cafuzos e brancos, cujo resultado representava uma espécie de "síntese de culturas". Afinal, a fórmula "herói de nossa gente" veio substituir a expressão anterior — "herói de nossa raça" —, numa clara demonstração de como o romance dialogava com o pensamento social de sua época.[40]

De maneira irônica, mas revelando a regularidade desse tipo de narrativa, Mário retoma a fórmula da mistura de águas como símbolo da mestiçagem das raças, na conhecida passagem alegórica em que o herói e seus dois irmãos resolvem se banhar na "água encantada" que se acumulou na pegada do "pezão do Sumé". Escrevia o modernista que depois de se lavarem nas águas os irmãos, por "milagre", saíram da cor das três raças: "um branco loiro e de olhos azuizinhos"; outro da "cor do bronze novo", pois a água já estava "suja da negrura do herói"; e o terceiro que, conseguindo "molhar só a palma dos pés e das mãos", acabou "negro bem filho dos Tapanhumas". E conclui: "E estava lindíssimo na Sol da lapa os três manos um loiro um vermelho outro negro, de pé bem erguidos e nus".[41]

São muitas as interpretações possíveis dessa passagem; entretanto, em tal contexto, ela pode ser entendida como uma releitura crítica do mito das três raças formadoras da nação. Como disse o crítico Alfredo Bosi, *Macunaíma* representava "o resultado de um período fecundo de estudos e de dúvidas sobre a cultura brasileira",[42] assim como trazia uma série de intenções, referências figuradas e símbolos que no conjunto definiam "os elementos de uma psicologia própria, de uma cultura nacional e de uma filosofia que oscilava entre 'otimismo ao excesso e o pessimismo ao excesso'".[43]

A grande acolhida que a obra mereceu mostra como estava em curso um movimento que negava o pessimismo advindo das teorias mais radicais do darwinismo social. Autores como Nina Rodrigues, Sílvio Romero, João Batista de Lacerda, Oliveira Viana e mesmo o contemporâneo Paulo Prado — cujo livro *Retrato do Brasil: Ensaio sobre a tristeza brasileira* data, também, de 1928 — interpretaram, com ênfases e modelos diferentes, o que chamaram de "problemas" advindos do cruzamento racial no país. Mas agora o momento parecia mais propício para arriscar explicações de ordem cultural sobre esse país que ainda se via como um ponto de interrogação: "Terra tropical e mestiça condenada ao fracasso, ou promessa de um eldorado sul-americano?".[44]

Como se vê, o argumento racial, de maneira positiva ou negativa, ainda significava uma chave fundamental para entender a "nacionalidade". Mestiçagem era, porém, narrativa pela metade. Como aponta Kabengele Munanga, o conceito retoma a ideologia do branqueamento, mas a partir de duas ideias básicas e contraditórias entre si: a noção da existência de uma troca racial igualitária ímpar e exemplar, de um lado; e, de outro, de uma superioridade branca como dado inerente à própria humanidade.[45]

A fórmula da mestiçagem se transformava, desse modo, na pedra angular da identidade nacional, permitindo ao país fazer as pazes com o passado escravocrata e o presente da discriminação. Construído a partir de uma série de conceitos — como miscigenação, mistura de raças, democracia racial, sincretismo e assimilação —, esse tipo de formulação acabou tendo grande impacto na criação de um modelo de identidade nacional muito pautado numa série de apagamentos na história, na economia, no direito, e assim por diante.

O alcance foi imenso. Virou fermento para a conformação de um imaginário nacional que, em vez de destacar a falta de inclusão racial, tratou de reduzir a multiplicidade a um processo que levava, ao fim e ao cabo, a apenas *um* povo devidamente irmanado por *um* passado comum. O chamado melting pot, o caldeamento biológico, vinha no lugar de experiências e condições socioculturais muito diversas.[46]

A tese de Freyre teve tamanha ressonância internacional que acabou batendo nas portas da Unesco. No final dos anos 1940, a instituição andava sob o impacto da abertura dos campos de concentração nazistas, que levaram à descoberta das práticas de genocídio e da violência de Estado, e acenderam um alerta sobre as consequências nefastas do racismo. E assim, animados pelas teses do antropólogo do Recife, e tendo a certeza de que o Brasil representava um exemplo de "harmonia racial", o estabelecimento financiou, na década de 1950, um grande projeto com a intenção de comprovar a inexistência de discriminação racial e étnica no país.[47]

O resultado foi, porém, no mínimo paradoxal: enquanto investigações realizadas pelo norte-americano Donald Pierson, na região Nordeste, buscavam comprovar as teses de Freyre, o grupo de São Paulo, liderado por Florestan Fernandes, concluía exatamente o oposto. Para o sociólogo paulista, a maior consequência histórica do escravismo, vigente no país por mais de três séculos, não seria uma mestiçagem que unificava a nação, mas antes a consolidação de uma profunda e entranhada desigualdade social.

De toda forma, tropeçando nos dados da realidade, o país da primeira metade do século XX usou e abusou da ideia de democracia étnica e social, sem revelar que esta era uma história incompleta: iluminava um lado e deixava o outro na mais plena sombra.

O mapa do Engenho Noruega, que desde a edição inicial de 1933 aparece encartado no livro *Casa-grande & senzala*, é uma boa maneira de entender não só a difusão do mito da democracia racial, como nossa incapacidade de ler imagens sem as lentes corretoras e divergentes da cultura. Localizada na Zona da Mata, em Pernambuco, a propriedade pertenceu à família Pontual de Arruda Falcão, e representava um dos exemplos mais imponentes do domínio patriarcal no Brasil, com sua grande quantidade de quartos e corredores, uma fachada grandiosa e uma ala de trabalho separada da área social. A casa-grande surgia, portanto, como uma construção material e discursiva: o símbolo maior de uma "civilização do açúcar".

Cícero Dias, *Casa-grande do Engenho Noruega*, 1933. Gravura aquarelada [encarte do livro *Casa-grande & senzala*, de Gilberto Freyre].
© Dias, Cícero dos Santos/ AUTVIS, Brasil, 2024.

Culto da mestiçagem que assimila; não mistura

A imagem do Engenho Noruega foi especialmente encomendada por Freyre ao artista Cícero Dias, conterrâneo do sociólogo. Pintor e cientista compactuavam de uma história de classe semelhante — Freyre nascera no Recife numa família tradicional de proprietários de cana-de-açúcar, e o artista passara a infância num engenho de sua família em Escada, na Zona da Mata. O convite significava, pois, uma ação entre amigos, e Dias caprichou nessa obra que se colou à história do livro de Freyre.

De um lado, a arquitetura grandiosa iluminava a presunção de nobilitação da aristocracia local. Entretanto, a maquete se destaca ainda pelo que *não* deixa ver numa primeira observação ligeira. É preciso ler a partir dos detalhes. No lado direito, por exemplo, aparentes brincadeiras ingênuas de infância correspondem, na verdade, a registros de classe e de violência racial: um menino branco brinca com um garoto negro como se este fosse um animal, tratando-o na base do chicote. Outro rapazinho da casa-grande se diverte mantendo seu colega negro suspenso na gangorra. Há também detalhes em que homens brancos fazem sexo com mulheres negras em meio ao jardim da propriedade, com claras insinuações sobre a sensualidade e, em consonância com o que escreveu Freyre, o abuso dos corpos das escravizadas. A pintura representava a equação visual do "sadismo" das relações defendido pela teoria do sociólogo.[48]

Esses e outros detalhes mostram se tratar de verdadeiro documento visual, e não só de um encarte inocente e apenas ilustrativo. É um símbolo condensado do mito da democracia racial, que naturaliza a igualdade, mantendo a diferença intocada e justificando as relações abusivas; um documento didático do "cada um em seu lugar".

Vale também salientar o papel da arquitetura na delimitação desse mundo apartado. A imagem evoca, mais contemporaneamente, estruturas muito próprias e pretensamente invisíveis da sociedade brasileira, que separa áreas de serviço daquelas sociais. Um grande símbolo, que funciona na base do eufemismo, do não dizer, é a existência de elevador social e elevador de serviço. A regra é costumeira, não sendo preciso explicar a quem se destina o segundo aparelho. Tanto que, em São Paulo, em 1996, estabeleceu-se, por lei, a proibição de qualquer tipo de discriminação nesses locais. A medida exigia que constasse na entrada dos prédios, de preferência ao lado dos elevadores sociais, uma placa com os dizeres: "É vedada, sob pena de multa, qualquer forma de discriminação em virtude de raça, sexo, cor, origem, condição social, idade, porte ou presença de deficiência física e doença não contagiosa por contato social ao acesso aos elevadores deste edifício".[49]

Não se cria uma lei se não existe o desejo de realizar o que ela procura coibir; sendo assim, a medida apenas buscava evitar o que o costume da intimidade prescrevia. Todo aquele que vive por aqui sabe que "elevador de serviço" é quase uma instituição no Brasil. A ideia de "serviço" continua ligada ao trabalho manual, sobre o qual vigora um claro preconceito. A ele se associam, historicamente, o trabalho escravizado e depois negro e pobre.

Elevadores correspondem aos equipamentos mais dispendiosos no orçamento de um edifício. Ainda assim subsiste, para além das razões práticas, uma eficácia que é sobretudo de ordem simbólica: nesses espaços sociais, por rotina, não se misturam raças e classes. É preciso que a lei coíba o que o costume dissemina. Elevadores são, portanto, ao menos no Brasil, mais uma versão, estratégica e visível, do mito da democracia racial: do binômio apartados mas juntos, ao menos num local e pela força da lei.

Tanto que, no anúncio dos elevadores Otis, marcas de classe, raça e gênero ficam evidentes a partir das expressões dos dois homens brancos, trajados com roupas de trabalho, mas das elites: terno, gravata e sapato social. O suposto é que são eles que realizam os "bons negócios" e por isso desfrutam desse símbolo de status social.

A "cozinha moderna", com seus vistosos eletrodomésticos, também une de modo explícito o universo da patroa e o de sua "empregada". É nesse local que elas convivem, mas com funções e imagens sociais muito diversas. Vimos no capítulo anterior a insistência nas for-

Anúncios dos elevadores Otis, publicados na revista *Seleções,* décadas de 1960-70.

Anúncio das Cozinhas Todeschini, publicado na revista *Veja*, dezembro de 1989.

mas corporais e nas roupas que distinguem, de maneira visível, mulheres de elite das mulheres pobres e negras. Todavia, chama atenção na propaganda a insistência na "felicidade" reinante entre elas. O texto brinca com o deslocamento de sentidos, que só é entendido por aqueles que compartilham de uma "mesma" identidade brasileira. "A melhor maneira de segurar a sua empregada", provoca o anúncio. "Segurar", no caso, traz a ideia de não deixar que a trabalhadora se demita. Entretanto, a mensagem introduz, junto com a foto, um ato literal: a senhora branca abraça a moça negra, pelas costas, e ambas sorriem, satisfeitas e em comunhão. Isso sem esquecer, e como vimos em outro capítulo, como o provérbio machista mais conhecido estabelece que "a esposa segura seu marido pelo estômago".

Era o mito da democracia racial com seu duplo significado: exclusão com inclusão; diferença social, felicidade *e* acomodação étnica. Identidade é invariavelmente uma construção social, uma resposta política a um contexto político. Trata-se, assim, de uma estratégia de produção de semelhanças e diferenças, sendo um expediente sempre comparativo e contrastivo, que implica a produção de um "nós", contraposto a um "outro". Por isso selecionam-se elementos não só disponíveis como considerados particulares a um "povo", visando a produção de um sentimento de pertencimento. Idiomas, paisagens e raças costumam ser alçados a sinais diacríticos; símbolos pátrios, que animam a mobilização de tal sentimento. Identidades são, pois, projetos essencialmente normativos e subjetivos, traços socialmente construídos e cujas fronteiras estão sempre em litígio.[50]

Interessante observar como, na propaganda, a diferença de papéis não é motivo para vergonha; serve de exaltação da democracia racial do "cada um em seu lugar", ecoando, por outro ângulo, a ilustração de Cícero Dias. Por sinal, na representação do Engenho Noruega — constante na abertura do livro de Gilberto Freyre —, não se apartam somente os lugares de trabalho; se separam e se juntam também as diferentes infâncias, algumas crianças con-

QUASE CONCLUSÃO

tando com direito à educação e proteção assegurado pelo Estado, e outras não. Todas, no entanto, brincam juntas.

Mais uma vez não se trata de exemplo isolado. A capilaridade do mito era tal que ecoava nas narrativas para crianças, textos que definiam o "viveram felizes para sempre" na base do "viveram brancos para sempre". Essa fórmula é literalmente utilizada no livro *Contos para crianças*, publicado em 1906 no Brasil,[51] e cuja autoria é atribuída à Madame Chrysanthème — nome artístico de Cecília Moncorvo Bandeira de Melo Rebelo de Vasconcelos.[52] Feminista, cronista e autora de uma obra reconhecida, ela reúne nessa edição um conjunto de histórias cujo tema central é sempre semelhante: como uma pessoa negra pode passar a branca.

O conto "A princesa negrina", por exemplo, que mistura elementos retirados de narrativas clássicas como "A Bela Adormecida", "A Bela e a Fera" e "Branca de Neve", ainda incluindo passagens bíblicas, tudo ambientado nos trópicos, traz a história de um bondoso casal real que lamenta sua "má sorte". Depois de muitos anos de matrimônio, eles não haviam sido "presenteados" com a chegada de um herdeiro. Contudo, como recompensa por suas "boas ações", o casal pode fazer um último pedido à fada-madrinha: "Oh! Como eu gostaria de ter uma filha, mesmo que fosse escura como a noite que reina lá fora", diz a esposa. O pedido continha uma metáfora, mas foi atendido de forma literal: logo nasceu uma criança "preta como carvão".

A chegada de um "bebê escuro" causou tal "comoção" no reino que a fada não teve outro remédio senão alterar (um pouco) a dádiva: não podendo transformar "a cor preta na mimosa cor de leite", prometeu que, se a menina permanecesse no castelo até seu aniversário de dezesseis anos, sua pele adquiriria "a cor branca que seus pais tanto almejavam". Mas, se desobedecesse à ordem, a profecia não se realizaria e o futuro dela "não seria negro só na cor". E assim Rosa Negra cresceu sendo descrita pelos poucos serviçais que com ela conviviam como "terrivelmente preta", mas, "a despeito dessa falta, imensamente bela". Um dia, porém, a pequena princesa negra, isolada em seu palácio, foi tentada por uma serpente. Inocente, e desconhecendo a promessa de seus pais, Rosa Negra deixou o palácio e imediatamente viveu "o horror e a traição", conforme previra sua madrinha. Em meio ao "desespero", e tentando salvar-se do "desamparo", concordou em se casar com "o animal mais asqueroso que existe sobre a Terra" — "o odioso Urubucaru". Após a cerimônia de casamento, já na noite de núpcias, "a pobre princesa preta" mal conseguia conter o choro; não por causa da "feição deformada" de seu marido, e sim porque nunca mais seria branca. "Eu agora perdi todas as esperanças de me tornar branca", lamentava-se a heroína diante de seu não menos desafortunado esposo. Nesse momento, algo "surpreendente" aconteceu: "Rosa Negra viu seus braços envolverem o mais belo e nobre jovem homem que já se pôde imaginar, e Urubucaru, agora o Príncipe Diamante, tinha os meigos olhos fixos sobre a mais alva princesa que jamais se vira". Final da história: belo e branco, o casal conheceu para sempre "a real felicidade".[53]

Dizem que "quem conta um conto, aumenta um ponto". Se o dito é verdadeiro, a insistência na ideia de branqueamento, o suposto de fundo de que o casal misto vira branco, diz respeito não só ao acaso, presente numa narrativa infantil isolada, mas a uma estrutura de valores historicamente partilhada: a cor branca, poucas vezes explicitada, é sempre uma alusão; quase uma bênção.

Mas a face do mito que socializa a branquitude na infância é particularmente perversa. É forte o exemplo da boneca branca e, em geral, loura que durante muito tempo reinou sozinha na lista de desejos das meninas. Para além dos marcadores de gênero, há uma clara distinção de raça nesse produto que simboliza também aspirações de status. Não é preciso recorrer apenas ao império das *Barbies* — criadas em 1959, e que logo ganharam o mundo com seus cabelos louros, cor branca e corpo escultórico. Antes disso, no dia 27 de julho de 1937, era fundada a Estrela, então uma modesta fábrica de bonecas de pano e carrinhos de madeira que em poucos anos se tornou uma empresa automatizada, produzindo brinquedos de plástico, de metal e outros materiais.[54]

No início dos anos 1950 as bonecas passaram a ser feitas de plástico. A primeira delas, chamada Pupi, era lavável e articulada. Uma boneca bran-

Bonecas da Estrela, anos 1960.

ca, e que guardava sinais de pertencer a uma classe mais abonada.[55]

Ainda em 1902, o artista acadêmico Pedro Peres pintou o drama da menina negra que observa o fetiche da boneca branca, loura e ricamente vestida. Descalça, numa casa que provavelmente não é sua, ela olha com "fascinação" o brinquedo deixado na cadeira.

O tema puxa a memória para outro ícone mais recente: Xuxa com suas Paquitas, todas magras, altas, claras, louras e de cabelos lisos. De modelo a megastar de televisão, alcançando milhões de pessoas — entre adultos e crianças —, Xuxa virou um símbolo

Pedro Peres, *Fascinação*, 1904. Óleo sobre madeira, 35,7 × 31,2 cm.

sexual a partir dos anos 1980. Sua mensagem difundia o ideal de alegria e do sucesso, destacando o modelo branco como o suprassumo da beleza, tudo junto com a força da TV Globo: quarta maior rede privada e comercial do mundo, na época. Como mostra Amelia Simpson, Xuxa ergueu um império, unindo gênero e raça, ao encontro de uma audiência de massa, comprometida com esse tipo de projeto de modernidade, cuja felicidade vinha da exposição daquela beleza branca, saltitante, esbelta e sensual.[56]

Era a consagração da tese da alegria brasileira vinculada a marcadores de geração (juventude), raça (branca) e classe (média) transformados num espelho dessa sociedade que tinha uma retórica de mistura, mas uma projeção que explorava e destacava o branqueamento. Não por acaso ficaram famosas, no mesmo contexto, as propagandas da Parmalat, que alinhavam a brancura do leite aos pequenos mamíferos. Com

Cartaz da campanha "Mamíferos", do leite Parmalat, criada pela agência DM9 em 1996.

Campanha publicitária "Angel & Devil", da Benetton, 1991.

efeito, são muitos os animais, mas apenas um deles é oriental e outro negro — mas vestido de ovelha e com uma fantasia toda branca. No reino animal a fofura é quase toda branca.

Causou polêmica a propaganda da Benetton explorando a ideia de mestiçagem. O projeto visava enfatizar a importância da mistura de raças e da falta de ódio: sem dúvida a melhor das utopias. No entanto, como o racismo, de tão internalizado, estrutura a linguagem, ele se apresenta nos menores detalhes, a começar pelo nome sugestivo: "Anjo e Diabo".

O diretor de arte e fotógrafo italiano Oliviero Toscani ganhou notoriedade nos anos 1980 e 1990 por suas propagandas, que apostavam, justamente, na controvérsia para chamar atenção. Essa é talvez a mais "ousada" delas. O anúncio, que pretendia difundir uma mensagem de união, trazia do lado esquerdo uma criança branca de cabelos cacheados louros e soltos, bochechas rosadas, olhos azuis, e um grande sorriso nos lábios. Com muita luz sobre ela, a menina era a própria representação de um anjo. A seu lado estava uma menina negra, também muito bonita mas tomada em meia-sombra. Além do mais, trazia os cabelos presos e em forma de chifres diabólicos. Diferentemente de sua colega, ela não sorri!

Café com leite é uma expressão repleta de sentidos. Em primeiro lugar, refere-se, literalmente, à mistura de café e leite, quentes, e por tradição tomados no café da manhã. Porém, com a popularidade do café, de um lado, e da ideia de mistura racial, de outro, a expressão virou uma forma de descrever a cor mestiça. No entanto, o termo tem ainda outra significação: remete a uma pessoa que não tem capacidade de competição — por sua suposta inépcia física, etária, ou pelo fato de portar alguma deficiência. O certo é que ser chamado de café com leite não consiste num elogio, e sim numa maneira de dizer (sem dizer, exatamente) que uma pessoa é "admitida" mas numa condição inferiorizada. Significa jogar não jogando, tomar parte sem estar de fato incluído.

QUASE CONCLUSÃO | **347**

Foi justamente essa zona porosa, entre a realidade e a metáfora, que acabou sendo explorada pela campanha publicitária do Café Parmalat, em 1997. Com o slogan "O café à altura do nosso leite", a empresa, que já era conhecida pelo laticínio, lançou naquele ano a sua linha de café. O anúncio trazia uma mulher negra abraçada afetivamente às costas de um homem branco. Ele olha com carinho para ela, enquanto a modelo nos observa sorrindo, e assim inclui o espectador na cena. Mas resta uma conotação sexista na propaganda, com o café sendo representado por uma mulher negra nua ao lado de um homem branco também nu. Pode-se alegar que o café é preto e o leite branco e, portanto, é "natural"

Propaganda do Café Parmalat, "O café à altura de nosso leite", criada pela agência DM9 e publicada na revista *IstoÉ*, setembro de 1997.

que apareçam definidos por tais cores. Até aí tudo certo. No entanto, e como vimos, esse é também o modelo "estimado de miscigenação" — mulher negra e homem branco; não o contrário. Tudo enlaçado pela ideia de plenitude e felicidade.

Sem mostrar rostos, a peça promocional da Lacta alude, através da posição das mãos, a uma pessoa branca entregando um ovo de chocolate da marca a uma pessoa negra, com a seguinte mensagem: "quem faz a decoração da Páscoa merece um presente de Páscoa". A ideia é mais uma vez mostrar a paz e a união que reinam entre as raças durante essa que é uma festa cristã da Ressurreição. Fica implícito, porém, que são os brancos que podem praticar o ato de "presentear" os "outros" com um item, paradoxalmente, produzido por muitas mãos, mas em grande medida por mãos negras.

Comercial de Páscoa exibido nas redes sociais da Lacta, 4 de abril de 2023.

Dando nome aos bois

"Dar nome aos bois" é expressão que cria seu próprio enigma. Bois são animais em geral não discriminados por suas particularidades. Assim, não levam nome. Por isso, dar nome a eles implicaria denunciar; informar quem e o que está de fato envolvido em determinada situação.

Vamos, pois, nomear o que permanece sem nome. Se o país produziu uma série de imagens que anunciam uma "feliz democracia racial" mas entregam, mesmo que sub-repticiamente, a violência das relações, outras, e ainda mais recentemente, explicitam a tentativa de, por um lado, "não nomear" parte da composição populacional brasileira, destacando somente o predomínio das pessoas brancas, ou, então, caracterizar pessoas negras apenas no domínio da contravenção. Separam assim, em mais uma expressão idiomática, "o joio do trigo".

Uma peça publicitária usada pelo governo Jair Bolsonaro para divulgar o programa Pró-Brasil virou alvo de críticas. Na campanha, o apelo às crianças é evidente: todas elas olham para o alto e apontam para o futuro, numa pose semelhante à que temos notado em outros documentos visuais que utilizam a convenção. O objetivo era incentivar investimentos estatais para alavancar a economia a partir da imagem de um país que aposta no seu futuro. O problema é que no anúncio só aparecem crianças brancas, muito claras, várias louras, todas de cabelos lisos e pertencentes a classes mais abonadas. Essa é a versão da infância do mito, cujo modelo de beleza — tal qual na metáfora dos três rios, ou de *A redenção de Cam* — é, ao fim e ao cabo, branco.

O outro lado dessa versão "benfazeja" e "pacífica" do mito, de um país que no futuro será uma civilização cujo caldeamento de raças leva ao predomínio branco, é a imagem divulgada no dia 26 de novembro de 2022 pelo jornal *O Estado de S. Paulo*. A reportagem analisava mais um dos episódios que têm assombrado a população brasileira e que pedem intervenção: um ataque a tiros a duas escolas, dessa feita no Espírito Santo. A imagem que "ilustra"

Propaganda do Programa Pró-Brasil criada pelo gabinete do ministro da Casa Civil, Braga Netto, 2020.

a matéria apresenta, contudo, uma mão negra empunhando uma arma. Como lemos imagens por associação, logo entendemos que a mão que segura a arma é a do assassino, estabelecendo de imediato uma conexão entre criminalidade e população negra. Ocorre que se descobriu que o assassino era uma pessoa branca. Há assim outra violência na matéria.

Mas esse não é, com certeza, um caso isolado. A loja Reserva decidiu pôr do lado de fora de seu estabelecimento no Shopping Barra, em Salvador, um manequim representando um menino negro vestido com roupas da marca e com a perna atravessada na vitrine quebrada. A situação é dúbia: o garoto poderia estar simplesmente passando pela loja quando aconteceu o acidente, ou então estar arrombando a vitrine. A imagem mostra de que maneira o lado convexo da exaltação da democracia étnica e social é a naturalização do racismo estrutural. A piada pretendia ser inofensiva, mas não tem graça alguma.

Vitrine de loja em Salvador, fevereiro de 2022.

Uma estátua representando uma criança negra com os pés acorrentados e uma cesta de pães nas mãos, instalada numa das lojas do supermercado Pão de Açúcar, também causou revolta no ano de 2013. O vínculo com outras esculturas, muitas delas ainda presentes nas praças e ruas das cidades, salta aos olhos. Os pés acorrentados e descalços remetem à escravidão e aos trabalhos forçados que caracterizam esse tipo de regime. O estabelecimento se localiza na Zona Oeste da cidade de São Paulo, no bairro Vila Romana, que é conhecido por suas características residenciais, ruas tranquilas e arborizadas, bons serviços essenciais e comércios de qualidade. Por isso, é uma classe média/alta que frequenta o local e, também, o supermercado. Mas não há nada de decorativo na cena. Novamente, uma criança negra deixa de ser representada desfrutando da infância; é de novo vinculada ao mundo do trabalho compulsório.

No ano de 2023, uma propaganda do governo do Distrito Federal associou o cabelo de um homem negro às queimadas, e a campanha foi con-

Publicidade do governo do Distrito Federal, 12 de julho de 2023.

siderada racista por especialistas da comunicação. Símbolos, como o cabelo, foram historicamente utilizados pela população branca como estereótipos de detração. Por outro lado, a representação do cabelo black power se converteu num ícone de luta por direitos para a população negra. Desse modo, adicionar imagens de árvores queimadas por sobre o cabelo de uma pessoa negra, mesmo se a intenção era outra, consiste, no mínimo, numa associação problemática. Subliminarmente, a publicidade vincula o cabelo de uma pessoa negra à destruição.

O governo do Distrito Federal afirmou que a ideia era realizar uma "campanha educativa" de forma "impactante" e que a propaganda funcionasse como um "chamado à consciência". Campanhas educativas são da maior importância. Mas a pergunta que fica é se o "impacto" deveria ser logrado a partir desse tipo de caricatura. Interessante pensar como esse tipo de imaginário muitas vezes opera por dissociações; não são pessoas negras que têm destruído nossas florestas. A coloração das famílias de grandes proprietários do passado e do setor ruralista do presente ainda é uma questão fortemente associada a populações de origem europeia, não africana. Na propaganda, porém, a história é outra...

De toda maneira, se começam a aparecer sinais de mudança em relação a esses que são padrões sociais; se uma série de livros científicos, exposições, obras e instalações artísticas vêm alargando os estudos de cultura visual e os limites da consciência racial, persiste uma dificuldade central: como lidar com as heranças coloniais que continuam vivas e, por isso, vira e mexe retornam.[57] Segundo Trouillot: "A escravidão age como um fantasma, presença que é ao mesmo tempo do passado e do presente; o problema da representação histórica é representar esse fantasma, que existe e, no entanto, não existe".[58]

Essas e outras imagens — entre telas, aquarelas, propagandas, esculturas, mapas — podem ser consideradas versões visuais de um mito que não cessa de crescer e de se adaptar. Da versão fluvial "esperançosa" de Martius

QUASE CONCLUSÃO

ao modelo pessimista do darwinismo racial; da teoria do branqueamento ao mito da democracia racial; da meritocracia que transforma em direito natural o que reflete uma situação histórica política, social e econômica, aí estão pressupostos estruturais de parte dessa sociedade que tem na representação da branquitude uma forma de perpetuar valores, mas também um símbolo dileto e naturalizado de ascensão social.

A teoria da mestiçagem existente no Brasil é inclusive responsável pelo estabelecimento de padrões bastante específicos de debate, e muito diversos, se pensarmos em outros países que passaram pelo escravismo. É possível dizer que tais modelos, os quais como vimos têm imenso impacto na realidade, foram responsáveis por retardar uma tomada maior da consciência nacional acerca da desigualdade racial vigente no país. Na conta da ladainha de uma nação apenas harmoniosa, onde ninguém tem preconceito pois todos se misturam, sistematicamente se nega o conflito, busca-se nuançar a violência das relações e fazer da discriminação uma espécie de eufemismo. Em tal perspectiva, "nossa escravidão" teria sido melhor, como se existisse um regime desses bom o suficiente; "nossa abolição", a despeito de ter sido a última a ocorrer, mais amorosa; o preconceito não existiria, e a mestiçagem violenta seria uma sorte de redenção.

A exaltação da miscigenação e da ideia de democracia racial virou no país um discurso procrastinador; afinal, quem fala em mistura não explica quem mistura e como mistura. Com isso, adiou-se, e com graves prejuízos sociais, a luta pela igualdade e pela equidade de direitos, esquecendo-se que no Brasil a população negra não é uma minoria numérica; repito que se trata de uma "maioria minorizada" na representação social. Igualdade não é uma bandeira teórica ou retórica. Um país se sai melhor quando se vale das potencialidades e experiências diversas de sua população. Enquanto isso não ocorre, não há república; apenas um arremedo desta.

Ver e ler essas imagens da branquitude, no seu conjunto mas também nos seus detalhes, significa, pois, realizar um exercício que implica tirar o véu da normalidade e estranhar o que é familiar. Lemos por sinais convencionais, o que nos leva a deixar de atentar para as referências visuais que fazem parte dos pressupostos desses documentos que consumimos a toda hora, como se fossem fórmula certa ou química precisa. Não são, e muitas vezes emulam seu próprio veneno.

Imagens da branquitude procurou discutir, portanto, as relações entre cultura visual e teoria política; entre cultura visual e racismo. Pretendemos também nos opor ao processo de iconização presente nessa que é uma civilização da imagem, e colocar sob rasura os sentidos de criação desses símbolos de uma nação que sempre se quis pacífica quando carrega números epidêmicos de violência; mestiça enquanto faculta processos arraigados de exclusão racial. Por isso, nada nas imagens políticas que vimos tem chance de ser apenas neutro. Elas são fundamentais para o enraizamento e a confirmação de pontos de vista privilegiados sobre a sociedade brasileira.

É certo que não existe somente um ponto de vista soberano acerca das imagens. Mas é inegável também como a perspectiva daqueles que produzem tais fontes visuais acaba se impondo como se fosse não uma cópia da realidade, mas a própria realidade. Tanto a câmera do fotógrafo como a paleta do artista prometem verdades que nunca entregarão, ao menos totalmente, pois o seu consumo acarreta a exclusão de algumas pessoas e situações representadas, ou mostrá-las a partir de determinados ângulos secundários e derrogatórios. Como imagens têm o poder de comover e de promover a emoção, elas acabam por rotinizar maneiras de ver, e de *não* ver.

Este é um livro, pois, que coloca a imagem no centro da prática histórica e antropológica. Imagens são, nesse sentido, sempre anacrônicas; são sintomas de várias temporalidades que, mesmo afastadas, ainda fazem sentido no nosso presente e por isso tendem a reiterar e a se repetir. São assim testemunhas, pois hão de sobreviver àqueles e àquelas que as criaram. E, sendo assim, elas como que convocam nossa memória, a qual, por sua vez, decanta o passado mostrando que ele não é só o tempo das datas, um objeto passado. Faz parte da ciranda do presente. Estamos, desse modo, sempre diante das imagens e do tempo, como afirma Didi-Huberman.[59]

Vivemos um momento do uso acelerado da imagem, quando várias instituições atuam no sentido não só de produzir registros visuais, mas de perpetuá-los também. Museus, a imprensa, agências de propaganda, institutos, arquivos e sobretudo as mídias sociais invadem o cotidiano com um conjunto de iconografias que tornam ainda mais inseguros os limites entre o que é representado e o que é de fato vivido.

Fica então o convite para "vigiar as imagens". Extrapolar o momento de produção e enfrentar as várias formas de encomenda, de circulação e de lei-

QUASE CONCLUSÃO | **353**

tura delas. É nesse sentido que a pesquisadora Ariella Azoulay propõe, como vimos, a realização de um "contrato civil da fotografia", que pede para não olharmos imagens de maneira passiva, como se somente estivéssemos assistindo a sua dispersão.[60] Vigiar imagens significa, com efeito, desmontar certas estruturas internas das fotos que nasceram para ficar invisíveis.

Obras de arte não são apenas "sintomas" — expressões da personalidade do seu criador ou de sua época, de sua raça, da situação de classe ou de gênero. Mas sua divulgação, coeva ou mais tardia, faz com que alguns sentidos se estabilizem na medida em que o espectador compartilha de determinado contexto linguístico e cultural.

Não quero dizer, porém, que há algo de apenas impositivo nas imagens. Há sempre muita ambiguidade nesses registros, bem como boa dose de escolha e de subjetividade na sua interpretação. É por conta do mistério que contêm que obras de arte não cessam de significar. Afinal, como escreveu Fernando Pessoa em *Mensagem*: "As nações são todas mistérios./ Cada uma é todo o mundo a sós".[61]

Branquitude: passado do presente

Finalizo este livro com uma imagem que me inquieta, mas, ao mesmo tempo, me faz ter a convicção de que, como diziam os gregos, maravilhar-se é o primeiro passo no caminho da sabedoria.[62] Nada aprisiona a arte, na sua capacidade de maravilhar.

Refiro-me a este trabalho do viajante Johann Moritz Rugendas, cujo título já procura direcionar a interpretação: *Mercado de escravos*. A legenda e a ação principal reproduzem, sem grandes escrúpulos, a atmosfera de tais entrepostos, onde se comerciavam vidas humanas. Esse local é o símbolo maior da tentativa de transformar uma pessoa num objeto, que pode ser vendido, alugado, penhorado, segurado.

A paisagem tropical de fundo busca amenizar a situação aviltante que se desenvolve na maior parte do registro. No plano inferior, alguns africanos recém-chegados da travessia se aquecem reunidos ao redor do fogo. Eles são todos "malungos", companheiros da dura viagem transatlântica que criava entre os sobreviventes laços fortes de solidariedade.[63] Bem ao centro, um

Johann Moritz Rugendas, *Mercado de escravos*, 1835. Litografia. À dir.: detalhe.

senhor branco, com suas vestes pomposas e chapéu largo, analisa os africanos lá "expostos". Ele há de ser um traficante ou um proprietário.

Entretanto, um pequeno detalhe mais à esquerda da gravura adiciona uma espécie de suspensão na temporalidade dura desse mercado de gente. Um homem sentado num tapete de palha dirige seu olhar — e o nosso também — a dois colegas de viagem, que aparentam estar absortos em seus afazeres, tanto que dão as costas para a situação central. Com suas roupas minguadas, sequestrados de suas nações, depositados num país estrangeiro e expostos para serem vendidos, mesmo assim eles, quem sabe, tenham conseguido se evadir um pouco do horror em que se achavam, para fazer o que lhes era possível: arte. Um deles observa o colega, que, por sua vez, desenha distraidamente na parede. Ambos são acompanhados, ao menos na direção do olhar, por esse africano que se encontra próximo a eles e por outro ainda, sentado numa rede. Todos parecem distraídos assistindo à atividade.

Não é possível saber o que o rapaz desenha. Parece, porém, que, por alguns minutos, ele escapou do cotidiano violento para deixar sua arte nas paredes do local inóspito. Não raro, pessoas sujeitas a situações-limite têm na arte uma válvula de escape ou até mesmo uma forma estratégica de comunicação. Muitas vezes, pessoas presas, torturadas, retiradas de seu dia a dia, deixam seus testemunhos nas paredes das penitenciárias. Nossas prisões, aliás, estão cheias de registros do tipo, feitos com os recursos ao alcance. É disso que trata a arte: de escolhas.

QUASE CONCLUSÃO

A cena é de fato tão intrigante como repleta de lacunas. Rugendas era um pintor de origem alemã, descendente de uma família de artistas, e que, em 1822, com apenas dezenove anos de idade, tomou parte da expedição do barão Georg Heinrich von Langsdorff ao Brasil. Uma sucessão de percalços fez com que a empreitada não tivesse muito sucesso: um integrante morreu e o próprio barão acabou louco. Mas o trabalho do jovem naturalista ganhou imensa repercussão e virou livro: *Viagem pitoresca através do Brasil*.

Nele, o artista apresenta seus desenhos das matas brasileiras e das cidades que conheceu, relatos das viagens que empreendeu com guias locais, registros da flora e da fauna, e muitas cenas da escravidão. Rugendas descreveu o lazer, mas também os castigos a que estavam sujeitas essas populações, retratando os porões de um navio negreiro, a ação de um capitão do mato, uma luta de capoeira, cenas de sevícia em locais privados ou públicos. O viajante deixa passar, a partir das minúcias, críticas à escravidão. Há muitas vezes uma tensão no olhar, consequência da violência do sistema escravista e, também, da crítica a esse regime que finalmente se alastrava pelo mundo.

No entanto, uma série de perguntas ficam aqui sem resposta. O rapaz teria retirado um pedaço de carvão da fogueira e feito dele um instrumento de desenho? Será que desenhando ele conseguiu se desvincular, ao menos por um tempo breve, da situação humilhante em que se encontrava? Qual a intenção de Rugendas ao gravar, a partir de um pequeno detalhe, tal ato de liberdade? Por que será que ele resolveu representar essa cena? Ela teria acontecido ou seria fruto da imaginação do viajante, ele próprio um desenhista?

Mas tomo a passagem como inspiração e desfecho. Ninguém consegue, por mais que queira, enquadrar o "outro" como se fosse prisioneiro do seu imaginário. Ou, se consegue, não o faz para sempre. Essas são mesmo, e me perdoem o clichê, as "asas da imaginação". A capacidade "maravilhosa" da própria arte que é, como diz Toni Morrison, um "sonho que me sonha de volta para mim".[64]

Aqui buscamos ler por detalhes, e usar testemunhos figurativos, com frequência de suposta pouca importância ou representatividade, enquanto fontes históricas e "lugares de memória".[65] O crítico de arte Aby Warburg costumava dizer que "Deus está no particular".[66] Isso porque valorizava o papel das artes como registros sui generis para a reconstrução histórica. Valorizava também os pequenos elementos, e não apenas as grandes e definidoras estruturas da obra. Muitas vezes é a partir desse tipo de procedimento — de majoração dos detalhes — que uma imagem, a qual pode até ser irrelevante do ponto de vista estritamente estético, tem a capacidade de ganhar imenso interesse para historiadores, cientistas sociais ou meros curiosos.

Não foi, porém, de quaisquer imagens ou detalhes que tratamos aqui. Selecionamos aqueles que constroem esse que é o mito da branquitude; não no sentido de produzir mentiras, mas como uma verdade constante e reiteradamente afirmada, e, dessa maneira, neutralizada.

Esses e outros tantos exemplos, em geral apagados pela pátina do tempo mas que relembram sempre como nosso passado está vivo no presente, representam formas de difusão de valores de uma parte da sociedade que se imagina branca, que mantém seu domínio por tantos séculos e que toma a sua realidade como norma e classificação. Aliás, conforme explicou a mesma Toni Morrison: "As definições pertencem aos definidores — não aos definidos".[67]

A iconografia aqui apresentada sinaliza como a reiteração não pode ser entendida como simples acaso. Escreveu Alberto Manguel que "as imagens, assim como as palavras, são a matéria de que somos feitos".[68] Ou talvez sejam apenas lugares vazios onde depositamos desejos, expectativas, mas também temores. No nosso caso, tratamos de uma verdadeira cultura visual que leva a racializar só uma parte da população — a "outra", aquela que pode ser rotulada e exposta —, enquanto os que são "donos das definições" permanecem como que imunes e vacinados por efeito de seus próprios critérios.

Hora de terminar. Usamos a linguagem visual, mesmo que por contraposição, para evocar, incitar e solicitar um futuro diferente. Como escreveu Hannah Arendt, ainda no contexto da Segunda Guerra Mundial e da vigência do nazismo: "nossa vida política baseia-se na suposição de que podemos produzir igualdade [...] porque o homem pode agir sobre o mundo comum e mudá-lo e construí-lo juntamente com os seus iguais".[69]

Outros mundos são possíveis se aceitarmos que existe uma dimensão de mudança e de responsabilidade, necessárias para a sua reconstrução.[70] Basta lembrar, como o faz Wole Soyinka, nesta frase a ele atribuída, que "demagogia é usar o passado para absolver os responsáveis pelo presente". Não

QUASE CONCLUSÃO

existem fórmulas mágicas, ou poção antirracista para mergulhar. Mas uma coisa é certa, o protagonismo negro não exime os cidadãos brancos de um banho de letramento racial. Como diz Sueli Carneiro, estamos "desafiados a dialogar".[71]

Somos criaturas feitas de imagens mentais. Tudo se passa como se carregássemos conosco aqueles antigos rolos de filmes que, quando revelados, traziam registros visuais tão íntimos, que se colavam à nossa alma e identidade. Por isso formamos nossos próprios museus de imagens, que preenchemos a partir de uma curadoria tão comum como particular, pois feita, no limite, das nossas próprias escolhas e práticas.

Este livro é dedicado, assim, a todas aquelas ou todos aqueles que querem ver o racismo como uma narrativa do passado, e não como uma história do nosso presente. E que querem transformar o presente para que ele não vire uma repetição monótona do passado.

AGRADECIMENTO É GÊNERO IMPERFEITO

Tudo é ousado para quem a nada se atreve.

Fernando Pessoa

Agradecer é sempre um ato incompleto e que carrega consigo uma boa dose de frustração. Afinal, palavras jamais dão conta de expressar a quantidade de sentimentos que restam perdidos e acomodados nos cantos das frases; no final dos parágrafos; nas notas de rodapé; na bibliografia que enumera livros, deixando escapar o vínculo com pessoas e intelectuais fundamentais para a construção do argumento; nos capítulos que parecem se apresentar como se estivessem derradeiramente acabados mas que ficariam inconclusos se não fosse a ajuda de muitos familiares, profissionais, amigos e colegas.

Livro é projeto intelectual coletivo e processo de curso longo, e este se comporta como uma tese de vida. Desde que comecei a dar aulas, primeiro em colégios, e depois na Unicamp, na Universidade de São Paulo e em Princeton, venho escrevendo, aos poucos, e no tempo necessário do amadurecimento, *Imagens da branquitude*. Sempre pensei por meio de imagens, dei aula acompanhada por imagens, escrevi com imagens. E estas que aparecem neste livro foram se apresentando nessa minha longa vida como docente, pesquisadora, curadora, e também no meu ativismo cidadão, de todo dia.

Escrever é como colocar a casa em ordem, e não seria diferente desta vez. Dispus no papel o que vinha escrevendo internamente faz tanto tempo, e a partir de ensaios, verbetes, artigos e exposições. Mas uma jornada como essa não se faz sozinha; só mesmo bem acompanhada é que se consegue transformar um punhado de ideias e pensamentos dispersos num todo mais orgânico que chamamos de livro.

Este não é um trabalho de tema "agradável", conforme ironizava o escritor Lima Barreto ainda no início do século xx. A questão racial no Brasil é a grande contradição nacional e, durante muito tempo, uma parte fundamental dessa equação acabou ficando na sombra e no recato: justamente a branquitude. Por isso, encontrar o tom certo, o equilíbrio necessário, mostrar como essa não é categoria de acusação, um problema moral e tampouco individual, demandou calma e paciência, correção, e, se este texto chegou a uma "justa medida", é por causa do tanto que aprendi com as pessoas que me cercam.

Agradeço, assim, em primeiro lugar, ao Luiz, o Luco, que está do meu lado desde que me lembro como gente. Desde meus doze anos. Ele é meu braço de apoio e consolo, meu amigo, meu afeto, meu marido e namorado, meu severo mas compreensivo editor. Nada passa por seu olhar crítico e atento, por suas observações justas e transparentes, por sua maneira a um só tempo subjetiva e objetiva de cobrar o que falta e reclamar do que excede. Ele é também um grande incentivador e sabe ficar com os olhos mareados quando se emociona, "pra valer", com um capítulo que finalmente ficou bom. A torcida dele é infinda e muito generosa.

Otávio Marques da Costa foi, como sempre, fundamental em todos os sentidos que essa palavra pode receber. Não deixou uma vírgula errada passar, uma palavra deslocada, e deu conta, sobretudo, de cobrar quando as informações restavam incompletas, incorretas ou "confusas" (dizia ele). Sugeriu cortes, pediu mudanças e demandou coerência, sempre. Também tolheu corretamente os meus exageros e se alguns ficaram a culpa é toda minha. Otávio é um amigo editor, um editor amigo e a ordem dos fatores, no caso dele, não altera em nada o conteúdo.

Meu pai de afeto, Alberto da Costa e Silva, que a morte levou no final do ano de 2023, esteve sempre por perto para concordar e discordar também. Defensor firme de todo tipo de equidade, principalmente a racial, ele foi meu incentivo, meu melhor empurrão, meu sinal de alerta. Sinto tanta falta dele, que nessas horas me consolo com as lições e exemplos que me deixou.

Família que é família, como a minha, comparece e fica junto para o que der e vier. Agradeço de coração a Lelé, Omi, Júlia, Pedro, Luiz Henrique, Zizi, Alice, Beto, Noni, Jussara, Sergio, Ginho, Ciloca, e a todos os meus sobrinhos queridos, que não têm diretamente a ver com esta história — mas têm tudo a ver. Sem minha família não teria jeito de escrever este livro; que dedico, também, a eles.

Por sinal, Júlia foi minha editora sensível e implacável — junto com Antonio e Debora — de um livro infantojuvenil do qual me orgulho muito e que, de certa maneira, serviu como balão de ensaio para este aqui. O nome dele é *Óculos de cor: Ver e não enxergar*. Pedro debate de tudo comigo — me ensina sempre —, e com este livro não seria diferente.

Amigos de vida toda estão presentes nas páginas deste livro; sem ter responsabilidade alguma por ele. Opinaram, criticaram e ampararam a partir da boa palavra e do diálogo crítico. Menciono aqui meus irmãos de confraria André Botelho, Pedro Meira Monteiro, Andréa Melloni, Maria Helena Machado, Maria Tereza Sadek, Guita G. Debert, Heloisa Starling, Kabengele Munanga, Laura Moutinho, Silvana Nascimento, João Felipe Gonçalves, Júlio Assis Simões, Heloisa Buarque de Almeida, Silvana Nascimento, Heitor Fruguli, Renato Stutzman, Mario Medeiros, Spacca, Douglas Belchior, Marcela Croce, Thiago Amparo, Jeferson Tenório, Heloísa Teixeira, Bianca Arruda, Pilar del Río (minha irmã espanhola), Maria Arminda do Nascimento Arruda, Afonso Borges, Rafael Moraes, Miqueias H. Mügge, João Biehl, Arcadio Díaz-Quiñones, Cida Bento, Gian Silva, Jefferson Augusto Vidal, Silvio Almeida, Fernando Baldraia, e em nome deles evoco todos aqueles e todas aquelas que me deram colo e carona nessa estrada difícil.

Este livro deve muito ao aprendizado que tive com o grupo de trabalhos sediado na Universidade de Chicago, chamado Slavery and Visual Culture. Na impossibilidade de mencionar a todos e todas, agradeço à professora Agnes Lugo-Ortiz, que foi quem me convidou a participar do grupo, e que tem sido uma interlocutora fundamental.

Antigos alunos já viraram, faz tempo, colegas e amigos muito importantes na minha carreira. Com vários deles dividi artigos e livros, dei cursos e palestras; aprendi com as obras que escreveram, e que foram essenciais na minha formação e para este livro em particular. Com Lúcia Stumpf e Carlos Lima Junior escrevi dois livros de história com arte e sobre arte. Tatiana Lotierzo

AGRADECIMENTO É GÊNERO IMPERFEITO | 361

tem um trabalho fundamental sobre a tela *A redenção de Cam* e dividiu comigo um artigo sobre o tema. Paulo Augusto Franco (o Guto) escreveu um artigo em parceria, deu um curso a meu lado — sempre sobre imagens — e fez uma leitura generosa de *Imagens da branquitude* já no segundo tempo. Menciono também os nomes de Stelio Marras, Paula Miraglia, Florencia Ferrari, Mauricio Acuña, Marília Ariza,Ricardo Teperman, Juliana de Arruda, André Baião, Victoria Barbara, Marina Bedran, Leonardo Bertolossi, Maria José Campos, Gabriel Pugliese Cardoso, Rafaela Deiab, Iris Araújo, Caio Gonçalves Dias, Eduardo Dimitrov, Dylan Blau Edelstein, Alessandra El Far, Fraya Frese, Lúcia Garcia, Ilana Goldstein, Laís Miwa Higa, Luis Felipe Hirano, João Batista Felix de Jesus, Terra Johari, Piero Leirner, Tatiana Leite, Bruna de Carvalho Lima, Catarina Lins, Valeria Macedo, Paula Pinto e Silva, Bernardo Fonseca Machado, Larissa Nadai, Claude Papavero, Daniel Persia, Daniela Pierucci, Ingrid Brioso Rieumont, Gabriela Machado Bacelar Rodrigues, Rômulo Rossy, Diogo de Godoy Santos, Guilherme Gonçalves Miranda Silva, Lucas Scaravelli da Silva. Meus desorientandos, desorientandas e desorientades são muites, e se não cito todes, também não esqueço de nenhum.

Agradeço à Sonia Balady, que me amparou, e ampara, até antes de essa empreitada começar: me ajudou a encontrar imagens para os diferentes capítulos, conferiu notas, completou a bibliografia e, ainda, organizou o caos que são os meus arquivos.

Os queridos e tão competentes Baioques são meus interlocutores de todo dia e minha torcida organizada. Newman Costa, Luiz Fujita, Tainah Medeiros são meu sinal de pare, e de siga em frente também.

No curso Race & Culture in Brazil: Blackness & Whiteness, ministrado na Universidade de Princeton no primeiro semestre de 2024, junto com o professor Rafael Cesar, tive a oportunidade única de discutir temas e imagens deste livro. Agradeço a todas e a todos pelas sugestões críticas e pela escuta curiosa e amiga.

Nesse meio-tempo ganhei uma vida nova como curadora. Aprendi muito dialogando com as obras de arte e tendo certeza de que elas não são mero reflexo ou produto do contexto em que se encontram. Produzem e criam, como não me canso de dizer, valores e concepções arraigadas. O trabalho longo e consolidado junto com Adriano Pedrosa, boa parte dele no Masp, me deu um repertório visual que raramente alcançaria numa carreira solo. Por lá ganhei uma segunda ou terceira formação, ao lado de amigos que conheci na rica convivência e troca que implica a construção de uma exposição de arte. Foram mais de dez anos com os amigos Tomás Toledo, André Mesquita, Amanda Carneiro, Isabella Rjeille, Mariana Leme, Fernando Oliva, Camila Bechelany. No Museu também aprendi muito com Luciano Migliaccio, Hélio Menezes (meu colega nesta empreitada), Ayrson Heráclito e Pablo León de La Barra, com quem dividi algumas "histórias". Agradeço ainda a Ricardo Ohtake, Vitoria Arruda e Paula Signorelli pela parceria no Instituto Tomie Ohtake e na vida.

Flávio Gomes e Jaime Lauriano viraram meus irmãos pretos, ambos exercendo uma imensa influência no meu trabalho. Com Adriana Varejão compartilho inquietações sobre a violência do discurso colonial e as certezas acerca das injustiças do mundo, bem como um livro que escrevemos juntas e que é fruto da nossa longa amizade e diálogo. Dalton Paula, dono de imensa sabedoria, me deu a alegria de estar ao lado dele neste projeto que traz retratos e biografias de pessoas silenciadas em suas memórias e que ganham nova vida com as imagens iluminadas criadas por ele. Compartilhamos duas exposições, a linda capa de minha biografia de Lima Barreto e um livro a quatro mãos.

Flavio Cerqueira, O Bastardo, Daniel Lannes, Daiara Tukano, Thiago Honório, Oga Mendonça, Lidia Lisbôa, Nay Jinknss, Marlon Amaro, Ana Elisa Egreja, Igi Ayedun, Panmela Castro, Rodrigo Bueno, Moisés Patrício, Elian Almeida, Tiago Sant'Ana, Daniel Lima, Juliana dos Santos e tantos outros e outras entraram na minha vida por intermédio das artes, invadindo muitos espaços da minha própria subjetividade. Conheci Laís Myrrha antes como a grande artista e intelectual que é, depois como parte de meus afetos privados. Ailton Krenak, amigo filósofo, é também um dos meus pintores de predileção. O pessoal do Acervo da Laje — José Eduardo Santos, Vilma Santos e Fabrício Cumming e todos — mora no meu coração e faz parte da minha família soteropolitana. Os amigos do projeto Zumvi — José Carlos Ferreira, Lázaro Roberto e Danielle Freire — me mostraram com quantas fotos se faz um ativismo. Sonia Gomes e Joanna Mendes são minhas amigas e referências para o que der e vier. Como digo sempre, Sonia veio a este mundo para iluminar.

AGRADECIMENTO É GÊNERO IMPERFEITO

Rogério Carvalho, Márcio Tavares, Leonardo Cerqueira Góis e Rafael Reche foram meu presente de 2023 inteiro, com a abertura e circulação de Brasil Futuro: As Formas da Democracia. Por causa dessa exposição encontrei amigos queridos como Adriana Cravo e Daniel Rangel, Marcelo Campos, Amanda Bonan, bem como a incrível mana Ursula Vidal.

Conheci e tenho a veleidade de dizer que sou amiga de uma série de galeristas. Muitos deles se transformaram em "comparsas" de exposições e vida. Agradeço assim, entre outros e outras, a Socorro de Andrade Lima, Gabriel Zimbardi, Thiago Gomide, Antonia Bergamin, Márcia Fortes, Eduardo Leme, Erica Schmatz, Vilma Eid, Giselli Gumiero. Leca Kanawati, Suzana Mendes, bem como meu saudoso amigo Telmo Porto, todos da galeria Arte 132, viraram meu refúgio e calmaria.

Agradeço igualmente, e para começar, ao pessoal da Companhia das Letras, que faz de tudo para que um livro como este aconteça: cada um do seu lugar, do seu jeito, e todos juntos. Eliane Trombini ocupa faz anos o lugar de fada-madrinha, que é dela e de ninguém mais. Já sou totalmente viciada na Márcia Copola, que não deixa nada escapar e torna tudo muito melhor. Érico Melo é um detetive da boa informação. Lucila Lombardi transforma cada livro num filho seu. Alceu Nunes sabe como deixar um livro muito mais bonito. Erica Fujito fez milagre com tantas imagens para liberar. Mariana Figueiredo é amiga de mão-cheia e muitos dotes. Max Santos é meu protetor de plantão e Luciana Borges vai colocar todos os exemplares que puder na praça. Matinas Suzuki, Ricardo Teperman e Rafa Deiab estiveram sempre por, muito, perto. Victor Burton e sua equipe fizeram, como sempre, o mais belo dos milagres. Por fim e para começar agradeço ao CNPq, cujo apoio à pesquisa viabilizou uma investigação de longo curso, e à USP, que me faz sempre acreditar no ensino público e de qualidade.

Um livro como este, de fato, nunca acaba. Já nasce tão falho como este agradecimento. Sempre faltará um nome, um evento, um conceito, um livro, uma pintura, uma propaganda, uma informação que deveria aqui estar e me escapou. Por isso escrever um livro é uma obra no tempo e com tempo. Seu final é improvável. Mas um dia ele chega. E, nessa hora, não existe o famoso fim, o viveram felizes para sempre, tampouco um happy end ou o confortável ponto-final.

Redigir um livro é, ao mesmo tempo, um problema e uma solução. Mas vamos nos fiando na vontade e na coragem de escrever, recontando histórias, desfilando imagens, analisando fatos, mobilizando símbolos. Afinal, a vida é feita de muito ponto de interrogação, da emoção que paira numa exclamação, de incluir aspas na conversa, de abrir um parágrafo no dia a dia, de fazer uma intervenção a partir de uma nota de rodapé, de se encantar com um documento visual e odiá-lo também. É feita também de um ponto-final; o qual, na verdade, só faz abrir um novo capítulo ou virar uma página (pra cair logo em outra). É feita por fim da ousadia e da aventura de escrever.

A todas, todos e todes vocês (e àqueles que faltaram aqui, também), meu muito obrigada.

São Paulo, 9 de abril de 2024

NOTAS

SOBRE ESTE LIVRO [pp. 10-1]

1. Esse conceito é pautado e foi amplamente trabalhado por uma série de investigadores que aparecerão citados e analisados com vagar no primeiro capítulo deste livro.

INTRODUÇÃO [pp. 13-37]

1. Esta Introdução, como os capítulos que se seguem, não tem a intenção de ser exaustiva, nem no que se refere ao tema, nem em relação às imagens a respeito do tema. A intenção é a de guardar um tom de crônica ou ensaio: que mais convida à reflexão do que a esgota.

2. Conferir Paulina Alberto, "Pity: A Palimpsest on Dispossession and Abandonment". Da autora, leia-se ainda: *Black Legend: The Many Lives of Raúl Grigera and the Power of Racial Storytelling in Argentina*. Foi com Paulina Alberto que aprendi a "ver" Don Eusebio.

3. Vide Paulina Alberto, "Pity: A Palimpsest on Dispossession and Abandonment".

4. Beatriz Sarlo, *Tempo passado: Cultura da memória e guinada subjetiva*.

5. Vide Lilia Moritz Schwarcz e Heloisa Murgel Starling, "Material didático" para o livro *Brasil uma biografia*.

6. Vide Jack D. Forbes, *Africans and Native Americans: The Language of Race and the Evolution of Red-Black Peoples*.

7. Vide mais dados em Paulina Alberto, "Pity: A Palimpsest on Dispossession and Abandonment".

8. Vicente Fidel López, *Historia de la República Argentina: Su origen, su revolución, y su desarrollo político hasta 1852*.

9. Guillermo Enrique Hudson, *La tierra purpúrea: Allá lejos y hace tiempo*, p. 252.

10. Ibid.

11. O conceito de "marcadores sociais de diferença" foi construído junto com o Grupo de Trabalho do qual participo na USP chamado Núcleo de Estudos sobre Marcadores Sociais da Diferença (Numas). Sobre o tema vide, entre outros, Avtar Brah, "Diferença, diversidade, diferenciação". Judith Butler, *Problemas de gênero: Feminismo e subversão da identidade*. Cristina Donza Cancela, Laura Moutinho e Júlio Assis Simões (Orgs.), *Raça, etnicidade, sexualidade e gênero em perspectiva comparada*. Sergio Carrara; Júlio Assis Simões, "Sexualidade, cultura e política: A trajetória da identidade homossexual masculina na antropologia brasileira". Mariza Corrêa, "A natureza imaginária do gênero na história da antropologia". Vincent Crapanzano, "Estilos de interpretação e a retórica das categorias sociais". Kimberle Crenshaw, "Demarginalizing the Intersection of Race and Sex: A Black Feminist Critique of Antidiscrimination Doctrine, Feminist Theory and Antiracist Politics". Id., "Documento para o encontro de especialistas em aspectos de discriminação racial relativos ao gênero". Donna Haraway, *Simians, Cyborgs and Women: The Reinvention of Nature*. Laura Moutinho, "Diferenças e desigualdades negociadas: Raça, sexualidade e gênero em produções acadêmicas recentes". Júlio Assis Simões et al., "Desire, Hierarchy, and Agency: Youth, Homosexuality, and Difference Markers in São Paulo". Júlio Assis Simões; Isadora França; Marcio Macedo, "Jeitos de corpo: Cor/raça, gênero, sexualidade e sociabilidade juvenil no centro de São Paulo". Verena Martinez-Alier, *Marriage, Class, and Colour in Nineteenth Century Cuba: A Study of Racial Attitudes and Sexual Values in a Slave Society*. bell hooks, *Aint' I a Woman*. Angela Davis, *Women, Race and Class*.

12. Sobre o tema do retrato neoclássico vide, entre outros, Mario Praz, *On Neoclassicism*; e "The Meaning and Diffusion of the Empire Style". Viccy Coltman, *Fabricating the Antique: Neoclassicism in Britain, 1760-1800*. Walter Friedlaender, *De David a Delacroix*.

13. Ernst Hans Gombrich, *A história da arte*, p. 379.

14. Paulina Alberto e Eduardo Elena (Orgs.), *Rethinking Race in Modern Argentina*.

15. Ibid.

16. Vide Paulina Alberto, "Pity: A Palimpsest on Dispossession and Abandonment".

17. O Museu Histórico Nacional de Buenos Aires possui uma caricatura de Eusebio de la Santa Federación feita a partir dessa tela, gravada por Bernardo Darrieux no século XIX (42,5 cm × 37 cm; Donación de Antonio Garcia al Complejo Museográfico Provincial Enrique Udaondo).

18. Andrés Eduardo Yañez, "La vestimenta de los esclavos en el Buenos Aires posrevolucionario: Un análisis a través de los avisos de fugas y extravíos publicados en *La Gaceta Mercantil* de Buenos Aires (1823-1831)".

19. Segundo Françoise Vergès (*Decolonizar o museu*, p. 85), essa concepção de mundo não existiria sem a colonização escravista. É com os tratados de Utrecht, de 1713-5, que se põe fim a doze anos de guerra pela sucessão espanhola e se redesenha o mapa dos países europeus e da possessão das colônias, buscando pôr de lado as desavenças que eram muito maiores do que os consensos.

20. Voltaremos com mais calma a essas pseudoteorias, nos próximos capítulos.

21. Michael Baxandall, *Padrões de intenção*.

22. Jean-Baptiste Debret, *Viagem pitoresca e histórica ao Brasil* (1834). Tratei com mais vagar da biografia e obra de Debret no livro *O sol do Brasil: Nicolas-Antoine Taunay e as desventuras dos artistas franceses na corte de d. João*.

23. Ibid., v. 1.

24. Militão Augusto de Azevedo (Rio de Janeiro, 1837 - São Paulo, 1905) foi um dos mais importantes nomes da fotografia brasileira da segunda metade do século XIX. Retratista, pioneiro da fotografia urbana, foi um dos precursores da documentação da cidade de São Paulo. Ele é autor do *Álbum comparativo da cidade de São Paulo 1862--1887* (São Paulo: Photographia Americana, 1887), que registra as mudanças na paisagem da capital paulista, em decorrência da expansão urbana. (Fonte: <https://ims.com.br/titular-colecao/militao-augusto-de-azevedo/>.)

25. José Christiano de Freitas Henriques Júnior (Portugal, 1832 - Paraguai, 1902) chegou ao Brasil em 1855. Na década de 1860, dedicou-se aos retratos de estúdio e aos registros de "tipos negros". Christiano conduzia os escravizados ao estúdio, onde realizava imagens de closes e de simulações de atividades profissionais, vendidas, em geral, para estrangeiros que voltavam à Europa, no formato de *cartes de visite*. Também produziu retratos de "tipos locais" no Brasil e na Argentina, e uma série de fotografias médicas. (Fonte: <https://brasilianafotografica.bn.gov.br/?p=11149>.)

26. Maria Cristina Cortez Wissenbach, *Práticas religiosas, errâncias e vida cotidiana no Brasil* (*Finais do século XIX e inícios do XX*).

27. Nei Lopes, *Dicionário escolar afro-brasileiro*, p. 153. Maria Cristina Wissenbach, "Da escravidão à liberdade: Dimensões de uma privacidade possível", em Nicolau Sevcenko (Org.), *História da vida privada no Brasil 3: Da Belle Époque à Era do Rádio*.

28. Vincenzo Pastore (Itália, 1865 - São Paulo, 1918) fotografava tipos e costumes do cotidiano da cidade, como trabalhadores de rua (feirantes, engraxates, vassoureiros e jornaleiros), mulheres conversando e brincadeiras de crianças. Utilizava uma câmera de pequeno formato, o que ajudava na captura de imagens. Também fotografou eventos e prédios da capital, e realizou montagens com desenhos e retratos de exposições. (Fonte: <https://brasilianafotografica.bn.gov.br/?p=1379>).

29. Benedict Anderson, *Comunidades imaginadas: Reflexões sobre a origem e a difusão do nacionalismo*.

30. Escrevi junto com Carlos Lima Junior e Lúcia K. Stumpf um livro sobre esse tema. Vide *O sequestro da Independência: Uma história da construção do mito do Sete de Setembro*.

31. Tadeu Chiarelli, "O novo e o sobrevivente: O caso Raphael Galvez".

32. Vide, nesse sentido, Sergio Miceli, *Nacional estrangeiro*.

33. Para ótimo levantamento dos artistas franceses atuantes nesse contexto, vide Elaine Dias, *Artistas franceses no Rio de Janeiro* (*1840-1884*).

34. No livro *O sol do Brasil*, tive oportunidade de analisar com mais vagar a situação particular de Debret, quando de sua vinda ao Brasil, bem como sua biografia.

35. Vide Anderson Ricardo Trevisan, *A redescoberta de Debret no Brasil modernista*.

36. Sobre o tema, vide Elaine Dias, "A representação da realeza no Brasil: Uma análise dos retratos de d. João VI e d. Pedro I, de Jean-Baptiste Debret".

37. Devido à violência retratada nessas pranchas, preferi não as reproduzir. Mas elas podem ser facilmente identificadas no livro de Jean-Baptiste Debret, *Viagem pitoresca e histórica ao Brasil* (1834). Voltaremos ao tema mais à frente neste livro.

38. Djamila Ribeiro, *Lugar de fala*.

39. Alberto da Costa e Silva. Vide prefácio escrito pelo autor para *Dicionário da escravidão e da liberdade*.

40. Cida Bento, *O pacto da branquitude*.

41. Vide Maria Helena P. T. Machado e Celso Thomas Castilho (Orgs.), *Tornando-se livre: Agentes históricos e lutas sociais no processo de abolição*.

42. Joaquim Nabuco, *O abolicionismo* (1883), pp. 97, 193. Para um ótimo balanço da obra e biografia deste autor, vide Angela Alonso, *Joaquim Nabuco*.

43. Joaquim Nabuco, "Massangana", em *Minha formação*.

44. Georges Didi-Huberman, "Quando as imagens tocam o real".

45. Texto retirado do site do artista: <https://tiagosantanaarte.com/2019/03/19/refino#5>.

46. Sueli Carneiro, "Alianças possíveis e impossíveis entre brancos e negros para equidade racial", em Ibirapitanga e Lia Vainer Schucman (Orgs.), *Branquitude: Diálogos sobre racismo e antirracismo*, p. 64. O artigo de Oscar Vilhena Vieira, "Perverso pacto racial", saiu na *Folha de S.Paulo* em 14 ago. 2020.

47. Ibid., p. 65.

NOTAS

48. O assunto será tema do próximo capítulo. Para o debate, vide Maria Aparecida da Silva Bento, "Branqueamento e branquitude no Brasil" e *O pacto da branquitude*. Edith Piza, "Branco no Brasil? Ninguém sabe, ninguém viu". Lourenço Cardoso, *O branco ante a rebeldia do desejo: Um estudo sobre a branquitude no Brasil*

1 | "ELES QUE SÃO BRANCOS QUE SE ENTENDAM!" [pp. 39-67]

1. Vide Clifford Geertz, *A interpretação das culturas*.
2. Mário Prata, *Mas será o Benedito?: Dicionário de provérbios, expressões e ditos populares*, p. 156.
3. Agradeço a Marcela Crocce pela pesquisa e definições.
4. Vide nesse sentido Eduardo Viveiros de Castro, "O mármore e a murta", em *A inconstância da alma selvagem*.
5. Vide, entre outros, o clássico de Luiz Felipe de Alencastro, *O trato dos viventes: Formação do Brasil no Atlântico Sul*.
6. Manuela Carneiro da Cunha (Org.), *História dos índios no Brasil*.
7. Esses números e projeções estão sempre sendo alterados. Para acompanhar tais dados sugiro o site Slave Voyages, <https://www.slavevoyages.org>.
8. John Manuel Monteiro, *Negros da terra: Índios e bandeirantes nas origens de São Paulo*.
9. Michel Foucault, *Genealogía del racismo*.
10. Vide também Bruno Latour, *Jamais fomos modernos: Ensaio de antropologia simétrica*.
11. Hannah Arendt, "O pensamento racial antes do racismo", em *Origens do totalitarismo: Antissemitismo, imperialismo, totalitarismo*.
12. Silvio Almeida, *Racismo estrutural*, p. 63.
13. Chimamanda Ngozi Adichie, *O perigo de uma história única*.
14. Ibid., p. 3.
15. Michel-Rolph Trouillot, *Silenciando o passado: Poder e a produção da história*, p. 17.
16. Tenho defendido o uso do termo "escravizados" em vez de "escravos". Em primeiro lugar, influenciada por Alberto da Costa e Silva, advogo o emprego da palavra porque quem diz "escravo" naturaliza uma situação totalmente forjada pelo sistema colonial. Em segundo lugar, porque ninguém foi "escravo" no passado. As pessoas africanas deportadas pelo tráfico provinham de vários grupos, origens e nações. E, em terceiro lugar, sou a favor da utilização do termo "escravizados" porque ele denota uma condição forçada, nunca voluntária.
17. Cida Bento, *O pacto da branquitude*, p. 23.

18. Matthew W. Hughey, *Race and Ethnicity in Secret and Exclusive Social Orders: Blood and Shadow*.
19. Françoise Vergès, *Decolonizar o museu: Programa de desordem absoluta*, p. 85.
20. Michel de Certeau, *A escrita da história*, pp. 65-109.
21. Deivison Faustino, "O protagonismo negro no desvelar da branquitude".
22. Ibid., p. 74.
23. Esse trecho sobre a história do Haiti é pautado no verbete que escrevi para o *Dicionário da República*, livro que organizei com Heloisa M. Starling.
24. Susan Buck-Morss, "Hegel e Haiti".
25. Thomas Hobbes, *Do cidadão* (1642).
26. Jean-Jacques Rousseau, *Do contrato social ou Princípios do direito político* (1762).
27. George Armstrong Kelly, "Notes on Hegel's 'Lordship and Bondage'", em John O'Neill (Org.), *Hegel's Dialetic of Desire and Recognition: Texts and Commentary*, pp. 253-72.
28. Montesquieu, *O espírito das leis* (1748).
29. Desenvolvi mais detidamente esse tema no verbete "Matriz haitiana", que escrevi para o *Dicionário da República*, organizado com Heloisa Starling.
30. Sidney Mintz, *Sweetness and Power: The Place of Sugar in Modern History*.
31. Michel-Rolph Trouillot, *Silenciando o passado*.
32. Michel Foucault, *Vigiar e punir: Nascimento da prisão*.
33. Ruth Frankenberg, *White Women, Race Matters: The Social Construction of Whiteness*.
34. Vide excelente balanço elaborado por Lia Vainer Schucman, *Entre o encardido, o branco e o branquíssimo: Branquitude, hierarquia e poder na cidade de São Paulo*.
35. Peggy McIntosh, "White Privilege: Unpacking the Invisible Knapsack".
36. W. E. Du Bois, *Black Reconstruction in America: 1860-1880*.
37. Id., *Black Folk: Then and Now* (1939); *The Souls of Black Folk*, p. 78.
38. Adam Kuper, *Anthropology and Anthropologists: The Modern British School*.
39. O ensaio foi publicado no livro *Darkwater Voices from within the Veil* (1920).
40. Teremos tempo de retomar as questões de gênero e outras interseccionalidades nos capítulos seguintes.
41. Frantz Fanon, *Peles negras, máscaras brancas*. Para uma excelente análise da obra e importância desse pensador sugiro ver Deivison Faustino, *Frantz Fanon e as encruzilhadas: Teoria, política e subjetividade, um guia para compreender Fanon*.

42. Oracy Nogueira, *Preconceito de marca: As relações raciais em Itapetininga*, org. de Maria Laura Viveiros de Castro Cavalcanti. Sugiro a leitura da excelente apresentação escrita pela organizadora da obra. Vide, nesse sentido, também Vron Ware (Org.), *Branquidade: Identidade branca e multiculturalismo*.

43. Albert Memmi, *Retrato do colonizado precedido de Retrato do colonizador*, pp. 162-3.

44. Guerreiro Ramos, "A patologia social do 'branco' brasileiro", em *Introdução crítica à sociologia brasileira*.

45. Charles Mills, *O contrato racial*.

46. Lélia Gonzalez, "Racismo e sexismo na cultura brasileira". Voltaremos a essa questão da mestiçagem na conclusão deste livro.

47. Cida Bento, resumo informado na tese *Pactos narcísicos no racismo: Branquitude e poder nas organizações empresariais e no poder público*.

48. Vide resumo apresentado pela autora: <https://repositorio.usp.br/item/001465832>. O conceito de "epistemicídio" é também usado pelo sociólogo português Boaventura Santos.

49. Beatriz Nascimento, "Culturalismo e contracultura", p. 39.

50. Bianca Santana, *Quando me descobri negra* e *Continuo preta: A vida de Sueli Carneiro*; Denise Ferreira da Silva, *A dívida impagável*; Deivison Faustino, *Frantz Fanon e as encruzilhadas*; Jurema Werneck, *O livro da saúde das mulheres negras: Nossos passos vêm de longe*; Tânia M. P. Müller e Lourenço Cardoso (Orgs.), *Branquitude: Estudos sobre a identidade branca no Brasil*; Lourenço Cardoso, *O branco ante a rebeldia do desejo: Um estudo sobre o pesquisador branco que possui o negro como objeto científico tradicional: A branquitude acadêmica*.

51. Lia Vainer Schucman, *Entre o encardido, o branco e o branquíssimo*, pp. 79 e 201.

52. Mais recentemente, Schucman coordenou, junto com o Instituto Ibirapitanga, um seminário que resultou no livro *Branquitude*, e que conta com importantes intérpretes da branquitude e do racismo, muitos deles já citados neste capítulo. Como afirmam os organizadores da coletânea, a reunião tinha o objetivo de, a partir de um prisma relacional, trazer "para o centro do debate pessoas brancas cuja participação e responsabilidade na perpetuação do racismo permaneceu invisibilizada e silenciada ao longo da história do país", Lia Vainer Schucman e Ibirapitanga (Orgs.), *Branquitude: Diálogos sobre racismo e antirracismo*, p. 7. Da mesma autora, conferir: *Famílias inter-raciais: Tensões entre cor e amor*.

53. Edith Piza, "Branco no Brasil? Ninguém sabe, ninguém viu".

54. Vide estudos de Vron Ware (Org.), *Branquidade*, pp. 339-61.

55. Deivison Faustino, *Frantz Fanon e as encruzilhadas*, p. 75.

56. Vide Priscila Elisabete da Silva, "O conceito de branquitude: Reflexões para o campo de estudo".

57. Para um excelente balanço acerca dos estudos sobre branquitude, sugiro a leitura do segundo capítulo do livro de Lia Vainer Schucman, *Entre o encardido, o branco e o branquíssimo*.

58. O mito da democracia racial será tratado com mais vagar na conclusão deste livro.

59. Em 2018, pela primeira vez, a proporção de alunos negros supera a de brancos nas universidades públicas. Mesmo assim, o perfil docente é ainda marcado pela maioria branca.

60. Jota Mombaça, *Não vão nos matar agora*.

61. Kabengele Munanga, *Negritude: Usos e sentidos*.

62. Isabel Wilkerson mostra que países como a Alemanha nazista e os Estados Unidos do pós-guerra moldaram suas sociedades pela atualização da noção de casta. Vide *Casta: As origens de nosso mal-estar*.

63. Robin DiAngelo, *Não basta não ser racista: Sejamos antirracistas*.

64. Felipe Amorim e Carlos Madeiro, "Brasil tem a 8ª pior desigualdade de renda e supera só países africanos".

65. Daniel Markovits, *A cilada da meritocracia: Como um mito fundamental da sociedade alimenta a desigualdade*.

66. Silvio Almeida, *Racismo estrutural*, p. 82.

67. Vide, entre outros, Silvio Almeida, *Racismo estrutural*.

68. Os Movimentos Negros consolidaram o termo "negro", que acumula o total das populações pretas e pardas, segundo critérios do IBGE.

69. No final de 2023, o IBGE anunciou os resultados do Censo que, pela primeira vez, apontou ser a população parda hoje a maior do Brasil. Isso é sem dúvida fruto das políticas de ação afirmativa, já que não se tem notícia de um crescimento quantitativo tão significativo.

70. Para o autor, esse seria um dispositivo analítico, um signo de representação, pois descreve essa "'maioria' demográfica da população brasileira" que, no entanto, "se constitui em 'minoria' no que se refere ao acesso a direitos, serviços públicos, cidadania, representação política. Ao mesmo tempo, são 'maiorias' em todo o processo de espoliação econômica, social, cultural e como vítimas de todas as for-

NOTAS

mas de violência", Richard Santos, *Maioria minorizada: Um dispositivo analítico de racialidade.*

71. Indico a leitura do excelente livro de Edson Lopes Cardoso, também um defensor histórico do uso e inclusão do termo "pardo" na definição e mensuração da população "negra" no país. Vide *Nada os trará de volta: Escritos sobre racismo e luta política.*

72. Analisei com mais vagar o caso em questão no livro de minha autoria: *Lima Barreto: Triste visionário.* Vide Beatriz Resende — "O Lima Barreto que nos olha" —, que foi quem primeiro encontrou e analisou essa foto de Lima.

73. Carlos Hasenbalg; Nelson do Valle Silva, *Origens e destinos: Desigualdades sociais ao longo da vida.*

74. Caetano Veloso, *Verdade tropical.*

75. Antonio Sérgio Guimarães, *Racismo e antirracismo no Brasil,* p. 153.

76. Vide Laura Moutinho, *Razão, cor e desejo: Afetivo-sexuais.* Esse tema será mais desenvolvido na conclusão deste livro.

77. Vide Marcio Goldman e o conceito de (contra) mestiçagem. O antropólogo não pretende recusar a mistura em nome de nenhum tipo de pureza. Mas reflete sobre as indeterminações, "seu caráter aberto e incerto", presentes em qualquer processo de mistura. Marcio Goldman, "'Quinhentos anos de contato': Por uma teoria etnográfica da (contra)mestiçagem".

78. Sobre o tema, sugiro a leitura de Maria José Campos, *Arthur Ramos: Luz e sombra na antropologia brasileira.*

79. Marcus Wood, *Blind Memory: Visual Representations of Slavery in England and América, 1780-1865; Slavery, Empathy, and Pornography;* e *The Horrible Gift of Freedom: Atlantic Slavery and the Representation of Emancipation.* Anne Lafont, *L'Art et la race: L'Africain (tout) contre l'oeil des Lumières.* Françoise Vergès, *Decolonizar o museu.* Ana Lucia Araujo, *Museums and Atlantic Slavery.* Ver também: Laurajane Smith et al. (Org.), *Representing Enslavement and Abolition in Museums.* Jennifer L. Eichstedt e Stephen Small (Orgs.), *Representations of Slavery: Race and Ideology in Southern Plantations Museums.* Marcel Dorigny (Org.), *Arts & lettres contre esclavage.* Marcel Dorigny e Philippe Altmeyerhenzien (Orgs.), *L'Esclavage: Illustrations et caricatures (1750-1870).* Jessica Moody, *The Persistence of Memory: Remembering Slavery in Liverpool.*

80. Cito aqui apenas à guisa de exemplo uma série de exposições nacionais recentes, que sem dúvida têm alterado o imaginário brasileiro e o cenário das artes. Histórias Afro-Atlânticas, Masp/Instituto Tomie Ohtake, 2018 — da qual tomei parte como curadora junto com Hélio Menezes, Ayrson Heráclito, Adriano Pedrosa e Tomás Toledo. Carolina Maria de Jesus: Um Brasil para os Brasileiros, curadoria Hélio Menezes e Raquel Barreto, IMS, 2021-2. Enciclopédia Negra, de Flávio Gomes, Jaime Laureano e Lilia Schwarcz, Pinacoteca de São Paulo e Museu de Arte do Rio, 2021-2. Dos Brasis: Arte e Pensamento Negro, Hélio Menezes, Igor Simões, Marcelo Campos e Lorraine Mendes, Sesc, 2023.

81. Vide Françoise Vergès, *Decolonizar o museu,* pp. 176-8.

82. Muniz Sodré, "Uma genealogia das imagens do racismo".

83. Ibid. Vide também Muniz Sodré, *Antropológica do espelho: Uma teoria da comunicação linear e em rede.*

84. Patricia Hill Collins, *Black Feminist Thought: Knowledge, Consciousness, and the Politics of Empowerment.* Vide também Winnie Bueno, *Imagens de controle: Um conceito do pensamento de Patricia Hill Collins.*

85. France Winddance Twine e Amy Steinbugler, "The Gap between Whites and Whiteness: Interracial Intimacy and Racial Literacy".

86. Conforme explica Oracy Nogueira, "considera-se como preconceito racial uma disposição (ou atitude) desfavorável, culturalmente condicionada, em relação aos membros de uma população, aos quais se têm como estigmatizados, seja devido à aparência, seja devido a toda ou parte da ascendência étnica que se lhes atribui ou reconhece", *Tanto preto quanto branco: Estudos de relações raciais,* p. 79.

87. Vide Lia Vainer Schucman, *Entre o encardido, o branco e o branquíssimo,* p. 195.

88. Gayatri Spivak, "Rami of Sirmur", em Francis Barker et al. (Orgs.), *Europe and Its Others.*

89. bell hooks, "Travelling Theories: Travelling Theorists", p. 162.

2 | ALEGORIAS DO "PRIMITIVO"
[pp. 69-103]

1. Este capítulo, como os demais e os que se seguem, não tem a pretensão de ser exaustivo nas imagens que apresenta. O objetivo é tomar algumas obras como exemplos de formas comuns de representação na constituição dos temas privilegiados.

2. No capítulo 1 do livro *O sol do Brasil,* faço um apanhado dessas primeiras teorias europeias sobre a juventude do continente.

3. Manuela Carneiro da Cunha (Org.), *História dos índios no Brasil*.

4. Christian Grataloup, "Os períodos do espaço", p. 31.

5. Ibid., p. 36.

6. Jacques Lévy, *L'Espace légitime: Sur la dimension géographique de la fonction politique*, p. 47.

7. Alberto da Costa e Silva, *Um rio chamado Atlântico: A África no Brasil e o Brasil na África*.

8. Pierre Verger, *Fluxo e refluxo: Do tráfico de escravos entre o golfo do Benim e a Bahia de Todos-os-Santos, do século XVII ao XIX*.

9. Paul Gilroy, *O Atlântico Negro: Modernidade e dupla consciência*.

10. Ronald Raminelli, *Imagens da colonização: A representação do índio de Caminha a Vieira*.

11. Marshall Sahlins, "Cosmologies of Capitalism: The Trans-Pacific Sector of 'The World System'", *Proceedings of the British Academy*, v. LXXIV, pp. 1-51, 1989.

12. Sérgio Buarque de Holanda, *Visão do paraíso: Os motivos edênicos no descobrimento e colonização do Brasil*.

13. Sobre o imaginário das ilhas, vide belo livro de ensaios de Arcadio Díaz-Quiñones, *A memória rota: Ensaios de cultura e política*; *A arte de bregar e outros ensaios*; e Marshall Sahlins, *Ilhas de história*.

14. Raymond H. Ramsay, *No Longer on the Map: Discovering Places that Never Were*, p. 86.

15. Sérgio Buarque de Holanda, *Visão do paraíso*. Vide também Laura de Mello e Souza, *O diabo e a terra de Santa Cruz: Feitiçaria e religiosidade popular no Brasil colonial*.

16. Guillermo Giucci, *Viajantes do maravilhoso: O Novo Mundo*.

17. Informação retirada de José Roberto Teixeira Leite, "Viajantes do imaginário: A América vista da Europa, século XVII". Vide, também, Guilhermo Giucci, *Viajantes do maravilhoso*; Howard Rollin Patch, *El otromundo en la literatura medieval*; Alexis Chassang, *Historia de la novela y de sus relaciones con la historia en la antigüedad griega y latina*.

18. José Roberto Teixeira Leite, "Viajantes do imaginário".

19. Vide Tzvetan Todorov, *A conquista da América: A questão do outro*.

20. Anne McClintock, *Couro imperial: Raça, gênero e sexualidade no embate colonial*.

21. Manuela Carneiro da Cunha, *Os mortos e os outros*. Eduardo Viveiros de Castro, *Metafísicas canibais: Elementos para uma antropologia pós-estrutural*.

22. Vide Massaud Moisés, *Dicionário de termos literários*, pp. 14-6. Vide também João Adolfo Hansen, *Alegoria: Construção e interpretação da metáfora*.

23. Leyla Perrone-Moisés, "Alegres trópicos: Gonneville, Thevet e Léry".

24. Ana Maria de Moraes Belluzzo, *Imaginário do Novo Mundo*; e João Couto, "*O inferno*, painel português do século XVI".

25. Jean Delumeau, *História do medo no Ocidente: 1300-1800*.

26. Pedro Dias e Vítor Serrão, *História da arte em Portugal*, v. 5, *O manuelino*, pp. 139-40.

27. Michel de Montaigne, "Sobre os canibais".

28. Jean de Léry; Paul Gaffarel, *Histoire d'un voyage faict en la terre du Brésil*.

29. Sérgio Buarque de Holanda, *Visão do paraíso*.

30. Ronald Raminelli, *Imagens da colonização*.

31. Isabele Anchieta, *Imagens da mulher no Ocidente moderno*. Destaco nessa obra também as brilhantes análises que faz relacionando as indígenas brasileiras às bruxas de Goya.

32. Ver Peter Burke, *Testemunha ocular: O uso de imagens como evidência*.

33. Isabelle Anchieta, *Imagens da mulher no Ocidente moderno*.

34. Vide também Carlo Ginzburg, *História noturna*.

35. Vide Manuela Carneiro da Cunha e Eduardo Viveiros de Castro, "Vingança e temporalidade: Os Tupinamba".

36. Svetlana Alpers, *A arte de descrever: A arte holandesa no século XVII*.

37. Vide, entre outros, Joanne Rappaport, *The Disappearing Mestizo: Configuring Difference in the Colonial New Kingdom of Granada*.

38. Vide, entre outros, Florike Egmond e Peter Mason, "Albert E(e)ckhout, Court Painter", em Quentin Buvelot (Org.), *Albert Eckhout: A Dutch Artist in Brazil*, pp. 108-27. Marinus Boeseman, *A Portrait of Dutch 17th Century Brazil: Animals, Plants, and People by the Artists of Johan Maurits of Nassau*, pp. 88-9.

39. Sobre o tema, vide excelente artigo de Felipe Vander Velden, "A mulher Tapuya e seu cão: Notas sobre as relações entre indígenas e cachorros no Brasil holandês". Vide também excelente análise de Agnes Lugo-Ortiz em "Palimpsests: Visual Idioms of Enslavement in the Nineteenth Century and their Afterlives".

40. Sobre essa e outras telas do artista, vide Sandra Jatahy Pesavento, "Um encontro marcado — e imaginário — entre Gilberto Freyre e Albert Eckhout". Carla Mary S. Oliveira, "O Brasil seiscentista nas

NOTAS

pinturas de Albert Eckhout e Frans Janszoon Post: Documento ou invenção do Novo Mundo?".

41. *Dicionário Manuel Querino de arte na Bahia.* Explica o autor que "o nome africano é Alaká, pano de Alaká; pano da costa porque eram usados nas costas, ou talvez ainda, porque viessem das Costas da África; pano de cuia porque os panos eram colocados em cuias de cabaça ou gamelas e que as africanas saíam pelas ruas mercando — 'pano de cuia!'".

42. Alberto da Costa e Silva me passou essa informação numa conversa informal sobre a tela.

43. Peter Mason, "Troca e deslocamento nas pinturas de Albert Eckhout de sujeitos brasileiros".

44. Ibid.

45. Frantz Fanon, *Pele negra, máscaras brancas.*

46. Jean Delumeau, *História do medo no Ocidente.*

47. Maria Aparecida Silva Bento, "Branqueamento e branquitude no Brasil".

48. Evaldo Cabral de Mello, *Nassau.*

49. Saidiya Hartman, *Vidas rebeldes, belos experimentos: Histórias íntimas de meninas negras desordeiras, mulheres encrenqueiras e queers radicais.*

50. Vide Andressa Cristina Gerlach Borba, "Análise da pintura *Los tres mulatos de Esmeraldas* (1599), de Andrés Sánchez Gallque".

51. Andrés Gutiérrez Usillos, "Nuevas aportaciones en torno al lienzo titulado *Los mulatos de Esmeraldas*: Estudio técnico, radiográfico e histórico".

52. Andrea Lepage, "El arte de la conversión: Modelos educativos del Colegio de San Andrés de Quito".

53. Andrés Gutiérrez Usillos, "Nuevas aportaciones en torno al lienzo titulado *Los mulatos de Esmeraldas*"

54. Ibid.

55. Michel Foucault, "*Las meninas*", em *As palavras e as coisas: Uma arqueologia das ciências humanas.*

56. Vide, entre outros, *Francisco Bethencourt, Racismos: Das Cruzadas ao século XX.*

57. Para uma visão mais desenvolvida do autor, vide Maria de Fátima Hanaque Campos, "Revisão à Escola Baiana de Pintura: Um estudo sobre o pintor José Teófilo de Jesus". Hannah Levy, "Modelos europeus na pintura colonial".

58. Marilyn Strathern, "Dando apenas uma força à natureza? A cessão temporária de útero: Um debate sobre tecnologia e sociedade".

3 | MAPAS COLONIAIS
[pp. 105-35]

1. Jorge Luis Borges, "Do rigor na ciência", em *História universal da infâmia.*

2. Anne McClintock, *Couro imperial*, p. 53.

3. Jaime Cortesão, *História do Brasil nos velhos mapas.*

4. Teremos oportunidade de voltar a Lopo Homem mais à frente neste capítulo.

5. Armando Cortesão, *Cartografia e cartógrafos portugueses dos séculos XV e XVI.*

6. Paulo Miceli, *O desenho do Brasil no teatro do mundo.*

7. Vide Paulo Menezes e Lilia Schwarcz, *O livro dos livros da Real Biblioteca.*

8. Vide excelente dissertação de Luciana de Queiroz Pinto, *A representação do indígena na cartografia portuguesa do século XVI.*

9. Vide, entre outros, Armando Cortesão, *Cartografia e cartógrafos portugueses dos séculos XV e XVI*; e *Portugaliae Monumenta Cartographica*, v. 6; Jaime Cortesão, *História da expansão portuguesa* e *História do Brasil nos velhos mapas*; Ronaldo Vainfas, *Dicionário do Brasil colonial (1500-1808).*

10. Charles William Day, *The Art of Miniature Painting: Comprising Instructions Necessary for the Acquirement of That Art* (1852).

11. Para uma visão geral desse tipo de arte e prática, vide Werner Thomas, Eddy Stols, Íris Kantor e Junia Furtado (Orgs.), *Mundo sobre papel: Livros, gravuras e impressos flamengos nos impérios português e espanhol*; Andréa Doré e Junia Furtado (Orgs.), *História do Brasil em 25 mapas.*

12. Fabio Romanini, "*Se fussero più ordinate, e meglio scritte…*": Giovanni Battista Ramusio correttore ed editore delle Navigationi et viaggi.

13. Jerome Randall Barnes, *Giovanni Battista Ramusio and the History of Discoveries: An Analysis of Ramusio's Commentary, Cartography and Imagery in* Delle navigationi et viaggi.

14. Simone Testa, *Italian Academies and Their Networks, 1525-1700: From Local to Global.*

15. Jaime Cortesão, *História do Brasil nos velhos mapas*, v. 1.

16. Numa Broc, *La Géographie de la Renaissance (1420-1620)*, p. 43.

17. Olga Okuneva, "Ensaio sobre el mapa 'Brasil' de G. Gastaldi pertenecente ao *Delle navigationni e viaggi* de G. B. Ramusio (1556, 1565, 1606)".

18. Charles-André Julien, *Le Débuts de l'expansion et de la colonisation françaises (XVe-XVIe siècles).*

19. Svetlana Alpers, *The Art of Describing: Dutch Art in the Seventeenth Century.*

20. Vide, entre outros, ibid.; Simon Schama, *O desconforto da riqueza: A cultura holandesa na Época de Ouro*; Rozemarijn Landsman, *Vermeer's Maps.*

21. Elizabeth A. Sutton, *Capitalism and Cartography in the Dutch Golden Age*.

22. Teju Cole, "Vermeer, para além da beleza".

23. Vários artistas holandeses deixaram em suas obras registros da importância do domínio de seu país para a elite local, que inscreveu símbolos dessa pujança numa série de pinturas e objetos de uso cotidiano. Destaco os nomes de Rembrandt H. van Rjin, Willem Kalf, Adriaen van Ostade, Gerard ter Borch, Aelbert Cuyp, Jacob van Ruisdael, Jan Steen, Pieter de Hooch, Vermeer, Willem van de Velde e Meindert Hobbema.

24. Para uma excelente visão acerca do interesse dos Países Baixos pelo Brasil, sugiro a leitura de Evaldo Cabral de Mello, *O negócio do Brasil: Portugal, os Países Baixos e o Nordeste, 1641-1669*.

25. Gunter Schilder, "Development and Achievements of Dutch Northern and Arctic Cartography in the Sixteenth and Seventeenth Centuries".

26. Cornelis Koeman et al., "Comercial Cartography and Map Production in the Low Countries, 1500-ca. 1672", p. 1342.

27. Milena Natividade da Cruz, *Geografias negreiras: Indícios cartográficos para uma história do racismo no Século das Luzes (1685-1777)*, p. 36.

28. Vide nesse sentido Junia Ferreira Furtado, *Quebra-cabeça africano*.

29. No capítulo anterior introduzimos uma alegoria desse tipo feita na Bahia e já no século XIX.

30. Vide, entre outros, Nick Robins, *A corporação que mudou o mundo*.

31. Vale destacar que o comprador poderia optar por adquirir o mapa com ou sem as bordas ornamentais, que eram bem onerosas. Vide nesse sentido Mary Sponberg Pedley, *The Commerce of Cartography*, Appendix I, pp. 205-21.

32. Vide, entre outros, Hilário Franco Junior, *Cocanha: Várias faces de uma utopia*.

33. Vide, entre outros, Jonathan D. Spence, *O palácio da memória de Matteo Ricci*.

34. Edward Said, *Orientalismo: O Oriente como invenção do Ocidente*.

35. Ruth Frankenberg, *White Women, Race Matters*.

36. Íris Kantor e Milena Natividade da Cruz, "Ethno--Geographies in the Making of Enlightenment Cartography: The Mural Maps of Jean Janvier and Sébastien-G. Longchamps (1754)". Milena Natividade da Cruz, *Geografias negreiras*. Sobre o tráfico negreiro, vide Luiz Felipe de Alencastro, *O trato dos viventes*.

37. Milena Natividade da Cruz, *Geografias negreiras*, p. 82.

38. Ibid.

39. Conferir Christopher L. Miller, *The French Atlantic Triangle: Literature and Culture of the Slave Trade*.

40. Vide, entre outros, Alberto da Costa e Silva, *Francisco Félix de Souza, mercador de escravos*.

41. Luís de Camões, *Os lusíadas*.

42. Ágnes Heller, *O cotidiano e a história*.

43. Benedict Anderson, *Comunidades imaginadas*.

44. Vide, entre outros, Jonathan Spence, *O palácio da memória de Matteo Ricci*.

45. Explorei mais o tema em Lilia Moritz Schwarcz e Adriana Varejão, *Pérola imperfeita: A história e as histórias na obra de Adriana Varejão*.

46. Georges Didi-Huberman, "Quando as imagens tocam o real".

47. Sobre o tema vide, entre outros, Michel Foucault, Aula de 28 de janeiro de 1976, *Em defesa da sociedade: Curso no Collège de France*; Michel-Rolph Trouillot, *Silenciando o passado*; Natalie Zemon Davis, *Fiction in the Archives: Pardon Tales and their Tellers in Sixteenth-Century France*; Olívia Maria Gomes da Cunha, "Do ponto de vista de quem? Diálogos, olhares e etnografias dos/nos arquivos"; Ann Laura, *Along the Archival Grain: Epistemic Anxieties and Colonial Common Sense*; Olívia Maria Gomes da Cunha, "Tempo imperfeito: Uma etnografia do arquivo".

48. Alfredo Pinheiro Marques, *A cartografia portuguesa e a construção da imagem do mundo*.

49. Vide Adriana Varejão e Paulo Herkenhoff, *Adriana Varejão: Fotografia como pintura*, p. 22; e o livro que escrevi com a artista e que se chama *Pérola imperfeita: A história e as histórias na obra de Adriana Varejão*.

50. A concessão foi revalidada por d. João III, em 1524, o que permitiu ao cartógrafo viajar pelo que se conhecia do "mundo afora". No mesmo ano ele participou da Junta de Badajoz-Elvas: a comissão organizada pelas coroas de Portugal e Espanha para demarcar os limites de navegação dos dois países, de acordo com o famoso Tratado de Tordesilhas. O próprio Lopo Homem é autor de uma carta em que descreve as discordâncias expressas pelos dois soberanos, só solucionadas em 1529, com o Tratado de Saragoça. Com poderes e renda vitalícios, e suficientes para a sua sobrevivência, Lopo Homem passou a fazer, a partir desse momento, uma série de planisférios, justificando a miríade de um mundo dividido apenas em duas partes.

51. Adriana Varejão e Paulo Herkenhoff, *Adriana Varejão*, p. 41.

52. Vide também excelente texto do artista presente em seu site oficial.

NOTAS

53. São muitos os artistas contemporâneos que têm recuperado os silenciamentos e violências inscritos nos mapas. Lembro, entre outros, os trabalhos de Denilson Baniwa (*Enfim, civilização*), de 2019; Ayrson Heráclito (*Sacudimentos*), de 2015; Rosana Paulino (*¿História natural?*), de 2016; e Arjan Martins (*Atlântico*), de 2016

4 | MONUMENTOS E PATRIMÔNIOS PÚBLICOS [pp. 137-67]

1. Uma versão sumária deste texto foi apresentada num seminário do Brazil LAB, de Princeton, chamado Arts of Resistance: Tearing down and Creating New Monuments in Brazil (com Hélio Menezes, 24 set. 2020). O ensaio foi também apresentado, de maneira ampliada, no curso on-line sobre patrimônio histórico e patrimônio cultural: Patrimônios Contestados (Universidade de Coimbra, Portugal, 5 maio 2021). Ganhou por fim nova forma no artigo: "Ser ou não ser patrimônio: Bandeirantes e bandeiras e outros conjuntos escultóricos contestados".

2. Michel Foucault, *Microfísica do poder*.

3. Desenvolvi mais esse tema no livro *O espetáculo das raças*. Vide também Diogo da Silva Roiz, Suzana Arakaki e Tânia Regina Zimmerman (Orgs.), *Os bandeirantes e a historiografia brasileira: Questões e debates contemporâneos*.

4. No livro *O espetáculo das raças*, analisei com mais vagar a fundação desse ideário centrado na figura do bandeirante.

5. Vide, entre outros, Joana Monteleone, Wilma Peres Costa, Fernanda Sposito e Fernando Victor Aguiar Ribeiro (Orgs.), *Histórias de São Paulo*.

6. Vide Richard M. Morse, *Formação histórica de São Paulo*; Ernani Silva Bruno, *Histórias e tradições da cidade de São Paulo*; Roberto Pompeu de Toledo, *A capital da vertigem*.

7. Para uma visão mais aprofundada sobre o artista, sugiro o excelente livro de Caleb Faria Alves, *Benedito Calixto e a construção do imaginário republicano*. Escrevi também artigo para o jornal *Nexo* sobre esse tema: "História pela metade: Os desbravadores e mercenários violentos".

8. Vide Caleb Faria Alves, *Benedito Calixto e a construção do imaginário republicano*, p. 255. Escrevi sobre o surgimento do Museu Paulista no livro *O espetáculo das raças* e também no livro *O sequestro da Independência* (com Carlos Lima Junior e Lúcia Stumpf). Vide ainda *Museu Paulista, 120 anos de história*; e *Museu Paulista*.

9. Antônio de Toledo Piza, "Os Palmares".

10. Voltaremos a falar dessa cidade mais à frente neste capítulo.

11. Para uma análise crítica, fundamental e pioneira, vide livro de John Manuel Monteiro, *Negros da terra*.

12. Vide também Márcio Santos, *Bandeirantes paulistas no Sertão do São Francisco: Povoamento e expansão da pecuária de 1688 a 1734*.

13. Sobre o Quilombo de Palmares e sua repressão vide, entre outros, Flávio Gomes, *Palmares*.

14. Para uma visão da construção do bandeirismo e a produção visual, sugiro, entre outros, Paulo César Garcez Marins, "Nas matas com pose de reis: A representação de bandeirantes e a tradição da retratística monárquica europeia"; Emerson Dionisio G. de Oliveira, "Instituições, arte e o mito bandeirante: Uma contribuição de Benedito Calixto"; Renato Castelo Branco, *Domingos Jorge Velho e a presença paulista no Nordeste*, pp. 68-9.

15. Escragnolle Taunay publicou *História geral das bandeiras paulistas*, em onze volumes, de 1924 a 1950, obra que favoreceu sua entrada na Academia Brasileira de Letras em 1929.

16. Parte desse trecho sobre Taunay e os bandeirantes está apoiada em pesquisa e no livro que publiquei em 2022, junto com Carlos Lima Junior e Lúcia K. Stumpf, chamado *O sequestro da Independência*.

17. Sobre o tema, vide Ana Claudia Fonseca Brefe, *O Museu Paulista: Affonso de Taunay e a memória nacional*.

18. Herman von Ihering foi diretor do Museu Paulista de 1895 até 1915, sendo substituído brevemente por Armando da Silva Prado, no intervalo de 1915 e 1916, antes de Taunay assumir a diretoria, cargo em que permaneceu até 1945.

19. O artista tinha renome e se sagrara vencedor, em 1908, de um concurso realizado em Buenos Aires. Vide Michelli Cristine Scapol Monteiro, "Esculpir a memória: Monumentos ao Centenário da Independência em Buenos Aires e São Paulo".

20. Paulo César Garcez Marins, "Nas matas com pose de reis".

21. Id., "Um personagem por sua roupa: O gibão como representação do bandeirante paulista".

22. Sobre a revisão da bibliografia acerca dos bandeirantes, vide, entre outros, John Manuel Monteiro, *Negros da terra*.

23. Afonso Taunay, "Relatório referente ao anno de 1922 apresentado a 23 de janeiro de 1923, ao excellentissimo senhor secretario do Interior, doutor Alarico Silveira, pelo director em comissão, do Museu Paulista, Affonso d'Escragnolle Taunay".

24. Paula Janovitch, "Borba Gato".

25. Ana de Gusmão Mannarino, "*Monumento às bandeiras*: Iconografias políticas, intervenções e identidades em disputa", p. 7.

26. Vide, entre outros, Rodrigo Ramos H. Felipe Valverde, "O sentido político do *Monumento às bandeiras*"; Irene Barbosa de Moura, "O monumento e a cidade: A obra de Brecheret na dinâmica urbana"; Id., *A cidade e a festa: Brecheret e o IV Centenário de São Paulo*.

27. Para maiores informações sobre o monumento, sugiro a leitura de Marta Rossetti Batista, *Bandeiras de Brecheret: História de um monumento, 1920--1953*. Vide também artigo de George Leonardo Seabra Coelho, "*Monumento às bandeiras*: Processo de construção e ressignificação simbólica".

28. Vozes contra o Racismo (2020), curadoria de Hélio Menezes.

29. Manuela Carneiro da Cunha, *História dos índios no Brasil*.

30. Trataremos agora da noção de patrimônios. Para uma excelente visão crítica dos patrimônios brasileiros, sugiro Silvana Rubino, *As fachadas da história: Os antecedentes, a criação e os trabalhos do Serviço do Patrimônio Histórico e Artístico Nacional, 1937-1968*; e José Reginaldo Santos Gonçalves, *A retórica da perda: Os discursos do patrimônio cultural do Rio de Janeiro*.

31. Agradeço a Renato Donadon por me introduzir a esse patrimônio escultórico.

32. Vide, entre outros, Regina Abreu e Mário Chagas (Orgs.), *Memória e patrimônio: Ensaios contemporâneos*; Regina Abreu, Mário de Souza Chagas e Myrian Sepúlveda dos Santos (Orgs.), *Museus, coleções e patrimônios: Narrativas polifônicas*; Antonio Augusto Arantes (Org.), *Produzindo o passado: Estratégias de construção do patrimônio cultural*; Márcia Regina Romeiro Chuva, *Os arquitetos da memória: Sociogênese das práticas de preservação do patrimônio cultural no Brasil*; e Laurajane Smith, *Uses of Heritage*.

33. Ulpiano Toledo Bezerra de Meneses, *Patrimônio cultural entre o público e o privado: Direito a memória*; id., "O objeto material como documento"; id., *A cidade como bem cultural*.

34. "Living Human Treasures: A Former Programme of Unesco". Disponível em: <http://www.unesco.org/culture/ch/es/tesoros-humanos-vivos>.

35. Sobre o tema e para um excelente apanhado da bibliografia, vide, entre outros, José Reginaldo Santos Gonçalves, *A retórica da perda*; id., "Os limites do patrimônio"; id., *Antropologia dos objetos: Patrimônios, museus e coleções*.

36. François Hartog, *Régimes d'historicité: Présentisme et expériences du temps*, pp. 207-8.

37. Claude Lévi-Strauss, "Un autre regard".

38. Walter Benjamin, *Walter Benjamin: Obras escolhidas*, v. i, p. 225.

39. Susanne Küchler, "The Place of Memory"; Robert S. Nelson e Margaret Olin (Orgs.), *Monuments and Memory, Made and Unmade*.

40. Tim Ingold, *The Perception of the Environment: Essays in Livelihood, Dwelling and Skill*; id., *Being Alive: Essays on Movement, Knowledge and Description*.

41. Rodney Harrison (Org.), *Understanding the Politics of Heritage*; id., *Heritage: Critical Approaches*; Nathalie Heinich, *La Fabrique du patrimoine: De la cathédrale à la petite cuillère*.

42. Lester B. Rowntree e Margaret W. Conley, "Symbolism and the Cultural Landscape".

43. Vide, entre outros, Izabela Tamaso e Manuel Ferreira Lima Filho, *Antropologia e patrimônio cultural: Trajetórias e conceitos*; Manuel Ferreira Lima Filho, Cornelia Eckert e Jane Felipe Beltrão (Orgs.), *Antropologia e patrimônio cultural: Diálogos e desafios contemporâneos*; Daniel Miller (Org.), *Materiality*.

44. Vide o excelente livro e trabalho de Giselle Beiguelman, *Memória da amnésia: Políticas do esquecimento*, que subverte políticas de esquecimento.

45. David Atkinson e Denis Cosgrove, "Urban Rhetoric and Embodied Identities: City, Nation and Empire at the Vittorio Emanuele ii Monument in Rome, 1870-1945".

46. Vide Nuala C. Johnson, "Sculpting Heroic Histories: Celebrating the Centenary of the 1798 Rebellion in Ireland".

47. Maoz Azaryahu, "The Power of Commemorative Street Names".

48. Mateus Gato de Jesus, no livro *O Treze de Maio e outras estórias do pós-abolição*, mostra como, ao menos no caso brasileiro, logo após a abolição não era líquido e certo que a emancipação da escravidão vinha para ficar.

49. Lúcia Klück Stumpf, "Imagens emancipadas: Visualidades e imaginários raciais no Brasil (1870--1920)".

50. Para um perfil de Isabel, vide Robert Daibert Junior, *Isabel, a "Redentora" dos escravos: Uma história da princesa entre olhares negros e brancos (1846-1988)*.

51. Analisei essa obra no livro *As barbas do imperador*.

52. Associo aqui a situação ao conhecido ensaio de Marcel Mauss, *Ensaio sobre a dádiva*. Desenvolvi essa ideia nos artigos "Abolição como dádiva" e "A santa e a dádiva".

NOTAS

53. A abolição em Cuba se deu em 1886, mas o país era ainda uma colônia.

54. Ver, entre outros, o livro do historiador Sidney Chalhoub, *Visões da liberdade*; Wlamyra Albuquerque, "Movimentos sociais abolicionistas".

55. Foi fundador também de jornais como o *Diabo Coxo*, o *Cabrião*, ainda em São Paulo, e, quando se mudou para o Rio de Janeiro, fundou, entre outros, no dia 1º de janeiro de 1876, a *Revista Illustrada*. Vide Gonçalo Junior, *Biblioteca dos quadrinhos*; Gilberto Maringoni, *Angelo Agostini: A imprensa ilustrada da corte à capital federal (1864-1910)*.

56. Vide livro de Robert Daibert Junior, *Catolicismo e abolicionismo no projeto de Terceiro Reinado*.

57. Mateus Gato de Jesus, *O Treze de Maio e outras estórias do pós-abolição*.

58. Marília B. A. Ariza, "Crianças/Ventre Livre". Vide também Angela Alonso, *Flores, votos e balas*.

59. Sobre a lei e suas consequências, vide, entre outros, Camillia Cowling, *Concieving Freedom: Women of Color, Gender, and the Abolition of Slavery in Havana and Rio de Janeiro*; Marília Ariza, *Mães infames, filhos venturosos: Trabalho, pobreza, escravidão e emancipação no cotidiano de São Paulo (século XIX)*; Beatriz Mamigonian, "O Estado nacional e a instabilidade da propriedade escrava: A lei de 1831 e a matrícula de escravos de 1872".

60. Tomasi di Lampedusa, *O Leopardo*.

61. Ana Lucia Araujo, *Public Memory of Slavery: Victims and Perpetrators in the South Atlantic*.

62. Marshal Sahlins, *Ilhas de história*.

63. Françoise Vergès, *Decolonizar o museu*, p. 8.

64. Trataremos mais do tema, e das teorias de branqueamento, no capítulo 7 deste livro.

65. Vide Adrian Forty e Susanne Küchler (Orgs.), *The Art of Forgetting: Materializing Culture*.

5 | BRANQUITUDE & NEGRITUDE
[pp. 169-97]

1. Agradeço a Ricardo Teperman (o Teté) pela sugestão de escrever este capítulo. A responsabilidade por ele, no entanto, é toda minha.

2. Esta primeira parte do capítulo contém uma reflexão mais teórica e metodológica sobre análise de imagem numa perspectiva social e antropológica — essa que é a minha formação e especialidade. Quem preferir pular a análise pode ir direto para as interpretações das obras, que aparecem logo na sequência.

3. W. J. T. Mitchell, *Teoría de la imagen*.

4. Françoise Vergès, *Decolonizar o museu*, pp. 8-9.

5. Ibid., p. 11.

6. George W. Stocking Jr., *Objects and Others: Essays on Museums and Material Culture*; e id., *Victorian Anthropology*. Escrevi também sobre o tema no livro *O espetáculo das raças*. Por isso, menos que uma teoria da imagem, a sugestão é dar "imagem à teoria", no sentido de ela se comportar como uma privilegiada instância formadora de representações.

7. Michael Baxandall, *Padrões de intenção*.

8. Tratamos do tema na exposição Histórias das Mulheres, Histórias Feministas, com curadoria de Mariana Leme, Isabella Rjeille e minha (São Paulo, Masp, 2019). Vide também os levantamentos realizados pelo grupo Guerrilla Girls, que faz um trabalho da maior importância contra o sexismo nas artes.

9. Na exposição Histórias Afro-Atlânticas (São Paulo, Masp, 2018), que contou com a curadoria de Adriano Pedrosa, Ayrson Heráclito, Hélio Menezes, Tomás Toledo e minha, introduzimos, até por conta da imensa exceção que representam, alguns trabalhos em que pessoas negras aparecem como embaixadores, sábios, profissionais liberais. Mais uma vez, não me refiro aos trabalhos contemporâneos, e bastante recentes se pensarmos numa perspectiva temporal de longa duração.

10. Michael Baxandall, *Padrões de intenção*. Vide também a introdução de Heliana Angotti Salgueiro. Conforme ela mostra, é difícil lidar com "o ato de descrever e o de visualizar". Distância, descompasso e diferença cultural são conceitos que marcam essa relação.

11. Heliana Angotti Salgueiro, "Introdução", em Michael Baxandall, *Padrões de intenção*, p. 10.

12. Clifford Geertz, *O saber local: Novos ensaios em antropologia interpretativa*, pp. 147-8.

13. Ibid., p. 150.

14. Alfred Gell, *Art and Agency: An Anthropological Theory*, p. 252.

15. Ibid., p. 6.

16. Massimo Canevacci, *A cidade polifônica: Ensaio sobre a antropologia da comunicação urbana*.

17. Alfred Gell, *Art and Agency*, p. 152.

18. Ernst H. Gombrich, *Arte e ilusão: Um estudo da psicologia da representação pictórica*. Esse conceito será bastante explorado na conclusão do livro.

19. Bruno Latour, *What Is the Style of Matters of Concern?*, p. 141.

20. Claude Lévi-Strauss, *A via das máscaras*, p. 128.

21. Achille Mbembe, *Crítica da razão negra*.

22. Paul Gilroy, "Cultural Identity and Diaspora".

23. Edward Said, *Orientalismo*.

24. Pedro Meira Monteiro, "Machado Black and Blur".

25. John Kelly Thorton, *A África e os africanos na formação do mundo atlântico, 1400-1800*; Robert Farris Thompson, *Flash of the Spirit: Arte e filosofia africana e afro-americana*; Paul Gilroy, *O Atlântico negro: Modernidade e dupla consciência*.

26. Sobre arte francesa dos séculos XVIII e XIX e neoclassicismo, vide Jean Starobinski, *1789: The Emblems of Reason*; Albert Boime, *The Academy and French Painting in the Nineteenth Century*; id., *Art in an Age of Revolution, 1750-1800*; id., *Art in an Age of Bonapartism, 1800-1815*, v. 2; Quirino Campofiorito, *História da pintura brasileira no século XIX*; Caroline Clifton-Mogg, *The Neoclassical Source Book*; Lorenz Eitner, *Neoclassicism and Romanticism, 1750-1850: Enlightenment*; Richard L. Feigen (Org.), *Neo-Classicism and Romanticism in French Painting, 1774-1826*; Walter Friedlander, *De David a Delacroix*; Robert Herbert, "Neo-Classicism and the French Revolution"; Hugh Honour, *Neo-Classicism*; Mario Praz, *On Neoclassicism*; Warren Roberts, *Jacques-Louis David, Revolutionary Artist: Art, Politics and The French Revolution*; Samuel Rocheblave, *French Painting in the XVIIIth Century*.

27. Em 1856 Amans regressaria à França e morreria com 87 anos, não retornando mais à Louisiana. Vide William H. Gerdts, *Art Across America: Two Centuries of Regional Painting, 1710-1920*, v. II, p. 94.

28. Basta lembrar que, em 1861, a Louisiana se uniu ao território dos Estados Confederados, quando da Guerra Civil Norte-Americana, lutando pela manutenção do status quo vigente.

29. Homi Bhabha, *O local da cultura*.

30. Vide Alexandra Eaton, "His Name Was Bélizaire: Rare Portrait of Enslaved Child Arrives at the Met"; Sarah Cascone, "An 1837 Portrait of an Enslaved Child, Obscured by Overpainting for a Century, Has Been Restored and Acquired by the Met"; "The Metropolitan Museum of Art Acquires Important Painting Attributed to Jacques Amans"; The Metropolitan Museum of Art, 14 ago. 2023; Maria Clark, "The Boy Who Was Almost Erased from an 1837 Painting Now Has an Identity and a Story"; Molly Reid Cleaver, "Identity Theft: A Rare Painting Damaged, a Story Half-Told, and a *Reckoning* about Bias in art Stewardship".

31. Katy Morlas Shamon fez seu mestrado na Louisiana State University. Ela se dedica a descobrir histórias de escravizados nas plantações do estado. Shamon também abriu uma exibição chamada From the Big House to the Quarters: Slavery on Laura Plantation, e possui um *database* online com mais de quatrocentas pessoas escravizadas na propriedade de Evergreen, Louisiana.

32. Patricia Hill Collins e Sirma Bilge, *Interseccionalidade*.

33. Vide, entre outros, Warren Roberts, *Jacques-Louis David, Revolutionary Artist*.

34. José Esteban Muñoz, "Gesture, Ephemera and Queer Feeling: Approaching Kevin Aviance".

35. José Esteban Muñoz, *Disidentifications: Queers of Color and the Performance of Politics*; id., *The Sense of Brown*.

36. Vide bell hooks, "The Oppositional Gaze: Black Female Spectators".

37. Tina M. Campt, *A Black Gaze: Artists Changing How We See*.

38. Saidiya Hartman, *Vidas rebeldes, belos experimentos*.

39. Anne Lafont, *Uma africana no Louvre*.

40. Chamo a atenção, mais uma vez, para as atividades realizadas pelo grupo feminista, anônimo, Guerrilla Girls, que luta contra o sexismo e o racismo. Fundado em 1985, sua missão é destacar o trabalho de mulheres artistas e de artistas negros e negras, expondo as formas de dominação branca e masculina nas instituições de arte.

41. Sobre mulheres artistas no Brasil, e que não alcançaram a projeção devida, ao menos em seu tempo, sugiro a leitura do excelente livro de Ana Paula Cavalcanti Simioni, *Profissão artista: Pintoras e escultoras acadêmicas brasileiras*.

42. Vide catálogo Eucanaã Ferraz (Org.), *Chichico Alkmim, fotógrafo*. Agradeço a Helouise Costa pela gentileza de ter me mostrado essa foto. Grande especialista na fotografia, ela desenvolve no momento trabalho sobre as profissionais dessa arte, que não raro permanecem "escondidas" por detrás das fotos e dos fotógrafos. Como Miquita, esposa de Chichico. Da autora, vide, entre outros, *A fotografia moderna no Brasil*, e Arika Zerwes e Helouise Costa (Orgs.), *Mulheres fotógrafas/Mulheres fotografadas: Fotografias e gênero na América Latina*.

43. Sobre trucagem fotográfica, vide, entre outros, André Rouillé, *La Photographie en France: Textes & controverses: Une anthologie, 1816-1871*; Annateresa Fabris, *O desafio do olhar: Fotografia e artes visuais no período das vanguardas históricas*; Boris Kossoy, *Realidades e ficções na trama fotográfica*; Dawn Ades, *Photomontage*; Helmut Gernsheim, *Creative Photography: Aesthetic Trends 1839-1960*; Henry Robinson, *Pictorial Effect in Photography: Being Hints on Composition and Chiaroscuro for Photographers*; Sonia Umburanas Balady, *Valério Vieira: Um dos pioneiros da experimentação foto-*

NOTAS

gráfica no Brasil; Susan Sontag, *Sobre fotografia*; Walter E. Woodbury, *Photographic Amusements: Including a Description of a Number of Novel Effects Obtainable with the Camera.*

44. Sobre a construção do conceito de infância, sugiro a leitura do livro de Philippe Ariès, *História social da criança e da família*; e do livro de Marília B. A. Ariza, *Mães infames, filhos venturosos: Trabalho, pobreza, escravidão e emancipação no cotidiano de São Paulo (século XIX).*

45. Vide também textos do catálogo e do blog acerca da exposição (IMS, 2017).

46. Agradeço a Paulo Augusto Franco, o Guto, por essa dica e observação tão sensível.

47. Ann Laura Stoler, *Carnal Knowledge and Imperial Power.*

48. No livro *As barbas do imperador* tive a oportunidade de desenvolver com mais vagar a análise dessas e de outras obras sobre o imperador Pedro II.

49. Quirino Campofiorito, *História da pintura brasileira no século XIX.*

50. Barão de Smith de Vasconcellos, *Archivo nobiliarchico brasileiro.*

51. Vide *As barbas do imperador*, capítulo "Ser ou não ser nobre no Brasil".

52. Vide, entre outros, John Baskett, *The Horse in Art.*

53. Na iconografia de são Jorge e o dragão, o santo está representado sempre montado num cavalo. Outros santos guerreiros como Demétrio de Tassalônica e Teodoro de Amásia também aparecem frequentemente montados.

54. Tratamos da biografia e da bibliografia de Debret na "Introdução" deste livro.

55. Vide Jean-Baptiste Debret, *Viagem pitoresca e histórica ao Brasil.*

56. Voltaremos ao tema nos próximos capítulos deste livro.

57. Anderson Ricardo Trevisan, *Velhas imagens, novos problemas: A redescoberta de Debret no Brasil modernista (1930-1945)*; J. F. de Almeida Prado, *O artista Debret e o Brasil*; Júlio Bandeira e Pedro Corrêa do Lago, *Debret e o Brasil: Obra completa 1816-1831*; Pedro Corrêa do Lago, "A *Viagem pitoresca de Debret*", em id. e Júlio Bandeira, *Debret e o Brasil: Obra completa 1816-1831*; Valéria Lima, *J. B. Debret, historiador e pintor: A Viagem pitoresca e histórica ao Brasil (1816-1839).*

58. Voltaremos ao assunto no capítulo 7 e na conclusão deste livro, quando trataremos do tema da mestiçagem como um modelo de identidade nacional, e abordaremos o mito da democracia racial.

59. Saidiya Hartman, *Vidas rebeldes, belos experimentos*, pp. 16-7.

60. Id., "Venus in Two Acts", *Small Axe*, v. 12, n. 2, pp. 1-14, 2008.

61. Walter Mignolo, *The Darker Side of Western Modernity: Global Futures, Decolonial Options*, p. 28.

6 | OS FANTASMAS DAS AMAS NEGRAS [pp. 199-233]

1. Para uma história da fotografia do Brasil vide, entre outros, Boris Kossoy, *Fotografia & história.*

2. Hercule Florence nasceu em Nice, na França, em 1804, tendo desembarcado no Rio de Janeiro em 1824. Depois de trabalhar numa loja de tecidos e na Tipografia Real, tomou parte na Expedição Langsdorff, como desenhista. De volta, mudou-se para Campinas e, além de agricultor, foi dono da primeira gráfica da cidade. Com sua esposa também fundou uma escola para meninas. Personagem com múltiplas habilidades, Florence ficou conhecido como artista e pela descoberta do processo fotográfico ainda em 1833, no contexto em que buscava formas alternativas para a impressão gráfica. Entre outros vide Boris Kossoy, *Hercule Florence: A descoberta isolada da fotografia no Brasil.*

3. "Notícias científicas: Fotografia", *Jornal do Commercio*, 17 jan. 1840, p. 1.

4. Susan Sontag, *Sobre fotografia.*

5. Lilia Moritz Schwarcz, *As barbas do imperador.*

6. Sobre técnicas da fotografia no Brasil, vide Ana Maria Mauad, "Imagem e autoimagem no Segundo Reinado"; id., *O mundo do trabalho em imagens: A fotografia como fonte histórica.*

7. Sobre o "negócio" fotográfico, vide Boris Kossoy, *Dicionário histórico-fotográfico brasileiro: Fotógrafos e ofício da fotografia no Brasil (1833-1910)*. Sobre técnicas da fotografia no Brasil, vide Ana Maria Mauad, "Imagem e autoimagem no Segundo Reinado".

8. Tratei desse tema e das imagens correspondentes no livro *O espetáculo das raças*, pp. 189-238.

9. Vide IMS/Brasiliana, *Almanaque Laemmert*, apud Jacob Gorender, *A face escrava da corte imperial brasileira*, em Paulo César Azevedo; Maurício Lissovsky, *Escravos brasileiros do século XIX na fotografia de Christiano Jr.*

10. Vide Elisabeth Badinter, *Um amor conquistado: O mito do amor materno.*

11. Para uma excelente visão geral sobre o tema das amas de leite escravizadas, vide Maria Helena Pereira Toledo Machado, "Slavery, Motherhood, and the Free Womb Law". Vide também "Body, Gender, and Identity on the Threshold of Abolition:

A Tale Doubly Told by Benedicta Maria da Ilha, a Free Woman, and Ovídia, a Slave". E Maria Helena Pereira Toledo Machado e Marília Bueno de Araújo Ariza, "Escravas e libertas na cidade de São Paulo: Experiências de trabalho, maternidade e emancipação em São Paulo (1870-1888)".

12. Vide, para um uso diverso e mais contemporâneo do provérbio, livro de Vera Iaconelli, *Manifesto antimaternalista*.

13. Sobre as fotos de amas no contexto norte-americano vide, entre outros, Deborah Willis e Barbara Krauthamer, *Envisioning Emancipation: Black Americans and the End of Slavery*.

14. Ver, para o termo "se dar a ver", Sandra Sofia Machado Koutsoukos, *Negros no estúdio do fotógrafo: Brasil, segunda metade do século XIX*.

15. Gilza Sandre-Pereira, "Amamentação e sexualidade".

16. Vide Rita Segato, *Crítica da colonialidade em oito ensaios e uma antropologia por demanda*, pp. 235-6.

17. A análise das fotos de Mônica se pauta no verbete que escrevemos para a *Enciclopédia negra* (org. de Jaime Lauriano, Flávio dos Santos Gomes e Lilia Moritz Schwarcz), mas o expande.

18. A descoberta das duas fotos é da pesquisadora Sandra Sofia Machado Koutsoukos. Vide Sandra Sofia Machado Koutsoukos, "'Amas mercenárias': O discurso dos doutores em medicina e os retratos de amas — Brasil, segunda metade do século XIX"; id., "Amas na fotografia brasileira da segunda metade do século XIX"; id., *Negros no estúdio do fotógrafo*.

19. Boris Kossoy, *Dicionário histórico-fotográfico brasileiro*, pp. 322-4.

20. Vide João Ferreira Villela, Brasiliana Fotográfica, 6 jan. 2021. Disponível em: <https://brasilianafotografica.bn.gov.br/?tag=joao-ferreira-villela>.

21. Luiz Felipe de Alencastro, "Epílogo", em *História da vida privada no Brasil 2*, pp. 439-40.

22. Fonte: *Exército em operações na Republica do Paraguay*, v. 1, parte 1: "Os onze de voluntarios da patria (depois 42º corpo da mesma denominação): Sua fé de officio e relatorio dos serviços militares presentados na campanha de 1865 a 1870".

23. León Chapelin nasceu na França, e pouco se conhece sobre sua vida. Em 1862 foi sucessor do estabelecimento de Augusto Stahl, situado na rua da Imperatriz, 14, em Recife (PE). Em 1872 participou da Exposição Provincial com pinturas a óleo e uma coleção de fotografias no formato *carte de visite*. (Fonte: Boris Kossoy, *Dicionário histórico-fotográfico brasileiro*.)

24. Roland Barthes, *A câmara clara: Nota sobre fotografia*, p. 115.

25. Ibid., p. 120.

26. Michael Baxandall, *Padrões de intenção*.

27. Maurício Lissovsky, "A máquina de esperar".

28. Id., "A fotografia e seus duplos: Um quadro na parede".

29. Luiz Felipe de Alencastro, "Epílogo".

30. Sandra Lauderdale Graham, *Proteção e obediência: Criadas e seus patrões no Rio de Janeiro (1860-1910)*.

31. Artista integrante do Grupo de Pesquisa Nzinga: Novos Ziriguiduns Internacionais e Nacionais Gerados nas Artes CNPq/URCA. Alecsandra Matias de Oliveira, "O revide da mãe preta: artistas e pesquisadores ressignificam imagens das amas-de-leite".

32. Saidiya Hartman, *Perder a mãe: Uma jornada pela rota atlântica da escravidão*. Vide Rosana Paulino, *Ama de leite*, 2007, monotipia sobre tecido, linha, fita de tecido e garrafas. Fotografias digitais, $2 \times 1,8$ m.

33. Parte desse item é pautado no artigo que escrevi para o livro de Erika Zerwes e Helouise Costa (Orgs.), *Mulheres fotógrafas/mulheres fotografadas*. O ensaio de minha autoria se chama "Mulheres fotografadas: Mães negras e o afeto como forma de agressão".

34. *Carte de visite* ou *carte-de-visite* era o nome dado ao formato de apresentação de fotografias na década de 1850. Ele foi patenteado pelo fotógrafo francês André Adolphe-Eugène Disdéri em 1854. O tamanho do documento era pequeno — em torno de $9,5 \times 6$ cm —, e os originais feitos com impressão de albumina eram por sua vez colados num cartão rígido que tornava o documento um pouco maior: cerca de $10 \times 6,5$ cm. A técnica virou moda e símbolo de prestígio naquela década, e as fotos costumavam ser trocadas entre familiares, amigos e colecionadores. A *carte de visite* foi superada pelo cartão *cabinet*, que surge nos anos 1870 com dimensões maiores e técnica mais aprimorada.

35. Para imagens de mulheres negras no movimento abolicionista vide, entre outros, Marcus Wood, *The Horrible Gift of Freedom: Atlantic Slavery and the Representation of Emancipation*; Deborah Willis e Barbara Krauthamer, *Envisioning Emancipation*; Sue Peabody, "Négresse, Mulâtresse, Citoyenne: Gender and Emancipation in the French Caribbean, 1650-1848"; Laura Wexler, "Seeing Sentiment: Photography, Race, and the Innocent

NOTAS

Eye"; Andrea Liss, "Making the Maternal Visual: Renée Cox Family Portraits"; Brycchan Carey, Markman Ellis e Sara Salih (Orgs.), *Discourses of Slavery and Abolition: Britain and its Colonies, 1760-1838*. Para o contexto brasileiro, recomendo os trabalhos pioneiros de Maria Helena Machado, entre eles "Corpo, gênero e identidade no limiar da abolição: A história de Benedicta Maria Albina da Ilha ou Ovídia, escrava".

36. Ludwig Feuerbach apud Guy Debord, *A sociedade do espetáculo*.

37. Alberto da Costa e Silva, *Um rio chamado Atlântico*.

38. Ernst Gombrich, *Arte e ilusão: Um estudo da psicologia da representação pictórica*.

39. Marcel Mauss, "As técnicas corporais".

40. Didier Fassin, *Enforcing Order: An Ethnography of Urban Policing*.

41. Maria Elizabeth Ribeiro Carneiro, "Imagens de mulheres negras, arte e poderes em circulação no Brasil oitocentista".

42. Informação dada a André Botelho, que visitou o Museu Imperial no dia 4 de outubro de 2023.

43. Rita Segato, *Crítica da colonialidade em oito ensaios e uma antropologia por demanda*, p. 229.

44. Maria Elizabeth Ribeiro Carneiro, "Procuram-se amas de leite na historiografia da escravidão: Da 'suavidade do leite preto' ao 'fardo' dos homens brancos", pp. 44-5.

45. Vide artigo que escrevi com Tatiana H. P. Lotierzo, "Raça, gênero e projeto branqueador: *A redenção de Cam*, de Modesto Brocos"; e capítulo 7 deste livro.

46. Franz Benque, de origem alemã, era conhecido no Brasil como Francisco Benque. Ele foi sócio de Alberto Henschel, de 1871 a 1878, no estabelecimento Henschel & Benque Photographia Allemã, na rua dos Ourives, 40, Rio de Janeiro. (Fonte: Boris Kossoy, *Dicionário histórico-fotográfico brasileiro*.)

47. Hermina de Carvalho Menna da Costa é considerada a primeira fotógrafa pernambucana e provavelmente a primeira brasileira. Era especializada em retratos de estúdio. Em 1883, inaugurou o estúdio fotográfico Hermina Costa & C, na rua Barão da Victoria, 14, Recife (PE). (Fonte: <https://brasilianafotografica.bn.gov.br/?tag=hermina-de--carvalho-menna-da-costa>.)

48. Rodolpho Lindemann emigrou para o Brasil no final dos anos 1870. Foi contratado, então, como assistente de Guilherme Gaensly em 1882 e, posteriormente, tornou-se sócio dele. A partir de 1890 passou a dirigir o estabelecimento de Salvador. Por volta de 1894, os dois abriram uma filial em São Paulo. Foi editor de cartões-postais explorando a temática de "tipos" da Bahia e vistas da cidade. (Fonte: Boris Kossoy, *Dicionário histórico-fotográfico brasileiro*.)

49. Deborah Willis e Barbara Krauthamer, *Envisioning Emancipation*.

50. Voltaremos ao tema no próximo capítulo.

51. Walter Benjamin, "A Short History of Photography".

52. Antônio da Silva Lopes Cardozo atuou nas cidades do Rio de Janeiro, Salvador e Recife. Ele recebeu, em 1864, o título de Fotógrafo da Casa Imperial, e participou da Exposição Bahiana em 1875, apresentando uma coleção de retratos. Ganhou menção honrosa na III Exposição Nacional de 1873, realizada no Rio de Janeiro. (Fonte: Boris Kossoy, *Dicionário histórico-fotográfico brasileiro*.)

53. O inglês João Goston se estabeleceu em Salvador de 1854 até 1880. Foi um dos daguerreotipistas pioneiros na Bahia. Em 1860 já utilizava o sistema de ambrotipia e fazia retratos coloridos sobre vidro. No final dos anos 1870, mudou-se para Maceió e juntamente com seu filho, João Goston Júnior, montou novo estúdio fotográfico. (Fonte: Boris Kossoy, *Dicionário histórico-fotográfico brasileiro*.)

54. Rafaela Deiab, "A memória afetiva da escravidão". Sobre Militão, ver Vânia Carneiro de Carvalho e Solange Ferraz de Lima, "Fotografia no Museu: O projeto de curadoria da coleção Militão Augusto de Azevedo".

55. *A Mãi de Familia: Jornal Scientifico-Litterario: Educação da Infancia, Hygiene da Familia*, Rio de Janeiro: Lombaerts e Cia, 1879-88, Acervo Fundação Biblioteca Nacional.

56. Vide pesquisa de Karoline Carula, professora adjunta do Departamento de História da Universidade Federal Fluminense, sobre "Amas de leite na capital imperial (1870-1888)": <https://www.lege-suff.com.br/karoline-carula>.

57. Marc Ferrez (Rio de Janeiro, 1843 - Rio de Janeiro, 1923) foi um dos pioneiros da fotografia no Brasil. Retratou, com rara técnica, paisagens e os costumes cariocas da segunda metade do século XIX e do início do século XX. Também se dedicou a registrar os indígenas Botocudo no sul da Bahia, os escravizados das fazendas de café do Vale do Paraíba (SP) e panoramas da cidade do Rio de Janeiro. (Fonte: <brasilianafotografica.bn.gov.br>.)

58. Vide conclusão deste livro.

59. Na coleção do IMS o título é *Mulher negra com criança às costas* e a data 1869. Tal alteração no tí-

IMAGENS DA BRANQUITUDE

tulo, sobretudo, prova como esses foram em geral atribuídos, e a posteriori.

60. Para o conceito de convenção, já trabalhado neste livro, vide Ernst Gombrich, *Arte e ilusão*.

61. Maria Helena Machado, Sergio Burgi e eu exploramos essa foto por ocasião da exposição que realizamos na USP chamada Emancipação, Inclusão e Exclusão: Desafios do Passado e do Presente — Fotografias do Acervo do Instituto Moreira Salles (IMS/USP, jun. 2014). Ver também "Sob o olhar fotográfico: Marc Ferrez e o trabalho escravo às vésperas da abolição".

62. Natalia Brizuela, *Fotografia e Império: Paisagens para um Brasil moderno*.

63. Roland Barthes, *A câmara clara*.

64. Jorge Henrique Papf era filho do pintor e fotógrafo Karl Ernest Papf, e sucedeu o pai no estabelecimento de Petrópolis. Dedicou-se ao retrato e à produção de paisagens em cartões-postais. (Fonte: Boris Kossoy, *Dicionário histórico-fotográfico brasileiro*.)

65. Vide Lorna Roth, "Questão de pele: Os cartões Shirley e os padrões raciais que regem a indústria visual".

66. Trataremos com mais detalhes da eugenia no capítulo sobre sabonetes.

67. Vide, por exemplo, Titus Kaphar, *Space to Forget*. 2014. Óleo sobre tela, 64 × 64 cm. Jack Shainman Galery, Nova York; Rosana Paulino. *Tecido social*. 2010. Monotipia colorida e costura sobre tecido, 280 x 300 cm.

68. Walter Benjamin, "A Short History of Photography", p. 7 (tradução nossa).

69. Saidiya Hartman, *Vidas rebeldes, belos experimentos*, p. 47.

70. Tina Campt, "Black Visuality and the *Practice of Refusal*".

71. Homi K. Bhabha, "Signs Taken for Wonders: Questions of Ambivalence and Authority under a Tree outside Delhi, May 1817", p. 162.

72. Tina Campt, *A Black Gaze*, p. 18.

73. Roland Barthes, *A câmara clara*, p. 26.

74. Susan Sontag, *Sobre fotografia*, pp. 180-1.

75. Gilles Deleuze, *Diferença e repetição*, p. 110.

7 | O ESPETÁCULO DOS SABONETES [pp. 235-67]

1. No livro *O espetáculo das raças* tive oportunidade de examinar com mais vagar essas teorias deterministas e sua influência no Brasil.

2. Cesare Lombroso, *L'uomo delinquente*.

3. Leo Spitzer, *Vidas de entremeio*.

4. Saidiya Hartman, *Vidas rebeldes, belos experimentos*, p. 159.

5. Nicolau Sevcenko, *Literatura como missão*.

6. No livro *O espetáculo das raças* tive ocasião de desenvolver com mais vagar as teorias do evolucionismo e do darwinismo racial.

7. bel hooks, "Travelling Theories: Travelling Theorists", p. 162.

8. Pautei parte desse trecho sobre eugenia no verbete que escrevi para o *Dicionário das relações étnico-raciais contemporâneas* (org. de Flávia Rios, Marcio André dos Santos e Alex Ratts), pp. 143-7.

9. Alguns autores insistem numa continuidade do conceito de raça, do que de certa maneira discordo. Sugiro a leitura dos livros de Jean-Frédéric Schaub, *Pour une Histoire politique de la race*; e Francisco Bethencourt, *Racismos: Das Cruzadas ao século XX*.

10. Tzvetan Todorov, *On Human Diversity: Nationalism, Racism, and Exoticism in French Thought*; Lilia Moritz Schwarcz, *O espetáculo das raças*; Nanci Stepan, *The Hour of Eugenics: Race, Gender, and Nation in Latin America*.

11. Michel Foucault, *Em defesa da sociedade* e *Microfísica do poder*.

12. Sueli Carneiro, *A construção do outro como não ser como fundamento do ser*.

13. Rita Cristina C. de Medeiros Couto, "Eugenia, loucura e condição feminina".

14. Daniel J. Kevles, *In the Name of Eugenics: Genetics and the Use of Human Hereditary*.

15. Vide ibid., e Richard Hofstadter, *Social Darwinism in American Thought*.

16. Jeremy Rifkin, *O século da biotecnologia: A valorização dos genes e a reconstrução do mundo*; George Rosen, *Uma história da saúde pública*; Laymert Garcia dos Santos, "Invenção, descoberta e dignidade humana"; Alexandra Minna Stern, "Eugenics, Sterilization, and Historical Memory in the United States".

17. Mariza Corrêa, *Ilusões da liberdade: A escola Nina Rodrigues e a antropologia no Brasil*.

18. Para um ótimo apanhado histórico, ver Andreas Hofbauer, *Uma história de branqueamento ou O negro em questão*.

19. João Batista de Lacerda, "Sur les Métis au Brésil".

20. Voltaremos com mais vagar ao tema e à tela por ele apresentada no próximo capítulo.

21. Sílvio Romero, *História da literatura brasileira*.

22. Vanderlei Sebastião de Souza, *A política biológica como projeto: A "eugenia negativa" e a construção da nacionalidade na trajetória de Renato Kehl (1917-*

NOTAS

-1932); Gabriel Pugliese, *História da dietética: Esboço de uma crítica antropológica da razão bioascética*.

23. Vide excelente livro de Vanderlei Sebastião de Souza, *Em busca do Brasil: Edgard Roquette-Pinto e o retrato antropológico brasileiro* (1905-1935).

24. Renato Kehl, *Aparas eugênicas*.

25. Johannes Fabian, *Time and Others: How Anthropology Makes Its Object*, p. 15.

26. Exemplos utilizados por Vanderlei Sebastião de Souza e Leonardo Dallacqua de Carvalho em "Os genes indesejados: Os debates sobre a esterilização eugênica no Brasil". Sobre o tema, ver também Daniel Florence Giesbrecht e Patrícia Ferraz Matos, "A apropriação do discurso médico-antropológico pelo Poder Legislativo brasileiro: A eugenia como utopia regeneradora na Constituinte de 1934".

27. Vide Vanderlei Sebastião de Souza e Leonardo Dallacqua de Carvalho, "Os genes indesejados".

28. George W. Stocking Jr., *Objects and Others: Essay on Museums and Material Culture*.

29. Em sua *Filosofia da história*, Hegel diz que a África não tem interesse histórico próprio e é um local em que os homens "vivem na barbárie e na selvageria, sem se ministrar nenhum ingrediente da civilização".

30. Sander Gilman, *Difference and Pathology: Stereotypes of Sexuality, Race, and Madness*, p. 45.

31. Donna Haraway, *Primate Visions: Gender, Race, and Nature in the World of Modern Science*, pp. 11-33.

32. George W. Stocking Jr., *Victorian Anthropology*, p. 3; Margarida de Souza Neves, *As vitrines do progresso*.

33. Régis Debray, "Voyage au pays des expositions universelles: Entre Diderot et Disneyland".

34. Relatório de 2 de dezembro de 1862, Museu Mariano Procópio, Juiz de Fora (MG). Vide Lilia Moritz Schwarcz, *As barbas do imperador*.

35. Anne McClintock, *Couro imperial*, pp. 307-40.

36. Eric Hobsbawm, *Industry and Empire: The Birth of the Industrial Revolution*, p. 36.

37. Anne McClintock, *Couro imperial*, pp. 313-4, 316-7.

38. Agradeço à Sonia Balady por me ajudar na pesquisa sobre as propagandas de sabonete e produtos de limpeza. A ideia me veio a partir da leitura do excelente capítulo sobre sabonetes que consta do livro *Couro imperial: Raça, gênero e sexualidade no embate colonial*, de Anne McClintock. Os quatro primeiros exemplos constam também da obra da pesquisadora.

39. No verbete "Nègre", constante do volume 11 da *Enciclopédia*, dirigida por Diderot e D'Alambert, e datado de 1765, já se estabelecem relações da cor da pele com a escravidão e com as atividades mercantis decorrentes. Contudo, com o tempo, o termo virou conceito, e ganhou uma dicção racista. Por outro lado, *white nigger* era a designação que se dava a albinos. Entretanto, estudiosos do século XIX passaram a acreditar que essas pessoas descenderiam de um casal edênico branco, mas que as demais cores de pele presentes no corpo deles corresponderiam a produtos de um cruzamento degenerado. Vide Andrew S. Curran, *The Anatomy of Blackness: Science and Slavery in an Age of Enlightenment*.

40. Segundo Donna Haraway, "a primatologia é […] uma ordem política que funciona pela negociação dos limites alcançados pelo ordenamento das diferenças. […] A primatologia é um discurso ocidental". Donna J. Haraway, *Primate Visions: Gender, Race, and Nature in the World of Modern Science*, pp. 11-2.

41. Anne McClintock, *Couro imperial*, p. 325.

42. Mary Douglas, *Pureza e perigo*, pp. 15 e 50.

43. Ann Laura Stoler, *Carnal Knowledge and Imperial Power*, p. 78, apud Anne MacClintock, *Couro imperial*, p. 84.

44. Para entender a influência da eugenia e do darwinismo social no contexto norte-americano, sugiro o clássico de Richard Hofstadter, *Social Darwinism in American Thought*.

45. Arcadio Díaz-Quiñones, *A memória rota*, p. 190.

46. Carl Friedrich von Martius, "Como se deve escrever a história do Brasil". Tratei mais longamente sobre esse estudo no meu livro *O espetáculo das raças*. Voltarei à obra no próximo capítulo.

47. Trecho final de *O guarani*, de José de Alencar.

48. Adolfo Morales de los Rios Filho, *Grandjean de Montigny e a evolução da arte brasileira*, e José Roberto Teixeira Leite, *Dicionário crítico da pintura no Brasil*.

49. Agradeço ao professor Rafael Cesar e aos alunos do curso Race & Culture in Brazil: Blackness and Whiteness, realizado no primeiro semestre de 2023, por me ajudarem nessa interpretação.

50. As teorias de branqueamento serão tema do capítulo que vem na sequência.

51. O tema será ainda retomado e desenvolvido no capítulo a seguir.

52. Vide, entre outros, Marcos Chor Maio, "A medicina de Nina Rodrigues: Análise de uma trajetória científica".

53. Vide livro de Vanderlei Sebastião de Souza, *Em busca do Brasil: Edgard Roquette-Pinto e o retrato antropológico brasileiro* (1905-1935).

54. Sander Gilman, *Difference and Pathology*, p. 45.

55. Os restos mortais de Baartman só retornaram à África do Sul em 2002, em função de um pedido de Nelson Mandela. Sobre Baartman, vide Luciana da Cruz Brito, *Impressões norte-americanas sobre escravidão, abolição e relações raciais no Brasil escravista*. Voltarei ao caso no capítulo seguinte.

56. Eric Hobsbawm, *A Era do Capital 1848-1875*, p. 286.

57. Anne McClintock, *Couro imperial*, p. 245.

58. John Fletcher Clews Harrison, *The Early Victorians, 1832-1851*, p. 110.

59. A assim chamada PEC das Empregadas é a emenda constitucional que garantiu direitos trabalhistas aos trabalhadores domésticos. Apesar de a aprovação do projeto ter se dado em 2013, cresceu o número de informais no período. Esse foi o último setor a ter seus direitos regularizados no Brasil.

60. Anne McClintock, *Couro imperial*, p. 255.

61. Cida Bento, *O pacto da branquitude*.

62. Agradeço a Lais Myrrha pela sugestão da epígrafe que abre esse capítulo e pela lembrança desse belo e forte trabalho de Raphael Escobar, o qual fez parte da exposição Contramemória, aberta no Theatro Municipal de São Paulo em abril de 2022, e que contou com a curadoria de Jaime Lauriano, Pedro Meira Monteiro e minha.

8 | O NACIONALISMO BRASILEIRO TEM COR [pp. 269-313]

1. José Murilo de Carvalho explorou de modo pioneiro o uso simbólico e nacionalista dessa obra no livro *A formação das almas*. Não se dedicou, porém, às questões de raça e gênero que atravessam a pintura; tema mobilizado nesta minha interpretação.

2. Tratei desse tema no livro *As barbas do imperador*.

3. Isabel Sanson Portella, "Apresentando a pátria".

4. No livro *O sequestro da Independência*, que escrevi em parceria com Carlos Lima Junior e Lúcia Stumpf, analisamos o papel que a tela *Independência ou morte!*, de Pedro Américo, teve e tem na construção do imaginário brasileiro.

5. Eric Hobsbawm, *Nações e nacionalismo desde 1780*.

6. Ernest Gellner, *Thought and Change*.

7. Benedict Anderson, *Comunidades imaginadas*.

8. Frantz Fanon, *The Wretched of the Earth*, p. 30.

9. José Murilo de Carvalho, *A formação das almas: O imaginário da República no Brasil*; Heloisa Murgel Starling, *Ser republicano no Brasil Colônia: A história de uma tradição esquecida*.

10. No livro *Brasil, uma biografia*, Heloisa Starling e eu tivemos oportunidade de desenvolver melhor a crise que envolveu o primeiro presidente republicano brasileiro.

11. Carl Friedrich Phillip von Martius, "Como se deve escrever a história do Brasil".

12. Oliveira Viana, *Raça e assimilação*.

13. Sobre o tema vide, entre outros, Michael Baxandall, *Padrões de intenção* e *Sombras e luzes*.

14. Janice Theodoro da Silva, *São Paulo 1554-1880: Discurso ideológico e organização espacial*.

15. Documento conservado no acervo da Pinacoteca de São Paulo.

16. Para Adolfo Augusto Pinto, ler sua autobiografia chamada *Minha vida: Memórias de um engenheiro paulista*.

17. Richard M. Morse, *De comunidade a metrópole: Biografia de São Paulo*; Fraya Frehse, *O tempo das ruas na São Paulo de fins do Império*.

18. Apud Carlos Rogério Lima Junior, *Marianne à brasileira: Imagens republicanas e os dilemas do passado imperial*.

19. Para a obra de Almeida Júnior, vide Fernanda Mendonça Pitta, *Um povo pacato e bucólico: Costume, história e imaginário na pintura de Almeida Júnior*; Elaine Dias, *Almeida Júnior*; Maria Cecília França Lourenço (Org.), *Almeida Júnior: Um criador de imaginários*; Luciano Migliaccio, "A arte no Brasil entre o Segundo Reinado e a Belle Époque"; Daniela Carolina Perutti, *Almeida Júnior, gestos feitos de tinta*.

20. Gilda de Mello e Souza, "Pintura brasileira contemporânea: Os precursores", p. 225.

21. Ernani da Silva Bruno, *Histórias e tradições da cidade de São Paulo*.

22. Sobre o tema da domesticidade dos animais, vide Robert Darnton, *O grande massacre de gatos e outros episódios da história cultural francesa*.

23. Natália Cristina de Aquino Gomes, "*Cena de família* de Adolfo Augusto Pinto: Um estudo sobre o retrato coletivo de Almeida Júnior".

24. Natália Cristina de Aquino Gomes acredita que Águeda seria a menina representada ao lado da mãe. Vide "Cena de família de Adolfo Augusto Pinto: Um estudo sobre o retrato coletivo de Almeida Júnior".

25. Vide Adolfo Augusto Pinto, *Minha vida*, p. 21.

26. Vide Jean Starobinski, *1789*, pp. 77-9. Tratei da obra também no meu livro *O sol do Brasil*.

27. Anne McClintock, *Couro imperial*, p. 157.

28. Vide Shearer West, *Portraiture*.

29. Vide Maria Ângela D'Incao, "Mulher e família burguesa".

NOTAS

30. Vide Adolfo Augusto Pinto, *Minha vida*, p. 21; e documento de doação: Carta de Vera Hermanny de Oliveira Coutinho, Núcleo de Gestão Documental do Acervo da Pinacoteca de São Paulo. No momento de doação da obra à Pinacoteca, a neta do engenheiro, Vera Hermanny de Oliveira Coutinho, ofereceu a mesma referência.

31. A frase é de Luciano Migliaccio, "A arte no Brasil entre o Segundo Reinado e a Belle Époque", pp. 204 e 206. Vide também trabalho de Elaine Dias, *Almeida Júnior*, p. 50.

32. Sobre a concubinagem vide Ann Laura Stoler, *Carnal Knowledge and Imperial Power*.

33. José Paulo Paes, "Canaã: O horizonte racial".

34. "O seu número (dos brancos) tende a aumentar, ao passo que os índios e os negros puros tendem a diminuir [...] O mestiço, que é a genuína formação histórica brasileira, ficará só diante do branco puro, com o qual se há de, mais cedo ou mais tarde, confundir", escreve Romero, apud Nina Rodrigues, *As raças humanas e a responsabilidade penal no Brasil*, p. 128.

35. Oliveira Viana, *Raça e assimilação*.

36. No livro *O espetáculo das raças* tive oportunidade de discorrer com mais profundidade sobre essas teorias.

37. Vide, entre outros, Agnes Lugo-Ortiz e Angela Rosenthal (Orgs.), *Slave Portraiture in the Atlantic World*; Vanessa R. Schwartz e Jeannene M. Przyblyski (Orgs.), *The Nineteenth-Century Visual Culture Reader*.

38. Angela Alonso, *Flores, votos e balas: O movimento abolicionista brasileiro (1868-1888)*.

39. Agradeço ao professor Rafael Cesar por essa sugestão.

40. Wlamyra Albuquerque, "Movimentos sociais abolicionistas".

41. Sidney Chalhoub, *Visões da liberdade*.

42. Clifford Geertz, *A interpretação das culturas*.

43. Para excelente visão dessas teorias, vide Andreas Hofbauer, *Uma história de branqueamento ou O negro em questão*.

44. Cf. Lilia Moritz Schwarcz, "Previsões são sempre traiçoeiras: João Baptista de Lacerda e seu Brasil branco". Lacerda foi apoiado por seu assistente de pesquisa: o então jovem antropólogo Roquette-Pinto.

45. A discussão que se segue é apoiada no artigo que publiquei junto com Tatiana H. P. Lotierzo, "Raça, gênero e projeto branqueador", e no excelente livro de Tatiana Lotierzo, *Contornos do (in)visível: Racismo e estética na pintura brasileira (1850-1940)*.

46. Lilia Moritz Schwarcz, "Previsões são sempre traiçoeiras".

47. J. B. Lacerda, *O Congresso Universal das Raças reunido em Londres (1911): Apreciação e comentários*, p. 2.

48. Sobre esse conceito, cf. Richard Miskolci, *O desejo da nação: Masculinidade e branquitude no Brasil de fins do XIX*.

49. João Batista de Lacerda, "Sur le Métis au Brésil", pp. 18-9.

50. Giralda Seyferth, "A antropologia e a teoria do branqueamento da raça no Brasil: A tese de João Baptista de Lacerda".

51. Tatiana Lotierzo, *Contornos do (in)visível*.

52. João Batista de Lacerda, "Sur le Métis au Brésil".

53. Vide Tatiana H. P. Lotierzo e Lilia Moritz Schwarcz, "Raça, gênero e projeto branqueador".

54. Werner Sollors, *Neither Black nor White yet Both: Thematic Explorations of Interracial Literature*; David M. Goldenberg, *The Curse of Ham: Race and Slavery in Early Judaism, Christianity, and Islam*; Andreas Hofbauer, *Uma história do branqueamento ou O negro em questão*.

55. Richard Miskolci, *O desejo da nação*.

56. George W. Stocking Jr., *Victorian Anthropology*; Giralda Seyferth, "A antropologia e a teoria do branqueamento da raça no Brasil"; Thomas E. Skidmore, *Preto no branco: Raça e nacionalidade no pensamento brasileiro*; Lilia Moritz Schwarcz, *Retrato em negro e branco: Jornais, escravos e cidadãos em São Paulo no final do século XIX*, p. 25; Antonio Sérgio Guimarães, *Racismo e antirracismo no Brasil*; Mariza Corrêa, *Ilusões da liberdade*.

57. Laura Moutinho, *Razão, "cor" e desejo*.

58. Sander L. Gilman, "Black Bodies, White Bodies: Toward an Iconography of Female Sexuality in Late Nineteenth-Century Art, Medicine, and Litterature".

59. Para uma reflexão sobre a história de Baartman, cf. Z. S. Strother, "Display of the Body Hottentot".

60. Griselda Pollock, "A Tale of Three Women: Seeing in the Dark, Seeing Double, at least, with Manet", p. 287.

61. bell hooks, "The Oppositional Gaze", pp. 122-3.

62. Cf. M. C. Massé, *Modesto Brocos: Artistas galegos*, apud Tatiana Lotierzo, *Contornos do (in)visível*.

63. Diego Angeli, *Le cronache del "Caffè Greco"*; Camila Dazzi, *Relações Brasil-Itália na arte do Segundo Oitocentos: Estudo sobre Henrique Bernardelli (1880-1890)*.

64. Vide Modesto Brocos, *A questão do ensino de Belas Artes: Seguido de crítica sobre a direção Bernardelli e justificação do autor.*

65. Cf. ibid. O filósofo Hippolyte Taine foi professor da Escola de Belas-Artes de Paris. Era autor de *Philosophie de l'art.*

66. Tatiana Lotierzo, *Contornos do (in)visível.*

67. Para análises comparativas entre *A redenção de Cam, Negra* e *A quitandeira*, cf. Rodrigo Naves, "Almeida Júnior: O sol no meio do caminho"; Maria Cecília França Lourenço, "Debates e posturas: Tempo humano"; e Daniela Carolina Perutti, "Considerações sobre a representação do negro na obra de Almeida Júnior".

68. Para essa tela, vide belo ensaio de Roberto Conduru, "Mandinga, ciência e arte: religiões afro-brasileiras em Modesto Brocos, Nina Rodrigues e João do Rio".

69. Albert Boime, *The Art of Exclusion: Representing Blacks in the Nineteenth Century.*

70. Tatiana Lotierzo e Lilia Moritz Schwarcz, "Raça, gênero e projeto branqueador".

71. John Gage, *Color and Meaning: Art, Science, and Symbolism.*

72. Tatiana Lotierzo, *Contornos do (in)visível.*

73. Jennie S. Knight, *Feminist Mysticism and Images of God: A Practical Theology*, pp. 122-4. Vide também Juliana Beatriz Almeida de Souza, "Mãe negra de um povo mestiço: Devoção a Nossa Senhora Aparecida e identidade nacional".

74. Lilia Moritz Schwarcz, *Lima Barreto: Triste visionário.*

75. Hélio de Seixas Guimarães, *Machado de Assis, o escritor que nos lê.*

76. Virgínia Leone Bicudo, *Atitudes raciais de pretos e mulatos em São Paulo.*

77. Euclides da Cunha, *À margem da história.*

78. Vide, entre outros livros, Vanderlei Sebastião de Souza, *Em busca do Brasil.* Interessante destacar como o mais recente Censo do IBGE, de 2022, mostrou o predomínio da população parda sobre a branca.

79. Lilia Moritz Schwarcz, *O espetáculo das raças.*

80. *O lar feliz*, em Nicolau Sevcenko (Org.), *História da vida privada no Brasil 3*, pp. 7-8.

81. Afrânio Peixoto, *Eunice ou A educação da mulher*, p. 279.

82. Vide excelente artigo de Marina Maluf e Maria Lúcia Mott, "Recônditos do mundo feminino".

83. Clóvis Beviláqua, *Direito da família.*

84. Marina Maluf e Maria Lúcia Mott, "Recônditos do mundo feminino", p. 386. Vale destacar que essa exigência de uma imutabilidade nos comportamentos femininos, tanto na esfera doméstica como fora dela, era difícil de ser preservada em contextos de acelerado processo de urbanização. Mesmo assim, o direito ao voto feminino só foi estabelecido em 1932.

85. Renato Kehl, *Como escolher uma boa esposa?*, p. 42.

86. *Revista Feminina*, out. 1924, Acervo Fundação Biblioteca Nacional.

87. Homi K. Bhabha (Org.), *Nation and Narration*, p. 1.

88. Vide Susan Buck-Morss, *The Dialectics of Seeing: Walter Benjamin and the Arcades Project*, p. 67.

89. Anne McClintock, *Couro imperial*, p. 526.

90. Texto do anúncio: "A boa mesa prende em casa os maridos. Retenha em casa seu marido. Prepare-lhe um jantar gostoso. Os fogões General Electric permitem fazer higiênica, econômica e rapidamente os pratos mais complicados. A cozinha elétrica, asseada, moderna e eficiente, conserva nos alimentos todo o seu valor nutritivo e dá-lhes o melhor sabor, pois os fogões GE mantêm uma temperatura sempre constante e regulável. Empreste ao seu lar um novo encanto com o emprego dos fogões General Electric".

91. Nicolau Sevcenko (Org.), *História da vida privada no Brasil 3*, pp. 585-6.

92. Antonio Candido, "Dialética da malandragem".

93. Roberto DaMatta, *Carnavais malandros e heróis: Para uma sociologia do dilema brasileiro.*

94. Sobre Política de Boa Vizinhança, vide Antonio Pedro Tota, *O imperialismo sedutor: A americanização do Brasil na época da Segunda Guerra.* Vide também Lilia Moritz Schwarcz e Heloisa M. Starling, *Brasil, uma biografia.*

95. Sobre Zé Carioca, vide Ruy Castro, "Nascido no Copacabana Palace, Zé Carioca completa 70 anos".

96. A expressão é de Camila Ferreira. Vide Camila Manduca Ferreira, "Zé Carioca: Um papagaio na periferia do capitalismo".

97. Nicolau Sevcenko (Org.), *História da vida privada no Brasil 3*, p. 609.

98. Em Roberto Moura, *Tia Ciata e a Pequena África no Rio de Janeiro*, p. 90.

99. Para o funcionamento da piada vide, entre outros, Clifford Geertz, *A interpretação das culturas*; Sigmund Freud, *El chiste y su relación con lo inconsciente.*

100. Vide artigo de Esther Império Hamburger, "Diluindo fronteiras: As telenovelas no cotidiano".

101. Para uma brilhante análise do conceito, vide Silvio Almeida, *Racismo estrutural.*

102. Frantz Fanon, *The Wretched of the Earth*, p. 35.

NOTAS | **385**

103. Ver Manuela Carneiro da Cunha, *Negros estrangeiros: Os escravos libertos e sua volta à África*; Sylvia Caiuby Novaes, *Jogo de espelhos: Imagens da representação de si através dos outros*; Lilia Moritz Schwarcz, Brasilio João Sallum Jr., Diana Gonçalves Vidal e Afrânio Mendes Catani (Orgs.), *Identidades*.

104. Chimamanda Ngozi Adichie, *Americanah*.

105. Benedict Anderson, *Comunidades imaginadas*.

106. Ernest Gellner, *Thought and Change*.

107. Cynthia Enloe, *Bananas, Beaches and Bases: Making Feminist Sense of International Politics*, p. 44.

QUASE CONCLUSÃO [pp. 315-57]

1. Ernst H. Gombrich, *Arte e ilusão*, pp. 70-1.

2. Ibid., p. 73.

3. Alberto Manguel, *Lendo imagens: Uma história de amor e ódio*.

4. Heinrich Wölfflin, *Conceitos fundamentais da história da arte*.

5. Aby Warburg, *A presença do antigo* e *Histórias de fantasma para gente grande*.

6. Alberto Manguel, *Lendo imagens*, p. 27.

7. Sylvia Caiuby Novaes, "Imagem, magia e imaginação: Desafios ao texto antropológico".

8. Lilia Moritz Schwarcz, "Sobre as imagens: Entre a convenção e a ordem" e "Imagens da escravidão: O outro do outro (séc. XVI ao XIX)".

9. Florestan Fernandes, *A integração do negro na sociedade de classes*.

10. Vide Carlos Julião, *Riscos iluminados de figurinhos de negros e brancos dos usos do Rio de Janeiro e Serro Frio*; Silvia Escorel, *Vestir poder e poder vestir: O tecido social e a trama cultural nas imagens do traje negro*; Silvia Hunold Lara, *Fragmentos setecentistas: Escravidão, cultura e poder na América portuguesa*; Maria Manuela Tenreiro, *Military Encounters in the 18th Century: Racial Representations in the Work of Carlos Julião and Colonial Discourse in the Portuguese Empire*.

11. As obras de Julião foram coletadas apenas em 1960 no catálogo *Riscos iluminados de figurinhos de negros e brancos dos usos do Rio de Janeiro e Serro Frio*, que incluiu registros de todas as andanças do militar.

12. Para um excelente apanhado sobre a história e a obra de Guillobel, vide dissertação de Eneida Maria Mercadante, *Desvendando figurinhas: Um olhar histórico para as aquarelas de Guillobel*.

13. Chamberlain prosseguiu em sua carreira militar, tendo servido como capitão na Nova Zelândia e nas ilhas Bermudas.

14. Luciano Migliaccio, *Arte do século XIX: Mostra do Redescobrimento*.

15. No livro *O sol do Brasil* tive oportunidade de desenvolver bem mais essa questão.

16. Analisei a foto no verbete para a antologia *Histórias brasileiras*, pp. 575-6.

17. Carlo Ginzburg, "De A. Warburg a E. H. Gombrich: Notas sobre um problema de método", em *Mitos, emblemas, sinais: Morfologia e história*.

18. Ariella Azoulay, "Desaprendendo as origens da fotografia".

19. Id., *The Civil Contract of Photography* e *Civil Imagination: A Political Ontology of Photography*.

20. Amanda de Almeida Oliveira, *A documentação museológica como suporte para comunicação com o público: A cadeirinha de arruar do Museu de Arte da Bahia*.

21. Explorei mais os sentidos dessa série no meu livro com o artista, *Dalton Paula: O sequestrador de almas*.

22. Para um maior desenvolvimento, vide Letícia Vidor de Souza Reis, "A 'aquarela do Brasil': Reflexões preliminares sobre a construção nacional do samba e da capoeira".

23. Vide Juliana Beatriz Almeida de Souza, "Mãe negra de um povo mestiço".

24. Sobre o tema, vide análise de Peter Fry, "Feijoada e *soul food*: Notas sobre a manipulação de símbolos étnicos e nacionais", em *Para inglês ver*, que revela como a utilização da comida de escravos nos Estados Unidos passou por um processo diametralmente oposto. Vide também livro de minha autoria: *Nem preto nem branco, muito pelo contrário*.

25. Hanna Arendt, *Origens do totalitarismo*, p. 332.

26. Arthur Ramos, *O negro brasileiro* (1934). Vide também os trabalhos de Donald Pierson, *Brancos e pretos na Bahia: Estudo de contato racial*, e Marvin Harris, *Patterns of Race in the Americas*. Para uma visão mais completa sobre a gênese dessa ideia, sobretudo em Arthur Ramos, vide Maria José Campos, *Arthur Ramos — Luz e sombra na antropologia brasileira: Uma versão da democracia racial no Brasil nas décadas de 1930 e 1940*. Para uma visão geral: Antonio Sérgio Guimarães, *Classes, raças e democracia*.

27. Para a difusão do lusotropicalismo no contexto africano, vide Omar Ribeiro Thomaz, *Ecos do Atlântico Sul: Representações sobre o terceiro império português*.

28. Para um desenvolvimento maior do tema, sugiro a leitura do trabalho de Thomas E. Skidmore, *Preto no branco*; e para um balanço, meu livro *O espetáculo das raças*.

29. Gilberto Freyre, *Casa-grande & senzala*, p. 47.
30. Ibid., p. 50.
31. Ibid., p. 51.
32. Gilberto Freyre, *Açúcar: Uma sociologia do doce*.
33. Id., *Casa-grande & senzala*, p. 444.
34. Vide Ricardo Benzaquen de Araújo, *Guerra e paz: Casa-grande & senzala e a obra de Gilberto Freyre nos anos 30*.
35. Gilberto Freyre, *O mundo que o português criou*, p. 18.
36. Ibid., p. 23.
37. Gilberto Freyre, *Interpretação do Brasil*, p. 235.
38. Id., *Novo Mundo nos trópicos*. Freyre consumiria mais de trinta anos desenvolvendo suas teses e as exportando para o exterior a partir da concepção de lusotropicalismo.
39. Florestan Fernandes, *A integração do negro na sociedade de classes*, v. 1.
40. Vide Alfredo Bosi, "Situação de Macunaíma"; André Botelho, *De olho em Mário de Andrade*.
41. Mário de Andrade, *Macunaíma, o herói sem nenhum caráter*, pp. 37-8.
42. Alfredo Bosi, "Situação de Macunaíma", p. 177.
43. Ibid. Vale lembrar a definição que Mário de Andrade dá a Aleijadinho: "Mas abrasileirando a coisa lusa, lhe dando graça, delicadeza e dengue na arquitetura, por outro lado, mestiço, ele vagava no mundo. Ele reinventava o mundo. O Aleijadinho lembra tudo! [...] Uma enorme irregularidade vagamunda, que seria diletante mesmo, si não fosse a força de convicção impressa nas suas obras imortais. É um mestiço, mais que um nacional. Só é brasileiro porque, meu Deus! aconteceu no Brasil". Mário de Andrade, "O Aleijadinho", p. 37.
44. Alfredo Bosi, "Situação de Macunaíma", p. 178.
45. Kabengele Munanga, *Rediscutindo a mestiçagem no Brasil: Identidade nacional versus identidade negra*.
46. Marcio Goldman, *Outras histórias: Ensaios sobre a composição de mundos na América e na África*, e Laura Moutinho, *Razão, "cor" e desejo*.
47. Marcos Chor Maio, "O Projeto Unesco e a agenda das ciências sociais no Brasil dos anos 40 e 50"; "O Projeto Unesco: Ciências sociais e o 'credo racial brasileiro'".
48. Vale destacar como Darcy Ribeiro nos anos 1960, e na década de 1980, também advogou a ideia de mestiçagem. Mas sem negar as especificidades regionais, educacionais e sociais que divi-

diam a sociedade brasileira. Vide, entre outros, *O povo brasileiro: A formação e o sentido do Brasil*.
49. A lei municipal n. 11995 foi promulgada em 16 de janeiro de 1996. Plaquetas desse tipo ainda podem ser vistas no hall de entrada de uma série de edifícios.
50. Vide Manuela Carneiro da Cunha, *Negros estrangeiros*, e Kwame Anthony Appiah, "Identidade como problema".
51. No Brasil a obra foi publicada pela Laemmert, do Rio de Janeiro. Na Inglaterra saiu em 1916 pela Simpkin, Marshall, Hamilton, Kent & Co. de Londres, com o título *The Black Princess and Other Fairy Tales from Brazil* e a tradução creditada a Christie T. Young.
52. Para excelente perfil da escritora, vide Maria de Lourdes Eleutério, *De esfinges e heroínas: A condição da mulher letrada na transição do fim do século*.
53. Chrysanthème, *The Black Princess and Other Fairy Tales from Brazil*, pp. 149-60.
54. Informação institucional da própria empresa.
55. Vide site Ana Caldatto: <https://anacaldatto.blogspot.com/>.
56. Amelia S. Simpson, *Xuxa: The Mega-Marketing of Gender, Race, and Modernity*.
57. Françoise Vergès, *Decolonizar o museu*.
58. Michel-Rolph Trouillot, apud Françoise Vergès, *Decolonizar o museu*.
59. Georges Didi-Huberman, *Diante do tempo*.
60. Ariella Azoulay, *The Civil Contract of Photography*.
61. Fernando Pessoa, "D. Tareja", em *Mensagem*.
62. Ernst H. Gombrich, *Arte e ilusão*, p. 7.
63. Sidney W. Mintz e Richard Price, *O nascimento da cultura afro-americana: Uma perspectiva antropológica*.
64. Toni Morrison, *Amada*.
65. Pierre Nora, "La Mémoire collective".
66. Apud Carlo Ginzburg, *Mitos, emblemas, sinais*, p. 47.
67. Toni Morrison, *Amada*, p. 266.
68. Alberto Manguel, *Lendo imagens*, p. 21.
69. Em Judith Butler e Gayatri Chakravorty Spivak, *Quem canta o Estado-nação: Língua, política e pertencimento*, p. 51.
70. Kehinde Andrews, *A nova Era do Império: Como o racismo e o colonialismo ainda dominam o mundo*.
71. Sueli Carneiro, Lia Vainer Schucman e Ana Paula Lisboa, "Alianças possíveis e impossíveis entre brancos e negros para equidade racial", p. 64.

REFERÊNCIAS BIBLIOGRÁFICAS

ABREU, Regina; CHAGAS, Mário (Orgs.). *Memória e patrimônio: Ensaios contemporâneos.* Rio de Janeiro: Lamparina, 2009.

ABREU, Regina; CHAGAS, Mário de Souza; SANTOS, Myrian Sepúlveda dos (Orgs.). *Museus, coleções e patrimônios: Narrativas polifônicas.* Rio de Janeiro: Garamond; MinC/Iphan/DEMU, 2007.

ADES, Dawn. *Photomontage.* Londres: Thames & Hudson, 2023.

ADICHIE, Chimamanda Ngozi. *O perigo de uma história única.* São Paulo: Companhia das Letras, 2019.

ALBERTO, Paulina. "Pity: A Palimpsest on Dispossession and Abandonment". The Visual Afterlife of Slavery. Disponível em: <https://afterlives.hum.uchicago.edu/violence-and-injury/>.

_____. *Black Legend: The Many Lives of Raúl Grigera and the Power of Racial Storytelling in Argentina.* Cambridge: Cambridge University Press, 2022.

_____; ELENA, Eduardo (Orgs.). *Rethinking Race in Modern Argentina.* Nova York; Cambridge: Cambridge University Press, 2016.

ALBUQUERQUE, Wlamyra. "Movimentos sociais abolicionistas". In: SCHWARCZ, Lilia Moritz; GOMES, Flávio dos Santos (Orgs.). *Dicionário da escravidão e liberdade.* São Paulo: Companhia das Letras, 2018. pp. 328-33.

ALENCAR, José de. *O guarani.* São Paulo: Ática, 1994.

ALENCASTRO, Luiz Felipe de. "Epílogo". In: _____ (Org.). *História da vida privada no Brasil 2.* São Paulo: Companhia das Letras, 1997. pp. 439-40.

_____. *O trato dos viventes: Formação do Brasil no Atlântico Sul.* São Paulo: Companhia das Letras, 2000.

ALMEIDA, Silvio. *Racismo estrutural.* São Paulo: Jandaíra, 2019.

ALONSO, Angela. *Joaquim Nabuco.* São Paulo: Companhia das Letras, 2007.

_____. *Flores, votos e balas: O movimento abolicionista brasileiro (1868-1888).* São Paulo: Companhia das Letras, 2015.

ALPERS, Svetlana. *The Art of Describing: Dutch Art in the Seventeenth Century.* Chicago: University of Chicago Press, 1984.

_____. *A arte de descrever: A arte holandesa no século XVII.* São Paulo: Edusp, 1999.

_____; BAXANDALL, Michael. *Tiepolo and the Pictorical Intelligence.* New Haven: Yale University Press, 1996.

ALVES, Caleb Faria. *Benedito Calixto e a construção do imaginário republicano.* Bauru: Edusc, 2003.

AMORIM, Felipe; MADEIRO, Carlos. "Brasil tem a 8ª pior desigualdade de renda e supera só países africanos". UOL, 15 dez. 2020. Disponível em: <https://noticias.uol.com.br/internacional/ultimas-noticias/2020/12/15/brasil-tem-a-8-pior-desigualdade-de-renda-e-supera-so-paises-africanos.htm>.

ANCHIETA, Isabelle. *Imagens da mulher no Ocidente moderno.* São Paulo: Edusp, 2019.

ANDERSON, Benedict. *Comunidades imaginadas: Reflexões sobre a origem e a difusão do nacionalismo.* São Paulo: Companhia das Letras, 2008.

ANDRADE, Mário de. "O Aleijadinho". In: _____. *Aspectos das artes plásticas no Brasil.* São Paulo: Martins, 1965. pp. 13-46.

_____. *Macunaíma, o herói sem nenhum caráter.* São Paulo: Penguin-Companhia, 2016.

ANDREWS, Kehinde. *A nova Era do Império: Como o racismo e o colonialismo ainda dominam o mundo.* São Paulo: Companhia das Letras, 2023.

ANGELI, Diego. *Le cronache del "Caffè Greco".* Roma: Bulzoni, 2001.

ARANTES, Antonio Augusto (Org.). *Produzindo o passado: Estratégias de construção do patrimônio cultural.* São Paulo: Brasiliense, 1984.

ARAUJO, Ana Lucia. *Public Memory of Slavery: Victims and Perpetrators in the South Atlantic.* Amherst: Cambria Press, 2010.

_____. *Museums and Atlantic Slavery.* Londres: Routledge, 2021.

ARAÚJO, Ricardo Benzaquen de. *Guerra e paz: Casa-grande & senzala e a obra de Gilberto Freyre nos anos 30.* São Paulo: Editora 34, 1994.

ARENDT, Hannah. *Origens do totalitarismo: Antissemitismo, imperialismo, totalitarismo.* São Paulo: Companhia das Letras, 2013.

ARIÈS, Philippe. *História social da criança e da família.* São Paulo: LTC, 1981.

ARIZA, Marília B. A. "Crianças/Ventre Livre". In: SCHWARCZ, Lilia Moritz; GOMES, Flávio dos Santos (Orgs.). *Dicionário da escravidão e liberdade.* São Paulo: Companhia das Letras, 2018. pp. 169-75.

_____. *Mães infames, filhos venturosos: Trabalho, pobreza, escravidão e emancipação no cotidiano de São Paulo (século XIX).* São Paulo: Alameda, 2020.

ATKINSON, David; COSGROVE, Denis. "Urban Rhetoric and Embodied Identities: City, Nation and Empire at the Vittorio Emanuele II Monument in Rome, 1870-1945". *Annals of the Association of American Geographers*, Washington, v. 88, n. 1, pp. 28-49, 1998.

AZARYAHU, Maoz. "The Power of Commemorative Street Names". *Environment and Planning D: Society and Space*, Londres, v. 14, n. 3, pp. 311-30, 1996.

AZOULAY, Ariella. *Civil Imagination: A Political Ontology of Photography*. Londres: Verso, 2012.

_____. *The Civil Contract of Photography*. Nova York: Zone, 2012.

_____. "Desaprendendo as origens da fotografia". *Zum*, n. 17, 29 out. 2019.

BADINTER, Elisabeth. *Um amor conquistado: O mito do amor materno*. Rio de Janeiro: Nova Fronteira, 2018.

BALADY, Sonia Umburanas. *Valério Vieira: Um dos pioneiros da experimentação fotográfica no Brasil*. São Paulo: USP, 2012. Dissertação de Mestrado.

BANDEIRA, Júlio; LAGO, Pedro Corrêa do. *Debret e o Brasil: Obra completa 1816-1831*. Rio de Janeiro: Capivara, 2010.

BARNES, Jerome Randall. *Giovanni Battista Ramusio and the History of Discoveries: An Analysis of Ramusio's Commentary, Cartography and Imagery in* Delle navigationi et viaggi. Arlington: University of Texas, 2007.

BARTHES, Roland. *A câmara clara: Nota sobre fotografia*. Rio de Janeiro: Nova Fronteira, 1984.

BASKETT, John. *The Horse in Art*. New Haven: Yale University Press, 2006.

BATISTA, Marta Rossetti. *Bandeiras de Brecheret: História de um monumento, 1920-1953*. São Paulo: Imprensa Oficial, 1985.

BAXANDALL, Michael. *Sombras e luzes*. São Paulo: Edusp, 1997.

_____. *Padrões de intenção: A explicação histórica dos quadros*. São Paulo: Companhia das Letras, 2006.

BEIGUELMAN, Giselle. *Memória da amnésia: Políticas do esquecimento*. São Paulo: Edições Sesc, 2019.

BELLUZZO, Ana Maria de Moraes. *Imaginário do Novo Mundo*. São Paulo: Metalivros/Fundação Odebrecht, 1994.

BENJAMIN, Walter. "A Short History of Photography". *Screen*, v. 13, n. 1, pp. 5-26, 1972.

BENTO, Cida. *Pactos narcísicos no racismo: Branquitude e poder nas organizações empresariais e no poder público*. São Paulo: USP, 2002. Tese de Doutorado.

_____. "Branqueamento e branquitude no Brasil". In: _____; CARONE, Iray (Orgs.). *Psicologia social do racismo: Estudos sobre branquitude e branqueamento no Brasil*. Petrópolis: Vozes, 2017. pp. 25-58.

_____. *O pacto da branquitude*. São Paulo: Companhia das Letras, 2022.

BETHENCOURT, Francisco. *Racismos: Das Cruzadas ao século XX*. São Paulo: Companhia das Letras, 2018.

BEVILÁQUA, Clóvis. *Direito da família*. Rio de Janeiro: R.M. Costa, 1910.

BHABHA, Homi. "Signs Taken for Wonders: Questions of Ambivalence and Authority under a Tree outside Delhi, May 1817". In: BARKER, Francis et al. (Orgs.). *Europe and Its Others*, v. II. Essex: University of Essex, 1985. pp. 144-65.

_____. *O local da cultura*. Belo Horizonte: Editora UFMG, 2018.

_____ (Org.). *Nation and Narration*. Londres: Routledge, 1990.

BICUDO, Virgínia Leone. *Atitudes raciais de pretos e mulatos em São Paulo*. São Paulo: Editora Sociologia e Política, 2010.

BOESEMAN, Marinus. *A Portrait of Dutch 17th Century Brazil: Animals, Plants, and People by the Artists of Johan Maurits of Nassau*. Amsterdam: Elsevier, 1980.

BOIME, Albert. *The Academy and French Painting in the Nineteenth Century*. Nova York: Phaidon Press, 1970.

_____. *Art in an Age of Revolution, 1750-1800*. Chicago: University of Chicago Press, 1990.

_____. *The Art of Exclusion: Representing Blacks in the Nineteenth Century*. Washington: Smithsonian Institution Press, 1990.

_____. *Art in an Age of Bonapartism, 1800-1815*. Chicago: University of Chicago Press, 1993.

BORBA, Andressa Cristina Gerlach. "Análise da pintura *Los tres mulatos de Esmeraldas* (1599), de Andrés Sánchez Gallque". *V Encontro de Pesquisas Históricas* (EPHIS), PUCRS, Porto Alegre, 2018.

BORGES, Jorge Luis. "Do rigor na ciência". In: _____. *História universal da infâmia*. São Paulo: Companhia das Letras, 2008. p. 145.

BOSI, Alfredo. "Situação de Macunaíma". In: _____. *Céu, inferno: Ensaios de crítica literária e ideológi-*

REFERÊNCIAS BIBLIOGRÁFICAS

ca. São Paulo: Duas Cidades; Editora 34, 2003. pp. 187-207.

BOTELHO, André. *De olho em Mário de Andrade*. São Paulo: Claro Enigma, 2012.

BRAH, Avtar. "Diferença, diversidade, diferenciação". *Cadernos Pagu*, Campinas, n. 26, pp. 329-76, 2006.

BRANCO, Renato Castelo. *Domingos Jorge Velho e a presença paulista no Nordeste*. São Paulo: T. A. Queiroz, 1990.

BREFE, Ana Claudia Fonseca. *O Museu Paulista: Affonso de Taunay e a memória nacional*. São Paulo: Editora Unesp, 2005.

BROC, Numa. *La Géographie de la Renaissance (1420--1620)*. Paris: Bibliothèque Nationale, 1980.

BROCOS, Modesto. *A questão do ensino de Belas Artes: Seguido de crítica sobre a direção Bernardelli e justificação do autor*. Rio de Janeiro: [s.n.], 1915.

BRUNO, Ernani Silva. *Histórias e tradições da cidade de São Paulo*. São Paulo: Hucitec, 1984.

BUCK-MORSS, Susan. *The Dialectics of Seeing: Walter Benjamin and the Arcades Project*. Cambridge: MIT Press, 1991.

_____. "Hegel e Haiti". *Novos Estudos Cebrap*, São Paulo, n. 90, pp. 131-71, 2011.

BUENO, Winnie. *Imagens de controle: Um conceito do pensamento de Patricia Hill Collins*. Porto Alegre: Zouk, 2020.

BURKE, Peter. *Testemunha ocular: O uso de imagens como evidência*. São Paulo: Editora Unesp, 2017.

BUTLER, Judith. *Problemas de gênero: Feminismo e subversão da identidade*. Rio de Janeiro: Civilização Brasileira, 2003.

_____; SPIVAK, Gayatri Chakravorty. *Quem canta o Estado-nação: Língua, política e pertencimento*. Brasília: Editora UnB, 2018.

CAMÕES, Luís de. *Os lusíadas*. Rio de Janeiro: Nova Fronteira, 2020.

CAMPOFIORITO, Quirino. *História da pintura brasileira no século XIX*. São Paulo: Pinakotheke, 1983.

CAMPOS, Maria de Fátima Hanaque. "Revisão à Escola Baiana de Pintura: Um estudo sobre o pintor José Teófilo de Jesus". *Cultura Visual*, Salvador, n. 13, pp. 25-37, 2010.

CAMPOS, Maria José. *Arthur Ramos: Luz e sombra na antropologia brasileira*. Rio de Janeiro: Biblioteca Nacional, 2004.

CAMPT, Tina M. "Black Visuality and the Practice of Refusal". *Women & Performance*, 25 fev.

2019. Disponível em: <https://www.womenandperformance.org/ampersand/29-1/campt>.

CAMPT, Tina M. *A Black Gaze: Artists Changing How We See*. Cambridge: MIT Press, 2021.

CANCELA, Cristina Donza; Moutinho, Laura; Simões, Júlio Assis (Orgs.). *Raça, etnicidade, sexualidade e gênero em perspectiva comparada*. São Paulo: Terceiro Nome, 2015.

CANDIDO, Antonio. "Dialética da malandragem". *Revista do Instituto de Estudos Brasileiros*, São Paulo, n. 8, pp. 67-89, 1970.

CANEVACCI, Massimo. *A cidade polifônica: Ensaio sobre a antropologia da comunicação urbana*. São Paulo: Studio Nobel, 2004.

CARDOSO, Gabriel Pugliese. *História da dietética: Esboço de uma crítica antropológica da razão bioascética*. São Paulo: USP, 2015. Tese de Doutorado.

CARDOSO, Lourenço. *O branco ante a rebeldia do desejo: Um estudo sobre a branquitude no Brasil*. São Paulo: Unesp, 2014. Tese de Doutorado.

_____. *O branco ante a rebeldia do desejo: Um estudo sobre o pesquisador branco que possui o negro como objeto científico tradicional: A branquitude acadêmica*. Curitiba: Appris, 2020.

CAREY, Brycchan; ELLIS, Markman; SALIH, Sara (Orgs.). *Discourses of Slavery and Abolition: Britain and Its Colonies, 1760-1838*. Londres: Palgrave Macmillan, 2004.

CARNEIRO, Maria Elizabeth Ribeiro. "Procuram-se amas de leite na historiografia da escravidão: Da 'suavidade do leite preto' ao 'fardo' dos homens brancos". *Em Tempo de Histórias*, Brasília, v. 5, pp. 44-5, 2002.

_____. "Imagens de mulheres negras, arte e poderes em circulação no Brasil oitocentista". XXV Simpósio Nacional de História, Anpuh, Fortaleza, 2009.

CARNEIRO, Sueli Aparecida. *A construção do outro como não ser como fundamento do ser*. São Paulo: USP, 2005. Tese de Doutorado.

_____; SCHUCMAN, Lia Vainer; LISBOA, Ana Paula. "Alianças possíveis e impossíveis entre brancos e negros para equidade racial". In: IBIRAPITANGA; SCHUCMAN, Lia Vainer (Orgs.). *Branquitude: Diálogos sobre racismo e antirracismo*. São Paulo: Fósforo, 2023. pp. 40-66.

CARRARA, Sergio; SIMÕES, Júlio Assis. "Sexualidade, cultura e política: A trajetória da identidade homossexual masculina na antropologia brasileira". *Cadernos Pagu*, Campinas, n. 28, pp. 65-99, 2007.

CARVALHO, José Murilo de. *A formação das almas: O imaginário da República no Brasil*. São Paulo: Companhia das Letras, 2017.

CARVALHO, Vânia Carneiro de; LIMA, Solange Ferraz de. "Fotografia no Museu: O projeto de curadoria da coleção Militão Augusto de Azevedo". *Anais do Museu Paulista: História e Cultura Material*, São Paulo, v. 5, n. 1, pp. 205-45, 1997.

CASCONE, Sarah. "An 1837 Portrait of an Enslaved Child, Obscured by Overpainting for a Century, Has Been Restored and Acquired by the Met". Artnet, 15 ago. 2023. Disponível em: <https://news.artnet.com/art-world/met-museum-acquires-enslaved-portrait-2350056>.

CASTRO, Eduardo Viveiros de. "O mármore e a murta". In: _____. *A inconstância da alma selvagem*. São Paulo: Cosac & Naify, 2013. pp. 181-264.

_____. *Metafísicas canibais: Elementos para uma antropologia pós-estrutural*. São Paulo: Ubu, 2018.

CASTRO, Ruy. "Nascido no Copacabana Palace, Zé Carioca completa 70 anos". *Serafina*, 25 nov. 2012.

CERTEAU, Michel de. *A escrita da história*. Rio de Janeiro: Forense Universitária, 1982.

CHALHOUB, Sidney. *Visões da liberdade*. São Paulo: Companhia das Letras, 2011.

CHASSANG, Alexis. *Historia de la novela y de sus relaciones con la historia en la antigüedad griega y latina*. Buenos Aires: Joaquín Gil, 1948.

CHIARELLI, Tadeu. "O novo e o sobrevivente: O caso Raphael Galvez". Arte132, nov. 2023. Disponível em: <https://arte132.com.br/ex posicao/o-novo-e-o-sobrevivente-o-caso-ra phael-galvez/>.

CHUVA, Márcia Regina Romeiro. *Os arquitetos da memória: Sociogênese das práticas de preservação do patrimônio cultural no Brasil*. Rio de Janeiro: Editora UFRJ, 2017.

CLARK, Maria. "The Boy Who Was Almost Erased from an 1837 Painting Now Has an Identity and a Story". *The Daily Advertiser*, 26 out. 2021.

CLEAVER, Molly Reid. "Identity Theft: A Rare Painting Damaged, a Story Half-Told, and a Reckoning about Bias in Art Stewardship". The Historic New Orleans Collection, 17 jun. 2022. Disponível em: <https://www.hnoc.org/pu blications/first-draft/identity-theft-rare-pain ting-damaged-story-half-told-and-reckoning-about>.

CLIFTON-MOGG, Caroline. *The Neoclassical Source Book*. Londres: Cassell Illustrated, 1991.

COELHO, George Leonardo Seabra. "*Monumento às bandeiras*: Processo de construção e ressignificação simbólica". *Tempo*, Niterói, v. 28, n. 1, pp. 64-83, 2022. Disponível em: <https://www.scielo. br/j/tem/a/MJ5kDHh5mHMJy8VLF7dmHyv/#>.

COLE, Teju. "Vermeer, para além da beleza". *piauí*, n. 205, out. 2023.

COLLINS, Patricia Hill. *Black Feminist Thought: Knowledge, Consciousness, and the Politics of Empowerment*. Londres: Routledge, 2008.

_____; BILGE, Sirma. *Interseccionalidade*. São Paulo: Boitempo, 2021.

COLTMAN, Viccy. *Fabricating the Antique: Neoclassicism in Britain, 1760-1800*. Chicago: Chicago University Press, 2006.

CONDURU, Roberto. "Mandinga, ciência e arte: Religiões afro-brasileiras em Modesto Brocos, Nina Rodrigues e João do Rio". In: VALLE, Arthur; DAZZI, Camila (Orgs.). *Oitocentos: Arte brasileira do Império à República*. Rio de Janeiro: Edur, 2010. v. 2, pp. 315-26.

CORRÊA, Mariza. "A natureza imaginária do gênero na história da antropologia". *Cadernos Pagu*, Campinas, n. 5, pp. 109-30, 1995.

_____. *Ilusões da liberdade: A escola Nina Rodrigues e a antropologia no Brasil*. Rio de Janeiro: Fiocruz, 1998.

CORTESÃO, Armando. *Cartografia e cartógrafos portugueses dos séculos XV e XVI*. Lisboa: Seara Nova, 1935.

_____. *Portugaliae Monumenta Cartographica*, v. 6. Lisboa: Imprensa Nacional-Casa da Moeda, 1960.

CORTESÃO, Jaime. *História da expansão portuguesa*. Lisboa: Imprensa Nacional-Casa da Moeda, 1993.

_____. *História do Brasil nos velhos mapas*. Brasília: Funag, 2022.

COSTA, Helouise. *A fotografia moderna no Brasil*. São Paulo: Cosac & Naify, 2004.

COUTO, João. "*O inferno*, painel português do século XVI". *Litoral: Revista Mensal de Cultura*, Lisboa, n. 2, pp. 179-84, jul. 1944.

COUTO, Rita Cristina C. de Medeiros. "Eugenia, loucura e condição feminina". *Cadernos de Pesquisa*, São Paulo, n. 90, pp. 52-61, ago. 1994.

COWLING, Camillia. *Concieving Freedom: Women of Color, Gender, and the Abolition of Slavery in*

REFERÊNCIAS BIBLIOGRÁFICAS

Havana and Rio de Janeiro. Chapel Hill: University of North Carolina Press, 2014.

CRAPANZANO, Vincent. "Estilos de interpretação e a retórica das categorias sociais". In: MAGGIE, Yvonne; REZENDE, Claudia Barcelos (Orgs.). *Raça como retórica: A construção da diferença.* Rio de Janeiro: Civilização Brasileira, 2002. pp. 441-58.

CRENSHAW, Kimberle. "Demarginalizing the Intersection of Race and Sex: A Black Feminist Critique of Antidiscrimination Doctrine, Feminist Theory and Antiracist Politics". *University of Chicago Legal Forum,* Chicago, n. 1, pp. 139-67, 1989.

_____. "Documento para o encontro de especialistas em aspectos de discriminação racial relativos ao gênero". *Estudos Feministas,* Florianópolis, v. 10, n. 1, pp. 171-88, 2002.

CRUZ, Milena Natividade da. *Geografias negreiras: Indícios cartográficos para uma história do racismo no Século das Luzes (1685-1777).* São Paulo: USP, 2023. Dissertação de Mestrado.

CUNHA, Euclides da. *À margem da história.* São Paulo: Unesp, 2019.

CUNHA, Manuela Carneiro da. *Os mortos e os outros.* São Paulo: Hucitec, 1978.

_____. *Negros estrangeiros: Os escravos libertos e sua volta à África.* São Paulo: Companhia das Letras, 2012.

_____ (Org.). *História dos índios no Brasil.* São Paulo: Companhia das Letras, 1992.

CUNHA, Manuela Carneiro da; CASTRO, Eduardo Viveiros de. "Vingança e temporalidade: Os Tupinamba". *Journal de la Société des Americanistes,* Paris, t. 71, pp. 191-208, 1985. Disponível em: <http://biblioteca.funai.gov.br/media/pdf/Folheto38/FO-CX38-2354-97.PDF>.

CUNHA, Olívia Maria Gomes da. "Do ponto de vista de quem?: Diálogos, olhares e etnografias dos/nos arquivos". *Estudos Históricos,* Rio de Janeiro, n. 36, pp. 7-32, jul.-dez. 2005.

_____. "Tempo imperfeito: Uma etnografia do arquivo". *Mana,* Rio de Janeiro, v. 10, n. 2, pp. 287-322, 2005.

CURRAN, Andrew S. *The Anatomy of Blackness: Science and Slavery in an Age of Enlightenment.* Baltimore: Johns Hopkins University Press, 2011.

D'INCAO, Maria Ângela. "Mulher e família burguesa". In: PRIORE, Mary del (Org.); BASSANEZI, Carla (Coord.). *História das mulheres no Brasil.* São Paulo: Contexto; Editora Unesp, 1997. pp. 223-40.

DAIBERT JUNIOR, Robert. *Isabel, a "Redentora" dos escravos: Uma história da princesa entre olhares negros e brancos (1846-1988).* Bauru: Edusc, 2004.

_____. *Catolicismo e abolicionismo no projeto de Terceiro Reinado.* Curitiba: Appris, 2023.

DAMASO, Izabela; LIMA FILHO, Manuel Ferreira (Orgs.). *Antropologia e patrimônio cultural: Trajetórias e conceitos.* Brasília: Associação Brasileira de Antropologia, 2012.

DAMATTA, Roberto. *Carnavais, malandros e heróis: Para uma sociologia do dilema brasileiro.* Rio de Janeiro: Rocco, 1997.

DARNTON, Robert. *O grande massacre de gatos e outros episódios da história cultural francesa.* São Paulo: Paz e Terra, 2014.

DAVIS, Angela. *Women, Race and Class.* Nova York: Vintage, 1981.

DAVIS, Natalie Zemon. *Fiction in the Archives: Pardon Tales and their Tellers in Sixteenth-Century France.* Redwood City: Stanford University Press, 1990.

DAY, Charles William. *The Art of Miniature Painting: Comprising Instructions Necessary for the Acquirement of That Art.* Whitefish: Kessinger Publishing, 2008.

DAZZI, Camila. *Relações Brasil-Itália na arte do Segundo Oitocentos: Estudo sobre Henrique Bernardelli (1880-1890).* Campinas: Unicamp, 2006. Dissertação de Mestrado.

DEBRET, Jean-Baptiste. *Viagem pitoresca e histórica ao Brasil.* São Paulo: Imprensa Oficial, 2015.

DEIAB, Rafaela. "A memória afetiva da escravidão". *Revista de História da Biblioteca Nacional,* Rio de Janeiro, v. 1, n. 4, pp. 36-40, 2009.

"DECÁLOGO da esposa". *Revista Feminina,* out. 1924.

DELEUZE, Gilles. *Diferença e repetição.* Rio de Janeiro: Graal, 2006.

DELUMEAU, Jean. *História do medo no Ocidente: 1300-1800.* São Paulo: Companhia das Letras, 2009.

DIANGELO, Robin. *Não basta não ser racista: Sejamos antirracistas.* Barueri: Faro, 2020.

DIAS, Elaine. "A representação da realeza no Brasil: Uma análise dos retratos de d. João VI e d. Pedro I, de Jean-Baptiste Debret". *Anais do Museu Paulista: História e Cultura Material,* São Paulo, v. 4, n. 1, pp. 243-61, 2006.

_____. *Artistas franceses no Rio de Janeiro (1840-1884).* Campinas: Editora da Unicamp, 2009.

_____. *Almeida Júnior.* São Paulo: Publifolha, 2013.

DIAS, Pedro; SERRÃO, Vítor. *História da arte em Portugal*. v. 5, *O manuelino*. Lisboa: Presença, 2002.

DÍAZ-QUIÑONES, Arcadio. *A memória rota: Ensaios de cultura e política*. São Paulo: Companhia das Letras, 2016.

_____. *A arte de bregar e outros ensaios*. São Paulo: Companhia das Letras, 2018.

DIDI-HUBERMAN, Georges. "Quando as imagens tocam o real". *Pós*, Belo Horizonte, v. 2, n. 4, pp. 204-19, 2012.

_____. *Diante do tempo: História da arte e anacronismo das imagens*. Belo Horizonte: Editora UFMG, 2015.

DORÉ, Andréa; FURTADO, Junia (Orgs.). *História do Brasil em 25 mapas*. São Paulo: Companhia das Letras, 2022.

DORIGNY, Marcel (Org.). *Arts & lettres contre esclavage*. Paris: Cercle d'Art, 2018.

_____; ALTMEYERHENZIEN, Philippe (Orgs.). *L'Esclavage: Illustrations et caricatures (1750-1870)*. La Crèche: Geste, 2021.

DOUGLAS, Mary. *Pureza e perigo*. São Paulo: Perspectiva, 2010.

DU BOIS, W. E. B. *Black Reconstruction in America: 1860-1880*. Los Angeles: Free Press, 1999.

_____. *Darkwater Voices from within the Veil*. Londres: Dover, 1999.

_____. *The Souls of Black Folk*. Nova York: Oxford University Press, 2007.

_____. *Black Folk: Then and Now*. Nova York: Oxford University Press, 2014.

EATON, Alexandra. "His Name Was Bélizaire: Rare Portrait of Enslaved Child Arrives at the Met". *New York Times*, 14 ago. 2023.

EGMOND, Florike; MASON, Peter. "Albert E(e)ckhout, Court Painter". In: BUVELOT, Quentin (Org.). *Albert Eckhout: A Dutch Artist in Brazil*. Haia: Royal Cabinet of Paintings Mauritshuis, 2004. pp. 108-27.

EICHSTEDT, Jennifer L.; SMALL, Stephen (Orgs.). *Representations of Slavery: Race and Ideology in Southern Plantations Museums*. Washington: Smithsonian Books, 2002.

EITNER, Lorenz. *Neoclassicism and Romanticism, 1750-1850: Enlightenment*. Hoboken: Prentice Hall, 1970.

ELEUTÉRIO, Maria de Lourdes. *De esfinges e heroínas: A condição da mulher letrada na transição do fim do século*. São Paulo: USP, 1997. Tese de Doutorado.

ENLOE, Cynthia. *Bananas, Beaches and Bases: Making Feminist Sense of International Politics*. Berkeley: University of California Press, 2014.

"ESTÁTUA de Borba Gato é incendiada em São Paulo". G1, 24 jul. 2021. Disponível em: <https://g1.globo.com/sp/noticia/2021/07/24/estatua-de-borba-gato-e-incendiada-por-grupo-em-sao-paulo.ghtml>.

EXÉRCITO em operações na Republica do Paraguay, v. 1, parte 1: "Os onze de voluntarios da patria (depois 42º corpo da mesma denominação): Sua fé de officio e relatorio dos serviços militares presentados na campanha de 1865 a 1870". Rio de Janeiro: Francisco Alves, 1877.

FABIAN, Johannes. *Time and Others: How Anthropology Makes Its Object*. Nova York: Columbia University Press, 1983.

FABRIS, Annateresa. *O desafio do olhar: Fotografia e artes visuais no período das vanguardas históricas*. São Paulo: Martins Fontes, 2011.

FANON, Frantz. *The Wretched of the Earth*. Nova York: Grove, 2005.

_____. *Peles negras, máscaras brancas*. São Paulo: Ubu, 2020.

FASSIN, Didier. *Enforcing Order: An Ethnography of Urban Policing*. Cambridge: Polity Press, 2013.

FAUSTINO, Deivison. *Frantz Fanon e as encruzilhadas: Teoria, política e subjetividade, um guia para compreender Fanon*. São Paulo: Ubu, 2022.

_____. "O protagonismo negro no desvelar da branquitude". In: IBIRAPITANGA; SCHUCMAN, Lia Vainer (Orgs.). *Branquitude: Diálogos sobre racismo e antirracismo*. São Paulo: Fósforo, 2023. pp. 67-100.

FEIGEN, Richard L. (Org.). *Neo-Classicism and Romanticism in French Painting, 1774-1826*. Nova York: Richard L. Feigen, 1994.

FERNANDES, Florestan. *A integração do negro na sociedade de classes*. São Paulo: Contracorrente, 2021.

FERRARO, Silvia. "Dória, vândalo é você e o Borba Gato". Esquerda Online, 30 set. 2016. Disponível em: <https://esquerdaonline.com.br/2016/09/30/doria-vandalo-e-voce-e-o-borba-gato/>.

FERRAZ, Eucanaã (Org.). *Chichico Alkmim, fotógrafo*. São Paulo: IMS, 2017.

FERREIRA, Camila Manduca. "Zé Carioca: Um papagaio na periferia do capitalismo". *Novos Rumos*, Marília, v. 49, n. 1, pp. 159-68, jan.-jun. 2012.

FORBES, Jack D. *Africans and Native Americans:*

REFERÊNCIAS BIBLIOGRÁFICAS

The Language of Race and the Evolution of Red-Black Peoples. Champaign: University of Illinois Press, 1993.

FORTY, Adrian; KÜCHLER, Susanne (Orgs.). *The Art of Forgetting: Materializing Culture*. Oxford: Berg Publishers, 2001.

FOUCAULT, Michel. *Vigiar e punir: Nascimento da prisão*. Petrópolis: Vozes, 1987.

_____. *Genealogía del racismo*. Buenos Aires: Altamira, 1993.

_____. *"Las meninas"*. In: *As palavras e as coisas: Uma arqueologia das ciências humanas*. São Paulo: Martins Fontes, 1999. pp. 3-22.

_____. *Em defesa da sociedade: Curso no Collège de France*. São Paulo: Martins Fontes, 2012.

_____. *Microfísica do poder*. São Paulo: Paz e Terra, 2021.

FRANCO JUNIOR, Hilário. *Cocanha: Várias faces de uma utopia*. Cotia: Ateliê, 1998.

FRANKENBERG, Ruth. *White Women, Race Matters: The Social Construction of Whiteness*. Minneapolis: University of Minnesota Press, 1993.

FREHSE, Fraya. *O tempo das ruas na São Paulo de fins do Império*. São Paulo: Edusp, 2005.

FREUD, Sigmund. *El chiste y su relación con lo inconsciente*. Madri: Alianza, 2012.

FREYRE, Gilberto. *Casa-grande & senzala*. São Paulo: Global, 2006.

_____. *Açúcar: Uma sociologia do doce*. São Paulo: Global, 2007.

_____. *O mundo que o português criou*. São Paulo: É Realizações, 2010.

_____. *Novo Mundo nos trópicos*. São Paulo: Global, 2011.

_____. *Interpretação do Brasil*. São Paulo: Global, 2015.

FRIEDLAENDER, Walter. *De David a Delacroix*. São Paulo: Cosac & Naify, 2001.

FRY, Peter. "Feijoada e *soul food*: Notas sobre a manipulação de símbolos étnicos e nacionais". In: _____. *Para inglês ver: Identidade e política na cultura brasileira*. Rio de Janeiro: Zahar, 1982. pp. 47-53.

FURTADO, Junia Ferreira. *Quebra-cabeça africano*. Belo Horizonte: Miguilim, 2022.

GAGE, John. *Color and Meaning: Art, Science, and Symbolism*. Berkeley: University of California Press, 2000.

GEERTZ, Clifford. *A interpretação das culturas*. São Paulo: LTC, 1981.

_____. *O saber local: Novos ensaios em antropologia interpretativa*. Petrópolis: Vozes, 2014.

GELL, Alfred. *Art and Agency: An Anthropological Theory*. Nova York: Oxford University Press, 1998.

GELLNER, Ernest. *Thought and Change*. Londres: Weidenfeld and Nicolson, 1964.

GERDTS, William H. *Art Across America: Two Centuries of Regional Painting, 1710-1920*, v. II. Nova York: Abbeville, 1995.

GERNSHEIM, Helmut. *Creative Photography: Aesthetic Trends 1839-1960*. Londres: Dover, 1991.

GIESBRECHT, Daniel Florence; MATOS, Patrícia Ferraz. "A apropriação do discurso médico-antropológico pelo Poder Legislativo brasileiro: A eugenia como utopia regeneradora na Constituinte de 1934". *Poiésis*, Lisboa, v. 16, n. 29, pp. 27-54, 2022.

GILMAN, Sander L. "Black Bodies, White Bodies: Toward an Iconography of Female Sexuality in Late Nineteenth-Century Art, Medicine, and Literature". In: GATES JR., Henry Louis (Org.). *"Race", Writing and Difference*. Chicago: University of Chicago Press, 1985. pp. 204-42.

_____. *Difference and Pathology: Stereotypes of Sexuality, Race, and Madness*. Ithaca: Cornell University Press, 1985.

GILROY, Paul. *O Atlântico negro: Modernidade e dupla consciência*. São Paulo: Editora 34; Rio de Janeiro: Universidade Cândido Mendes, 2001.

_____. "Cultural Identity and Diaspora". In: RUTHERFORD, Jonathan (Org.). *Identity, Community, Culture, Difference*. Londres: *Lawrence & Wishart*, 2003. pp. 222-37.

_____. *O Atlântico negro: Modernidade e dupla consciência*. São Paulo: Editora 34, 2012.

GINZBURG, Carlo. "De A. Warburg a E. H. Gombrich: Notas sobre um problema de método". In: _____. *Mitos, emblemas, sinais: Morfologia e história*. São Paulo: Companhia das Letras, 1989. pp. 41-94.

_____. *Mitos, emblemas, sinais: Morfologia e história*. São Paulo: Companhia das Letras, 1989.

_____. *História noturna*. São Paulo: Companhia das Letras, 2012.

GIUCCI, Guillermo. *Viajantes do maravilhoso: O Novo Mundo*. São Paulo: Companhia das Letras, 1992.

GOLDENBERG, David M. *The Curse of Ham: Race and Slavery in Early Judaism, Christianity, and Islam*. Princeton: Princeton University Press, 2005.

GOLDMAN, Flavio. *Exposições Universais e diplomacia pública*. Brasília: Funag, 2016.

GOLDMAN, Marcio. "'Quinhentos anos de contato': Por uma teoria etnográfica da (contra) mestiçagem". *Mana*, Rio de Janeiro, v. 21, n. 3, pp. 641-59, 2015.

_____. *Outras histórias: Ensaios sobre a composição de mundos na América e na África*. Rio de Janeiro: 7Letras, 2021.

GOMBRICH, Ernst H. *A história da arte*. Rio de Janeiro: LTC, 2000.

_____. *Arte e ilusão: Um estudo da psicologia da representação pictórica*. São Paulo: Martins Fontes, 2007.

GOMES, Flávio. *Palmares*. São Paulo: Contexto, 2005.

_____; LAURIANO, Jaime; SCHWARCZ, Lilia Moritz (Orgs.). *Enciclopédia negra*. São Paulo: Companhia das Letras, 2021.

GOMES, Natália Cristina de Aquino. "*Cena de família* de Adolfo Augusto Pinto: Um estudo sobre o retrato coletivo de Almeida Júnior". XI EHA: Encontro de História da Arte, Unicamp, Campinas, 2015.

GONÇALO JUNIOR. *Biblioteca dos quadrinhos*. São Paulo: Pearson, 2006.

GONÇALVES, José Reginaldo Santos. *A retórica da perda: Os discursos do patrimônio cultural do Rio de Janeiro*. Rio de Janeiro: UFRJ/Iphan, 1996.

_____. *Antropologia dos objetos: Patrimônios, museus e coleções*. Rio de Janeiro: Iphan, 2007.

_____. "Os limites do patrimônio". In: LIMA FILHO, Manuel Ferreira; ECKERT, Cornelia; BELTRÃO, Jane Felipe (Orgs.). *Antropologia e patrimônio cultural: Diálogos e desafios contemporâneos*. Blumenau: Nova Letra, 2007. pp. 239-48.

GONZALEZ, Lélia. "Racismo e sexismo na cultura brasileira". *Ciências Sociais Hoje*, São Paulo, pp. 223-44, 1984.

GORENDER, Jacob. "A face escrava da corte imperial brasileira". In: AZEVEDO, Paulo Cesar de; LISSOVSKY, Maurício (Orgs.). *Escravos brasileiros do século XIX na fotografia de Christiano Jr.* São Paulo: Ex Libris, 1988. pp. xxxi-xxxvi.

GRAHAM, Maria. *Diário de uma viagem ao Brasil: E de uma estada nesse país durante parte dos anos de 1821, 1822 e 1823*. São Paulo: Editora Nacional, 1956.

GRAHAM, Sandra Lauderdale. *Proteção e obediência: Criadas e seus patrões no Rio de Janeiro (1860--1910)*. São Paulo: Companhia das Letras, 1992.

GRATALOUP, Christian. "Os períodos do espaço". *Geographia*, Niterói, v. 8, n. 16, pp. 31-40, 2006.

GUIMARÃES, Antonio Sérgio. *Racismo e antirracismo no Brasil*. São Paulo: Editora 34, 2009.

_____. *Classes, raças e democracia*. São Paulo: Editora 34, 2012.

GUIMARÃES, Hélio de Seixas. *Machado de Assis, o escritor que nos lê*. São Paulo: Editora Unesp, 2016.

HAMBURGER, Esther Império. "Diluindo fronteiras: As telenovelas no cotidiano". In: SCHWARCZ, Lilia Moritz (Org.). *História da vida privada no Brasil 4*. São Paulo: Companhia das Letras, 1998. pp. 439-89.

HANSEN, João Adolfo. *Alegoria: Construção e interpretação da metáfora*. São Paulo: Hedra, 2006.

HARAWAY, Donna J. *Primate Visions: Gender, Race, and Nature in the World of Modern Science*. Londres: Routledge, 1990.

_____. *Simians, Cyborgs and Women: The Reinvention of Nature*. Londres: Routledge, 1990.

HARRIS, Marvin. *Patterns of Race in the Americas*. Nova York: W. W. Norton, 1974.

HARRISON, John Fletcher Clews. *The Early Victorians, 1832-1851*. Santa Barbara: Praeger, 1971.

HARRISON, Rodney. *Heritage: Critical Approaches*. Londres: Routledge, 2013.

_____ (Org.). *Understanding the Politics of Heritage*. Paris: Unesco, 2010.

HARTMAN, Saidiya. "Venus in Two Acts". *Small Axe*, Durham, v. 12, n. 2, pp. 1-14, 2008.

_____. *Perder a mãe: Uma jornada pela rota atlântica da escravidão*. Rio de Janeiro: Bazar do Tempo, 2021.

_____. *Vidas rebeldes, belos experimentos: Histórias íntimas de meninas negras desordeiras, mulheres encrenqueiras e queers radicais*. São Paulo: Fósforo, 2022.

HARTOG, François. *Régimes d'historicité: Présentisme et expériences du temps*. Paris: Seuil, 2003.

HASENBALG, Carlos; SILVA, Nelson do Valle (Orgs.). *Origens e destinos: Desigualdades sociais ao longo da vida*. Rio de Janeiro: Topbooks, 2003.

HEGEL, Georg Wilhelm Friedrich. *Filosofia da história*. Brasília: Editora UnB, 2008.

HEINICH, Nathalie. *La Fabrique du patrimoine: De la cathédrale à la petite cuillère*. Paris: Maison des Sciences de l'Homme, 2009.

HELLER, Ágnes. *O cotidiano e a história*. São Paulo: Paz e Terra, 2008.

HERBERT, Robert. "Neo-Classicism and the French Revolution". In: _____. *The Age of Neo-Clas-*

REFERÊNCIAS BIBLIOGRÁFICAS

sicism. Londres: The Royal Academy; The Victoria & Albert Museum, 1972. pp. lxxii-lxxv.

HOBBES, Thomas. *Do cidadão*. São Paulo: Martins Fontes, 2019.

HOBSBAWM, Eric. *A Era do Capital 1848-1875*. São Paulo: Paz e Terra, 2012.

_____. *Nações e nacionalismo desde 1780: Programa, mito e realidade*. São Paulo: Paz & Terra, 2012.

HOFBAUER, Andreas. *Uma história de branqueamento ou O negro em questão*. São Paulo: Editora Unesp, 1999.

HOFSTADTER, Richard. *Social Darwinism in American Thought*. Boston: Beacon Press, 1992.

HOLANDA, Sérgio Buarque de. *Visão do paraíso: Os motivos edênicos no descobrimento e colonização do Brasil*. São Paulo: Companhia das Letras, 2010.

HONOUR, Hugh. *Neo-Classicism*. Nova York: Penguin, 1978.

HOOKS, bell. "Travelling Theories: Travelling Theorists". *Inscriptions*, v. 5, pp. 159-64, 1989.

_____. "The Oppositional Gaze: Black Female Spectators". In: _____. *Black Looks: Race and Representation*. Boston: South End Press, 1992. pp. 115-31.

_____. *Aint' I a Woman: Black Women and Feminism*. Londres: Routledge, 2014.

HUDSON, Guillermo Enrique. *La tierra purpúrea: Allá lejos y hace tiempo*. Caracas: Biblioteca Ayacucho, 1980.

HUGHEY, Matthew W. (Org.). *Race and Ethnicity in Secret and Exclusive Social Orders: Blood and Shadow*. Londres: Routledge, 2013.

IACONELLI, Vera. *Manifesto antimaternalista*. Rio de Janeiro: Zahar, 2023.

IBIRAPITANGA; SCHUCMAN, Lia Vainer (Orgs.). *Branquitude: Diálogos sobre racismo e antirracismo*. São Paulo: Fósforo, 2023.

INGOLD, Tim. *The Perception of the Environment: Essays in Livelihood, Dwelling and Skill*. Londres: Routledge, 2001.

_____. *Being Alive: Essays on Movement, Knowledge and Description*. Londres: Routledge, 2011.

JANOVITCH, Paula. "Borba Gato". Demonumenta. Disponível em: <http://demonumenta.fau.usp.br/borba-gato/>.

JESUS, Mateus Gato de. *O Treze de Maio e outras estórias do pós-abolição*. São Paulo: Fósforo, 2021.

JOHNSON, Nuala C. "Sculpting Heroic Histories: Celebrating the Centenary of the 1798 Rebellion in Ireland". *Transactions of the Institute of British Geographers NS*, Londres, v. 19, n. 1, pp. 78-93, 1994.

JULIÃO, Carlos. *Riscos iluminados de figurinos de brancos e negros dos usos do Rio de Janeiro e do Serro do Frio*. Rio de Janeiro: Biblioteca Nacional, 1960.

JULIEN, Charles-André. *Le Débuts de l'expansion et de la colonisation françaises (XVᵉ-XVIᵉ siècles)*. Paris: PUF, 1947.

KANTOR, Íris; CRUZ, Milena Natividade da. "Ethno-Geographies in the Making of Enlightenment Cartography: The Mural Maps of Jean Janvier and Sébastien-G. Longchamps (1754)". *Journal18*, n. 13 Race, primavera 2022. Disponível em: <https://www.journal18.org/6264>.

KEHL, Renato. *Como escolher uma boa esposa?*. Rio de Janeiro: Pimenta de Melo, 1925.

_____. *Aparas eugênicas: Sexo e civilização*. Rio de Janeiro: Livraria Francisco Alves, 1933.

KELLY, George Armstrong. "Notes on Hegel's 'Lordship and Bondage'". In: O'NEILL, John (Org.). *Hegel's Dialetic of Desire and Recognition: Texts and Commentary*. Albany: State University of New York Press, 1996. pp. 253-72.

KEVLES, Daniel J. *In the Name of Eugenics: Genetics and the Use of Human Hereditary*. Cambridge: Harvard University Press, 1998.

KINCAID, Jamaica. *A autobiografia da minha mãe*. São Paulo: Companhia das Letras, 2020.

KNIGHT, Jennie S. *Feminist Mysticism and Images of God: A Practical Theology*. St. Louis: Chalice Press, 2011.

KOEMAN, Cornelis et al. "Comercial Cartography and Map Production in the Low Countries, 1500-ca. 1672". In: WOODWARD, David (Org.). *The History of Cartography*, v. 3. Chicago: University of Chicago Press, 2007. pp. 1296-383.

KOSSOY, Boris. *Hercule Florence: A descoberta isolada da fotografia no Brasil*. São Paulo: Edusp, 1977.

_____. *Dicionário histórico-fotográfico brasileiro*. São Paulo: IMS, 2002.

_____. *Realidades e ficções na trama fotográfica*. Cotia: Ateliê, 2009.

_____. *Fotografia & história*. Cotia: Ateliê, 2014.

KOUTSOUKOS, Sandra Sofia Machado. "Amas na fotografia brasileira da segunda metade do século XIX". *Studium*, Campinas, número especial, pp. 1-4, 2007.

_____. "'Amas mercenárias': O discurso dos doutores em medicina e os retratos de amas — Brasil, segunda metade do século XIX". *História, Ciências, Saúde: Manguinhos*, Rio de Janeiro, v. 16, n. 2, pp. 305-24, abr.-jun. 2009.

KOUTSOUKOS, Sandra Sofia Machado. *Negros no estúdio do fotógrafo: Brasil, segunda metade do século XIX*. Campinas: Editora da Unicamp, 2010.

KÜCHLER, Susanne. "The Place of Memory". In: FORTY, Adrian; KÜCHLER, Susanne (Orgs.). *The Art of Forgetting: Materializing Culture*. Oxford: Berg Publishers, 2001. pp. 53-129.

KUPER, Adam. *Anthropology and Anthropologists: The Modern British School*. Londres: Routledge, 1983.

LACERDA, João Batista de. *O Congresso Universal das Raças reunido em Londres (1911): Apreciação e comentários*. Rio de Janeiro: Macedo, 1911.

_____. "Sur les Métis au Brésil". Premier Congrès Universel des Races, Londres, 26-29 jul. 1911. Disponível em: <https://bdor.sibi.ufrj.br/handle/doc/35?mode=full>.

LAFONT, Anne. *L'Art et la race: L'Africain (tout) contre l'oeil des Lumières*. Dijon: Les Presses du Réel, 2019.

_____. *Uma africana no Louvre*. Rio de Janeiro: Bazar do Tempo, 2022.

LAMPEDUSA, Tomasi di. *O Leopardo*. São Paulo: Companhia das Letras, 2017.

LANDSMAN, Rozemarijn. *Vermeer's Maps*. Nova York: DelMonico Books; Frick Collection, 2022.

LARA, Silvia Hunold. *Fragmentos setecentistas: Escravidão, cultura e poder na América portuguesa*. São Paulo: Companhia das Letras, 2007.

LATOUR, Bruno. *What Is the Style of Matters of Concern*. Assen: Koninklijke Van Gorcum, 2008.

_____. *Jamais fomos modernos: Ensaio de antropologia simétrica*. São Paulo: Editora 34, 2019.

LEITE, José Roberto Teixeira. *Dicionário crítico da pintura no Brasil*. Rio de Janeiro: Artlivre, 1988.

_____. "Viajantes do imaginário: A América vista da Europa, século XVII". *Revista USP*, São Paulo, n. 30, pp. 32-45, jun.-ago. 1996.

LEPAGE, Andrea. "El arte de la conversión: Modelos educativos del Colegio de San Andrés de Quito". *Procesos: Revista Ecuatoriana de Historia*, Quito, n. 25, pp. 45-77, 2007.

LÉRY, Jean de; GAFFAREL, Paul. *Histoire d'un voyage faict en la terre du Brésil*. Paris: Alphonse Lemerre, 1880.

LÉVI-STRAUSS, Claude. *A via das máscaras*. São Paulo: Martins Fontes, 1979.

_____. "Un Autre Regard". *L'Homme*, Paris, v. 33, n. 126, pp. 7-11, 1993.

LEVY, Hannah. "Modelos europeus na pintura colonial". *Revista do SPHAN*, Rio de Janeiro, n. 8, pp. 7-66, 1944.

LÉVY, Jacques. *L'Espace légitime: Sur la Dimension géographique de la fonction politique*. Paris: Les Presses de Sciences Po, 1994.

LIMA, Valéria. *J. B. Debret, historiador e pintor: A Viagem pitoresca e histórica ao Brasil (1816-1839)*. Campinas: Editora da Unicamp, 2007.

LIMA FILHO, Manuel Ferreira; ECKERT, Cornelia; BELTRÃO, Jane Felipe (Orgs.). *Antropologia e patrimônio cultural: Diálogos e desafios contemporâneos*. Blumenau: Nova Letra, 2007.

LIMA JUNIOR, Carlos Rogério. *Marianne à brasileira: Imagens republicanas e os dilemas do passado imperial*. São Paulo: USP, 2020. Tese de Doutorado.

LISS, Andrea. "Making the Maternal Visual: Renée Cox Family Portraits". In: _____. *Feminist Art and the Maternal*. Minneapolis: University of Minnesota Press, 2009. pp. 93-108.

LISSOVSKY, Maurício. "A máquina de esperar". In: GONDAR, Jô; BARRENECHEA, Miguel Angel (Orgs.). *Memória e espaço: Trilhas do contemporâneo*. Rio de Janeiro: 7Letras, 2003. pp. 15-23.

_____. "A fotografia e seus duplos: Um quadro na parede". *História, Ciências, Saúde: Manguinhos*, Rio de Janeiro, v. 20, supl. 1, pp. 1363-75, nov. 2013.

"LIVING Human Treasures: A Former Programme of Unesco". Unesco. Disponível em: <http://www.unesco.org/culture/ch/es/tesoros-humanos-vivos>.

LOCKE, John. *Dois tratados sobre o governo*. São Paulo: Martins Fontes, 2019.

LOMBROSO, Cesare. *L'Uomo delinquente*. Porto Alegre: Ricardo Lenz, 2001.

LOPES, Nei. *Dicionário escolar afro-brasileiro*. São Paulo: Selo Negro, 2015.

LÓPEZ, Vicente Fidel. *Historia de la República Argentina: Su origen, su revolución, y su desarrollo político hasta 1852*. Buenos Aires: Sopena, 1954.

LOTIERZO, Tatiana. *Contornos do (in)visível: Racismo e estética na pintura brasileira (1850-1940)*. São Paulo: Edusp, 2017.

LOURENÇO, Maria Cecília França (Org.). *Almeida Júnior: Um criador de imaginários*. São Paulo: Pinacoteca do Estado, 2007.

_____. "Debates e posturas: Tempo humano". In: _____ (Org.). *Almeida Júnior: Um criador*

REFERÊNCIAS BIBLIOGRÁFICAS

de imaginários. São Paulo: Pinacoteca do Estado, 2007. pp. 95-108.

LUGO-ORTIZ, Agnes; ROSENTHAL, Angela (Orgs.). *Slave Portraiture in the Atlantic World*. Cambridge: Cambridge University Press, 2013.

MACHADO, Maria Helena Pereira Toledo. "Corpo, gênero e identidade no limiar da abolição: A história de Benedicta Maria Albina da Ilha ou Ovídia, escrava". *Afro-Ásia*, Salvador, n. 42, pp. 157-93, 2010.

_____. "Body, Gender, and Identity on the Threshold of Abolition: A Tale Doubly Told by Benedicta Maria da Ilha, a Free Woman, and Ovídia, a Slave". In: FISCHER, Brodwyn; GRINBERG, Keila (Orgs.). *The Boundaries of Freedom: Slavery, Abolition, and the Making of Modern Brazil*. Cambridge: Cambridge University Press, 2022. pp. 163-82.

_____. "Slavery, Motherhood, and the Free Womb Law". In: CONERMANN, Stephan et al. (Orgs.). *Current Trends in Slavery Studies in Brazil*. Berlim: De Gruyter, 2023. pp. 61-9.

_____; ARIZA, Marília Bueno de Araújo. "Escravas e libertas na cidade de São Paulo: Experiências de trabalho, maternidade e emancipação em São Paulo (1870-1888)". In: BARONE, Ana; RIOS, Flávia (Orgs.). *Negros nas cidades brasileiras*. São Paulo: Intermeios, 2019. pp. 117-42.

MACHADO, Maria Helena P. T.; CASTILHO, Celso Thomas (Orgs.). *Tornando-se livre: Agentes históricos e lutas sociais no processo de abolição*. São Paulo: Edusp, 2022.

MAIO, Marcos Chor. "A medicina de Nina Rodrigues: Análise de uma trajetória científica". *Cadernos de Saúde Pública*, Rio de Janeiro, v. 11, n. 2, pp. 226-37, abr.-jun. 1995.

_____. "O Projeto Unesco e a agenda das ciências sociais no Brasil dos anos 40 e 50". *Revista Brasileira de Ciências Sociais*, São Paulo, v. 14, n. 41, pp. 141-58, 1999.

_____. "O Projeto Unesco: Ciências sociais e o 'credo racial brasileiro'". *Revista USP*, São Paulo, n. 46, pp. 115-28, 2000.

MALUF, Marina; MOTT, Maria Lúcia. "Recônditos do mundo feminino". In: SEVCENKO, Nicolau (Org.). *História da vida privada no Brasil 3*. São Paulo: Companhia das Letras, 1998. pp. 367-421.

MAMIGONIAN, Beatriz. "O Estado Nacional e a instabilidade da propriedade escrava: A lei de 1831 e a matrícula de escravos de 1872". *Almanack*, Guarulhos, n. 2, pp. 20-37, 2011.

MANGUEL, Alberto. *Lendo imagens: Uma história de amor e ódio*. São Paulo: Companhia das Letras, 2001.

MANNARINO, Ana de Gusmão. "*Monumento às bandeiras*: Iconografias políticas, intervenções e identidades em disputa". In: PASQUALINI, Marco; BOHNS, Neiva; IPANEMA, Rogéria de; VALLE, Arthur (Orgs.). *Anais do XLI Colóquio do Comitê Brasileiro de História da Arte: Arte em tempos sombrios*, nov. 2021. São Paulo: Comitê Brasileiro de História da Arte, 2022. pp. 1049-58.

MARINGONI, Gilberto. *Angelo Agostini: A imprensa ilustrada da corte à capital federal (1864--1910)*. São Paulo: Devir, 2011.

MARINS, Paulo César Garcez. "Nas matas com pose de reis: A representação de bandeirantes e a tradição da retratística monárquica europeia". *Revista do IEB*, São Paulo, n. 44, pp. 77-104, 2007.

_____. "Um personagem por sua roupa: O gibão como representação do bandeirante paulista". *Tempo*, Niterói, v. 26, n. 2, pp. 404-29, 2020.

MARKOVITS, Daniel. *A cilada da meritocracia: Como um mito fundamental da sociedade alimenta a desigualdade*. Rio de Janeiro: Intrínseca, 2021.

MARQUES, Alfredo Pinheiro. *A cartografia portuguesa e a construção da imagem do mundo*. Lisboa: Imprensa Nacional-Casa da Moeda, 1991.

MARTINEZ-ALIER, Verena. *Marriage, Class, and Colour in Nineteenth Century Cuba: A Study of Racial Attitudes and Sexual Values in a Slave Society*. Ann Arbor: University of Michigan Press, 1989.

MARTIUS, Carl Friedrich von. "Como se deve escrever a história do Brasil". *Revista do Instituto Histórico e Geográfico Brasileiro*, Rio de Janeiro, v. 6, n. 24, pp. 389-411, jan. 1845.

MASON, Peter. "Troca e deslocamento nas pinturas de Albert Eckhout de sujeitos brasileiros". *Estudos de Sociologia*, Recife, v. 1, n. 7, pp. 231--49, 2001.

MAUAD, Ana Maria. "Imagem e autoimagem no Segundo Reinado". In: ALENCASTRO, Luiz Felipe de (Org.). *História da vida privada no Brasil 2*. São Paulo: Companhia das Letras, 1997. pp. 181-231.

_____. *O mundo do trabalho em imagens: A fotografia como fonte histórica*. Rio de Janeiro: DP&A Editora, 2002.

MAUSS, Marcel. "As técnicas corporais". In: _____. *Sociologia e antropologia*. São Paulo: Edusp, 1974. pp. 209-33.

MAUSS, Marcel. *Ensaio sobre a dádiva*. Lisboa: Edições 70, 2008.

MBEMBE, Achille. *Crítica da razão negra*. São Paulo: n-1 edições, 2018.

MCCLINTOCK, Anne. *Couro imperial: Raça, gênero e sexualidade no embate colonial*. Campinas: Editora da Unicamp, 2010.

MCINTOSH, Peggy. "White Privilege: Unpacking the Invisible Knapsack". *Peace and Freedom*, Filadélfia, pp. 10-2, jul.-ago. 1989. Disponível em: <https://www.nationalseedproject.org/key-seed-texts/white-privilege-unpacking-the-invisible-knapsack>.

MELLO, Evaldo Cabral de. *Nassau*. São Paulo: Companhia das Letras, 2006.

_____. *O negócio do Brasil: Portugal, os Países Baixos e o Nordeste, 1641-1669*. São Paulo: Companhia das Letras, 2011.

MEMMI, Albert. *Retrato do colonizado precedido de Retrato do colonizador*. Rio de Janeiro: Civilização Brasileira, 2007.

MENESES, Ulpiano Toledo Bezerra de. "O objeto material como documento". Aula ministrada no curso Patrimônio Cultural: Políticas e Perspectivas, organizado pelo LAB/Condephaat, em 1980.

_____. *Patrimônio cultural entre o público e o privado: Direito a memória*. São Paulo: DPH/PMSP, 1992.

_____. "A cidade como bem cultural". In: MORI, Victor Hugo et al. (Orgs.). *Patrimônio: Atualizando o debate*. São Paulo: Iphan, 2006. pp. 34-76.

MENEZES, Paulo; SCHWARCZ, Lilia Moritz. *O livro dos livros da Real Biblioteca*. Rio de Janeiro: Biblioteca Nacional, 2003.

MERCADANTE, Eneida Maria. *Desvendando figurinhas: Um olhar histórico para as aquarelas de Guillobel*. Campinas: Unicamp, 2001. Dissertação de Mestrado.

MICELI, Paulo. *O desenho do Brasil no teatro do mundo*. Campinas: Editora da Unicamp, 2012.

MICELI, Sergio. *Nacional estrangeiro*. São Paulo: Companhia das Letras, 2003.

MIGLIACCIO, Luciano. *Arte do século XIX: Mostra do Redescobrimento*. São Paulo: Fundação Bienal de São Paulo, 2000.

_____. "A arte no Brasil entre o Segundo Reinado e a Belle Époque". In: BARCINSKI, Fabiana Werneck (Org.). *Sobre a arte brasileira: Da pré-história aos anos 1960*. São Paulo: Martins Fontes, 2015. pp. 174-231.

MIGNOLO, Walter. *The Darker Side of Western Modernity: Global Futures, Decolonial Options*. Durham: Duke University Press, 2011.

MILLER, Christopher L. *The French Atlantic Triangle: Literature and Culture of the Slave Trade*. Durham: Duke University Press, 2008.

MILLER, Daniel (Org.). *Materiality*. Durham: Duke University Press, 2005.

MILLS, Charles. *O contrato racial*. São Paulo: Companhia das Letras, 2023.

MINTZ, Sidney. *Sweetness and Power: The Place of Sugar in Modern History*. Nova York: Penguin, 1986.

_____; PRICE, Richard. *O nascimento da cultura afro-americana: Uma perspectiva antropológica*. Rio de Janeiro: Pallas, 2006.

MISKOLCI, Richard. *O desejo da nação: Masculinidade e branquitude no Brasil de fins do XIX*. São Paulo: Annablume, 2022.

MITCHELL, W. J. T. *Teoría de la imagen*. Madri: Akal, 2009.

MOISÉS, Massaud. *Dicionário de termos literários*. São Paulo: Cultrix, 2011.

MOMBAÇA, Jota. *Não vão nos matar agora*. Rio de Janeiro: Cobogó, 2021.

MONTAIGNE, Michel de. "Sobre os canibais". In: _____. *Os ensaios*. São Paulo: Companhia das Letras, 2010. pp. 139-57.

MONTEIRO, John Manuel. *Negros da terra: Índios e bandeirantes nas origens de São Paulo*. São Paulo: Companhia das Letras, 1994.

MONTEIRO, Michelli Cristine Scapol. "Esculpir a memória: Monumentos ao Centenário da Independência em Buenos Aires e São Paulo". *Revista USP*, n. 130, pp. 87-108, 2021.

MONTEIRO, Pedro Meira. "Machado Black and Blur". *Machado em linha* (no prelo).

MONTELEONE, Joana; COSTA, Wilma Peres; SPOSITO, Fernanda; RIBEIRO, Fernando Victor Aguiar (Orgs.). *Histórias de São Paulo*. São Paulo: Edusp, 2023.

MONTESQUIEU. *O espírito das leis*. São Paulo: Martins Fontes, 2000.

MOODY, Jessica. *The Persistence of Memory: Remembering Slavery in Liverpool*. Liverpool: Liverpool University Press, 2020.

MORRISON, Toni. *Amada*. São Paulo: Companhia das Letras, 2018.

MORSE, Richard M. *De comunidade a metrópole: Biografia de São Paulo*. São Paulo: Comissão do IV Centenário, 1954.

_____. *Formação histórica de São Paulo*. São Paulo: Duas Cidades, 1970.

REFERÊNCIAS BIBLIOGRÁFICAS

MOURA, Irene Barbosa de. *A cidade e a festa: Brecheret e o IV Centenário de São Paulo*. São Paulo: PUC-SP, 2010. Tese de Doutorado.

_____. "O monumento e a cidade: A obra de Brecheret na dinâmica urbana". *Cordis: Revista Eletrônica de História Social da Cidade*, São Paulo, n. 6, pp. 77-93, 2011.

MOURA, Roberto. *Tia Ciata e a Pequena África no Rio de Janeiro*. São Paulo: Todavia, 2022.

MOUTINHO, Laura. *Razão, "cor" e desejo: Afetivo-sexuais*. São Paulo: Editora Unesp, 2004.

_____. "Diferenças e desigualdades negociadas: Raça, sexualidade e gênero em produções acadêmicas recentes". *Cadernos Pagu*, Campinas, n. 42, pp. 201-48, 2014.

MÜLLER, Tânia M. P.; CARDOSO, Lourenço (Orgs.). *Branquitude: Estudos sobre a identidade branca no Brasil*. Curitiba: Appris, 2018.

MUNANGA, Kabengele. *Negritude: Usos e sentidos*. Belo Horizonte: Autêntica, 2019.

_____. *Rediscutindo a mestiçagem no Brasil: Identidade nacional versus identidade negra*. Belo Horizonte: Autêntica, 2019.

MUÑOZ, José Esteban. *Disidentifications: Queers of Color and the Performance of Politics*. Minneapolis: University of Minnesota Press, 1999.

_____. "Gesture, Ephemera and Queer Feeling: Approaching Kevin Aviance". In: DESMOND, Jane C. (Org.). *Dancing Desires: Choreographing Sexualities on and off the Stage*. Madison: University of Wisconsin Press, 2001. pp. 423-42.

_____. *The Sense of Brown*. Durham: Duke University Press, 2020.

MUSEU Paulista. São Paulo: Banco Safra, 1984.

MUSEU Paulista, 120 anos de história. São Paulo: Editora Brasileira, 2016.

NABUCO, Joaquim. *Minha formação*. Rio de Janeiro: Garnier, 1900.

_____. *O abolicionismo*. Porto Alegre: L&PM, 2022.

NASCIMENTO, Beatriz. "Culturalismo e contracultura". In: _____. *Cadernos de Formação sobre a Contribuição do Negro na Formação Social Brasileira*. Niterói: ICHF-UFF, pp. 2-6, 1976, apud RATTS, Alex. *Eu sou Atlântica: Sobre a trajetória de vida de Beatriz Nascimento*. São Paulo: Imprensa Oficial, 2007.

NAVES, Rodrigo. "Almeida Júnior: O sol no meio do caminho". *Novos Estudos Cebrap*, São Paulo, n. 73, pp. 135-48, nov. 2005.

NELSON, Robert S.; OLIN, Margaret (Orgs.). *Monuments and Memory, Made and Unmade*. Chicago: Chicago University Press, 2003.

NEVES, Margarida de Souza. *As vitrines do progresso*. Rio de Janeiro: PUC-Rio, 1986.

NOGUEIRA, Oracy. *Tanto preto quanto branco: Estudos de relações raciais*. São Paulo: T. A. Queiroz, 1985.

_____. *Preconceito de marca: As relações raciais em Itapetininga*. São Paulo: Edusp, 1998.

NORA, Pierre. "La Mémoire collective". In: CHARTIER, Roger; LE GOFF, Jacques; REVEL, Jacques (Orgs.). *La Nouvelle Histoire*. Paris: Retz; CEPL, 1978. pp. 398-401.

NOVAES, Sylvia Caiuby. *Jogo de espelhos: Imagens da representação de si através dos outros*. São Paulo: Edusp, 1993.

_____. "Imagem, magia e imaginação: Desafios ao texto antropológico". *Mana*, Rio de Janeiro, v. 14, n. 2, pp. 455-75, 2008.

OKUNEVA, Olga. "Ensaio sobre el mapa 'Brasil' de G. Gastaldi pertencente ao *Delle navigationni e viaggi* de G. B. Ramusio (1556, 1565, 1606)". *Terra Brasilis*, n. 2, 2013. Disponível em: <https://journals.openedition.org/terrabrasilis/715>.

OLIVEIRA, Alecsandra Matias de. "O revide da mãe preta: Artistas e pesquisadores ressignificam imagens das amas de leite". Nonada, 27 jun. 2013. Disponível em: <https://www.nonada.com.br/2023/06/o-revide-da-mae-preta-artistas-e-pesquisadores-ressignificam-imagens-das-amas-de-leite/>.

OLIVEIRA, Amanda de Almeida. *A documentação museológica como suporte para comunicação com o público: A cadeirinha de arruar do Museu de Arte da Bahia*. Salvador: UFBA, 2018. Dissertação de Mestrado.

OLIVEIRA, Carla Mary S. "O Brasil seiscentista nas pinturas de Albert Eckhout e Frans Janszoon Post: Documento ou invenção do Novo Mundo?". *Portuguese Studies Review*, Durham, v. 14, n. 1, pp. 115-38, 2007.

OLIVEIRA, Emerson Dionisio G. de. "Instituições, arte e o mito bandeirante: Uma contribuição de Benedito Calixto". *Saeculum*, João Pessoa, n. 19, pp. 127-48, 2008.

PAES, José Paulo. "Canaã: O horizonte racial". *Estudos Avançados*, São Paulo, v. 5, n. 13, pp. 161-79, 1991.

PATCH, Howard Rollin. *El otromundo en la literatura medieval*. Cidade do México: FCE, 1956.

PEABODY, Sue. "Négresse, Mulâtresse, Citoyenne: Gender and Emancipation in the French Caribbean, 1650-1848". In: SCULLY, Pamela; PATON, Diana (Orgs.). *Gender and Slave Eman-*

cipation in the Atlantic World. Durham: Duke University Press, 2005. pp. 56-78.

PEDLEY, Mary Sponberg. *The Commerce of Cartography*. Chicago: Chicago University Press, 2005.

PEDROSA, Adriano; RJEILLE, Isabella (Orgs.). *Histórias brasileiras*. São Paulo: Masp, 2022.

PEIXOTO, Afrânio. *Eunice ou A educação da mulher*. São Paulo: Companhia Editora Nacional, 1936.

PERRONE-MOISÉS, Leyla. "Alegres trópicos: Gonneville, Thevet e Léry". *Revista USP*, São Paulo, n. 30, pp. 84-93, jun.-ago. 1996.

PERUTTI, Daniela Carolina. "Considerações sobre a representação do negro na obra de Almeida Júnior". *Perspectivas*, Araraquara, v. 37, pp. 65-85, 2010.

_____. *Almeida Júnior, gestos feitos de tinta*. São Paulo: Alameda, 2023.

PESAVENTO, Sandra Jatahy. "Um encontro marcado — e imaginário — entre Gilberto Freyre e Albert Eckhout". *Fênix*, Uberlândia, v. 3, n. 2, 2006.

PESSOA, Fernando. "D. Tareja". In: _____. *Mensagem*. São Paulo: Saraiva, 2010. p. 23.

PIERSON, Donald. *Brancos e pretos na Bahia: Estudo de contato racial*. São Paulo: Companhia Editora Nacional, 1945.

PINTO, Adolfo Augusto. *Minha vida: Memórias de um engenheiro paulista*. São Paulo: Secretaria de Cultura, 1970.

PINTO, Luciana de Queiroz. *A representação do indígena na cartografia portuguesa do século XVI*. Rio de Janeiro: UERJ, 2017. Dissertação de Mestrado.

PITTA, Fernanda Mendonça. *Um povo pacato e bucólico: Costume, história e imaginário na pintura de Almeida Júnior*. São Paulo: USP, 2013. Tese de Doutorado.

PIZA, Antônio de Toledo. "Os Palmares". *Correio Paulistano*, 28 fev. 1903, p. 1.

PIZA, Edith. "Branco no Brasil? Ninguém sabe, ninguém viu". In: HUNTLEY, Lynn; GUIMARÃES, Antonio Sérgio Alfredo (Orgs.). *Tirando a máscara: Ensaios sobre o racismo no Brasil*. São Paulo: Paz e Terra, 2000. pp. 97-125.

POLLOCK, Griselda. "A Tale of Three Women: Seeing in the Dark, Seeing Double, at least, with Manet". In: _____. *Differencing the Canon: Feminism and the Writing of Art's Histories*. Londres: Routledge, 1999. pp. 3-38.

PORTELLA, Isabel Sanson. "Apresentando a pátria". In: _____. *Pátria: República em documento*, Rio de Janeiro: Museu da República, 2019. pp. 8-11.

PRADO, J. F. de Almeida. *O artista Debret e o Brasil*. São Paulo: Companhia Editora Nacional, 1990.

PRATA, Mário. *Mas será o Benedito?: Dicionário de provérbios, expressões e ditos populares*. São Paulo: Planeta, 2011.

PRAZ, Mario. *On Neoclassicism*. Londres: Thames and Hudson, 1969.

_____. "The Meaning and Diffusion of the Empire Style". In: _____. *The Age of Neo-Classicism*. Londres: The Arts Council of Great Britain, 1972. pp. lxxxviii-xci.

RAMINELLI, Ronald. *Imagens da colonização: A representação do índio de Caminha a Vieira*. Rio de Janeiro: Zahar, 1996.

RAMOS, Arthur. *O negro brasileiro*. São Paulo: Companhia Editora Nacional, 1940.

RAMOS, Guerreiro. "A patologia social do 'branco' brasileiro". In: _____. *Introdução crítica à sociologia brasileira*. Rio de Janeiro: Editora UFRJ, 1995. pp. 171-92.

RAMSAY, Raymond H. *No Longer on the Map: Discovering Places that Never Were*. Nova York: Viking, 1972.

RAPPAPORT, Joanne. *The Disappearing Mestizo: Configuring Difference in the Colonial New Kingdom of Granada*. Durham: Duke University Press, 2014.

REIS, Letícia Vidor de Souza. "A 'aquarela do Brasil': Reflexões preliminares sobre a construção nacional do samba e da capoeira". *Cadernos de Campo*, São Paulo, v. 3, n. 3, pp. 5-19, 1993.

RESENDE, Beatriz. "O Lima Barreto que nos olha". *Serrote*, jan. 2016. Disponível em: <https://www.revistaserrote.com.br/2016/01/o-lima-barreto-que-nos-olha-beatriz-resende/>.

RIBEIRO, Darcy. *O povo brasileiro: A formação e o sentido do Brasil*. São Paulo: Global, 2023.

RIBEIRO, Djamila. *Lugar de fala*. São Paulo: Jandaíra, 2019.

RIFKIN, Jeremy. *O século da biotecnologia: A valorização dos genes e a reconstrução do mundo*. São Paulo: Makron Books, 1999.

RIOS FILHO, Adolfo Morales de los. *Grandjean de Montigny e a evolução da arte brasileira*. Rio de Janeiro: Empresa A Noite, 1941.

ROBERTS, Warren. *Jacques-Louis David, Revolutionary Artist: Art, Politics and the French*

REFERÊNCIAS BIBLIOGRÁFICAS

Revolution. Chapel Hill: University of North Carolina Press, 1992.

ROBINSON, Henry. *Pictorial Effect in Photography: Being Hints on Composition and Chiaroscuro for Photographers.* Londres: Piper & Carter, 1869.

ROCHEBLAVE, Samuel. *French Painting in the XVIIIth Century.* [S.l.]: Hassell Street Press, 2021.

RODRIGUES, Raimundo Nina. *As raças humanas e a responsabilidade penal no Brasil.* Rio de Janeiro: Centro Edelstein de Pesquisa Social, 2011.

ROIZ, Diogo da Silva; ARAKAKI, Suzana; ZIMMERMAN, Tânia Regina (Orgs.). *Os bandeirantes e a historiografia brasileira: Questões e debates contemporâneos.* Serra: Milfontes, 2020.

ROMANINI, Fabio. *"Se fussero più ordinate, e meglio scritte…": Giovanni Battista Ramusio correttore ed editore delle* Navigationi et viaggi. Roma: Viella, 2007.

ROMERO, Sílvio. *História da literatura brasileira.* Rio de Janeiro: Imago, 2001.

ROSEN, George. *Uma história da saúde pública.* São Paulo: Editora Unesp, 1994.

ROTH, Lorna. "Questão de pele: Os cartões Shirley e os padrões raciais que regem a indústria visual". *Zum*, n. 10, jun. 2016.

ROUILLÉ, André. *La Photographie en France: Textes & controverses: Une anthologie, 1816-1871.* Paris: Macula, 1989.

ROUSSEAU, Jean-Jacques. *Do contrato social ou Princípios do direito político.* São Paulo: Companhia das Letras, 2011.

ROWNTREE, Lester B.; CONLEY, Margaret W. "Symbolism and the Cultural Landscape". *Annals of the Association of American Geographers*, Washington, v. 70, n. 4, pp. 459-79, 1980.

RUBINO, Silvana. *As fachadas da história: Os antecedentes, a criação e os trabalhos do Serviço do Patrimônio Histórico e Artístico Nacional, 1937-1968.* Campinas: Unicamp, 1992. Dissertação de Mestrado.

SAHLINS, Marshall. *Ilhas de história.* São Paulo: Companhia das Letras, 1990.

SAID, Edward. *Orientalismo: O Oriente como invenção do Ocidente.* São Paulo: Companhia das Letras, 2007.

SALGUEIRO, Heliana Angotti. "Introdução". In: BAXANDALL, Michael. *Padrões de intenção: A explicação histórica dos quadros.* São Paulo: Companhia das Letras, 2006. pp. 9-24.

SANDRE-PEREIRA, Gilza. "Amamentação e sexualidade". *Estudos Feministas*, Florianópolis, v. 11, n. 2, pp. 467-91, 2003.

SANTANA, Bianca. *Continuo preta: A vida de Sueli Carneiro.* São Paulo: Companhia das Letras, 2021.

_____. *Quando me descobri negra.* São Paulo: Fósforo, 2023.

SANTOS, Laymert Garcia dos. "Invenção, descoberta e dignidade humana". In: EMERICK, Maria Celeste; CARNEIRO, Fernanda (Orgs.). *Limite: A ética e o debate jurídico sobre acesso e uso do genoma humano.* Rio de Janeiro: Fiocruz, 2000. pp. 55-65.

SANTOS, Márcio. *Bandeirantes paulistas no Sertão do São Francisco: Povoamento e expansão da pecuária de 1688 a 1734.* São Paulo: Edusp, 2009.

SANTOS, Richard. *Maioria minorizada: Um dispositivo analítico de racialidade.* Rio de Janeiro: Telha, 2020.

SARLO, Beatriz. *Tempo passado: Cultura da memória e guinada subjetiva.* São Paulo: Companhia das Letras, 2007.

SCHAMA, Simon. *O desconforto da riqueza: A cultura holandesa na Época de Ouro.* São Paulo: Companhia das Letras, 1992.

SCHAUB, Jean-Frédéric. *Pour une Histoire politique de la race.* Paris: Seuil, 2015.

SCHILDER, Gunter. "Development and Achievements of Dutch Northern and Arctic Cartography in the Sixteenth and Seventeenth Centuries". *Arctic*, Boulder, v. 37, n. 4, pp. 493-514, 1984.

SCHUCMAN, Lia Vainer. *Entre o encardido, o branco e o branquíssimo: Branquitude, hierarquia e poder na cidade de São Paulo.* São Paulo: Veneta, 2014.

_____. *Famílias inter-raciais: Tensões entre cor e amor.* São Paulo: Fósforo, 2023.

SCHWARCZ, Lilia Moritz. *O espetáculo das raças: Cientistas, instituições e questão racial no Brasil 1870-1930.* São Paulo: Companhia das Letras, 1993.

_____. *Retrato em negro e branco: Jornais, escravos e cidadãos em São Paulo no final do século XIX.* São Paulo: Companhia das Letras, 1997.

_____. *As barbas do imperador.* São Paulo: Companhia das Letras, 1998.

_____. *O sol do Brasil: Nicolas-Antoine Taunay e as desventuras dos artistas franceses na corte de d. João.* São Paulo: Companhia das Letras, 2006.

_____. "A santa e a dádiva". *Revista de História da Biblioteca Nacional*, Rio de Janeiro, v. 3, n. 32, pp. 20-1, maio 2008.

_____. "Abolição como dádiva". In: FIGUEIREDO, Luciano (Org.). *A Era da Escravidão.* Rio de Janeiro: Sabin, 2009, pp. 88-90.

SCHWARCZ, Lilia Moritz. "Previsões são sempre traiçoeiras: João Baptista de Lacerda e seu Brasil branco". *História, Ciências, Saúde: Manguinhos*, Rio de Janeiro, v. 18, n. 1, pp. 225-42, jan.-mar. 2011.

_____. *Nem preto nem branco, muito pelo contrário*. São Paulo: Claro Enigma, 2013.

_____. *Lima Barreto: Triste visionário*. São Paulo: Companhia das Letras, 2017.

_____. "Imagens da escravidão: O outro do outro (séc. XVI ao XIX)". In: PEDROSA, Adriano et al. (Orgs.). *Histórias afro-atlânticas*, v. 2: *Antologias*. São Paulo: Masp, 2018. pp. 524-38.

_____. "Sobre as imagens: Entre a convenção e a ordem". In: S_____; GOMES, Flávio dos Santos (Orgs.). *Dicionário da escravidão e liberdade*. São Paulo: Companhia das Letras, 2018. pp. 43-8.

_____. "História pela metade: Os desbravadores e mercenários violentos". *Nexo*, 2 ago. 2021.

_____. "Mulheres fotografadas: Mães negras e o afeto como forma de agressão". In: ZERWES, Erika; COSTA, Helouise (Orgs.). *Mulheres fotógrafas/Mulheres fotografadas: Fotografias e gênero na América Latina*. São Paulo: Intermeios, 2021. pp. 97-113.

_____. "Eugenia". In: RIOS, Flávia; SANTOS, Marcio André dos; RATTS, Alex (Orgs.). *Dicionário das relações étnico-raciais contemporâneas*. São Paulo: Perspectiva, 2023. pp. 143-7.

SCHWARCZ, Lilia Moritz; GOMES, Flávio dos Santos (Orgs.). *Dicionário da escravidão e liberdade*. São Paulo: Companhia das Letras, 2018.

_____; LIMA JUNIOR, Carlos; STUMPF, Lúcia K. *O sequestro da Independência: Uma história da construção do mito do Sete de Setembro*. São Paulo: Companhia das Letras, 2022.

_____; LOTIERZO, Tatiana H. P. "Raça, gênero e projeto branqueador: *A redenção de Cam*, de Modesto Brocos". *Artelogie*, Paris, n. 5, out. 2013.

_____; MACHADO, Maria Helena Pereira Toledo. "Sob o olhar fotográfico: Marc Ferrez e o trabalho escravo às vésperas da abolição". In: _____ (Orgs.). *Emancipação, inclusão e exclusão: Desafios do passado e do presente*. São Paulo: Edusp, 2018. pp. 189-214.

_____; SALLUM JR., Brasilio João; VIDAL, Diana Gonçalves; CATANI, Afrânio Mendes (Orgs.). *Identidades*. São Paulo: Edusp, 2018.

_____; STARLING, Heloisa Murgel. "Material didático" para o livro *Brasil, uma biografia*. São Paulo: Companhia das Letras, 2015.

_____; _____ (Orgs.). *Dicionário da República*. São Paulo: Companhia das Letras, 2019.

_____; VAREJÃO, Adriana. *Pérola imperfeita: A história e as histórias na obra de Adriana Varejão*. Rio de Janeiro: Cobogó, 2014.

SCHWARTZ, Vanessa R.; PRZYBLYSKI, Jeannene M. (Orgs.). *The Nineteenth-Century Visual Culture Reader*. Londres: Routledge, 2004.

SEGATO, Rita. *Crítica da colonialidade em oito ensaios e uma antropologia por demanda*. Rio de Janeiro: Bazar do Tempo, 2021.

SEVCENKO, Nicolau. *Literatura como missão: Tensões sociais e criação cultural na Primeira República*. São Paulo: Companhia das Letras, 2003.

_____ (Org.). *História da vida privada no Brasil 3: Da Belle Époque à Era do Rádio*. São Paulo: Companhia das Letras, 1998.

SEYFERTH, Giralda. "A antropologia e a teoria do branqueamento da raça no Brasil: A tese de João Baptista de Lacerda". *Revista do Museu Paulista*, São Paulo, v. 30, pp. 81-98, 1985.

SILVA, Alberto da Costa e. *Um rio chamado Atlântico: A África no Brasil e o Brasil na África*. Rio de Janeiro: Nova Fronteira, 2011.

_____. *Francisco Félix de Souza, mercador de escravos*. Rio de Janeiro: Nova Fronteira, 2013.

SILVA, Denise Ferreira da. *A dívida impagável*. Rio de Janeiro: Zahar, 2024.

SILVA, Janice Theodoro da. *São Paulo 1554-1880: Discurso ideológico e organização espacial*. São Paulo: Moderna, 1984.

SILVA, Priscila Elisabete da. "O conceito de branquitude: Reflexões para o campo de estudo". In: MÜLLER, Tânia M. P.; CARDOSO, Lourenço (Orgs.). *Branquitude: Estudos sobre a identidade branca no Brasil*. Curitiba: Appris, 2018. pp. 19-32.

SIMÕES, Júlio Assis et al. "Desire, Hierarchy, and Agency: Youth, Homosexuality, and Difference Markers in São Paulo". *Sexuality Research and Social Policy*, Nova York, v. 7, n. 4, pp. 252--69, 2010.

SIMÕES, Júlio Assis; FRANÇA, Isadora; MACEDO, Marcio. "Jeitos de corpo: Cor/raça, gênero, sexualidade e sociabilidade juvenil no centro de São Paulo". *Cadernos Pagu*, Campinas, n. 35, pp. 37-78, 2010.

SKIDMORE, Thomas E. *Preto no branco: Raça e nacionalidade no pensamento brasileiro*. São Paulo: Companhia das Letras, 2012.

SMITH, Laurajane. *Uses of Heritage*. Londres: Routledge, 2006.

REFERÊNCIAS BIBLIOGRÁFICAS

SMITH, Laurajane et al. (Orgs.). *Representing Enslavement and Abolition in Museums*. Londres: Routledge, 2011.

SODRÉ, Muniz. "Uma genealogia das imagens do racismo". *Folha de S.Paulo*, 19 mar. 1995.

_____. *Antropológica do espelho: Uma teoria da comunicação linear e em rede*. Petrópolis: Vozes, 2013.

SOLLORS, Werner. *Neither Black nor White yet Both: Thematic Explorations of Interracial Literature*. Nova York: Oxford University Press, 1997.

SONTAG, Susan. *Sobre fotografia*. São Paulo: Companhia das Letras, 2004.

SOUZA, Gilda de Mello e. "Pintura brasileira contemporânea: Os precursores". In: _____. *Exercícios de leitura*. São Paulo: Editora 34, 2009. pp. 273-303.

SOUZA, Juliana Beatriz Almeida de. "Mãe negra de um povo mestiço: Devoção a Nossa Senhora Aparecida e identidade nacional". *Estudos Afro-Asiáticos*, Rio de Janeiro, n. 29, pp. 85-102, mar. 1996.

SOUZA, Laura de Mello e. *O diabo e a terra de Santa Cruz: Feitiçaria e religiosidade popular no Brasil colonial*. São Paulo: Companhia das Letras, 1986.

SOUZA, Vanderlei Sebastião de. *A política biológica como projeto: A "eugenia negativa" e a construção da nacionalidade na trajetória de Renato Kehl (1917-1932)*. Rio de Janeiro: Fiocruz, 2006. Dissertação de Mestrado.

_____. *Em busca do Brasil: Edgard Roquette-Pinto e o retrato antropológico brasileiro (1905-1935)*. Rio de Janeiro: Fiocruz, 2011. Tese de Doutorado.

_____; CARVALHO, Leonardo Dallacqua. "Os genes indesejados: Os debates sobre a esterilização eugênica no Brasil". Café História, 8 mar. 2021. Disponível em: <https://www.cafehistoria.com.br/esterilizacao-eugenica-no-brasil/>.

SPENCE, Jonathan D. *O palácio da memória de Matteo Ricci*. São Paulo: Companhia das Letras, 1996.

SPITZER, Leo. *Vidas de entremeio: Assimilação e marginalização na Áustria, no Brasil e na África Ocidental 1780-1945*. Rio de Janeiro: Eduerj, 2001.

SPIVAK, Gayatri. "Rami of Sirmur". In: BARKER, Francis et al. (Orgs.). *Europe and Its Others*. Colchester: University of Essex Press, 1985. pp. 128-51.

STARLING, Heloisa Murgel. *Ser republicano no Brasil Colônia: A história de uma tradição esquecida*. São Paulo: Companhia das Letras, 2018.

STAROBINSKI, Jean. *1789: The Emblems of Reason*. Cambridge: MIT Press, 1988.

STEPAN, Nanci. *The Hour of Eugenics: Race, Gender, and Nation in Latin America*. Ithaca: Cornell University Press, 1996.

STERN, Alexandra Minna. "Eugenics, Sterilization, and Historical Memory in the United States". *História, Ciência, Saúde: Manguinhos*, Rio de Janeiro, v. 23, supl. 1, pp. 195-212, 2016.

STOCKING JR., George W. *Objects and Others: Essays on Museums and Material Culture*. Madison: University of Wisconsin Press, 1985.

_____. *Victorian Anthropology*. Los Angeles: Free Press, 1991.

STOLER, Ann Laura. *Carnal Knowledge and Imperial Power*. Berkeley: University of California Press, 2002.

_____. *Along the Archival Grain: Epistemic Anxieties and Colonial Common Sense*. Princeton: Princeton University Press, 2010.

STRATHERN, Marilyn. "Dando apenas uma força à natureza? A cessão temporária de útero: Um debate sobre tecnologia e sociedade". In: _____. *O efeito etnográfico e outros ensaios*. São Paulo: Ubu, 2017. pp. 467-86.

STROTHER, Zoë. "Display of the Body Hottentot". In: LINDFORS, Bernth (Org.). *Africans on Stage: Studies in Ethnological Show Business*. Bloomington: Indiana University Press, 2000. pp. 1-55.

STUMPF, Lúcia Klück. "Imagens emancipadas: Visualidades e imaginários raciais no Brasil (1870-1920)". XIII Seminário do Museu D. João VI/Grupo Entresséculos, Modernidades e Tradições em Finais do Século XIX e Início do XX. Rio de Janeiro, 2022.

SUTTON, Elizabeth A. *Capitalism and Cartography in the Dutch Golden Age*. Chicago: University of Chicago Press, 2015.

TAUNAY, Afonso. "Relatório referente ao anno de 1922 apresentado a 23 de janeiro de 1923, ao excellentissimo senhor secretario do Interior, doutor Alarico Silveira, pelo director em comissão, do Museu Paulista, Affonso d'Escragnolle Taunay". *Revista do Museu Paulista*, São Paulo, t. XIV, pp. 727-58, 1923.

TENREIRO, Maria Manuela. *Military Encounters in the 18th Century: Racial Representations in the Work of Carlos Julião and Colonial Discourse in the Portuguese Empire*. Londres: Universidade de Londres, 2008. Tese de Doutorado.

TESTA, Simone. *Italian Academies and Their Net-*

works, 1525-1700: From Local to Global. Londres: Palgrave MacMillan, 2016.

"THE METROPOLITAN Museum of Art Acquires Important Painting Attributed to Jacques Amans". The Metropolitan Museum of Art, 14 ago. 2023. Disponível em: <https://www.metmuseum.org/pt/press/news/2023/amans-acquisition>.

THOMAS, Werner; STOLS, Eddy; KANTOR, Íris; FURTADO, Junia (Orgs.). *Mundo sobre papel: Livros, gravuras e impressos flamengos nos impérios português e espanhol*. São Paulo: Edusp, 2014.

THOMAZ, Omar Ribeiro. *Ecos do Atlântico Sul: Representações sobre o terceiro império português*. Rio de Janeiro: Editora UFRJ, 2002.

THOMPSON, Robert Farris. *Flash of the Spirit: African and Afro-American Art and Philosophy*. Nova York: Vintage, 1984.

THORTON, John Kelly. *A África e os africanos na formação do mundo atlântico, 1400-1800*. Rio de Janeiro: Elsevier, 2004.

TODOROV, Tzvetan. *On Human Diversity: Nationalism, Racism, and Exoticism in French Thought. Cambridge: Harvard University Press, 1993.*

_____. *A conquista da América: A questão do outro*. São Paulo: Martins Fontes, 2010.

TOLEDO, Roberto Pompeu de. *A capital da vertigem*. Rio de Janeiro: Objetiva, 2015.

TOTA, Antonio Pedro. *O imperialismo sedutor: A americanização do Brasil na época da Segunda Guerra*. São Paulo: Companhia das Letras, 2000.

TREVISAN, Anderson Ricardo. *Velhas imagens, novos problemas: A redescoberta de Debret no Brasil modernista (1930-1945)*. São Paulo: USP, 2011. Tese de Doutorado.

_____. *A redescoberta de Debret no Brasil modernista*. São Paulo: Alameda, 2015.

TROUILLOT, Michel-Rolph. *Silencing the Past: Power and the Production of History*. Boston: Beacon Press, 2015.

_____. *Silenciando o passado: Poder e a produção da história*. Curitiba: huya, 2016.

TWINE, France Winddance; STEINBUGLER, Amy. "The Gap between Whites and Whiteness: Interracial Intimacy and Racial Literacy". *Du Bois Review*, Cambridge, v. 3, n. 2, pp. 341-63, 2006.

USILLOS, Andrés Gutiérrez. "Nuevas aportaciones en torno al lienzo titulado *Los mulatos de Esmeraldas*: Estudio técnico, radiográfico e histórico". *Anales del Museo de América*, Madri, n. 20, pp. 7-64, 2012.

VAINFAS, Ronaldo. *Dicionário do Brasil colonial (1500-1808)*. Rio de Janeiro: Objetiva, 2000.

VALVERDE, Rodrigo Ramos H. Felipe. "O sentido político do *Monumento às bandeiras*". *PatryTer*, Brasília, v. 1, n. 2, pp. 29-40, 2018.

VAREJÃO, Adriana; HERKENHOFF, Paulo. *Adriana Varejão: Fotografia como pintura*. Rio de Janeiro: Artviva, 2006.

VASCONCELLOS, Barão de Smith de. *Archivo nobiliarchico brasileiro*. Lausanne: La Concorde, 1918.

VELDEN, Felipe Vander. "A mulher Tapuya e seu cão: Notas sobre as relações entre indígenas e cachorros no Brasil holandês". *Nuevo Mundo Mundos Nuevos*, 8 out. 2019. Disponível em: <https://journals.openedition.org/nuevomundo/77800>.

VELOSO, Caetano. *Verdade tropical*. São Paulo: Companhia das Letras, 2017.

VERGER, Pierre. *Fluxo e refluxo: Do tráfico de escravos entre o golfo do Benim e a Bahia de Todos-os-Santos, do século XVII ao XIX*. São Paulo: Companhia das Letras, 2021.

VERGÈS, Françoise. *Decolonizar o museu: Programa de desordem absoluta*. São Paulo: Ubu, 2023.

VIANA, Oliveira. *Raça e assimilação*. São Paulo: Companhia Editora Nacional, 1939.

WARBURG, Aby. *Histórias de fantasma para gente grande*. São Paulo: Companhia das Letras, 2015.

_____. *A presença do antigo*. Campinas: Editora da Unicamp, 2019.

WARE, Vron (Org.). *Branquidade: Identidade branca e multiculturalismo*. Rio de Janeiro: Garamond, 2009.

WERNECK, Jurema. *O livro da saúde das mulheres negras: Nossos passos vêm de longe*. Rio de Janeiro: Pallas, 2021.

WEST, Shearer. *Portraiture*. Nova York: Oxford University Press, 2004.

WEXLER, Laura. "Seeing Sentiment: Photography, Race, and the Innocent Eye". In: ABEL, Elizabeth; CHRISTIAN, Barbara; MOGLEN, Helene (Orgs.). *Female Subjects in Black and White, Race, Psychoanalysis, Feminism*. Berkeley: University of California Press, 1997. pp. 159-86.

WILKERSON, Isabel. *Casta: As origens de nosso mal-estar*. Rio de Janeiro: Zahar, 2021.

WILLIS, Deborah; KRAUTHAMER, Barbara. *Envisioning Emancipation: Black Americans and the End of Slavery*. Filadélfia: Temple University Press, 2017.

REFERÊNCIAS BIBLIOGRÁFICAS

WISSENBACH, Maria Cristina Cortez. *Práticas religiosas, errâncias e vida cotidiana no Brasil (Finais do século XIX e inícios do XX)*. São Paulo: Intermeios, 2018.

WÖLFFLIN, Heinrich. *Conceitos fundamentais da história da arte*. São Paulo: Martins Fontes, 2000.

WOOD, Marcus. *Blind Memory: Visual Representations of Slavery in England and América, 1780-1865*. Londres: Routledge, 2000.

_____. *Slavery, Empathy, and Pornography*. Nova York: Oxford University Press, 2003.

_____. *The Horrible Gift of Freedom: Atlantic Slavery and the Representation of Emancipation*. Athens: University of Georgia Press, 2010.

WOODBURY, Walter E. *Photographic Amusements: Including a Description of a Number of Novel Effects Obtainable with the Camera*. Nova York: Scovill and Adams, 1896.

XAVIER, Mauricio. "Estátua do Borba Gato é pichada por manifestantes". *Veja SP*, 5 dez. 2016. Disponível em: <http://vejasp.abril.com.br/cidades/estatua-borba-gato-pichada/>.

YAÑEZ, Andrés Eduardo. "La vestimenta de los esclavos en el Buenos Aires posrevolucionario: Un análisis a través de los avisos de fugas y extravíos publicados en *La Gaceta Mercantil* de Buenos Aires (1823-1831)". *Anuario del Instituto de Historia Argentina*, Buenos Aires, n. 13, 2013.

Disponível em: <https://www.anuarioiha.fahce. unlp.edu.ar/article/view/IHAn13a03/html_8>.

ZERWES, Erika; COSTA, Helouise (Orgs.). *Mulheres fotógrafas/Mulheres fotografadas: Fotografias e gênero na América Latina*. São Paulo: Intermeios, 2021.

SITES

Ana Caldatto: <https://anacaldatto.blogspot.com>.

Brasiliana Fotográfica: <https://brasilianafotografica.bn.gov.br/>.

Dicionário Manuel Querino de arte na Bahia: <http://www.dicionario.belasartes.ufba.br/wp/verbete/mestre-abdias-e-o-pano-da-costa/>.

Hemeroteca Digital Brasileira: <https://bndigital.bn.gov.br/hemeroteca-digital/>.

Jaime Lauriano: <http://jaimelauriano.com/>.

São Paulo Antiga: <https://saopauloantiga.com.br/>.

Slave Voyages: <https://www.slavevoyages.org>.

Tiago Sant'Ana: <https://tiagosantanaarte.com>.

ÍNDICE REMISSIVO

Números de páginas em *itálico* referem-se a imagens.

I Congresso Brasileiro de Eugenia (Rio de Janeiro, 1929), 243, 295

ABC-Color (televisor colorido), *308*
"abertura dos mares", 75
abolição da escravidão em Cuba (1886), 375*n*
abolição da escravidão nas colônias francesas (1848), 176
abolição da escravidão no Brasil (1888), 25, 32, 49, 51, 62, 66, 158-61, 163, 181, 183, 185, 205-6, 215, 236, 242, 271, 284-5, 293, 298, 306, 351
abolição da escravidão nos EUA (1865), 158
Abolição dos escravos (tela de Cela), *160*, 161
abolicionismo, 215
Abreu, Antônio Fernandes de, *140*, 142
Academia Brasileira de Letras, 284
Academia de Belas-Artes (França), 175, 192
Academia Imperial de Belas-Artes (Brasil), 22, 143, 188, 256, 271, 292
Academia Nacional de Medicina, 287
Academia Paulista de Letras, 143
acadêmica, pintura, 18, 29, 143, 272, 345
Açores, 109
açúcar/economia açucareira, 47, 50-1, 101, 175, 177, 187, 190, 335, 339-40
Adão e Eva, 75, 125, 290
Adichie, Chimamanda Ngozi, 44, 312
Adoração dos Reis Magos (pintura de Henriques e Fernandes), 81-2, *82*
Afeganistão, 116
África, 15, 42, 48, 53, 71-2, 91-100, 102-3, 111, 121, 123-5, *125*, 128, 164, 218, 221, 245-6, 290, 306, 320, 335, 371, 381*n*
África do Sul, 53, 55, 243, 287, 382*n*
African American Woman Holding a White Child (ambrótipo), *205*
Afrique divisée en tous ses États, L' (mapa de Janvier e Longchamps), 123-6, *125-6*
Agapornis pullaria (ave psitaciforme), 92
Agnelli, Giovanni, 309
Agostini, Angelo, *25*, 161
agricultura, 239
Alagoas, 141
Alaká *ver* pano da costa
Alberto, Paulina, 13, 19
albinos, 381*n*
albúmen (papel fotográfico), 23-4, *203, 207, 212, 222-3, 227, 230, 328*
Albuquerque, Elisa Saboya de, *220*

Albuquerque, Medeiros e, 32
Alegoria à Lei do Ventre Livre (escultura de Bressac), 162
Alegoria dos quatro continentes (série de telas de Teófilo), 99-103, *99-102*
"alegoria", origem grega do termo, 79, 272
alegorias, 34, 64, 66-7, 69-72, 76, 79, 87, 93, 97-102, 106, 109, 111, 117, 119-20, 123, 231, 271, 313
"Aleijadinho, O" (Andrade), 386*n*
Alemanha, 49, 157
Alencar, José de, 256
Alencastro, Luiz Felipe de, 209, 211
"Alerta! Palavras do chefe de Nação" (cartaz de Pederneiras), *297*
Alfaiataria Americana, de João Antônio Ribeiro (fotografia de Alkmim), *186*
algodão, 176, 249-50, 286
"Algodão torcido" (propaganda dos anos 1920), 306
Aliança, barão da, 218
Alkmim, Chichico, 181-6, *180-3*
Alkmim, Miquita (Maria Josefina Neto), *180*, 184-5
"*Allá ellos que son blancos y se entienden*" (provérbio espanhol), 41; *ver também* provérbios
Almeida Júnior, 277-82, *278*, 293, 300-1
Almeida, Manuel Antônio de, 303
Almeida, Silvio, 44, 61
Alô, amigos (filme de animação), 303
Alves, Caleb, 140
Ama com criança ao colo (tela de autoria desconhecida), *217*, 218
Ama negra com menina branca (fotografia de Henschel & Benque), *220*
Amada (Morrison), 199
amamentação, aspecto simbólico da, 206
Amans, Jacques Guillaume Lucien, *174*, 175, *178*, 179-80
amas negras, 199-233, *198, 205, 207, 212, 214, 217, 219-24*
ambrótipos, *205*
America (gravura de Galle, sobre desenho de Straet), *68, 77*, 78-9
América do Norte, 245
América do Sul, 89, 108, 336
América espanhola, 86, 291
América Latina, 162, 165, 303
América Meridional (mapa de Diogo Homem, 1558), 107-10, *108*
América portuguesa, *110*

ÍNDICE REMISSIVO

América, invasión, etnocídio, invención e *Americae novissima desciptio* (desenho de Lauriano), *134*

American way of life, 295

Américas, 43, 46, *68*, 74, 76-7, *77*, 82, 86, 88, 92, 98, 101, *102*, 111, 122, 125, 130, 164, 290, 319; *ver também* Novo Mundo

Américo, Pedro, 27, 188

ameríndios *ver* indígenas

Amérique divisée en tous ses États, L' (mapa de Janvier e Longchamps), *125*

Amnésia (estátua de Cerqueira), *166*, 167

Amolação interrompida (tela de Almeida Júnior), 279

Amorim, Eliana, 214

Amsterdam (Holanda), 118-20

Ana Maria de São José e Aragão (filha dos barões de Jaguaribe) no colo de uma escrava (tela de autoria desconhecida), *219*

Anaximandro, 106

Anchieta, Isabelle, 85

Anchieta, Padre José de, 146, *147*

Anderson, Benedict, 26, 273

Andes, 95

Andrade, Mário de, 337, 386*n*

"Angel & Devil" (campanha publicitária da Benetton), 346

anglo-saxões, 241

Angola, 89, 164

Anhanguera (bandeirante paulista), 141, 153

Anjinho (fotografia de Alkmim), *183*

Antártica, 128

Antiguidade Clássica, 49, 71, 148, 191, 271, 297

Antilhas, 108, 179

antirracista, luta, 36, 357

Antônio Gomes Leal (fotografia de Chapelin), *210*

antropofagia, 75, 79, 88

antropologia, 53

antropologia criminal, 236, 242

Antuérpia (Bélgica), 98, 249

apartheid, 55, 243

Apertando o lombilho (tela de Almeida Júnior), 279

aplicativos, trabalhadores de, 149

Apolo (deus grego), 81

árabe, idioma, 14-5

Arábia, 82

Aranha, Graça, 284

Araripe Júnior, 284

Araujo, Ana Lúcia, 64, 164

Araújo, Luís Joaquim de, 7

Arêgos (sabonete português), 258

Arendt, Hannah, 43, 333, 356

Argentina, 14, 20-1, 303

Aristóteles, 106

Ariza, Marília, 162

Arobe, d. Domingo, *94*, 95

Arobe, d. Francisco, *94*, 95

Arobe, d. Pedro, *94*, 95

Arobe, família, 94-7, *94*

arquivo e arquivamento, mapas como, 129

"arte como sistema cultural, A" (Geertz), 172

artistas negros e negras, 6, 7, *35*, 132, *133-4*, 195-6, *196*, 214, *267*, *330-1*, 376*n*

árvores, simbolismo das, 244

Ásia, 42, 53, 71, 98, *100*, 120, 124, 128, 135, 245, 290

Asie divisée en tous ses États, L' (mapa de Janvier e Longchamps), *124*

Assembleia Legislativa do Estado de São Paulo, 149

Assentar uma senhora indo à missa (aquarela de Dalton Paula), *331*

Assentar volta à cidade de um proprietário de chácara (aquarela de Dalton Paula), *330*

"assimilação", conceito de, 335-6, 338, 340

ativismo negro, 37, 55, 60

"Atlântico Negro" (conceito de Gilroy), 72, 174

"Atlântico tricontinental" (conceito de Thompson), 174

Atlântico, oceano, 42, 71-2, 74, 109, 111, 174, 216, 230

Atlas Miller (*Atlas Lopo Homem-Reinéis*, séc. XVI), 109, *110*

Atualização traumática de Debret (série de Viana), *196*

"audiências" na América espanhola, 95

Augusto Gomes Leal com sua ama de leite Mônica (fotografia de Villela), *198*, *207*

Aula Régia de Desenho (Lisboa), 99

Austrália, 117

autobiografia da minha mãe, A (Kincaid), 13

autorreflexão crítica da branquitude, 57-8, 60, 64

autorrepresentação da branquitude, ausência de, 58

Avon, rio (Bristol, Inglaterra), 164

Azevedo, Aluísio, 294

Azevedo, Militão Augusto de, 23, 222, *223*, 366*n*

Azoulay, Ariella, 329, 353

Baartman, Saartjie ("Vênus Hotentote"), 261-2, *262*, 292, 294, 382*n*

Babá brincando com criança (fotografia de Papf), *230*, 230-1

Babá com criança (fotografia de Henschel), *220*

Babo, Lamartine, 302

Badiana: Estylo Africano (propaganda de E. Bussons & Cia Ceará), *306*

Baer, Karl Ernst von, 239

408 IMAGENS DA BRANQUITUDE

Bahia, 62, 99, 118, 163-4, 190, *221, 225,* 330
baiana, pintura (séc. xix), 98, *99-100*
Baianos legítimos (desenho de Mendez), *304*
Baltazar, rei (personagem bíblico), 82-3, *82*
bandeira do Brasil, 271, 275
Bandeira, Antônio Rafael Pinto, 293
bandeirantes, *136,* 136-9, 141-51, *140, 144, 146, 148-50, 152-3,* 153, *154*
Bandeirantes, Mártires da Liberdade e Grandes Vultos da Independência (retratos no Museu Paulista), 145
Baniwa, Denilson, 151, 153, 373*n*
Barbie (boneca), 344
Barbosa, Rui, 32
Barreto, Lima, 62, *63,* 295
Barriga, serra da (AL), 141
Barrio de Sepúlveda, Juan del, 96
Barros, J. de, 302
Barthes, Roland, 211, 230
Bastide, Roger, 63
Batalha de Caseros (Argentina, 1852), 17
Baxandall, Michael, 21
Bedón, Pedro, 94
beleza, padrões de, 10, 63, 264, 345
Bélgica, 287
Bélizaire (adolescente escravizado), 174-80, *174,* 197
Bélizaire and the Frey Children (tela de Amans) 175-7, *174*
Belle Époque brasileira, 295
Bello Horizonte (revista), *302*
Benetton (grife italiana), 346
"benignidade" da escravidão (visão freyreana), 336
Benim, 164
Benjamin, Walter, 156, 231, 298
Benoist, Marie-Guillemine, 179
Bento, Cida, 32, 36, 45-6, 55-6, 267
Benvinda (ama negra), 221
Berlim (Alemanha), 212
Bernardelli, Henrique, 139
Bernier, François, 237
Betim (MG), *309*
Beviláqua, Clóvis, 296
Bhabha, Homi, 176, 232, 298
Bíblia, 39, 83, 119, 290, 292, 343
biociências, 238
biologia, 43-4, 236-7, 240, 242
biopoder (conceito foucaultiano), 43, 56
Black Lives Matter (movimento), 160
black power, cabelo, *350*
Black Reconstruction in America (Du Bois), 53
Blumenbach, Johann Friedrich, 238
Boletim de Eugenia, 244

Bolsonaro, Jair, 348
Bombril (palha de aço), 260
bonecas brancas, 344-5, *344-5*
Borba Gato, Manuel de, 138, 145-50
Borba Gato (estátua de Júlio Guerra), *136,* 138, *146, 148-9*
Borges, Jorge Luis, 105, 107
Bosi, Alfredo, 337
Boston (Massachusetts, EUA), 160
Boutique de cordonnier (litografia de Debret), *22*
Braga Netto, Walter, *348*
Bragança, dinastia de, 189
Brahma Hércules (cerveja), *311*
brancos antirracistas, 36
"brancos" e "não brancos", divisão do mundo entre, 44, 47
brancura, 53, 58, 67, 237, 253, 256, 263-4, 267, 345
branqueamento, 33-4, 55, 63-4, 67, 166, 243, 245, 257-8, 269, 276, 283-4, 286, 288, 290-1, 295, 297, 304, 312, 332, 338, 344-5, 351
"branquidade", conceito de, 36
branquitude e negritude, distinção entre, 36-7; *ver também* negritude
Brasil Terra Indígena (intervenção artística de Baniwa), 152, *153*
Brasil: An Interpretation (Freyre), 336
"brazil", origem do termo, 74
Brazilian Lady in her Cadeira (aquarela atribuída a Chamberlain), *324*
Brecheret, Victor, 149-51, *150, 152*
Bressac, A. D., 162
Bristol (Inglaterra), 164
Brizuela, Natalia, 230
Brizzolara, Luigi, 144
Brocos, Modesto, 288-94, *289*
Bruno, Pedro, *268, 270,* 270-4
Brutus (fundador da República romana), *281*
bruxas, 85, 92
Buck-Morss, Susan, 48
Bueno, Bartolomeu, 141
Buenos Aires (Argentina), 13, 15-9
"bufões" de Juan Manuel Rosas, 15-6; *ver também* Eusebio de la Santa Federación, Don
burguesia, 43, 184, 187, 249, 264, 277-9, 282, 302
Burle Marx, Roberto, 150

Cabral, Pedro Álvares, 111-2
Cadamosto, Alvise, 112
cadeirinhas (liteiras), 311, 317-31, *318, 321-31*
cães nas Américas, 89
"café à altura do nosso leite, O" (slogan da Parmalat), *347*

ÍNDICE REMISSIVO

café com leite, alegoria do, 346, *347*
Café Parmalat, *347*
café/economia cafeeira, 47, 138, 176, 187, 189, 222, 226-7, *228-9*, 277, 279, 286, 328
Caipira picando fumo (tela de Almeida Júnior), 279
Caiubi (indígena), 146, *147*
Caixa Mútua de Pensões Vitalícias (propaganda), *297*
calçados em escravizados, ausência de *ver* sapatos, proibição aos escravizados de usar
Calcutá (Índia), 249
"caldeamento de raças" (conceito de Freyre), 333, 338, 348; *ver também* mestiçagem
Calixto, Benedito, 139-40, 142
Cam (personagem bíblico), 290
Caminha, Pero Vaz de, 82
Camões, Luís de, 127
campos de concentração nazistas, 338
Campt, Tina, 179, 232
Canaã (Graça Aranha), 284
Canaã (personagem bíblico), 290
Candido, Antonio, 302
candomblé, 133, 331-2
"canibal", origem do termo, 75
canibalismo, 75, 79-80, 83-4, *85*, *87*, 88-9, 98, 109, 122, 125
"Cantoras do rádio" (canção), 302
Canudos, Guerra de (1896-97), 271
"capitães do mato", 139, 145
capitalismo, 42-3, 54, 304
caravelas, 78, 107-8, 111-2, 114, 119, 125, 130
Cardoso, Lourenço, 36, 57
Cardozo, Antônio da Silva Lopes, *220-1*, 379*n*
Caribe, 49, 51, 75, 319
Carlos I, rei da Espanha, 95
Carnavais, malandros e heróis (DaMatta), 303
Carneiro, Maria Elizabeth Ribeiro, 218
Carneiro, Sueli, 36, 56, 239, 357
Carrara, mármore de, 144
carregadores de liteiras, 311, 317-31, *318*, *321-31*
cartes de visite, *24*, *207*, *210*, *212*, 215, 219, *220*, *226*, 366*n*, 378*n*
cartografia, 70, 105-8, 114-6, 121, 129-30, 132-3, 135; *ver também* mapas *específicos*
cartografia portuguesa e a construção da imagem do mundo, A (Marques), 130
Carvalho, José da Costa, 328
Carvalho, José Murilo de, 275, 382*n*
Carvalho, Luís Pereira de, *217*, 218
Casa Civil, *348*
Casa Colombo (loja de departamentos), 305
Casa Isidoro (loja de tecidos), *298*
Casa-grande & senzala (Freyre), 333, 337, 339

Casa-grande do Engenho Noruega (aquarela de Dias), *314*, *339*
casamentos eugênicos, 239; *ver também* eugenia
Cassidy, John, *164*
Castro, Eduardo Viveiros de, 86
Catarina (escravizada), *217*, 218
Catarina de Médici, rainha consorte da França, 110
Catedral da Sé de Viseu (Portugal), 81
"categoria analítica", branquitude como, 59
catequização de indígenas, 45, 146-7, 152
Ceará, 141, 306
Cela, Raimundo, 160-1, *160*
celtas, 73, 241
Cena de família de Adolfo Augusto Pinto (tela de Almeida Júnior), 277-83, *278*
Cenas de escravidão (fotografia de Lindemann), *221*
Censo do IBGE (2022), 384*n*
Centenário da Independência (1922), 143
Cerqueira, Flávio, 166-7
Certeau, Michel de, 47
Chamberlain, Henry, 23, *323*, 324, *325*
Chapelin, Léon, *210*, 378*n*
chapéus, códigos sociais de, 305
Chege and Cadeira, The (gravura de Chamberlain), *323*
Chevrel, Jean Jules Le, 187-91, *189-91*
Chevrolet (montadora), 310
Chicago (EUA), 249
chimpanzés, 246
China, 70, 96, 109
"chiste" (na psicanálise), 307
Chita Crioula (tecidos), *259*
Chlorinol (alvejante para roupas), *251*
Christiano Júnior, *24*, 202, *203*, 366*n*
Chrysanthème, Madame (Cecília Moncorvo Bandeira de Melo Rebelo de Vasconcelos), 343
ciências naturais, 246
Cigarra, A (revista), *258*, *263*, *299*
cimarrones (escravizados fugidos na América espanhola), 95, 97
circum-navegação, viagens de, 112
Civil Contract of Photography, The (Azulay), 329, 385*n*, 386*n*
"civilização ocidental", 65, 70, 237, 251
Clark (marca de sapatos), 25
classe média, 241, 262, 308, 313, 349
classe trabalhadora, 53, 253
Coalizão Negra por Direitos, 36
Cocanha (terra lendária), 74-5, 120
Code noir (Império francês), 50
Código Civil (1916), 296
Código Penal (1890), 242

IMAGENS DA BRANQUITUDE

Cole, Teju, 116
Collins, Patricia Hill, 66
Colombo, Cristóvão, 75-6
Colônia (Alemanha), 157
colônias britânicas, 50-1
colônias francesas, 50-1, 126
colônias holandesas, 86, 88, 91, 116, 118, 122, 125
colônias portuguesas, 333
colonização, 42, 54, 64, 67, 71, 73, 75, 80, 86, 103, 109, 111, 128, 130, 132-3, 139, 147-8, 151, 154, 197, 250-1, 253, 255, 334, 336; *ver também* sistema colonial
color blindness ("cegueira racial", conceito de Frankenberg), 52
Colston, Edward, 164
Com quantos pobres se faz um rico? (placa artística com sabonetes de Escobar), 266, *267*
Companhia das Índias Ocidentais, 93, 119
Companhia União Africana, 164
"comunidades imaginadas" (conceito de Anderson), 26, 273, 313
Conceição, Olga Maria da, 7
"conceito por omissão", branquitude como, 169
condição social, 11, 31, 176, 190, 216, 219, 241, 305, 323, 341
Confederação do Equador (pe, 1824), 210
Confraria de Nuestra Señora del Rosario de los Naturales (Peru), 94
Congo, 164
Congresso Universal de Raças (Londres, 1911), 243, 258, 286-8, 291
Constant, Benjamin, 275, 279
construção conceitual da branquitude, 52-60
construção do outro como não ser como fundamento do ser, A (Carneiro), 56
Construção incompleta do prédio da Academia de Pintura. 1. Teatro (aquarela de Ender), *327*
construtor social, "raça" como, 62-3
continentes, 47, 70-2, 92, 97-102, *99-101*, 117-9, 123-5, *123-5*
Contos para crianças (Madame Chrysanthème), 343
contrato racial, O (Mills), 54-5
contrato social, 49, 55
Convento de San Francisco (Quito), 94
Cook (sabão), 255
Copa do Mundo do (México, 1970), 308
Copacabana Palace (Rio de Janeiro), 304
cor da pele, 44, 245, 252, 282
"cor social" (conceito de Hasenbalg), 62
Corrêa, Mariza, 242
Cortiço, O (Azevedo), 294
Cosmographia (Ético), 75

Costa, Batista da, 272
Costa, Hermina da, *220*, 379*n*
Costa, Zeferino da, 292
Costa da Mina (África), 91, 164
Costa do Ouro (África), 91
"Costa dos Escravos" (África), 91
Costa e Silva, Alberto da, 31, 71, 367*n*
Costa Pinto, Maria Rita Meireles da, *221*
Couro imperial (McClintock), 78, 381*n*
covid-19, pandemia de, 64, 149, 151
Cozinha caipira (tela de Almeida Júnior), 279
cozinhas, 299-300, 341, *342*, 384*n*
crânios humanos, 238, 242, 246, 292
Creole in a Red Headdress (tela de Amans), *178*, 179
Creolina Pearson (desinfetante), *259*
criança negra com pés acorrentados (estátua decorativa no supermercado Pão de Açúcar), 349
crianças negras, 57, *161-2*, *166*, 167, 176, *180*, *183*, 185, *186*, *193-4*, 195, *196*, 214, *225-7*, *250-2*, *254-5*, *258-9*, *306-7*, *345-6*, *349*, *354*
"crime perfeito", racismo como (visão de Munanga), 60
criminalidade, 21, 235, 241, 349
Crioula de Diamantina (tela de Brocos), 293
cristianismo, 81, 293
Cruz, Milena Natividade da, 123, 125
Cuba, 164, 199, 236, 375*n*
cultura brasileira, 55, 337
cultura da branquitude, 30, 35, 63-4, 103
Cunha, Euclides da, 284, 295
Cunha, Manuela Carneiro da, 86, 152
Cuvier, Georges, 238, 292

d'Ailly, Pierre, 75
D'Alambert, Jean le Rond, 381*n*
daguerreótipos, 213, 219
Dama de muito prestígio levada em cadeirinha de luxo (aquarela de Julião), *321*
Dama em liteira, carregada por escravos, e suas acompanhantes (aquarela de Julião), *321*
Damão (Índia), 321
DaMatta, Roberto, 303
Dante Alighieri, 81
"Dar nome aos bois" (expressão brasileira), 348
Darwin, Charles, 239, 241, 292
darwinismo racial, 63, 224, 235-6, 242, 256-7, 351
datas cívicas (Estado Novo), 332
David, Jacques-Louis, 29, *281*
De Bry, Théodore, 83-5, *85*
Debray, Régis, 248
Debret, Jean-Baptiste, *22*, 23, 29, 35, 192-6, 217, 218, *325-6*, 331

ÍNDICE REMISSIVO

"Decálogo da esposa" (*Revista Feminina*), 296

Declaração de Independência dos Estados Unidos (1776), 49

decoloniais e afrodiaspóricas, leituras (na história da arte), 179, 197

Decolonize This Place (grupo dos EUA), 165

"degeneração" racial, teorias de, 201, 235-6, 238, 240-2, 245, 250, 253, 256-7, 286, 288

Deiab, Rafaela, 222

Deleuze, Gilles, 233

Delumeau, Jean, 92

demagogia, Soyinka sobre, 356

democracia, 32, 56

"democracia racial", mito da, 33-4, 55-6, 59, 61, 63-4, 67, 133, 151, 315, 319, 332-42, 348, 351

Demongeot, Mylène, *265*

demoníaco, representações imagéticas do, *80*, 81

"depuração das raças", 245, 255

Derrida, Jacques, 129

descalços, escravizados *ver* sapatos, proibição aos escravizados de usar

"descobrimentos", era dos, 75, 107, 112

desigualdades, 23, 44, 47, 52, 55-6, 60-1, 63, 66, 120, 170, 186, 192, 206, 211, 227, 242, 250, 266, 271, 285, 304, 309, 339, 351

determinismo racial, 43, 201, 286-7, 292-4

"Deus está no particular" (expressão de Warburg), 355

"Dialética da malandragem" (Candido), 302

"dialética do senhor e do escravo" (conceito hegeliano), 49

diamantes, mineração de, 321

Diamantina (MG), 180-1

DiAngelo, Robin, 60

Diario de Pernambuco (jornal), *208*, *209*

Diário de uma viagem ao Brasil (Graham), *327*

Dias Pais, Fernão, 141, 144-5, 153

Dias, Cícero, *314*, *339*, 340, 342

Dias, Elaine, 283

Dias, Susana, 153

diáspora africana, 53, 197

Diderot, Denis, 50, 381*n*

Didi-Huberman, Georges, 129, 352

"dimensão social", espaço físico como (conceito de Lévy), 71

Dinamarca, 87

Disdéri, André Adolphe-Eugène, 378*n*

Disney, Walt, 303-4

dispositivo (conceito foucaultiano), 56, 60, 65, 239

"dispositivos de racialidade" (conceito de Sueli Carneiro), 239

Distrito Federal, governo do, 349, *350*

DM9 (agência de publicidade), *345*, *347*

Do contrato social (Rousseau), 49

"Do rigor na ciência" (Borges), 105, 107

"doenças da pobreza", 253

doentes mentais, 238, 240

dois touros, Os (tapeçaria de Gobelins), *318*, 319

domesticidade, 67, 102, 171, 195, 204, 249, 261-4, 274-5

Don Eusebio de la Santa Federación (tela de autoria desconhecida), *12*, 13, 18, *20*, 365*n*

Douglas, Mary, 253

Dove (sabonete), 265, *266*

Dresden (Alemanha), 157

Drummond de Andrade, Carlos, 235

Du Bois, W. E., 53

Dürer, Albrecht, 124, 315-6

Eckhout, Albert, 86-7, 89-93

economia brasileira, 230

Edward Colston (estátua de Cassidy), *164*

eficácia simbólica, 31, 166, 169, 216

Egito, 124, 287, 294

Eiró, Paulo, 147

Eldorado (terra lendária), 73, 82

"Eles que são brancos que se entendam!" (provérbio luso-brasileiro), 39-40; *ver também* provérbios

elevador social versus elevador de serviço, 340-1

Antônio da Costa Pinto com a sua ama de leite (fotografia de Cardozo), *220*

elites, 18, 21, 29, 31, 33, 46, 57, 59, 103, 110, 115, 138, 141, 146, 163, 171, 177, 181, 183, 199, 204, 244, 247, 253, 277, 279, 286, 295, 317, 319, 323, 341

Emboabas, Guerra dos (1707-9), 145

embriologia, 239

empregadas domésticas, 6, 8, 262, 382*n*

Enciclopédia (Diderot e D'Alambert), 381*n*

Enciclopédia negra (Schwarcz et al.), 378*n*

Ender, Thomas, 327

Engenho de mandioca (tela de Brocos), 293

Engenho Noruega (PE), *314*, 339-40, *339*, 342

Entre o encardido, o branco e o branquíssimo: Branquitude, hierarquia e poder na cidade de São Paulo (Schucman), 57

Entregadores Antifascistas (movimento social), 149

"epistemicídio" (conceito de Sueli Carneiro), 56

equador, 107

equestres, estátuas, 151, 191

"equilíbrio de antagonismos" (conceito de Freyre), 335-6

"Era da Ciência", 237

Era de Ouro da Holanda, 118

412 | IMAGENS DA BRANQUITUDE

Escobar, Raphael, 266, *267*

Escola Baiana de pintura (séc. xix), 98, *99*, *100*

Escola de Belas-Artes (Paris), 187

Escola Quitenha (manifestações artísticas, séc. xvii-xviii), 95

Escola Tropicalista Baiana, 242

Escrava com sua senhora na varanda (fotografia de Klumb), *188*

escravidão, 15, 21-3, 25, 28-9, 32-4, 42, 45, 48-51, 55, 57, 64-5, 71, 122, 157, 161, 164, 173, 176-9, 185, 192, 195-7, 199, 201, 203-4, 211, 215-7, 219, 226, 230, 232, 236, 242, 249-50, 279, 285, 288, 298, 306, 310, 318, 325, 328, 336, 339, 349-51, 355, 381*n*; *ver também* sistema escravocrata

Escravizados transportando homem numa liteira (fotografia de Henschel), *327*

"escravizados" em vez de "escravos", uso do termo, 367*n*

Escravos em terreiro de uma fazenda de café (fotografia de Ferrez), *228-9*, 230

Escritório de Registro de Eugenia (eua), 241

Escuela de Artes y Oficios do Convento de San Francisco (Quito), 94

Esmeraldas (povoado peruano), *94*, 95-6

"espaço idílico" da escravidão, 203

Espanha, 74, 95-7, 132, 141, 372*n*

espanhol/língua espanhola, 14, 41

"espetáculo da branquitude", 187

espetáculo das raças, O (Schwarcz), 373*n*, 375*n*

espírito das leis, O (Montesquieu), 50

Espírito Santo, estado do, 284, 348

Estado de S. Paulo, O (jornal), 305, 307, 310, 348

Estado-nação, 43, 65, 67, 107, 238

Estados Unidos, 36, 49, 51, 54-5, 61, 157-8, 165, 175, 199, 205, 236, 241, 253-4, 265, 270, 287, 297, 299, 303

"Estados Unidos do Brasil", 273

esteatopigia (hipertrofia das nádegas), 292

esterilização de doentes e negros, 240-1, 243, 295

Estrela (fabricante de brinquedos), 344, *344*

"estudos críticos sobre a branquitude" (Frankenberg), 52

"estupro colonial" da América, 78

Ethical World, The (jornal), 287

Etiópia, 128

etnografia, 87, 93, 166, 245-6

eugenia, 223, 231, 237-43, *244*, 258, 264, 284, 295-7

eurocentrismo, 76, 114, 117

Europa, 29, 42, 46, 48, 50-1, 70-1, 75, 77-8, 85, 87, 92, 96-8, 100, *101*, 102, 106, 109, 119-20, 123-4, 128, 175, 187, 202, 236-8, 241, 245-6, 254, 286, 292, 297, 299, 305, 315, 317, 366*n*; *ver também* Velho Mundo

Europe divisée en tous ses États, L' (mapa de Janvier e Longchamps), *124*

Eusebio de la Santa Federación, Don, *12*, 13-21, 30-1, 365*n*

Evergreen Plantation (fazenda de açúcar na Louisiana), 177

exclusão social, 31-2, 181

Exposição Internacional do Porto (Portugal, 1865), 202

Exposição Universal (Londres, 1851), 247-8

Exposição Universal (Londres, 1862), 248

Exposições Gerais de Belas-Artes (Rio de Janeiro imperial), 188

exposições universais, 245-9

Ezcurra, Encarnación, 15

Facebook, 265

Faculdade de Direito do largo de São Francisco (São Paulo), 138

Faculdade de Medicina do Rio de Janeiro, 243, 287

Fairy (sabão), 254

família real portuguesa, fuga da (1808), 322

Fanon, Frantz, 53-4, 58, 69, 92, 273, 312

Farinha Láctea Nestlé, *223*, 298-9

Fascinação (pintura de Peres), 345

Fassin, Didier, 216

Faustino, Deivison, 48, 57

Fazenda do Quititi (fotografia de Ferrez), 226-8, *227*

Feijoada Completa Wilson, *264*

feitiçaria, 80, 85

Feiticeira (tela de Bandeira), 293

Felipe iii, rei da Espanha, 95-6

feminilidade, flor como símbolo de, 216

feminismo negro, 57

Fenomenologia do espírito (Hegel), 49

fenótipos, 10, 44, 46, 54, 58, 61-2, 123, 238

Fernandes, André, 153

Fernandes, Florestan, 319-20, 337, 339

Fernandes, Isabel Adelaide Leal, *198*, *212*, 213

Fernandes, Vasco, 81, *82*

Fernando ii, d. (rei de Portugal), 202

Fernão Dias Pais Leme (escultura de Brizzolara), *144*

Ferrez, Marc, *225*, 226, *227*, 228-9, 379*n*

Ferrigno, Antonio, 293

Feuerbach, Ludwig, 215

Fiat (montadora), *309*, 310

"figurinhas" de Guillobel, 322

ÍNDICE REMISSIVO

Filadélfia (EUA), 249
filho do artista tomando banho na varanda da residência de seu avô, Grandjean de Montigny, O (tela de Pallière), *234*, 256, *257*
Filosofia da história (Hegel), 381*n*
flamenga, pintura, 95, 98
Florence, Hercule, 199, 377*n*
Floyd, George, 36
"fluxo e refluxo" (conceito de Verger), 72
Fon Fon (revista), *224*, *298*
Fonseca, Deodoro da, 275
Fonseca, Hermes da, 287
Fontana, Lucio, 130
Forbes, Jack D., 14
"forma excessiva" (nos estereótipos de cor), 261, *262*, 266, 292, *299-300*
forma social, branquitude como, 312-3
"formas de ver" (conceito de Wölfflin), 317
fotografia, advento da (séc. XIX), 23, 200-2
Foucault, Michel, 43, 56, 97, 129, 137, 238
França, 22, 29, 48, 50, 53, 74, 110, 123, 126, 165, 175-6, 187, 189, 192, 279, 287
França Antártica (baía da Guanabara), 84, 114
Francisco I, rei da França, 110
Frankenberg, Ruth, 52, 123
Frederico III, rei da Dinamarca, 87, 89
Freitas, João Alberto, 36
frenologia, 242
Freud, Sigmund, 307
Frey, família, 176
Frey, Frederick, 175
Freyre, Gilberto, 151, 333-6, 338-40, 342
fronteiras raciais, delimitação de, 54, 57
"futuro racial" do Brasil, 284, 288, 291

Gaensly, Guilherme, 379*n*
Galle, Theodor, *68*, *77*
Gallque, Andrés Sánchez, *94*, 95
Galo, Paulo, 149
Galton, Francis, 239-41
Gama, Vasco da, 112, 332
Gana, 89, 91
García, Juan Agustín, 17
Gastaldi, Giacomo, 113-4
Geertz, Clifford, 172
gelatina de prata (papel fotográfico), *225*, *228-9*
Gellner, Ernest, 273
General Electric, *300-1*, 384*n*
gênero, pintura de (*petit genre*), 278
Gênesis, Livro do, 290
genocídio negro e indígena, 42-3, 55, 135, 152, 338

"Gente boa também mata" (propaganda do Ministério dos Transportes, 2017), *311*
Geografia (Ptolomeu), 113
Gil, Gilberto, 62
Gilman, Sander, 246
Gilroy, Paul, 72, 174
Ginzburg, Carlo, 329
Globo, Rede, 345
Goa (Índia), 321
Gombrich, Ernst Hans, 18, 216, 315-6
Gomes, Carlos, 256
Gonçalves, José Reginaldo, 155
Gonzalez, Lélia, 55
Goston, João, *222*, 379*n*
Graham, Maria, 326, *327*
Grande Peste, 74
Grataloup, Christian, 70
Grécia, 248
Guadalupe, 126, 179
Guanabara, baía da, 84, 114
Guaporé (concessionária Chevrolet), *310*
Guarani, O (Alencar), 256
Guerra Civil Americana (1861-5), 158, 177
Guerra do Paraguai (1864-70), 210
"guerra santa", noção de, 43
Guerra, Júlio, *136*, 146
Guerrilla Girls (grupo feminista), 375-6*n*
Guillobel, Joaquim Cândido, *322*, 323-5
Guimarães, Antônio Sergio, 63
Guimarães, Domingos Custódio (visconde do Rio Preto), *168*, 187, 190, *191*
Guimarães Filho, Domingos Custódio (barão do Rio Preto), 189, *190*
Guiné, 75, 128

H. E. Hayward and His Slave Nurse, Louisa (ambrótipo), *205*
hábitos e costumes da branquitude, 40, 58, 137
"*Hablando se entienden los blancos*" (provérbio espanhol), 41; *ver também* provérbios
Habsburgo, dinastia dos, 189
Haeckel, Ernst, 236
Haiti, 48-9, 51, 287; *ver também* Revolução Haitiana (1791-1804); São Domingos
Hansen, João Adolfo, 79
Haraway, Donna, 246
Harper's Weekly (revista), *250*
Harris, Sir Arthur "Bomber", 157
Harrison, John Fletcher Clews, 262
Hartman, Saidiya, 39, 94, 197, 232, 236
Hartog, François, 155

IMAGENS DA BRANQUITUDE

Hasenbalg, Carlos, 62

Havana (Cuba), 118

Hegel, Georg Wilhelm Friedrich, 49, 246, 381*n*

Heller, Ágnes, 127

Henriques, Francisco, 81, *82*

Henschel, Alberto, 196, *212*, 220, 223, *226*, 327

Heráclito, Ayrson, 369*n*, 373*n*

"herança escravocrata", 45-6, 262

hereditariedade, 238-9

heteronormatividade, 53, 66

hierarquia social, 46, 283, 303

higiene, 131, 206, 231, 239, 245, 300

Hino da Proclamação da República (Medeiros e Albuquerque), 32

hipersexualização de mulheres negras e indígenas, 15, 28, 92, 178, 261, 292, 294, 340; *ver também* sexualidade

Histoire philosophique et politique des établissemens et du commerce des européens dans les deux Indes (Raynal e Diderot), 50

história da arte, 166, 171, 179

História da literatura brasileira (Romero), 243, 284

"história universal", 47

historiografia, 47-8, 51, 59, 70, 145, 311

Hobbes, Thomas, 49, 55

Hobsbawm, Eric, 249-50, 273

Hoechst (empresa alemã), 310

Holanda, 87, 115-9, 123

Holanda, Antônio de, 110

Holanda, Sérgio Buarque de, 73-4

holandeses no Brasil, 86, 88, 118, 122

Homem mulato/Mulher mameluca (tela de Eckhout), 86

Homem negro/Mulher negra (tela de Eckhout), 86

Homem tapuia/Mulher tapuia (tela de Eckhout), 86

Homem tupi/Mulher tupi (tela de Eckhout), 86

Homem, Diogo, *108*, 109

Homem, Lopo, 108-10, *128*, 130, *131*, 132, 372*n*

Homens conversando em banco de praça (fotografia de Pastore), 25, *26*

homens negros, *12*, *20*, *22-6*, *62-3*, *94*, 154, *158*, 159-60, *161*, *168*, *174*, *181-3*, *186*, *191*, *193-4*, *196*, 203, *227-9*, *234*, *246-7*, *250*, *257-8*, *285*, 286, *304-6*, *318*, *321-8*, *349-50*, *354*

homonormativas, pessoas, 53

hooks, bell, 67, 179, 237, 292

Hospital Nacional de Alienados (Rio de Janeiro), 62-3

Hospital Santa Izabel (Salvador), 163

Hughey, Matthew, 46

Hungria, 287

Ibérica, península, 69

Ibirapuera, Parque do (São Paulo), 149

Idade Média, 74, 120, 290

identidade, políticas de, 155

"identidades na diferença" (conceito de Muñoz), 178

identidades raciais, 35, 41, 66

igbo (idioma africano), 44

"ignorância epistêmica" sobre o racismo, 55

Igreja católica, 85, 98, 141, 146, 296

Igreja Matriz de Nossa Senhora Divina Pastora (SE), 102

"igualdade de oportunidades", mito da, 59

Ihering, Hermann von, 144

"ilegítimos", filhos, 283

"ilha Brasil", tese da, 114

Iluminismo, 48, 52, 170, 252

"imagem" como anagrama de "magia", 65

"imagens de controle" (conceito de Collins), 66

"imagens de recusa" (conceito de Campt), 232

imaginário, conceito de, 26

Imago Mundi (d'Ailly), 75

imigrantes europeus, 46, 243

Imperador d. Pedro II do Brasil em trajes majestáticos (tela de Chevrel), *189*

imperialismo, 67, 169, 287, 295

Império austríaco, 327

Império do Brasil, 43, 160-2, 187, 190, 193, 271, 285

Império francês, 50

Império Inca, 95

Império português, 111, 290, 320-1

inclusão social, 31-2, 242, 286, 311

indenizações a ex-senhores, 32

Independência ou morte (tela de Américo), 27

Índias, 44, 96, 128

Índico, oceano, 109

indígenas, 27, 30, 42, 44, 60, 66, 69, 76, 78, 80-5, *87*, 88, *89*, 91-2, 94-6, 98, 101, 103, 106, 109, 111, 113, 115, 123, 127, 132-3, 135, 139, 141, 145-6, 151-2, 154, 165, 235, 237, 245, 251-2, 255-6, 276, 333-7

"índios", uso do termo, 44

Indonésia, 109

industrialização, 250, 255

infância, branquitude na, 344

Inferno, O (pintura de autoria desconhecida, séc. XVI), *80*, 81

"ingênuos" (crianças libertas pela Lei do Ventre Livre), *162*, 163

Inglaterra, 48, 108, 123, 239-40, 247, 249, 287, 323-4

Instituto Histórico e Geográfico Brasileiro, 29-30, 255, 276

ÍNDICE REMISSIVO | **415**

Instituto Histórico e Geográfico de São Paulo, 138, 140, 142-3

Instituto Moreira Salles (São Paulo), 180

insurreição de São Domingos *ver* Revolução Haitiana (1791-1804)

intelectuais negros *ver* pensadores negros/pensadoras negras

internalizado, branquitude como sistema, 10, 284, 346

intervenções de protesto em monumentos urbanos, *136*, 147, *148, 149, 152*, 172

intolerância religiosa, 66

"invisibilidade branca" (conceito de Schucman), 58

invisibilidade negra, 213, 231, 264

irlandeses, 241

Isabel Adelaide Leal Fernandes e a ama de leite Mônica (fotografia de Henschel), *198, 212*

Isabel, princesa, 158-62, *159-61*, 187, 218, 285

isabelismo, 161-2, *161*

IstoÉ (revista), *347*

Itália, 287

J. Walter Thompson (agência de publicidade), *265*

Jafé (personagem bíblico), 290

jantar brasileiro, Um (aquarela de Debret), *193*, 194

Janvier, Jean, 123

Japão, 287

Jefferson, Thomas, 49

Jerusalém, 118, 121

jesuítas, 141, 147, 153

Jesus Cristo, 82, 120, 256, 275, 293

João III, d. (rei de Portugal), 111, 372n

João VI, d. (príncipe regente do Brasil), 22, 29, *193*, 256

Jogos Olímpicos, 248

Jorge III, rei da Inglaterra, 49

Jornal do Commercio, 200

José do Egito (personagem bíblico), 293-4

judeus/judias, 31, 57, 236

Juiz de Fora (MG), 158

Julião, Carlos, 320, *321*, 322-3

Junta de Badajoz-Elvas, 372n

Kant, Immanuel, 55

Kantor, Íris, 123

Kariri, indígenas, 141

Kehl, Renato, 243-4, 295-6

Kincaid, Jamaica, 13, 315

Klumb, Revert Henrique, 187, *188*

Koutsoukos, Sandra, 207, 378n

Krespinha (palha de aço), 260

Lacerda, João Batista de, 243, 286-9, 291, 295, 338, 383n

Lacta (fabricante de chocolates), 305, *347*

Lactogeno Nestlé (leite em pó), *224*

Lafont, Anne, 64, 179

Lamarck, Jean-Baptiste de, 239

Lampedusa, Giuseppe Tomasi di, 163

Landreaux, Azoline, 175

Langsdorff, Georg Heinrich von, barão, 355, 377n

lápis-lazúli, 116

lar feliz, O (manual de economia doméstica), 296

Latour, Bruno, 172

Lauriano, Jaime, 132, *133*, 134-5

Lautz Bros. & Co (sabão), 253

Lavalle, Juan Galo, 19

Leal, Antônio Gomes, coronel, 210

Leal, Augusto Gomes, *198, 207*, 209, 213

Leal, família, 207, 209-10, 213

Leal, Marcelino, 7

Leal, Paulo Pedro, 7

Lei Áurea (1888), 159, 161-2, 284; *ver também* abolição da escravidão no Brasil (1888)

Lei do Ventre Livre (1871), 162

leite, aspecto simbólico do, 206

Leite Condensado Moça, *224*

leite em pó, surgimento do, 223, *224*

leite materno, 224

"leite mercenário", crítica eugenista ao, 223-4

Leopoldina, Maria, imperatriz consorte do Brasil, 256, 327

"ler" imagens, 26, 31, 67, 339, 353

Léry, Jean de, 84

letramento racial (conceito de Twine), 11, 36, 66, 357

Lévi-Strauss, Claude, 155, 173, 277

Lévy, Jacques, 71

liberais ingleses, 48

libertos, 25, 158, 160, 162, 236

Líbia, 128

lictores devolvendo a Brutus os corpos de seus filhos, Os (tela de David), *281*

light-filled (técnica de pintura), 116

Lima Junior, Carlos, 143

Lincoln Park (Capitol Hill, Washington, D.C.), 157

Lincoln, Abraham, 158-9

Lindemann, Rodolpho, *221, 225*, 379n

Lisboa (Portugal), 98, 110, 315, 322

Lissovsky, Maurício, 211

Liteira para viajar no interior (gravura de Debret), *326*

liteiras *ver* cadeirinhas; carregadores de liteiras

Locke, John, 49, 55

IMAGENS DA BRANQUITUDE

Loco Bautista (bufão de Rosas), 16
Lombroso, Cesare, 236
Londres (Inglaterra), 157, 243, 247-50, 258, 287, 291, 323
Longchamps, Sébastien, 123
López, Vicente Fidel, 16
Lotierzo, Tatiana, 288, 294
Louisiana (colônia francesa até 1830), 175
Louisiana (EUA), 175-7
Lualdi, Antonella, 265
Lúcifer (personagem bíblico), 81
lugar de fala, 31, 64
Luís XIV, rei da França, 50, 175, 319
Luís XV, rei da França, 157
Luís XVI, rei da França, 51
lusotropicalismo, 333, 336
luta de classes, 43
Lux (sabonete), 264-5
Luz, Calasans, 224

Maastricht (Países Baixos), 175
macacos, 99, 113, 153, 236, 246, 247, 252, 318, 319
Macau (China), 320-1
machismo, 53
Macunaíma (Andrade), 337
Madagáscar, 109
Madeleine (tela de Benoist), 179
Madona Negra, 294
"Mãe só tem uma" (provérbio), 205
Magelânica (sul do continente americano), 121
"magia" como anagrama de "imagem", 65
Mãi de Familia, A (periódico), 223
"maioria minorizada", negros como, 11, 61, 351, 368n
malandro, figura do, 302-4
Malthus, Thomas, 239
"malungos" (companheiros na viagem transatlântica), 353, 354
"Mamíferos" (campanha do leite Parmalat), 345
Mandela, Nelson, 382n
Mandeville, John, 75
Mandinga, A (tela de Brocos), 293
maneirismo, 95, 176
Manguel, Alberto, 316, 356
Manuel I, d. (rei de Portugal), 110, 128, 130, 315
"mão suja, A" (Drummond), 235
Mapa de Lopo Homem II (pintura de Varejão), 130, 131, 132
mapa do Brasil, 112, 113-4, 134, 149
mapa-múndi ver planisfério
mapas coloniais, 105-35
mappa (palavra latina), 106

marcadores genéticos fixos, inexistência de, 62
marcadores sociais de diferença, 11, 17-8, 57-8, 254, 365n
Maria da Glória, d., 326
Maria Rita Meireles da Costa Pinto com a ama de leite Benvinda (fotografia de Cardozo), 221
Marianne (alegoria francesa da República), 271
Marinho, Joaquim Pereira, 163, 164-5
Markovits, Daniel, 61
Marks, Henry Stacey, 250
mármore de Carrara, 144
Martinica, 126
Martius, Carl Friedrich Philipp von, 255-6, 276, 287, 350
"máscaras brancas" (conceito de Fanon), 53
masoquismo, 334-5
Massangana, engenho (PE), 33
Mato Grosso, 210
Maurício, ilha, 126
Mauss, Marcel, 216
Mazagão (possessão portuguesa na África), 320
Mbembe, Achille, 173
McClintock, Anne, 78, 249-50, 263, 381n
McIntosh, Peggy, 52
Mediterrâneo, mar, 108, 110
Meirelles, Victor, 27, 188, 292
Melanésia, 245
Mello e Souza, Gilda de, 279
Memmi, Albert, 54
memória e história, 13-4
Memórias de um sargento de milícias (Almeida), 303
Mendel, Gregor, 239
Menezes, Hélio, 152
menina negra (em fotografia de Chichico), 180, 185
Mensagem (Pessoa), 353
"menu de meu marido, O" (Revista Feminina), 296
Mercado de escravos (litografia de Rugendas), 353, 354
mercantilização, 15, 42, 48, 115, 130, 199, 215, 217, 285, 381n
"meritocracia", noção de, 10, 33, 60-1, 63-4, 351
mestiçagem, 11, 36, 63, 86, 93, 254, 256-7, 283, 286, 288, 332-5, 337-40, 346, 351, 386n
mestiços, 14, 30, 92, 94, 240, 242, 256, 284-5, 287-8, 295, 304, 320, 332-3, 338, 346, 352
mestre de campo Domingos Jorge Velho e o seu lugar-tenente Antônio Fernandes de Abreu, O (tela de Calixto), 140-3, 140
metáforas, 48-9, 52, 76, 79, 105, 127, 131, 176-7, 252-3, 256-7, 259, 264, 272, 276, 283, 306-7, 313, 333, 335, 343, 347-8
México, 96, 118, 303, 308

ÍNDICE REMISSIVO

Migliaccio, Luciano, 283
Mignolo, Walter, 197
Mills, Charles W., 54-5
"mímica colonial" (conceito de Bhabha), 176, 232, 317
mineração, 101, 321
Minha formação (Nabuco), 33
Ministério da Educação (MEC), 311, *312*
Ministério dos Transportes, *311*
miscigenação, 55, 243, 276, 320, 332, 334-5, 338, 347, 351
Mitchell, W. J. T., 169
"mitos do mito" da democracia racial, 332-9
mobilidade social, 53, 57, 320
modernismo brasileiro, 150
"moleques" negros, 185
Molucas, ilhas, 110
monarquia, 29, 138, 161, 189, 248, 271, 273-5, 279, 284-6
Monbijou (sabonete fino), *260*
Mônica (ama negra), *198*, 207, 209-15, 378*n*
Monjolo (tela de Ferrigno), 293
monstros lendários, 75, 79
Montaigne, Michel de, 76, 83
Montesquieu, barão de, 50
Monumento aos bandeirantes (escultura de Toledo), 153, *154*
Monumento às bandeiras (escultura de Brecheret), 149-53, *150*, *152*
Monumento da emancipação (*Freedman's Memorial*, Washington, D.C.), 157, *158*
"monumento", etimologia latina da palavra, 157
Moraes, Vinicius de, 269
Morrison, Toni, 199, 355-6
Moutinho, Laura, 63, 291
Movimentos Negros, 36, 368*n*
mucamas, 193, 201, 204, 217, 221-2
Mulato, O (Azevedo), 294
"mulato", origem da palavra, 14-5
"mulatos"/"mulatas", 14-5, 17, 20, 62, *94*, 95, 288, 294, 337
Mulatos de Esmeraldas, Os (tela de Gallque), 94-7, *94*
Mulher de azul lendo uma carta (tela de Vermeer), *116*
Mulher negra com criança (tela de Eckhout), 89-92, *90*
Mulher Tapuia (tela de Eckhout), *87*, *89*
Mulheres e crianças da tribo tomam mingau feito com tripas do prisioneiro sacrificado (gravura de De Bry), *85*
mulheres negras, 6, 8, 15, 28, 56-7, 90, 92, *161*, 178, *182-3*, 187, *188*, *193-4*, *196*, *198*, 199-233,
203, *205*, *207*, *212*, 214, *217*, 218, *219*, 220, *221-3*, 225, *226-7*, 228, *229-30*, 231-2, *234*, *252*, *257*, 259, 261, *262-3*, 264, *265-6*, 276, *289*, 292-3, 294, *299-300*, 301, *302*, *304*, *309*, 310, *312*, 321, *324-6*, 334-5, 340, *342*, *347*, *354*
Munanga, Kabengele, 60, 338
"mundo atlântico" (conceito de Thorton), 174
mundo que o português criou, O (Freyre), 333, 335
Mundus Novus (no sul do planisfério), 109, 128
Muñoz, José Esteban, 178
Museu de Arte da Bahia (Salvador), 99, 330
Museu de Arte de New Orleans, 176
Museu de História Natural de Nova York, 165
Museu do Louvre (Paris), 179
Museu do Prado (Madri), 95
Museu Histórico Nacional de Buenos Aires, 13, 18-9, 365*n*
Museu Imperial (Petrópolis), 218
Museu Mariano Procópio (Juiz de Fora), 158
Museu Nacional da Dinamarca, 87
Museu Nacional do Rio de Janeiro, 243, 286-8
Museu Paulista, 138, 140, 143-5, 330

Nabuco, Joaquim, 33
"nação", etimologia de, 272
nacionalismo brasileiro, 28, 67, 269-313
nacionalismos, 273
naïve, arte, 7
"não cor", branquitude como, 10
"narrativa histórica", escrita do passado como, 47
Nascimento, Beatriz, 56-7
Nassau, Maurício de, 86-7, 89, 92-3
navegações, grandes, 71, 82, 127
Navigatio Sancti Brendani Abbatis (relato de viagens), 75
navigationi et viaggi, Delle (Ramusio), 111-4, *112*, 134
Nazaré, largo de (Salvador), 163
nazismo, 338, 356
Negra (tela de Almeida Júnior), 293
Negra com seu filho (fotografia de Ferrez), *225*, 226
negras *ver* mulheres negras
negridade, conceito de, 37
Negritas (laxante), 307, *307*
negritude, 11, 33, 37, 47, 54, 58, 67, 169, 171, 173, 187, 197, 286, 301
Negro Marcelino (bufão de Rosas), 16
negros *ver* homens negros
Nestlé (multinacional suíça), *223-4*, 298-9, *298*
"neurose cultural brasileira", racismo como (conceito de Gonzalez), 55
New Orleans (Louisiana), 175-6
Nhá Chica (tela de Almeida Júnior), 279

418 | IMAGENS DA BRANQUITUDE

Nhozinho no colo de mucama (tela atribuída a Debret) ver *Ama com criança ao colo* (tela de autoria desconhecida)

"nhozinhos" (crianças brancas), 203-5, *205*, *217*

Niemeyer, Oscar, 149

Nigéria, 164

nigger (termo racista do inglês), *251*, 252, 381*n*

Nina Rodrigues, Raimundo, 242, 338

nkali (conceito igbo), 44

Noé (personagem bíblico), 71, 290, 293

Nogueira, Oracy, 54, 369*n*

nomes romanos (em voga no contexto da Proclamação da República), 271

Nordeste do Brasil, 86, 339

"nós" versus "eles", 34, 40-2, 59, 333, 342; *ver também* "outro", o

Nossa Senhora da Conceição Aparecida (padroeira do Brasil), 332-3

"Nouvelle Division entre la terre, par les différents espèces ou races d'hommes qui l'habitent" (Bernier), 237

Nova Totius Terrarum Orbis Geographica ac Hydrographica Tabula Autore (mapa de Visscher), *117*, *121-2*, 123

Nova York (NY), 165, 241

"novas fronteiras raciais" (conceito de Schucman), 57

Novo Mundo, 49-50, 69, 73-4, 76-7, 79-80, 84-5, 102-3, 173, 175-6, 319; *ver também* Américas

Novo mundo nos trópicos (Freyre), 336

Novus Brasilia Typus: invasão, etnocídio, democracia racial e apropriação cultural (desenho de Lauriano), 132, *133*, 135

"Obrasil" (em mapas do séc. XVI), 73-4

Oceania, 53, 71, 128

Ocidente, 47, 71, 107, 109, 127, 155, 160, 170, 173, 217

Oeste Paulista, 138

Oficial do 3º Batalhão da Polícia Militar e família (fotografia de Alkmim), *182*

Oficial e uma garota rindo (tela de Vermeer), *115*, 115-6

Olinda (PE), 210

ONU (Organização das Nações Unidas), 60

"operação histórica" (conceito de Certeau), 47

orangotango abraça um cafre, Um (gravura de 1813), *247*

Ordem da Rosa (Brasil Império), 188, 190

Ordem de Cristo (Brasil Império), 210

Ordem Militar de São Bento de Avis (Portugal), 320

Ordem Terceira de São Francisco, 99

Ordinary Person's Guide to Empire, An (Roy), 13

Oriental, L' (navio francês), 199

"orientalismo" (conceito de Said), 120

Oriente, 102, 111, 335

origem das espécies, A (Darwin), 241

Otis (elevadores), *341*

Ouro Preto (MG), 275

"outro", o, 11, 30, 42, 44-5, 47, 49, 53, 59-60, 69, 75-9, 103, 106, 126-7, 166, 178, 246, 249, 272, 342, 347, 355; *ver também* "nós" versus "eles"

Pacheco, Rondon, 309

Pacheco, Ronilso, 57

"pacífica", escravidão, 226

"pacto narcísico" da branquitude (conceito de Cida Bento), 56, 267

Pactos narcísicos no racismo: Branquitude e poder nas organizações empresariais e no poder público (Cida Bento), 55

"padrão de intenção" (conceito de Baxandall), 21, 29, 211

Padre Biguá (bufão de Rosas), 16

Pais, João, 146

Países Baixos, 119, 278; *ver também* Holanda

Palácio de Cristal (Londres), 247-8

Palácio Ducal (Veneza), 113

palenques (escravizados fugidos na América espanhola), 96

Palermo, bairro de (Buenos Aires), 17

palha de aço, 260

Pallière, Arnaud Julien, *234*, 256, *257*

Pallière, Jean Leon, *234*, 256, *257*

Palmares, Quilombo de, 141-2

pano da costa, 91, 211, 220-1, 226, 371*n*

Pão de Açúcar (rede de supermercados), 349

Pão de Açúcar (Rio de Janeiro), 285

papagaios, 84, 101, 111, 113, 122, 303-4

Papf, Jorge Henrique, 230

Paquitas (dançarinas do programa Xuxa), 345

Para Todos (revista), 299, *305*

Paraíba, 141, 328

Paraíba do Sul, rio, 333

Paraíso Terrestre, mito do, 75

pardos, 11, 41, 61-2, 265, 311, 384*n*

Paris (França), 108, 157, 187, 249, 261, 292-3

Parlamento inglês, 164

Parmalat (multinacional italiana), *345*, *347*

Partido Unitário (Argentina), 19

partus sequitur ventrem (doutrina legal escravista), 162

passado, iconografia do, 103

Pastore, Vincenzo, 25, *26*, 366*n*

ÍNDICE REMISSIVO

Patagônia, 109
"páthos" (conceito de Warburg), 317
"patologia social do 'branco' brasileiro, A" (Ramos), 54
pátria, conceito de, 269, 272
Pátria (tela de Bruno), *268*, 269-72, *270*, 274, 276, 277, 281
"Pátria minha" (Moraes), 269
patriarcalismo, 28
"patrimônio cultural", noção de, 153-5, 166
pau-brasil, 111, 113-4, 122
Paula, Dalton, *330-1*
Paulino, Rosana, 215, 373*n*, 378*n*
"paz perpétua", ideal europeu de, 47
Pearline (sabonete), 252
Pears (sabão), *250*, 251
Pears, Andrew, 250
PEC das Empregadas (2013), 382*n*
pecuária, 239
Pederneiras, Raul, 297
Pedro I, d., 256, 326
Pedro II, d., 27, 102, 159, 162-3, 187-9, 200, 208, 217, 279, 377*n*
Peles negras, máscaras brancas (Fanon), 53
pemba (giz branco), *133*, 134-5
pensadores negros/pensadoras negras, 52-60, 64, 66, 173
Pequim (China), 316
Peres, Pedro, 345
"perigo biológico", negro como (análise de Fanon), 92
Pernambuco, 33, 118, 122, *208-9*, 210, 212, 320, 339
Pérsia, 287
Peru, 95
Pessoa, Fernando, 353
petit genre (pintura de gênero), 278
Photographia de costumes brasileiros (fotografia de Christiano Júnior), 202, *203*
Photographia Imperial e Galeria de Pintura de João Ferreira Villela (Recife), 209
Pierson, Donald, 339
Pilot (rádio), 301, *302*, 304
Pinto, Adolfo Augusto, 277, *278*, 279
Pinto, Adolfo Liberal (filho), 283
Pinto, Águeda Liberal, 280
Pinto, Gastão Liberal, 280
Pinto, Generosa Liberal, 280
Pinto, Ida Liberal, 280
Piza, Antônio de Toledo, 140, 142
Piza, Edith, 36, 58
Place de la Concorde (Paris), 157
Planisfério (mapa de Lopo Homem, 1519), *128*, 129
planisfério (mapa-múndi), 106, *128*, 132

Pleasure Cart, A (gravura de Chamberlain), *325*
pogroms, 236
Política de Boa Vizinhança (EUA), 303-4
políticas de identidade, 155
Pompeu, Guilherme, 153
Pontes, Belchior de, 147
população negra, 11, 27, 59-61, 66, 161, 265, 285, 293, 349-51
Portugal, 29, 62, 74, 99, 108, 110, 112, 123, 128, 130, 132, 141, 165, 202, 315, 324, 333, 335, 372*n*
Portuguez (sabão), 261
Possíveis sonhos de Mônica (colagem digital de Amorim), 214
Prado, Paulo, 338
preconceito racial (na definição de Oracy Nogueira), 369*n*; *ver também* racismo estrutural e sistêmico
"Preconceito racial de marca e preconceito racial de origem" (Nogueira), 54
"preconceito retroativo" (conceito de Florestan Fernandes), 337
"presente do passado", história como, 14, 156
Preta quitandeira (tela de Ferrigno), 293
Primeira Guerra Mundial, 287
primeira missa no Brasil, A (tela de Meirelles), 27
Primeira República, 25, 138, 143, 161, 185, 230, 271-6, 286, 297, 306
Primeiro Reinado, 193
Princesa Isabel (estatueta em bronze, s.d.), 158-60
privilégio branco, 10, 27, 46, 52, 56, 58-9, 61, 63-4, 313, 332
Pró-Brasil (programa governamental de 2020), *348*
Proclamação da República (1889), 59, 158, 242, 271, 275
produtos de higiene e limpeza, 235-67, *250-5*, *258*, *260-3*, *265-7*, 381*n*
ProUni (programa de bolsas do MEC), 311, *312*
provérbios, 39-42, 67, 205, 342
psicanálise, 55
"psicologia das raças", 236
Ptolomeu, Cláudio, 113
Pupi (boneca), 344
Pureza e perigo (Douglas), 253

Queirós, Sara de Sousa, 143
"questão racial", 60, 284
quilombos/quilombolas, 96, 141-2
Quito (Peru), 94-6

Raça e assimilação (Viana), 284
raças humanas e a responsabilidade penal no Brasil, As (Nina Rodrigues), 242
"raças", princípio da divisão social em, 43

420 | IMAGENS DA BRANQUITUDE

racialização, 28, 58, 197

racismo, condições para o surgimento do, 43

racismo estrutural e sistêmico, 11, 52-3, 55-6, 59-61, 66, 308, 312, 346, 349

"racismo reverso", 66

"Racismo e sexismo na cultura brasileira" (Gonzalez), 55

rádio, 241, 301, *302*, 304

Radium (sapólio), 260

Raminelli, Ronald, 85

Ramos, Artur, 333

Ramos, Guerreiro, 54, 60

Ramusio, Giovanni Battista, 111-3, 134

Raposo Tavares (escultura de Brizzolara), *144*

Raposo Tavares, Antônio, 144, 153

Raynal, abade, 50

Real Audiência de Quito (América espanhola), 95-6

"recapitulação", teoria da, 235-6

Recife (PE), 87, 90, 93, 207-8, 210, 212, 339-40, 378*n*

Rede, or Net, The (gravura de Chamberlain), *324*

Redenção de Cam, A (Brocos), 288, *289*, 290, 292-4, 348

Refino #5 (pés) (fotografia de Tiago Sant'Ana), 35-6, *35*

Regresso de um proprietário (gravura de Debret), *326*

Reinel, Pedro e Jorge, 109, *110*

Reino Unido de Portugal, Brasil e Algarves, 29, 324

reis magos (personagens bíblicas), 81, *82*

religiões afro-brasileiras, 7, 42, 45, 59, 91, 133, 135, 174, 293

Renascença, 78, 113-4, 243

Representação de um combate entre os Tupinambá e seus inimigos, os Margaia (gravura de Léry), *84*

"representação", uso do termo, 169

República romana, 281

Reserva (loja de roupas em Salvador), *349*

"resfriamento do tempo" (conceito de Lévi-Strauss), 155-6

"retórica da raça", 236

Retrato de ama com criança (fotografia de Goston), *222*

Retrato de Domingos Custódio Guimarães Filho (tela de Chevrel), 189, *190*

Retrato de escravos (fotografia de Henriques Júnior), *24*

Retrato de família (fotografia de Alkmim, *c.* 1910), *180*, 183-5

Retrato de jovem mulher com bebê nas costas e um tabuleiro de frutas em frente (fotografia de Henschel), *226*

Retrato do Brasil: Ensaio sobre a tristeza brasileira (Prado), 338

Retrato do colonizado precedido de Retrato do colonizador (Memmi), 54

Retrato equestre do visconde do Rio Preto acompanhado de seu pajem (tela atribuída a Chevrel), *168*, 191-2, *191*

Retratos de estúdio (fotografias de Alkmim, *c.* 1910), *182*

Retratos de estúdio (fotografias de Alkmim, *c.* 1920), *181*

Reunião, ilha, 126

Revista da Semana, 224

Revista do Instituto Histórico e Geográfico Brasileiro, 255

Revista Feminina, 296

Revista Illustrada, 161

Revolução Americana (1776), 51

Revolução Francesa (1789), 50-1, 157, 271

Revolução Haitiana (1791-1804), 48-9, 51-2

Revolução Inglesa (1642-51), 51

Revolução Periférica (coletivo), 149

Revolução Praieira (PE, 1848), 210

reyes negros de Esmeraldas, Los ver *mulatos de Esmeraldas, Os* (tela de Gallque)

Ribeiro, A., 302

Ribeiro, Darcy, 386*n*

Ribeiro, João Antônio, *186*

Rijcke, Joos de, 94

rinoceronte, 124, 315-6

Rinoceronte, O (xilogravura de Dürer), *316*

Rinso (sabão em pó), *263*

Rio Branco, visconde do, 162

Rio de Janeiro (RJ), 7, 22, 62, 138, 161, 188, 190, 202, 212, 242-3, 304, 321-4, 379*n*

Rio de Janeiro, estado do, 84

Rio Grande do Sul, 210

Rio Preto, visconde do ver Guimarães, Domingos Custódio

Riscos iluminados (Julião), 385*n*

Rita Baiana (personagem), 294

Rocha, José Joaquim da, 98

Roda dos Expostos, 215

Rodrigues, Susana, 146

Rogero, Tiago, 57

Roma (Itália), 108, 118, 120, 281, 292

Romero, Sílvio, 243, 284, 338

Roosevelt, Franklin, 303

Roosevelt, Theodore, 165-6, *165*

Roquette-Pinto, Edgard, 243, 295, 383*n*

rosa dos ventos, 111

Rosa Negra (personagem infantil), 343-4

Rosas, Juan Manuel de, 13, 15-7, 19

Rota da Seda, 129

Rousseau, Jean-Jacques, 49, 55

ÍNDICE REMISSIVO

Roy, Arundhati, 13
Royal African Company, 49
Rugendas, Johann Moritz, 23, 35, 353-5
Rússia, 157, 287

Sabará (MG), 145
Sabarabuçu, serra do (MG), 145
sabonetes e sabões, 235-67, *250-5*, *258*, *260-3*, *265-7*, 381*n*
sadismo senhorial, 334-6, 340
Sagrada Família, 290
Said, Edward, 120, 173
Salada (óleo), *309*
Sala-Molins, Louis, 50
Salvador (BA), 99, 103, *163*, 212, 330, 349, 379*n*
Samuel, Irmãos & Cia. (fábrica de tecidos), *285*
Sandre-Pereira, Gilza, 206
Sant'Ana, Tiago, 35
Santana do Parnaíba (SP), 140, 152
Santana, Bianca, 57
Santo Amaro, bairro de (São Paulo), *136*, 138, 146-7, *148*
Santos, Richard, 61
São Carlos (SP), 280
São Domingos, 50-1, 126; *ver também* Haiti; Revolução Haitiana (1791-1804)
São José e Aragão, Ana Maria de, *219*
São Paulo (SP), 25, 57, 62, 138-43, 145, 147, 149-50, 212, 222, 260, 278-9, 280, *296*, 330, 339-40, 349
São Paulo, estado de, 138-40, 149, 279, 286
sapatos, proibição aos escravizados de usar, 20-7, *23-5*, 31, 34-6, *35*, 78, 91, 121, 159, 177, 183-4, *186*, 193, 200, 202, 251, 254, 257, 269, 280, 289, 294, 302, 307, 318, 322-3, 325, 327-9, 349
sapólio, 260
Saragoça, Tratado de (1529), 372*n*
Saudade (tela de Almeida Júnior), 279
schemata de pinturas, 96
Schucman, Lia Vainer, 57, 66-7, 368*n*
Segato, Rita, 206, 218
segregação, 55, 240
Segunda Guerra Mundial, 338, 356
Segundo Reinado, 161, 190, 256
seleção natural, 241, 243
Seleções (revista), *341*
Sem (personagem bíblico), 290
Senhor e seus escravos (fotografia de Azevedo), *23*
senhora brasileira em seu lar, Uma (aquarela de Debret), *194*, 195
Senhora na liteira com dois escravos (fotografia de autoria desconhecida, c. 1860), *328*, 329

Senhora transportada numa cadeirinha para ir à missa (aquerela de Debret), *325*
Senhora viajando de rede (aquarela de Guillobel), *322*
"sensualidade natural" de mulheres negras, 28, 178, 340
Sentem para jantar (colagem digital de Viana), *196*
Sequestro da Independência, O (Schwarcz et al.), 143
"Ser ou não ser patrimônio: Bandeirantes e bandeiras e outros conjuntos escultóricos contestados" (Schwarcz), 373*n*
Serpentina de luxo (aquarela de Guillobel), *322*
serpentinas *ver* cadeirinhas; carregadores de liteiras
Serra Leoa, 287
"sertanismo", 141; *ver também* bandeirantes
Sevcenko, Nicolau, 302
sexualidade, 92, 259, 262, 291-4, 307; *ver também* hipersexualização de mulheres negras e indígenas
Shannon, Katy Morlas, 176, 376*n*
Shopping Barra (Salvador), 349
silenciamento, 46, 57
Silva, Janice Theodoro da, 279
Silva, Maria Aparecida da *ver* Bento, Cida
Simien, Jeremy K., 176
Simpson, Amelia, 345
Sintra, Pedro de, 112
sistema colonial, 33, 42, 320; *ver também* colonização
sistema escravocrata, 33, 42, 48, 52, 64, 175-6, 193, 203-4, 277; *ver também* escravidão
Soalina (produto de limpeza), *261*
"Sobre os canibais" (Montaigne), 83
sociabilidade, 10, 67, 181, 204, 318
sociedade civil, 55, 138
sociedades nativas, 53
Sodré, Muniz, 65
Sol (sabão), 254
Sol Levante (azeite), *299*
Sombras del pasado (García), 17
Sontag, Susan, 200
"Soul of White Folks, The" (Du Bois), 53
Souto Maior, João da Cunha, 141
Souza, Vanderlei Sebastião de, 244
Soyinka, Wole, 356
Spitzer, Leo, 236
Spivak, Gayatri, 67
Stahl, Augusto, 378*n*
Stálin, Ióssif, 157
Steyn, Melissa, 53
Stocking Jr., George, 245
Stoler, Ann Laura, 187, 254
Straet, Jan van der, *68*, *77*

422 | IMAGENS DA BRANQUITUDE

Strasberg, Susan, 265
Strathern, Marilyn, 103
Stumpf, Lúcia, 143, 158
subalternidade, condição negra de, 57, 66, 192, 205-6, 216
subjetividades, 44, 53-6, 58-9, 115, 172, 222, 233
Sudeste do Brasil, 295
Sul do Brasil, 243
supremacia branca, 55, 138, 243, 320
"Sur les Métis au Brésil" (Lacerda), 243, 286-7

tableaux vivants (grupos de atores), 98
Taine, Hippolyte, 293
Tales de Mileto, 106
tamareira, 91-2
Tapuia, indígenas, 86-9, *87, 89*
Taunay, Afonso d'Escragnolle, 143-5, 149
Taunay, Felix-Émile, 143
Taunay, Nicolas-Antoine, 143
Teófilo de Jesus, José, 98-103, *100-2*
Terceiro Reinado, perspectivas de, 159, 285
Terra Brasilis (mapa do séc. xvi), 109-11, *110*, 129
"Terra de Papagaios", Brasil como, 92
Thompson, Farris, 174
Thorton, John, 174
Tietê, rio, 140
Tiradentes (Joaquim José da Silva Xavier), 274-5
Todeschini (cozinhas planejadas), *342*
Todorov, Tzvetan, 76
Togo, 164
Toledo, Murilo Sá, 153, *154*
Tordesilhas, Tratado de (1494), 132, 141, 372n
Toscani, Oliviero, 346
traficantes de escravizados, 30, 127, *163-4*, 164-5, 354
tráfico de escravizados, 21, 42, 49-50, 64, 71-2, 93, 125-7, 163-5
traumas, enfretamento dos, 32
travessia atlântica de escravizados, 45, 91, 164, 353
Três Graças (personagens da mitologia clássica), 81
três rios (fábula de Von Martius sobre o Brasil), 255-6, 276, 348, 350
Treviso (Veneza), 111
Triumpho (sabonete fino), *260*
Trouillot, Michel-Rolph, 45, 51, 169, 350
"trucagem" (técnica fotográfica), 180
Túnis (Tunísia), 118, 121
Tupinambá, indígenas, 83, *84*
Turquia, 287
Tutu à Mineira (prato), 309

tv em cores, 308
Twine, France Winddance, 66

ultramarino (cor azul, à base de lápis-lazúli), 116
umbanda, 133
"uncu andino" (traje indígena), 96
Unesco (Organização das Nações Unidas para a Educação, a Ciência e a Cultura), 155, 338
União Ibérica (1580-1640), 141
União Soviética (urss), 157
Universidade de São Paulo, 55, 57
Usillos, Andrés, 95
"uso social" da cor, 63
Usos e costumes do Rio de Janeiro (Guillobel), 322
Utrecht, tratados de (1713-15), 365n

"Vaca profana" (canção), 229
Vale do Rio Preto (rj), 190
Valença (ba), 190
Valongo, mercado do (Rio de Janeiro), 30
valores da branquitude, 36, 58, 67, 178, 192, 313
Varejão, Adriana, 130-2, *131*
Vargas, Getúlio, 332
Vasconcelos, d. Luís de (vice-rei do Brasil), 41
Vaudechamp, Jean-Joseph, 175
vegetação brasileira, 90
Veja (revista), *342*
Velden, Felipe Vander, 89
Velho Mundo, 23, 47-8, 70, 72-4, 78, 85, 87, 100, 120, 142, 317, 319; *ver também* Europa
Velho, Domingos Jorge, 140-2, 153
Veloso, Caetano, 62, 69, 229
Veneza, República de, 111, 113
"Vênus Hotentote" *ver* Baartman, Saartjie
Verger, Pierre, 72
Vergès, Françoise, 64, 165, 170, 365n
Vermeer, Johannes, 115-6
Vespúcio, Américo, 74, 77-8
Viagem pitoresca através do Brasil (Rugendas), 355
viajantes, 21, 25, 28, 72, 74, 76, 79, 85, 109, 111-3, 127, 201, 317, 329
Viana, Gê, 196
Viana, Oliveira, 277, 284, 338
Vidas de entremeio (Spitzer), 236
Vieira, d. Maria Isabel de Jesus, 218
Vieira, Oscar Vilhena, 36
Viena (Áustria), 249
Views and Costumes of the City and Neighbourhood of Rio de Janeiro (Chamberlain), 324
Vila Rica (atual Ouro Preto, mg), 275
Vila Romana, bairro de (São Paulo), 349

ÍNDICE REMISSIVO

Villela, João Ferreira, *207*, 208-9
Vinolia (sabão), *251*
Violeiro, O (tela de Almeida Júnior), 279
violência, 24, 30-1, 43, 45, 47, 57, 64, 66-7, 72, 93, 130-1, 135, 145, 147-8, 151, 193, 195, 202, 204, 207, 215-6, 230, 232, 273, 318, 323, 334-6, 338, 340, 348-9, 351-2, 355
Virey, J.-J., 292
Virgem Maria, 293, 332-3
Virgínia (EUA), 241
virilidade, cavalos como símbolo de, 191, 216
Visão do paraíso (Holanda), 73
Viseu (Portugal), 81
Visscher, Claes Janszoon, 116-24, *117, 121-2*
vitorianos, rituais, 249
Viva (sabão em pó), 262, *263*
Vizella (sabonete), *258*
Você já foi à Bahia? (filme de animação), 303
"Você sabe com quem está falando?" (pergunta rotineira), 303

Voyage pittoresque et historique au Brésil (Debret), 192
Vozes contra o Racismo (iniciativa), 151-2

Wagener, Zacharias, 92
Warburg, Aby, 317, 355
Washington Luís, 143
Washington, D.C., 157-8
Werneck, Jurema, 57
WIC (West-Indische Compagnie — Companhia das Índias Ocidentais), 93, 119
Wölfflin, Heinrich, 317
Wood, Marcus, 64

Xuxa (apresentadora de TV), 345

"zambos" (mestiços afro-indígenas da América espanhola), 95-6
Zé Carioca (personagem), 303-4, *303*
Zona da Mata (PE), *314*, 339-40, *339*

CRÉDITOS DAS IMAGENS

Todos os esforços foram feitos para reconhecer os direitos autorais das imagens. A editora agradece qualquer informação relativa à autoria, titularidade e/ou outros dados, se comprometendo a incluí-los em edições futuras.

p. 6: DR/ Pedro Paulo Leal. Acervo de Rafael Moraes. Reprodução de Sergio Guerini

pp. 12 e 20: Museu Histórico Nacional, Buenos Aires

pp. 22, 193-4, 247, 325 (abaixo), 326 e 354: Biblioteca Pública de Nova York, Nova York

p. 23: Acervo do Museu Paulista da Universidade de São Paulo, São Paulo. Reprodução de Hélio Nobre/ José Rosael

p. 24: Acervo do Museu Histórico Nacional/ Ibram, Rio de Janeiro. Reprodução de Jaime Acioli

pp. 25, 161, 208-9, 224 (ao centro e à dir.), 244 (abaixo), 258 (abaixo), 259 (acima), 260 (acima), 263 (abaixo), 264, 296, 297 (abaixo), 298-300, 305 (abaixo), 306 (acima), 321, 325 (acima) e 354: Acervo Fundação Biblioteca Nacional, Rio de Janeiro

pp. 26, 222 e 328: Instituto Moreira Salles, Rio de Janeiro

p. 62: Acervo do Núcleo de Memória Institucional do Instituto de Psiquiatria da UFRJ, Rio de Janeiro

p. 63: Biblioteca Brasiliana Guita e José Mindlin, São Paulo. Reprodução de Lúcia Mindlin

pp. 68, 77, 174 e 316: The Metropolitan Museum of Art, Nova York

p. 80: Museu Nacional de Arte Antiga, Lisboa

p. 82: Museu Nacional Grão Vasco, Viseu

p. 84: The John Carter Brown Library/ Universidade Brown, Providence

pp. 85 e 250 (acima): Wellcome Collection, Londres

pp. 87, 89-90: Museu Nacional da Dinamarca, Copenhagen

p. 94: Museu Nacional do Prado, Madri

pp. 99-102: Museu de Arte da Bahia, Salvador

pp. 104, 117, 121-2: The Dixson Library/ Universidade da Nova Inglaterra, Armidale

pp. 108 e 246: Biblioteca Britânica, Londres

pp. 110, 123-6 e 128: Biblioteca Nacional da França/ Département des Cartes et Plans, Paris

pp. 112 e 205 (à esq.): Biblioteca do Congresso, Washington, DC

p. 115: The Frick Collection, Nova York

p. 116: Rijksmuseum, Amsterdam

p. 131: Acervo da artista. Reprodução de Vicente de Mello

pp. 133-4: Acervo do artista. Reprodução de Filipe Berndt

pp. 136 e 149: Gabriel Schlickmann

pp. 140 e 223 (acima): Acervo do Museu Paulista da Universidade de São Paulo, São Paulo

p. 144 (acima): Acervo do Museu Paulista da Universidade de São Paulo, São Paulo. Reprodução de Rodrigo Argenton

p. 144 (abaixo): Acervo do Museu Paulista da Universidade de São Paulo, São Paulo. Reprodução de Mike Peel (www.mikepeel.net)

CRÉDITOS DAS IMAGENS
425

p. 146: Daniel Cymbalista/ Fotoarena

p. 147: Van Campos/ Fotoarena

p. 148 (acima): Felipe Rau/ Estadão Conteúdo

p. 148 (abaixo): Mário Rodrigues/ Abril Comunicações S.A.

p. 150: Wilfredo Rodriguez

p. 152 (acima à esq.): Paulo Whitaker/ Reuters/ Fotoarena

p. 152 (acima à dir.): Rafael Nakamura/ Centro de Trabalho Indigenista

p. 152 (abaixo à esq.): Nelson Antoine/ Fotoarena

p. 152 (abaixo à dir.): Fábio Vieira/ Fotoarena

p. 153: Foto de Coletivo Coletores

p. 154: Foto de Murilo de Sá Toledo

p. 158: Studio Melange/ stock.adobe.com

p. 160: Acervo da Academia Cearense de Letras, Fortaleza

p. 162: Acervo do Museu Histórico Nacional/ Ibram, Rio de Janeiro. Reprodução de Romulo Fialdini/ Tempo Composto

p. 163: Sergio Pedreira/ Pulsar Imagens

p. 164: Andrew McCarthy/ Alamy/ Fotoarena

p. 165: ZUMA Press/ Alamy/ Fotoarena

p. 166: Acervo do artista. Cortesia de Galeria Simões de Assis. Reprodução de Romulo Fialdini

pp. 168, 191 (abaixo), 196, 330 (abaixo) e 331: Coleção particular

p. 178: Coleção Histórica de Nova Orleans, Louisiana

pp. 179 e 281: Museu do Louvre, Paris

p. 180-3 e 186: Chichico Alckmin/ Instituto Moreira Salles, Rio de Janeiro

p. 188: Revert Henrique Klumb/ Instituto Moreira Salles, Rio de Janeiro

pp. 189 e 203: Museu Histórico Nacional/ Ibram, Rio de Janeiro

pp. 190 e 217: Museu Imperial/ Ibram, Petrópolis

pp. 191 (acima), 220 (à dir.), 221 (abaixo), 285: Arquivo Nacional, Rio de Janeiro

pp. 198, 207, 210, 212 e 220 (à esq.): Acervo Fundação Joaquim Nabuco/ Ministério da Educação, Recife

p. 205 (à dir.): Museu de História do Missouri, St. Louis

p. 214: Colagem digital com fotos de João Ferreira Vilela (1860), do Acervo Fundação Joaquim Nabuco, e Virgílio Calegari (1937). Acervo da artista

p. 219: Instituto Geográfico e Histórico da Bahia, Salvador

pp. 220 (ao centro) e 226: Coleção Ruy Souza e Silva

p. 221 (acima): Coleção Apparecido Salatini

p. 223 (abaixo): © Nestlé S.A. Disponível em: <www.flickr.com/photos/nestle/24062806795>

p. 224 (à esq.): Portal Geledés/ Centro de Memória da Unicamp, Campinas

p. 225: Coleção Cibele Barbosa, publicado em Cibele Barbosa, "Imagens afro-atlânticas: Usos e circuitos transnacionais da fotografia de populações negras nos tempos do colonialismo". *Tempo*, v. 27, n. 3, pp. 530-60, 2021.

pp. 227-9: Coleção Gilberto Ferrez/ Acervo Instituto Moreira Salles, Rio de Janeiro

p. 230: Acervo G. Ermakoff

pp. 234 e 257: Coleção Brasiliana Itaú Cultural, São Paulo

p. 244 (acima): Harry H. Laughlin

p. 250 (abaixo): Smithsonian Libraries and Archives, Washington, DC. Disponível em: <www.research gate.net/figure/Pears-Soap-ad-in-Harpers-weekly-February-1886-Pears-Soap-ad-in-Harpers-weekly_fig1_342232353>

p. 251 (acima): Retro AdArchives/ Alamy/ Fotoarena. Disponível em: <www.estadao.com.br/cultura/marcelo-rubens-paiva/anuncios-racistas>

pp. 251 (abaixo), 301, 302, 305 (acima), 306 (abaixo), 308 e 342: Acervo Propagandas Históricas

p. 252: Disponível em: <historiaemrede.medium.com/imp%C3%A9rio-do-sab%C3%A3o-racismo-e-colonialismo-nas-propagandas-de-sab%C3%A3o-450d9a1357c3>

p. 253: The Library Company of Philadelphia, Philadelphia. Disponível em: <www.propagandashistoricas.com.br/2014/08/lautz-bros-cos-soap-propaganda-racista.html>

p. 254: National Museum of American History, Smithsonian Institution, Washington, DC. Disponível em: <www.propagandashistoricas.com.br/2014/01/sabao-fairy-preconceito-racial-1900.html>

p. 255 (1ª, 3ª e 4ª): Disponíveis em: <mardejabon.wordpress.com/2020/08/02/anuncios-de-jabon-racistas/>

p. 255 (2ª): EMU History/ Alamy/ Fotoarena

p. 258 (acima): Acervo Biblioteca Nacional, Lisboa

pp. 259 (abaixo) e 261: Acervo O Globo

pp. 260 (abaixo à esq.), 307 e 310 (abaixo): Acervo Estadão

pp. 260 (abaixo à dir.), 263 (acima), 309 e 310 (acima): Acervo Anúncio Anos 70 — Oswaldo Hernandez

p. 262: Museu Britânico, Londres

p. 265 (acima à esq.): Revista *O Cruzeiro*, 29 ago. 1964/ Acervo Fundação Biblioteca Nacional, Rio de Janeiro

p. 265 (acima ao centro): Revista *Cinelândia*, abr. 1964/ Acervo Fundação Biblioteca Nacional, Rio de Janeiro

p. 265 (acima à dir.): Revista *O Cruzeiro*, 6 jun. 1964/ Acervo Fundação Biblioteca Nacional, Rio de Janeiro

pp. 265 (abaixo) e 266: Disponível em: <harpersbazaar.uol.com.br/estilo-de-vida/dove-divulga-campanha-e-e-intitulada-racista-por-internautas/>

p. 267: Reprodução de Carlos Ronchi

pp. 268 e 270: Museu da República/ Ibram, Rio de Janeiro

pp. 278, 323-4 (à dir.) e 345 (acima): Acervo Pinacoteca do Estado de São Paulo, São Paulo

p. 289: Museu Nacional de Belas Artes/ Ibram, Rio de Janeiro

CRÉDITOS DAS IMAGENS

p. 297 (acima): Acervo Rubens Fernandes Junior

p. 303: ©Walt Disney/ Cortesia de Everett Collection/ Fotoarena

p. 311 (acima): *Jornal do Brasil*, 5 maio 1971/ Acervo Fundação Biblioteca Nacional, Rio de Janeiro

p. 311 (abaixo): Ministério dos Transportes/ Governo Federal. Disponível em: <https://veja.abril.com.br/brasil/governo-defende-campanha-que-prega-que-gente-boa-tambem-mata>

p. 312: Ministério da Educação/ Governo Federal. Disponível em: <oglobo.globo.com/brasil/campanha-do-mec-em-que-aluna-negra-substituida-por-branca-ao-receber-diploma-acusada-de-racismo-nas-redes-23742614>

p. 318: Acervo Museu de Arte de São Paulo Assis Chateaubriand, São Paulo

p. 322: Acervo Cândido Guinle de Paula Machado

p. 324 (à esq.): Acervo Museus Castro Maya/ Ibram, Rio de Janeiro

p. 327 (acima à esq.): Biblioteca Brasiliana Guita e José Mindlin, São Paulo

p. 327 (abaixo): Convênio Leibniz-Institut für Länderkunde, Leipzig/ Instituto Moreira Salles, Rio de Janeiro

p. 330 (acima à esq.): Acervo Museu de Arte da Bahia/ IPAC, Salvador

p. 330 (acima à dir.): Foto de Romulo Fialdini/ Tempo Composto

pp. 314 e 339: © Dias, Cícero dos Santos/ AUTVIS, Brasil, 2024

p. 341: Disponível em: <www2.clubederevistas.com/>

p. 344: Acervo Ana Caldatto. Disponível em: <anacaldatto.blogspot.com/2018/04/boneca-melindrosa-anos-60.html>

p. 345 (abaixo): Disponível em: <agrosaber.com.br/campanha-mamiferos-transformou-leite-em-ouro>

p. 346: © Benetton Group. Disponível em: <harpersbazaar.uol.com.br/moda/as-dez-campanhas-mais-marcantes-historia-benetton>

p. 347 (acima): Acervo Propagandas Históricas. Disponível em: <www.propagandashistoricas.com.br/2014/11/cafe-parmalat-1997.html>

p. 347 (abaixo): Disponível em: <www.nsctotal.com.br/noticias/lacta-admite-erro-e-cancela-campanha-de-pascoa-com-conteudo-considerado-racista>

p. 348: Ministério da Casa Civil/ Governo Federal. Disponível em: <veja.abril.com.br/brasil/gabinete-de-braga-netto-criou-peca-polemica-apenas-com-criancas-brancas>

p. 349: DR. Disponível em: <www.metropoles.com/colunas/ilca-maria-estevao/reserva-e-acusada-de-racismo-por-usar-manequim-preto-quebrando-vidro>

p. 350: Governo do Distrito Federal. Disponível em: <www.estadao.com.br/politica/deputado-distrital-acao-publicidade-governo-distrito-federal-racismo-cabelo-afro-nprp>

ESTA OBRA FOI COMPOSTA POR VICTOR BURTON E OSMANE GARCIA FILHO
EM MINION E IMPRESSA EM OFSETE PELA GEOGRÁFICA SOBRE PAPEL
PÓLEN NATURAL DA SUZANO S.A. PARA A EDITORA SCHWARCZ EM JULHO DE 2024

A marca FSC® é a garantia de que a madeira utilizada na fabricação do papel deste livro provém de florestas que foram gerenciadas de maneira ambientalmente correta, socialmente justa e economicamente viável, além de outras fontes de origem controlada.